고전의 숲
두란노 머스트북 2

팡세

고전의 숲
두란노 머스트북 2

팡세

지은이 | 블레즈 파스칼
옮긴이 | 최종훈
초판 발행 | 2020. 2. 26
2쇄 발행 | 2024. 5. 2
등록번호 | 제1988-000080호
등록된 곳 | 서울특별시 용산구 서빙고로65길 38
발행처 | 사단법인 두란노서원
영업부 | 02)2078-3333 FAX | 080-749-3705
출판부 | 02)2078-3330

책값은 뒤표지에 있습니다.
ISBN 978-89-531-3674-8 04230
978-89-531-3462-1 04230 (세트)

독자의 의견을 기다립니다.
tpress@duranno.com www.duranno.com

두란노서원은 바울 사도가 3차 전도 여행 때 에베소에서 성령 받은 제자들을 따로 세워 하나님의 말씀으로 양육하던 장소입니다. 사도행전 19장 8-20절의 정신에 따라 첫째 목회자를 돕는 사역과 평신도를 훈련시키는 사역, 둘째 세계선교TIM와 문서선교단행본·잡지 사역, 셋째 예수문화 및 경배와 찬양 사역, 그리고 가정·상담 사역 등을 감당하고 있습니다. 1980년 12월 22일에 창립된 두란노서원은 주님 오실 때까지 이 사역들을 계속할 것입니다.

고전의 숲

두란노 머스트북 2

팡세

블레즈 파스칼 지음

최종훈 옮김

두란노

추천의 글

복음은 변증적이다. 복음을 거부하는 세상에서 복음은 늘 변증적이다. 이 변증은 사실의 변증이지만 언제나 불신의 마음밭에 뿌리는 생각의 씨앗들이다. 《팡세》는 파스칼이 17세기의 흔들리는 기독교인들에게 진정한 복음을 변증하는 열정적인 생각의 산물이다. 그래서 《팡세》는 책의 제목대로 "생각들"이다. 복음이 왜 복음인지를 외치는 생각들이고, 복음 이외에 왜 다른 답이 없는지를 선포하는 생각들이다. 사방에서 불어대는 바람결에 떠밀려온 숱한 질문과 의심의 파편들이 뜨거운 회심자의 영혼 속에서 사랑과 생명의 새싹들로 자라난 생각들이다.

《팡세》는 신앙에는 천재가 없지만 천재가 신앙인이 되면 무슨 생각과 말로 그리스도를 변증하게 되는지를 펼쳐 보인다. 파스칼은 흥미롭게도 17세기에 이미 트윗(tweet)을 시작했다. 그는 벌써 그 당시에 혼자만의 페이스북(Facebook)을 만들었다. 생각의 우물을 파고 두레박으로 생각들을 건져 올렸으며, 생각의 광장으로 달려가 스스로에게 먼저 복음을 의심하는 생각들을 납득시켰다. 그리고 이 《팡세》가 황량한 종교 들판으로 흘러넘치면서 많은 이들의 갇힌 생각들을 뒤흔들어 놓았고 유사 신앙심들의 얼음판을 깨뜨렸다.

《팡세》는 이제 고전이 되었다. 이 말은 곧 《팡세》가 여전히 우리와 함께 살아 숨 쉬는 생각들이라는 뜻이다. 신앙인이건 신앙을 거부하건 《팡세》는 지금도 자신의 종교적 편린과 전통에 쉬이 안주하거나 자신도 모르는 새에 그 생각들에 갇히지 않도록 도전하는 파스칼의 번득이는 칼과 같다. 물론 그 칼은 바울의 표현대로 성령의 검이다. 왜 지금 다시 이 책을 들어야 하나? 신앙이란 늘 생사가 엇갈리는 진검 승부이기 때문이고, 이 시대가 다원주의의 굳은살을 베어 내지 않고서는 복음을 접할 방도가 없기 때문이다. 그렇다. 《팡세》는 우리 모두가 자기 소견에 옳은 대로 살아가는 자아도취의 바닥을 뚫는 굴착기와도 같다.

뜻밖에도 《팡세》는 참 고맙다. 잠언과 같은 짧은 글에 익숙한 오늘의 독자들에게도 낯설지 않아서 고맙다. 어디를 펴서 읽어도 영원의 자락들이 펼쳐져 있기에 고맙다. 주님께서도 두서없이 보이는 그의 숱한 생각들에 웃고 계시리라. 또한 우리 모두를 그 《팡세》의 우물가와 광장 속으로 초대하느라 손짓하고 계시리라. 그리고 생각하는 연약한 갈대들을 끝까지 붙들어 주셔서 어느 날 메타세쿼이아와 같은 거목들이 늘어선 믿음의 가로수길이 되게 하시리라.

조정민 베이직교회 담임목사

'나는 누구일까? 도대체 어떤 인간일까?' 갈피를 잡을 수 없던 담임 목회 초년생에게 그 질문은 절박했다. 내가 누구인지 알아야 나답게 살 것이 아닌가? 다양한 인간 군상들이 파노라마처럼 펼쳐지는 구약 성경을 스캔하면서 마침내 내가 닮은 한 사람을 찾아냈다. 그는 어느 정도 속물적이면서도 거룩하

다. 영적인 축복과 세속적 욕망을 한꺼번에 거머쥐고 싶어 안달하던 사람, 야곱이다. 야곱은 이중적 인간이었다. 《팡세》를 다시금 펼쳐든 지금 이런 생각을 한다. '내가 파스칼의 영향을 참 많이 받았구나. 《팡세》를 읽었기에 내가 야곱을 그렇게 읽은 것은 아닐까?'

파스칼은 초지일관 인간을 이중적 존재로 본다. "인간은 위대하고 비참하다." 그 각각이 인간을 인간답게 한다. 서로가 서로를 견제하고 한계선을 그어 준다. 신학의 역사를 일별하면, 저 둘 중 어느 하나에 전적으로 쏠리는 경향을 쉽사리 감지할 수 있다. 어느 신학은 인간의 자유의지와 선함을 지나치게 강조하는 '영광의 신학'으로 바벨탑을 쌓고, 어떤 신학은 인간의 부패한 의지와 악함만을 도드라지게 부각시키는 '고난의 신학'으로 세상과 등지고 광야로 달아난다. 개개의 신자도 마찬가지다. 내가 무언가를 해냈다는 성취감에 안하무인이 되고, 내가 무엇도 아니라는 허무감에 망연자실하지 않는가. 하나님을 가슴에 품은 듯해도 어느새 머리는 그 하나님을 이용하곤 한다. 하나님을 위해 내 삶을 드릴 듯하다가도 동전 한 닢에 내 목숨을, 내 자존심을 걸지 않는가. 어느 날은 순교라도 할 것같이 열정에 들뜨지만, 어느 날은 죄인 중의 괴수라는 사실에 머리를 쥐어뜯지 않는가. 그게 나고 그게 사람이다.

때문에 내 안의 양면성을 직면할 줄 알아야 한다. 그러기에 파스칼은 위대와 비참의 긴장 관계를 '사유'로 풀어 나간다. 이따금 우리 기독교인들은 맹목적이라는 비판을 듣는다. 맹목적이라 함은 생각하지 않는다는 말에 다름 아니다. 고대 교부들로부터 아우구스티누스와 아퀴나스, 루터와 칼뱅, 그리고 파스칼과 도스토옙스키에 이르는 찬란한 지성의 금자탑을 이루었던 기독교가 어쩌다 무개념의 대명사가 되었단 말인가? 파스칼은 '생각하지 않아서, 자신을 성찰하지 않아서 그렇다'고 답한다. 자연과 사회라는 외부를 향해 발언하기 이전에 먼저 자아와 교회부터 돌아볼 일이다.

물론, 파스칼은 이성의 한계를 분명하게 긋는다. 자연과 우주를 연구하기 위해서, 나를 찾기 위해서 이성은 필요조건이지만 충분하지 않다. 하나님을 알지 못하고서는 결코 나를 알지 못한다. 인간의 위대함과 비참함을 한꺼번에 가르치는 종교가 기독교이고, 위대함의 극한이자 비참함의 극치를 몸소 살아 낸 예수가 아니고서는 우리는 내 안의 동물적 본성을, 천사적 영성을 하나의 전체로 파악하지 못하고 어느 한쪽으로 쏠리고 만다.

파스칼은 우리를 일깨운다. 우리의 위대함은 우리 안의 어떤 것으로 인해서가 아니라 하나님의 은총 때문이라고. 우리의 비참함은 우리 자신을 한없이 깎아내려야 할 이유가 아니라 하나님 앞에 회개해야 할 이유라고. 하나님이라는 절대 기준을 상실하면 우리는 끝 간 데 없이 교만해지고, 바닥도 없는 나락에서 절망만 하고 있을 것이다. 칼뱅이 말한 바, 하나님을 알지 못하면 나를 아는 지식은 왜곡되기 마련이고, 내가 누구인지 모르면 하나님을 아는 지식도 불완전하기 십상이다.

그러면 어떻게 해야 하나? 내 안의 천사 같은 위대함과 짐승 같은 비참함이, 고상한 영적 갈망과 삿되고 헛된 세상적 욕망이 서로 싸우고, 후자의 것이 갈수록 목소리를 높이고 자꾸 보채고 아우성칠라치면, 인정하라, 내 안의 두 욕망이 공존한다는 것을. 그 모든 것이 바로 나임에랴. 허나 선택하라, 내 안의 천사를 말이다. 그대의 선택에 도움을 주는 이 책, 《팡세》도 선택하라.

김기현 **로고스교회 담임목사, 로고스서원 대표**

차례

2부. 분류되지 않은 원고

3부. 기적들

4부. 첫 번째 사본에 들어 있지 않은 단장들

서문

유럽 지성의 최고봉, 천재 파스칼

명석한 수학자, 능력을 검증받은 과학자, 계산기를 발명하고 프랑스 파리 대중교통 체계를 처음 고안해 현실화되는 모습까지 직접 본 공학자라는 명성을 만끽하는 이가 널리 칭송받는 신앙서적까지 썼다면, 일 벌이기 참 좋아하는 인물이라는 소리를 들을 법하다. 블레즈 파스칼(Blaise Pascal; 이하 '파스칼'로 표기하겠다-편집자)은 생의 마지막 대목에서 문학 작품과 신앙적인 글들로 쌓은 명성을 다 제쳐 두고도, 이미 수학자, 과학자, 공학자로 뛰어난 재능을 발휘해 같은 시대를 살았던 사람들에게서 감탄과 존경을 얻었다. 프랑스 중앙은행이 500프랑짜리 지폐 디자인에 파스칼의 초상을 집어넣은 연유가 여기에 있다.

"불안하고 초조한 신경증, 오만한 지성주의, 경박한 물질주의,
이기심, 공격성 같은 것들이 일상적인 삶의 이면에서 말끔히 사라져 버린다면
그제야 파스칼의 글을 찾는 독자가 줄어들 것이다.
그때까지 《팡세》는 누구나 절감할 수밖에 없는
'변덕, 권태, 불안'이라는 인간의 현실에서 벗어나고 싶어 하는
숱한 이들을 사로잡고 새로운 기운을 불어넣을 것이다."

'천재'라는 말은 함부로 써서는 안 되지만 확률과 기압, 진공을 증명하고 숱한 과학적 난제들을 풀어냄으로써 유럽 지성의 최고봉에 오른 파스칼에게라면 얼마든지 적용할 수 있을 것이다. 프랑스의 페르마(Fermat)와 데카르트(Descartes)는 물론, 해외의 크리스토퍼 렌(Christopher Wren)과 크리스티안 하위헌스(Christiaan Huygens)에 이르기까지 수많은 이들이 파스칼의 재능을 알아보았다.

작가로서는 《시골 친구에게 보내는 편지》(*Les Provinciales*, 1656-1657, 나남 역간)로 큰 관심을 끌어모았다. 이 편지 글들을 펴내면서 익명으로 발표했으므로 파스칼이 앞서 쌓은 명성이 당시 독자들의 반응에 영향을 끼쳤을 여지는 전혀 없다. 이 편지들을 보면 특별한 신학 관련 지식을 갖추지 못했거나 종교직에 종사하지 않는 독자들이라 할지라도 당시 예수회의 행태와 악폐를 저만의 방식으로 풀어낼 수 있다는 사실을 여실히 알 수 있다.

초기 편지들에서는 인터뷰 기술을 잘 활용해 충격 효과를 극대화시키는데, 이는 현대 저널리즘에서 사용하는 기법과도 비슷하다. 여러 다른 영역에서와 마찬가지로 여기서도 파스칼은 시대를 훌쩍 앞서간 셈이다. 문학사에서 한 시대를 주름잡았던 걸출한 프랑스 산문 작가들은 《시골 친구에게 보내는 편지》에 나타난 분명하면서도 경쾌한 필치에 큰 찬사를 보냈다. 이중성과 모순을 폭로하는 파스칼의 능력 덕분에 온갖 사안들이 다 우스꽝스러워 보인다 할지라도, 편지가 다루는 이슈들은 더없이 심각한 사안임을 잊어서는 안 된다.

1670년, 그러니까 파스칼이 세상을 떠난 지 8년 뒤에 출간된 《팡세》(*Pensées*)는 그 자체로 독보적이며, 작가의 명성이 한 시대를 풍미했던 요인이기도 하다. 파스칼은 1654년 10월 회심하면서 그때껏 추구해 온 지적인 성취를 진리 탐구의 길에서 벗어난 방황으로 여겼다. 하지만 그렇다고 해서 동굴에 숨어 아픈 마음을 다독이는 은둔자로 전락하지는 않았다. 오히려 그는 《시골 친구에게 보내는 편지》를 써서 포르루아얄 수도원(Port Royal; 프랑스 얀세니즘의 중심지)의 친구들을 변호했고, 이 책이 호평을 얻으면서 《팡세》를 쓰는 배경이 되었다.

하나님과 인간을 바라보는 17세기의 관념이 오늘날의 그것과는 큰 차이가 있다는 제약과 한계가 있기는 하지만, 편집자의 입맛에 맞게 다듬어지지 않은 파스칼의 초고를 있는 그대로 볼 수 있는 이는 오로지 지금의 독자들뿐이다. 오늘날의 독자들은 단순한 호기심이나 문제풀이 차원 그 이상으로 《팡세》에 엄청난 관심을 보인다. 참으로 놀라운 일이다. 역사적 배경이 덜 알려져서일 수도 있겠고, 저마다 나름대로 작품을 해석하는 통에 수많은 오해들이 생겨났을 수도 있지만, 아무튼 파스칼이 전하는 메시지가 이 시대 독자들에게 정말 큰 힘을 발휘하는 듯 보인다.

파스칼의 삶

일각에서는 파스칼과 《팡세》를 유전 형질과 계급 기반, 심지어 생리학적으로 연관지어 '설명'하려고 끊임없이 시도해 왔다. 안타깝게도 별다른 성과를 거두지는 못했는데, 다만 어린 시절과 관련해서는 객관적으로 검증할 수 있는 근거들을 몇 가지 찾았다.

1623년 7월 19일에 태어난 파스칼은 고작 세 살이라는 어린 나이에 어머니를 잃었다. 이후 누나 질베르트(Gilberte), 여동생 자클린(Jacqueline)과 함께 오베르뉴 지방의 클레르몽(지금의 클레르몽페랑)에서 회계 담당 지방 관리로 일하던 아버지 에티엔 파스칼(Étienne Pascal) 밑에서 자랐다. 1631년, 파스칼의 아버지는 가족들을 데리고 오베르뉴를 떠나 파리에 정착했으며 그때부터 직접 아들을 가르쳤다. 파스칼은 열두 살 소년 시절에 이미 유클리드 기하학 32번 명제를 스스로 찾아냈다고 한다. 파스칼 가족은 1640년까지 파리에 머물렀다. 그 뒤, 파스칼의 아버지가 정부의 재정 정책을 둘러싸고 논쟁을 벌였던 리슐리외(Richelieu)와 화해하면서 오트노르망디 세무서장에 임명되었고, 그때 루앙으로 이주했다.

이런 유년 시절은 파스칼에게 뚜렷한 흔적을 남겼다. 너무 어려서부터 어머니의 보살핌을 받지 못해서인지 늘 병약한 데다가 누나와 여동생 사이에 낀 외아들로 자랐다. 성장 환경이 이렇다 보니 남보다 더, 어쩌면 지나치게 생각이 많을 수밖에 없었으며, 이른 교육으로 쌓인 아이 같지 않은 지성은 그의 개인주의적인 성향을 더욱 깊어지게 했다. 또한 이러한 성장 환경은 그의 인간적인 애정을 바라보는 관점에도 영향을 주어서, 삶의 후반기에는 사촌 플로랭 페리에(Florin Périer)와 결혼한 누나 질베르트가 자식들을 안아 주는 것을 문제 삼아 꾸짖기도 했다. 그렇게 눈에 띄게 애정을 표현하는 것은 혐오스러울 뿐만 아니라 윤리적으로도 그릇된 행동이라 여겼던 것이다. 이렇게 편협한 판단은《팡세》에서도 더러 나타난다(예를 들어 396번).

어려서 받았던 교육 역시 파스칼의 성품에 많은 영향을 주었다. 아버지가 직접 감독한 덕에 빠르다 못해 굉장한 지적 수준을 갖추다 보니 그는 견실한 원리들에 바탕을 둔 고도의 독립적인 판단을 내릴 수 있었다. 하지만 사회에서 격리된 채 또래들과 어울리며 학교생활에서 얻어야 할 훈련을 받지 못한 것은 인격 형성기에 자기 뜻을 펼 기회를 지나치게 제한하는 결과를 낳았다. 수학에 남다른 열정을 지녔던 아버지, 그리고 뛰어난 지성을 가진 여러 친구들의 지적 영향을 받은 것은 긍정적이다. 하지만 그 모든 교육들보다 툭하면 권위적으로 변했던 괴팍스러운 홀아버지의 성품이 파스칼에게 더 크게 작용하지 않았나 싶다.

1640년은 파스칼의 가족뿐만 아니라 프랑스 가톨릭 역사에서 중대한 의미가 있는 해다. 그해에 파스칼은 첫 수학 논문 《원추곡선론》(*Essay on Conic Sections*)을 발표했으며, 이프르의 주교 코르넬리우스 얀세니우스(Cornelius Jansenius)의 책 《아우구스티누스》(*Augustinus*)도 저자 사후 2년 만에 빛을 보았다. 파스칼의 수학 논문 출판, 그리고 포르루아얄과 그 반대파들(때마침 예수회는 그해에 창립 100주년을 기념하고 있었다) 간에 치열한 다툼을 불러일으킨 《아우구스티누스》 출간 사이에는 우연이라는 말 외에 뚜렷한 상관관계가 없어 보이지만, 사실상 《팡세》는 두 출판물과 직접적으로 연결돼 있다.

파스칼이 능력을 널리 인정받은 것은 과학자이자 수학자로서의 명성 덕분이었다. 또한 포르루아얄과 그 친구들에 이끌려 얀세니우스의 사상을 받아들이면서, 얀세니즘의 영향권에 들어가 그들의 대변인이 되기에 이르렀다.

다음 몇 해 동안 파스칼은 계산기를 발명하고 진공과 기압계를 이용한 일련의 실험을 선보였다. 그러는 사이, 리슐리외와의 신앙적인 견해 차이에 정치적인 이유까지 겹쳐 감옥에 갇혔던 얀세니우스의 협력자 장 뒤베르지에 드 오란(Jean Duvergier de Haurannne)이 몇 해에 걸친 수형 생활 끝에 1643년, 세상을 떠났다. 신학자 안토니 아르노(Antoine Arnauld)가 《아우구스티누스》를 옹호하고 나섰지만 곧 거센 반발을 샀

다. 살아서는 무명이었지만 죽어서 도리어 유명해진 이프르의 주교 얀세니우스도, 그와 더불어 교리를 정리하고 전파해서 긴밀한 신앙 공동체의 추진력으로 끌어올리는 일을 거의 도맡다시피 했던 생 시랑(Saint-Cyran)도, 그 가르침의 불분명한 구석들을 설명하는 데 삶을 바치기는커녕 그것들이 교회에 불러온 결과를 물끄러미 지켜보는 데 그쳤다는 사실은 얀세니즘 역사에 자리한 숱한 아이러니 가운데 하나다.

1646년, 생 시랑의 작품이 일으킨 파장이 마침내 파스칼 가족에게까지 도달했고, 그때부터 일가의 부침은 얀세니즘과 포르루아얄의 성쇠와 밀접하게 연결되기에 이르렀다. 한편 파스칼의 아버지가 낙상을 해 접골 시술을 했는데, 그때부터 아버지는 자신을 치료한 경건한 의사 둘과 교분을 쌓는다. 얼마 뒤 이들은 인접한 후빌르의 교구 사제이자 생 시랑의 제자 가운데 하나인 귈베르(M. Guillebert)를 소개해 파스칼 가족의 회심을 이끌어 냈다.

파스칼 일가는 정기적으로 신앙 의무를 다하는 선량하고 인습적인, 또는 열성적이지만 일상생활과 신앙을 분리해 별개로 유지하는 가톨릭 신자였던 것으로 보인다. 그러나 생 시랑의 사상, 특히 '은혜'를 알게 되면서 파스칼 일가는 세속적인 집착을 무의미한, 더 나아가 구원에 해로운 요소로 여기는 열정적인 크리스천으로 변모했다. 여동생의 변화는 파스칼보다 한결 더해서 회심 이후 삶의 행로가 완전히 달라졌다.

한편 신앙이 깊어지면서 파스칼은 신학 논쟁에 뛰어든다. 믿음의 본질과 관련해 합리주의적이지만 얼마쯤 정통에서 벗어난 입장을 지적하고 정죄하는 전직 수사 시외르 드 생 탕주(Sieur de Saint-Ange)에 맞서 변호에 나선 것이다. 그러면서도 학문 연구는 조금도 수그러들지 않고 계속되었으며, 예수회 신부 페레 노엘(Pere Noél)과 1647년 병환 중에 잠시 만났던 데카르트 같은 이들과 벌이는 논쟁에 더 깊이 빠져들었다. 1651년, 아버지가 세상을 떠나자 파스칼 가족은 루앙을 떠나 파리로 이사했다.

앞을 가로막던 아버지의 강력한 반대가 사라지자, 여동생 자클린은 포르루아얄에 들어가 수녀가 되었다. 거기서 불거진 품위 없는 재정 논란은 파스칼의 삶을 통틀어 유난히 불행했던 시기의 전조가 되었다. 몇 달 사이에 아버지는 물론이고 가장 좋아하는 여동생과 떨어져 다시는 함께할 수 없으며 난생처음 자기 힘으로 살림을 꾸려야 하는 처지가 되면서 벌어진 일이었다. 이런 상황은 스스로만이 아니라 누구라도 인정할 만한 일생일대의 결정적인 사건으로 이어졌다.

과학적인 업적을 쌓으면서 파스칼은 국제적인 유명 인사가 되었고, 귀족 사회에 친구가 많아졌으며, 특히 젊은 로안네즈 공작(duc de Roannez)과 그의 누이 샤를로트(Charlotte)와 가까워졌다. 한편으로는 여동생의 신앙적인 소명을 지켜보며 삶의 방식이 크게 흔들렸다. 이렇게 시작된 세속적인 시기는 방탕이라고까지 할 수는 없지만, 그래도 1646년 첫 번째 회심 사건으로 신앙이 변화되었던 당시에 비하면 파스칼의 삶에 오만과 이기심, 물질주의가 두드러지게 나타났다. 건강이 악화돼서 심한 고통에 자주 시달렸던 점도 기억해 둘 필요가 있다.

혼란스러운 생활이 지속되던 어느 날, 파스칼은 문득 '완전한 회심'이라고 할 만한 개인적인 경험을 한다. 종이쪽지에 휘갈겼다가 나중에 양피지에 옮겨 적어 평생 품에 지니고 다녔던 '메모리얼'(Memorial; 파스칼이 회심 경험을 적은 기록, 913번)에 따르면, 1654년 11월 23일, 파스칼은 죽는 날까지 앞길을 인도해 줄 빛을 보았다. '눈에 보이지 않는

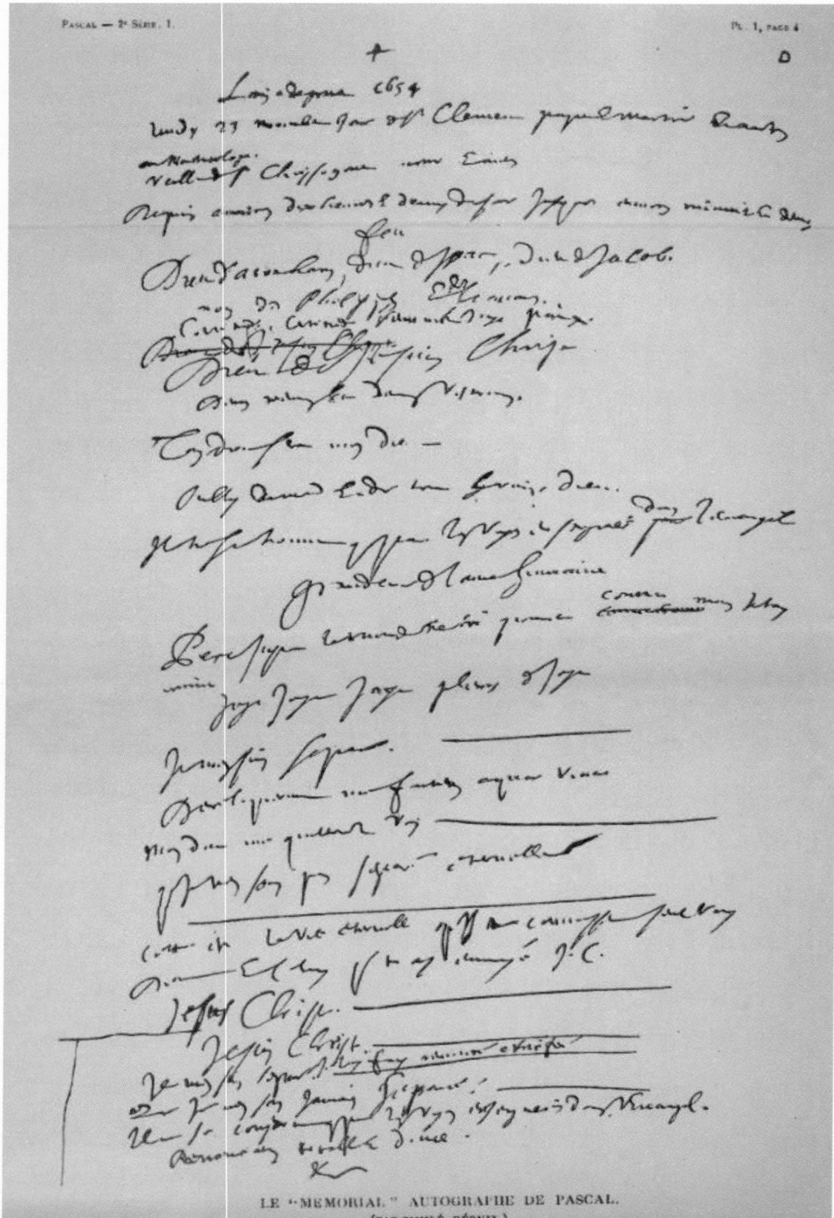
PASCAL — 2e SÉRIE, 1.
PL. 1, PAGE 4
LE "MEMORIAL" AUTOGRAPHE DE PASCAL.
(FAC-SIMILÉ RÉDUIT.)

〈메모리얼〉 — 913번 단장
"다시는 주님을 멀리하지 않게 하소서!"
"감미롭고도 완전한 포기."

하나님'(비판을 쏟아 내는 이들은 그 점을 물고 늘어지지만 어쨌든)이 그날 밤, 예수 그리스도의 모습으로 나타났다고 한다. 그동안 어떤 의심을 품었든 하나님을 직접 만나면서 의심은 말끔히 사라졌다. 또한 그때부터 이를 남들에게도 전하려 안간힘을 썼다. 그는 확신과 기쁨을 안겨 줄 진리를 깨닫게 하는 결정적 요인으로 구약과 신약의 증거, 그리스도의 고난, 크리스천으로서 개인적으로 감당해야 할 의무를 내세웠다.

몇 주 뒤, 파스칼은 이런 체험을 행동으로 옮겼다. 일단은 가까운 수도원으로 갔다가 곧 포르루아얄 데 샹(Port Royal des Champs)에 들어갔다. 수녀들이 포르루아얄 데 파리로 옮겨 간 뒤 남성 공동체가 그 자리를 물려받은 터였다. 그러나 그때나 그외 어떤 시기에도 파스칼은 '포르루아얄의 형제들' 가운데 하나가 아니었으며, 한 번에 일주일 이상 거기 머문 적이 없었다. 물론, 영적 지도자였던 생글렝(M. Singlin), 파스칼의 여동생 자클린, 아르노와 니콜(Nicole)을 비롯한 포르루아얄의 다른 구성원들은 그날 이후로 파스칼을 단순한 지지자가 아니라 적극적인 동지로 여겼던 것은 사실이다. 하지만 얀세니스트 친구들은 자체적으로도 이리저리 갈려 있었는데, 교리 면에서 파스칼은 결코 어느 한편에 완전히 기울지 않았다.

숨어 지낸 지 딱 한 해가 지난 1656년 1월, 파스칼은 스스로 이 사상에 더없이 적극적인 후원자가 되었음을 세상에 여실히 보여 주었다. 《아우구스티누스》 출간 이후 16년이 흐르는 사이에 의식은 단단해지고 연대는 굳건해졌다. 앙투안(Antoine), 메헤 안젤리크(Mères Angélique), 아그네스(Agnès)를 비롯해 포르루아얄의 아르노 집안사람들은 생 시랑에게서 전수받은 가르침과 생활 방식을 열성적으로 지켜 나간 반면, 소르본위원회와 예수회는 한 몸처럼 움직이며 줄곧 성마른 반대 입장을 고수했다.

1649년, 이들은 얀세니스트 반대파들이 《아우구스티누스》에서 뽑아냈다는 일곱 개 명제(다음 해에 다섯 항목으로 줄였다)를 소르본과 교황에 제출하고 조사해 줄 것을 요청했다. 하지만 교황 인노첸시오 10세(Innocent X)는 선불리 움직이지 않고 판단을 늦추다가 1654년에 들어서야 다섯 개 명제(Five Propositions)를 단죄했고, 그뿐만 아니라 얀세니우스의 교리까지 비난했다.

아르노는 이 다섯 개 명제야말로 이단적이라며 이의를 제기했지만, 교황이 독단적으로 발표한 최근 교서에 따라 노골적으로든 암암리에든 《아우구스티누스》를 내세우지는 않았다. 반대 진영에서는 이제 저항을 완전히 무찌르기 위해 안간힘을 썼다. 1655년 말, 아르노는 소르본 신학자들의 심리를 받았다. 이미 많은 이들이 예수회에 속아 넘어갔거나 설득당한 상태였으므로 절대다수의 비난을 피할 길이 없었다. 은혜를 둘러싼 온갖 기술적인 논쟁의 핵심 쟁점은 다섯 개 명제가 정말 얀세니우스의 책에 들어 있는지 여부를 가리는 것이었을 뿐, 교황에게 그것을 이단적이라고 정죄할 권한이 있는지 권리를 판단하는 문제가 아니었다. 결국 이러한 차이는 아르노와 지지자들이 처절하게 괴멸당하는 마지막 진지가 되었다.

파스칼이 포르루아얄 데 샹에 다시 은거하고 있다가 친구들에게서 전면에 나서 달라는 요청을 받은 것은 모두 끝난 듯 보였던 바로 이 시점이었다. 곳곳에 흩어진 지지자들에게 보내는 첫 번째 서한, 다시 말해 《시골 친구에게 보내는 편지》 1편을 쓰기까지는 고작 며칠밖에 걸리지 않았다. 그때부터 이듬해 3월까지 열여덟 편의 편지가 꼬리를 물고 나왔고, 이들 모두 결코 무심히 넘기지 못할 서신들이었다. 파스칼이 더없이 은밀하고 참으로 엄중한 상황에서 눈앞에 벌어진 사안들을 잇달아 비판한 까닭에 읽는 이들이 격하게 분노하기도 하고, 다른 한편에서는 매우 반기기도 했다.

처음에는 사태가 얀세니스트들에게 아주 불리하게 돌아갔다. 아르노는 소르본에서 쫓겨났고(지금의 파리대학 전체에서가 아니라 당시 신학부에서), 프티 에콜(Petites Écoles; 졸업생 가운데는 극작가 라신이 가장 유명하다)은 폐교되었으며 수도자들은 뿔뿔이 흩어졌다.

그런데 3월 25일, 단번에 흐름이 바뀌었다. 파스칼의 조카딸 마르게리트 페리에(Marguerite Périer)가 3년 넘게 눈병에 시달렸는데, 포르루아얄의 수녀들이 간직하고 있던 성물 가시관을 환부에 대자 순식간에 치유된 것이다. 꾸준히 편지를 쓰면서(열일곱 번째 편지부터는 시골 친구가 아니라 예수회를 대놓고 겨냥한다) 다른 한편으로는 기적에 관한 글을 쓸 자료(이 책의 3부)를 모으기 시작했다. 훗날 《기독교 신앙에 대한 변증》(*Apology for the Christian Religion*)으로 출간할 글을 쓸 작정이었던 것으로 보인다.

의학계와 교회 당국 양쪽에서 이 기적을 모두 '참'으로 인정하면서 포르루아얄 지지자들은 큰 힘을 얻은 반면, 예수회는 모호함과 궤변을 예리하게 지적하는 파스칼의 채찍질에 얼얼한 아픔을 맛보아야 했다. 하지만 동기야 어찌 됐든 이런 불복종 행위를 바라보는 루이 16세와 고위 성직자들의 기분은 그다지 편치 않았다. 왕실의 고해신부가 예수회 쪽 사람이라는 점도 여기에 적잖이 작용했다. 더 깊은 분열을 부르고 성직자와 평신도, 파리와 지방을 더 광범위하게 아우르는 논란이 일어났다.

《시골 친구에게 보내는 편지》 집필을 멈추고 나서도(열아홉 번째 편지는 몇 문장을 쓰고 나서는 더 이상 이어지지 않았다) 파스칼은 자기 글을 쓰는 일과 성직자들이 내놓는 다양한 성명서 작성 돕는 일을 모두 붙들고 씨름했다. 게다가 사이클로드 수학 문제에 얽힌 새 일도 함께 진행하면서 모든 일들 사이에서 균형을 이루려고 노력했다. 크리스토퍼 렌과 크리스티안 하위헌스에게 쓴 편지에 이 점이 잘 드러난다. 무엇보다 현대인들이 《팡세》로 알고 있는 작품의 대부분을 이 시기에 썼다. 1658년 무렵에는 이 집필 작업이 상당히 진행돼서 포르루아얄 친구들(적어도 한 명 이상)에게 문제 제기 방식과 주요 논점을 이야기할 정도가 되었다.

1659년에 이르러서는 폐결핵이나 암으로 짐작되는 고질적인 건강 문제로 오랜 시간 진지한 작업을 계속하는 것이 불가능해진다. 물론 파스칼처럼 독특한 은사를 가진 이에게 나태와 노동 능력 상실은 일반인들의 그것과는 사뭇 달랐다. 파스칼은 오히려 투병으로 외부 활동이 없는 시간을 이용해 글로 쓰거나 구술할 능력이 조금이라도 남았다 싶으면 연구와 집필에 몰두했다. 《팡세》 가운데 4분의 1 정도를 아마 이 시기에 작성했을 것이다. 아울러 광범위한 주제를 다룬 주요 서신의 상당 부분을 쓰는 기초가 된 성찰도 이 시기에 이뤄졌다. 1662년 3월 파스칼이 고안한 합승 마차 서비스를 시작했는데, 그때 그는 사실 병세가 위중한 상태였다.

질병만이 아니라 막바지로 치닫는 얀세니스트 갈등도 생의 마지막 두 해에 짙은 그늘을 드리웠다. 이제는 여동생을 비롯한 몇몇 구성원만이 완강하게 버티고 있는 공동체를 향해 무자비한 공세가 계속되었던 것이다. 이때는 한결 구체적인 부분들을 언급하는데, 수녀들의 양심이 요구하는 바와 교회가 기대하는 순종을 모두 충족시킬 수 있는 방편들이 잇달아 나왔다. 그러다 마침내 조건 없는 굴복 말고는 달리 대안이 없는 지경에 이르렀다. 1661년 10월, 여동생 자클린이 세상을 떠났다. 파스칼에게는 가슴이 찢어지듯 고통스러운 일이었다. 그해 11월, 공동체는 끝내 무릎을 꿇고 수많은 규정을 적은 문서에 아무 조건도 달지 않고 서명했다.

여동생의 죽음과 실패(그가 보기에는 그랬다), 그리고 수녀들과 그 조언자들이 대의를 지켜 내지 못하고 참담한 종말을 맞았다는 사실에 파스칼은 한없이 모진 영적 고통을 느꼈다. 파스칼은 예수회는 참으로 악한 세력이며, 신학적으로 비전문적이고 순진한 수녀들이야말로 얼마 남지 않은 신실한 이들이라고 굳게 믿었다. 그런데 상황이 그렇게 되자 그는 가톨릭 신자로서 책임을 감당하면서 동시에 죽음을 무릅쓰고 진리를 따르는 크리스천으로서의 의무를 다할 길을 쉬 찾지 못했다. 적들과는 여전히 한 점 타협 없이 대치 중인 터에 이제는 수많은 친구들과도 멀어졌다.

1662년 7월, 파스칼은 누나 질베르트의 집으로 들어갔다. 심신이 극도로 쇠약해진 상태였다. 생의 마지막 몇 주 동안, 생 에티엔 뒤 몽(판테온 근처)에 있는 교구 사제로 일하는 페르 뵈리에(Pére Beurrier)가 자주 찾아와 파스칼이 그토록 깊이 개입해 왔던 신학적인 갈등에 관한 자신의 의견을 털어놓았다. 뵈리에의 논증이 어떤 가치가 있고 또 정확한가를 둘러싸고 숱한 토론이 오갔지만, 기초적인 사실들에 관해서는 한마디도 논하지 않았다. 가톨릭교회의 지체라는 신분을 유지하면서 교황과 고위 성직자들의 공식적인 명령을 따르지 않을 방도가 없음을 깨달은 파스칼은, 조건 없이 신앙 문제에 관해 어느 한편에 서서 공개적으로 입장을 천명할 능력이 없음을 인정할 수밖에 없었다. 덕분에 더없이 가까이 지냈던 아르노나 니콜을 비롯한 여러 동지들과 끝까지 친밀한 관계를 유지할 수 있었다. 타협 의지를 보이는 이들에게 더없이 분개하던 한 해 전과는 완전히 다른 양상이었다.

마지막 며칠간의 기록은 우울하고 비참하다. 진단하는 데는 둔하기 짝이 없으면서 치료법을 고안해 내는 데는 끝없이 기발했던 의사들의 소름 끼치는 관심, 그토록 갈구했던 성찬의 위로를 너무 늦었다 싶을 때까지 베풀지 않고 보류했던 친구와 의사들의 그 기이한 고집, 호기심과 냉담한 마음에서 비롯된 섬뜩한 부검 따위가 한데 어울려 고통스러운 이야기를 빚어낸다. 평온과 존엄을 박탈당한 파스칼의 죽음, 순교자의 영웅담으로 윤색하기에는 그 낱낱이 너무도 추악했던 그 고통은, 느릿느릿 진행되며 정신마저 낚아챌 것이 거의 없을 정도까지 피폐하게 만드는 육신의 부패를 보여 줄 따름이다.

하지만 영혼만큼은 마지막 순간까지 스러지지 않았고, 1662년 8월 19일, 의식이 또렷한 가운데 행복한 모습으로 세상을 떠나 마침내 구주와 연합하기에 이르렀다. 이틀 뒤, 생 에티엔 뒤 몽에 묻혔으며 라신(Racine)이 비문을 쓴 비석이 오늘날까지 남아 있다.

《팡세》에 대하여

파스칼이 변치 않는 명성을 얻은 데는 무엇보다 《팡세》의 영향이 컸다. 오늘날 그 이름으로 알려진 작품의 역사는 하나하나가 다 기이하기만 하다. 17세기에는 인쇄업자에게 보낸 육필원고에 온갖 표시가 다 되어 있어서 일단 책을 발간하고 나면 따로 보관하지 않는 것이 일반적이었다. 하지만 파스칼의 경우에는 지인들이 지극한 존경심을 품고 있었던 까닭에 예외 과정을 밟았다. 1662년, 세상을 떠나면서 파스칼은 대부분 직접 쓴(일부는 비서가 받아 적은) 원고 한 무더기를 남겼는데, 유고 관리를 맡은 이들이 보존하기로 결정했다.

이를 위해 필사본 두 권을 만들었다. 이는 한 사람의 솜씨로 보이는데 원작을 빠짐없이 옮겨 적는 데 큰 공을 들였지만 글씨체를 알아보기가 매우 힘들었다. 일단 사본이 완성되자 친필 원고는 마치 유물을 보존하듯 따로 보관했다. 하지만 그로부터 얼마 지나지 않은 1711년, 누군가 이 원고들을 철해서 앨범으로 만들어 버렸다. 그런데 지면 공간을 최대한 활용할 욕심에 순서 같은 것은 신경 쓰지 않고 가위로 단장들을 조각조각 잘라 버리기까지 했다. '오리지널 컬렉션'(Recueil Original)으로 알려진 이 원고는 지극히 개인적인 자료로, 300주년 기념으로 발간된 영인본(影印本)이 나와 있어서 각 단장의 표기를 사본과 대조해 가며 살펴볼 수 있다.

이 번역판은 첫 번째 사본과 같은 순서를 따랐다. 첫 번째 사본도 두 번째 사본과 마찬가지로 문서를 발견한 순서에 맞춰 제작했지만, 중요한 차이점이 있다. 책을 일정 단위(또는 원고 묶음) 별로 따로 복제해 필요할 때마다 떼어 내서 파리나 클레르몽의 전문가들에게 보내 그 의견을 구할 수 있게 되면서 최종 결과물(1670년에 나온 포르루아얄 판)을 내려고 모인 편집진들이 저마다 이를 달리 사용했던 것이다. 반면에 두 번째 사본은 한 단원이 끝나면 곧바로 다음 단원으로 넘어가는 연속적인 방식으로 필사했으며 페리에 가족은 처음 옮겨 쓴 순서를 정확하게 고수했다. 이 두 사본은 파스칼이 남긴 실제 원고만이 아니라 《기독교 신앙에 대한 변증》을 염두에 둔 작품의 구조까지 동일하다.

지금은 3, 40년 전에 비해 파스칼의 작업 방식과 관련해 훨씬 많은 사실들을 알게 됐다. 일반적으로 커다란 종이를 펴 놓고 유난하다 시피 서둘러 생각을 써 내려갔으며, 숱하게 고치고 지우고 위치를 바꾸는가 하면 더러는 산문보다 시처럼 보이게 적기도 했다. 항목마다 줄을 그어 구분을 두었다. 1658년 6월, 파스칼은 기획 중이던《기독교 신앙에 대한 변증》의 각 장에 맞춰 스물여덟 개 표제(하나는 실제로 사용되지 않았다)로 정리한 목록을(원본은 유실됐지만 지금 남아 있는 필사본도 진본으로 본다) 만들고 여태 쓴 글을 그 아래 모으기 시작했다. 이런 분류 방식은 표제 목록과 아울러 파스칼 연구의 실질적인 돌파구가 되었다.

《팡세》의 단원 하나하나는 '팡세', 더 일반적으로는 '단장'이라고 부른다. 커다란 종이 한 장마다 아홉 개 항목이 들어가는데 반드시 내용이 이어지는 것은 아니다. 파스칼이 당시 흔히 사용하는 체계에 맞춰 자르면 그것이 물리적으로 한 조각, 곧 단장이 되었다. 그리고 단장의 귀퉁이를 한 줄로 꿰어 자료철로 만들었다. 꼭대기에 제목을 붙이고 줄을 매 한 묶음을 이루게 한 것이다. 철 하나하나가 앞에서 말한 목록의 표제들과 맞아떨어지게 했다. 여백에 맞춰 단장들을 잘라내는 바람에 상당수가 사라지기는 했지만, 지금도 오리지널 컬렉션에서는 숱한 구멍들이 선명하게 보인다.

첫 번째 사본을 바탕으로 삼은 라푸마 판이 발간돼 초판이 나온 1670년 이래로 수백 년 동안 종종 행한 임의적인 단장 분류, 또는 통합(혹은 분류와 통합)의 욕구를 말끔하게 청산해 낸 게 겨우 1951년의 일이다. 루이 라푸마(Louis Lafuma)는 1963년에 세상을 떠날 때까지 첫 번째 사본을 다른 형식으로 제작한 판본 셋을 더 내놓았다. 이렇게 물꼬를 튼 지 25년이 지났을 즈음, 이번에는 필립 셀리에(Philippe Sellier)가 탁월한 편집으로 두 번째 사본을 가지고 제작했으며(1976년), 1991년에는 최근의 학문적인 성과들을 종합해 또 다른 판본을 새로 출간했다. 우리 시대에 나온 판본들은 두 사본이 담고 있는 목록과 27개의 원고 묶음을 한결같이 존중한다. 파스칼이 나눠 놓은 잠정적인 분류를 바탕으로 했으며 오랜 기간 동안 거의 관습이 되다시피 한 자의적인 편집 방식은 어디에서도 찾아볼 수 없다.

1658년, 파스칼이 기획 당시부터 목차를 그토록 중요하게 여겼다면 설계 자체가 실험적이었다는 데는 두말이 필요치 않을 것이다. 비록 시작 단계이긴 하지만, 창의력을 긁어모아 존재하지 않는 것까지 구상해 낼 수는 없는 법이다. 1658년에 붙여진 원고철(liasses)의 번호와 표제는 잠정적인 장치다. 'APR'(11) 같은 제목은 최근까지도 포르루아얄을 가리키며 파스칼이 거기서 쓴 글로 보았지만 지금은 의심스러운 점이 많다는 시각이 지배적이다. 하지만 적어도 확실한 목차에 끼어든 애매한 항목쯤으로 생각지는 않는 분위기다. '자연은 부패했다'라는 항목은 목록에는 들어 있지만 어떤 사본에서도 배당된 단장들을 볼 수 없다. 전반적인 흐름에는 반드시 필요한 주제임에도 부패와 관련된 다양한 단장들은(예를 들어 449번) 여러 원고 묶음에 흩어져 들어가 있다.

첫 번째 사본에서 단장 384-414번으로 이뤄진 섹션은 목차를 확장한 것이므로 (두 번째 사본처럼) 가장 앞에 나와야 한다는 데는 큰 이견이 없다. 그렇게 하면 1658년에 기획한 글 가운데 절반가량을 설명할 수 있다. 나머지에는 최초 계획과 확실히 무관한 일부 자료들(가령 《시골 친구에게 보내는 편지》를 쓰기 위한 초고), '기적'이라는 제목이 붙은 세 개의 섹션(단장 830-912번), 그리고 그 밖의 원고 대부분이 들어간다. 나머지 부분, 특히 성경 본문과 해석을 담은 원고 묶음은 전체적인 틀 속에 자리를 잡기 전, 새로운 전개를 기다리는 다양한 단계의 자료들로 볼 수 있다. 일단의 원고 묶음(시리즈 2-5, 즉 418-450번)은 분명 단편적인 조각글 차원을 넘어선다. 저 유명한 '도박'(418번, 더 정확하게는 '무한-무'), 타락을 다루는 449번(아마 438번부터 확장되며 이어지는 글일 것이다) 단장들이 여기 속한다. 이들은 그 묶음에서 볼 수 있는 대다수 단장들보다 훨씬 완성된 형태에 가깝다. 하지만 44번('상상')과 199번('인간의 불균형')마저도 비슷한 수준의 폭넓은 전개를 보여 준다.

1992년에 출간된 장 메스나르(Jean Mesnard)의 논문들은《기독교 신앙에 대한 변증》의 완성판을 둘러싼 문제에 대단히 적절한 설명을 내놓았으며, 의도를 떠나 그 핵심을 정확하게 짚었다. 파스칼은 직선적인, 다시 말해 일목요연한 논리에 기대지 않고 '핵'(noyaux)으로, 즉 중심으로, 고갱이로, 정신보다는 마음의 질서를 좇아 글을 썼다. 메스나르는 완성 상태에 가까운 결과물로 44번과 199번을 인용하면서 어떻게 이 주제에 관한 모든(또는 어떤) 단장들이 나머지에 포함되어 왔는지 이야기한다. 그리고 다른 한편으로는, 마지막 손질을 전혀 받지 못한(비록 136-137번이 큰 도움을 주고 있기는 하지만 어쨌든) 8장('오락')과 비교한다. 이는 파스칼의 미완성 원고를 고찰하는 데 가장 좋은 접근법이다.

어떻게 파스칼은 지독한 병고에 시달리면서도 굴하지 않고 이토록 훌륭한 작품을 썼는지 오늘을 사는 우리는 도저히 가늠할 수조차 없다. 또한 그런 작품을 쓰는 데 얼마나 오랜 기간이 걸렸는지도 헤아릴 수 없다. 이 번역판의 마지막 섹션은《시골 친구에게 보내는 편지》나 다른 변증 작품들만이 아니라 '메모리얼'(913번), '예수의 신비'(919번), '자기애'(978번)에 대한 논문을 쓰기 위해 준비했던 갖가지 자료들을 다 아우른다.

연구를 꾸준히 이어 오는 덕에 다른 판본이나 오리지널 컬렉션, 어디에서도 알려지지 않았던 신뢰할 만한 단장들이 여전히 발견되고 또한 출판으로 이어지고 있다. 이 모든 재료들로도 온전히 완성된《기독교 신앙에 대한 변증》본문을 대체할 수는 없겠지만, 지금 누리는 이 다양하고 풍부한 자료들은 저마다 고유한 가치가 있어서 사라진 부분을 전혀 다른 방식으로 메워 준다. 있지도 않은 것들을 향한 아쉬움과 있었을지도 모르는 것들에 대한 비뚤어진 궁리는 내려놓고 실제로 존재하는 것들, 다시 말해 신앙, 그리고 그 비슷한 주제들에 관해 파스칼이 직접 기록한 원본과 여전히 살아 있는 사상에 관심을 두는 편이 훨씬 합리적이고 더 보람찬 일이다.

일련의 사건들이 일어나면서 파스칼은《시골 친구에게 보내는 편지》를 쓰지 않고는 견딜 수가 없었다. 그 편지들은 이른바 '불의 밤'(nuit de feu)이라 불리는 결정적 회심의 결과물이었다. 그것들은 넓게는 기독교 진리에 대한 타협 없는 헌신을, 좁게는 체험을 통해 더 끈끈해진 포르루아얄과의 관계를 보여 주었다.《팡세》는 스스로 누린 혜택을 다른 이들에게 전달하려는 한층 직접적인 시도에서 나온 결과물이다. 하지만 그렇다고 해서 논쟁과 떼려야 뗄 수 없는 신학적인 왜곡에서 자유로운 것은 아니다. 파스칼이 경험한 회심에 관심을 두었던 자유주의자라면, 예수회가 허둥대는 모습에 마음을 돌렸을지 모른다. 이단 소리를 듣는 이들은 가톨릭교회처럼 부패하고 갈라진 거대 조직 속에 자신이 들어 있지 않음을 자축했을지 모른다. 파스칼이 스스로 인정하다시피, 예수회와 얀세니스트들이 서로 치고받으면서 기독교 신앙은 말할 것도 없고 교회에 더 많은 사람들이 관심을 보이기 시작했다고 보기는 어렵다.

《팡세》는 《시골 친구에게 보내는 편지》를 뒤집지 않으며, 도리어 중요한 의미를 갖는 여러 방식으로 그 내용을 조명한다. 하지만 그 목표는 훨씬 더 긍정적이고 보편적이다. 가톨릭교회 안에서 그리스도를 통해 인간을 하나님께로 인도한다는 것이다. 얀세니스트와 동떨어진 궤적이지만 가톨릭교회 안팎의 대다수 엄격주의자와 개혁자들에게 공통적으로 영향을 주었던 아우구스티누스주의자의 흔적을 여실히 드러낸다.

《팡세》만이 아니라 파스칼이 쓴 신앙적인 글들에 나타나는 전형적인 양식은, '타락한 본성을 지닌 현재 상태의 인간'과 '은혜 아래 놓인 인간' 사이를 냉정하게 비교하는 것이다. 넓게는 아우구티누스주의, 좁게는 얀세니즘의 교리적인 특성은, 인간 본성이 타락 이후로 심하게 부패한 탓에 하나님의 은혜가 개입하지 않고는 선을 행하고 구원을 얻을 길이 없다는 가르침에 있다. 이 은혜는 애써서 얻을 수 있는 것이 아니다. 인간은 구원을 베푸실 수밖에 없도록 하나님을 몰아갈 길이 없다. 은혜로 가는 길을 가로막은 장애물들을 치우고 은총을 입기에 더 합당한 성향을 가지려 노력할 따름이다.

얀세니스트들은 선택받았다는 의식이 강했으며 구원받은 이의 숫자가 많지 않으리라는 사실에 집착했다. 동시에 마음이 속된 사람은 은혜를 입지 못했을 것이라고 추정했다. 이들은 또한 성찬을 엄격한 마음가짐으로 지키면서 세상에 가득한 편리를 좇는 태도에 맞서고 은혜를 놓치지 않으려면 지속적으로 노력하고 경계해야 한다고 강조하는 청교도주의의 면모를 보였다. 반대 진영에서는 칼뱅주의자라고 그들을 비난했지만, 예정론에 대한 시각으로 보든, 그리고 무엇보다 교회에 대한 관점으로 보든 이를 입증하기는 불가능하다.

포르루아얄의 협력자로, 거기서 이야기하는 부류의 기독교 신앙을 품고 실천했던 파스칼은 얀세니스트라는 소리를 들었다. 하지만 그런 딱지는 조금도 도움이 되지 않았으며 나중에 붙은 그 꼬리표가 그를 제한적인 의미로 비추어 보게 함으로써 우리가 그를 해석하는 데 극심한 혼동을 일으키고 있는지도 모른다.

첫 부분에 파스칼의 논리를 떠받치는 두 기둥을 아래와 같이 간결하게 규정해 놓았다(6번).

> 1부: 하나님 없는 인간의 참상.
>
> 2부: 하나님을 가진 인간의 행복.
>
> 혹은
>
> 1부: 본성의 타락. 본성 자체가 증명함.
>
> 2부: 구주의 존재. 성경이 입증함.

아우구스티누스주의가 눈에 띄게 강조하는 인간 본성의 타락이 여기서는 약속된 치유와 불가분의 관계로 이어져 있다. 오늘날 꾸준히 관심을 받는 부분은 첫 번째 대목이다. 성경 논쟁을 다루는 두 번째 부분은 사실 자주 간과할 뿐만 아니라 심하면 아예 생략하기도 한다.

나르시시즘은 인간 본성에 깊이 뿌리내리고 있다. 따라서 오늘날의 독자들이 파스칼의 처방을 검증하기보다 정신적인 건강 염려증에 빠진다 해도 전혀 이상할 것이 없다. 작품의 두 번째 부분에 해당하는 성경 주해는 그동안 발전에 발전을 거듭해서 이제는 효과적으로 살려 쓰기가 어려워졌다. 하지만 적어도 《팡세》가 믿지 않는 이들에게 한 점 일그러짐 없이 온전한 기독교 신앙을 제시하는 사실만큼은 자신 있게 말할 수 있다. 계약서에 서명을 하고 나서야 비로소 눈에 들어오는 깨알 같은 글씨로 인쇄된 예외 조항 따위는 없다.

논의 도입부에서 파스칼은 대화의 상대에게(이 글은 논문이라기보다 대화, 또는 편지이기 때문이다) 자신의 실체를 조금씩 드러낸다. 그는 '사교계의 예법에 정통하고, 거물들의 세계와 그들이 즐기는 사냥, 노름, 춤, 테니스 같은 취미에 익숙하며, 망원경으로 드러난 세계와 현미경으로 드러난 세계가 서로 어떤 연관이 있는지 충분히 알 만큼 현대과학 관련 학식이 있으며, 인기와 인정, 스타일과 패션에 신경을 쓰며, 2 곱하기 2는 반드시 4가 되어야 하는 빈틈없는 합리주의자임을 스스로 자랑스럽게 여기며, 이성으로 뒷받침할 수 없는 주장을 비웃는' 상대와 이야기를 나눈다. 그러나 이 대화의 상대는 진정으로 회의하는(비록 그렇게 그려 내는 것이 파스칼의 의도였지만) 인물은 아니다. 그렇다고 완고한 죄인도 아니다. 세속적인 기준에서 자기 이익을 좇으며 오만한 마음의 지배를 받는 교양인들은 세상의 법은 물론이고 사회적 관습조차도 어기지 않는다.

파스칼의 초기 논증 가운데 상당 부분은 그 상대에게 이미 존재가 입증된 하나님의 법을 어기는 것은 물론이요 자기 자신을 망치고 있음을 알려 주기 위해 설계된 것이었다. 이른바 자유사상가들은 신앙에 대한 적대감보다는 더 심하게 냉담함에 젖어 있어서 파스칼로서는 안주하고 있는 껍질을 깨트리지 않고는 생사를 가르는 문제의 핵심에 닿을 길이 없었다. 기독교 신앙을 옹호하는 전체적인 개념은, 앞서 말했던 본성의 상태와 은혜의 상태를 서로 맞대 놓은 대조, 그리고 세 가지 질서와 관련된 파스칼의 이론에 토대를 두고 있다.

이는 본래 수학에서 비롯한 콘셉트로 신앙에 적용하기 전에도 파스칼은 다른 상황에서 이 개념을 사용해 왔다. 선, 면, 면체(또는 x, x2, x3)는 제각기 다른 질서로서, 서로 섞일 수 없다. 인지 영역에서도 몸에 적합한 것과(감각), 정신에 맞는 것(이성), 마음에 합당한 것이 각각 다른 질서를 이루고 있으므로 오류를 피하려면 이를 조심스럽게 분별할 줄 알아야 한다. 파스칼이 세운 이런 체계에서 마음은, 정서적이고 심미적인 경험들뿐만 아니라 이성에 앞서는 제일원리들을 이해하고 이성을 뛰어넘는 진술에 동의하는 직관적인 지식에 적절한 통로다.

파스칼의 의도를 파악하는 데 필수적인 본문은 110번 단장이다. 신앙의 세계에서 마음은 사랑이 깃드는 자리이자 그릇이다. 마음을 상대적으로 우월한 기관이라고 이야기하는 것은 오직 이런 관계 속에서만 타당하다. 자연 발생적인 온갖 일들 가운데서 이 세 가지 질서는 저마다 감당할 몫이 있으며, 부적합한 질서를 적용하면 효력을 갖지 못한다. 오래된 예를 들자면, 데카르트는 자연에 진공이 존재할 수 없음을 순수이성으로 입증하고자 했다. 그렇게 해서 신앙의 토대를 이성보다 위대한 인간의 권위와 오랜 세월 이어진 전통에 두는 아리스토텔레스(그리고 스토아)학파 철학자들의 금과옥조를 뒷받침하라는 주장이다.

파스칼의 경우, 물리적인 현상은 물리적인 수단, 다시 말해 계기가 실제로 가리켜 보이는 결과를 읽어 내는 감각의 증거를 가지고 제대로 검증했다. 일단 사실을 있는 그대로 확인하고 나면, 당연히 이성이 나서서 분석하고 체계적으로 정리한다. 이성이 가설을 세우고 감각이 실험을 통해 검사하는 것과 매한가지다. 어떤 경우든 마음은 결정적인 역할을 할 수 없다. 초자연적인 사안들에서 감각은 아무런 기능도 할 수 없으며, 최종 결정권을 이성에 돌리는 것 역시 인간의 오만한 망상에 지나지 않는다.

그러므로 파스칼은 자신의 말대로라면 이성의 영역 바깥에 있는 진리를 전달하기 위해 이성에 호소하는 모순적인 처지에 놓인 셈이다. 더러 그런 소리를 듣기는 하지만, 사실 파스칼은 숱하게 제기된 이성적인 주장들에서 사랑의 불꽃을 피워 올리려 애쓰지 않는다. 우물에 빗대는 편이 더 나은 비유가 될지 모르겠다. 드릴이 충분한 깊이까지 들어가야만 하나님의 은혜가 흐르기에 넉넉할 만큼 이성과 습관의 껍질이 얇아지고 마침내 뚫리게 마련이다. 파스칼은 갖가지 원소를 금으로 바꾸는 연금술사가 아니라 거대한 장애물들을 폭파해 가며 숨은 광맥을 찾는 탐광 전문가다. 오직 이성만이 제 무능을 이성에게 설득시킬 수 있다는 사실은 참으로 역설적이다.

인간이 자신의 착각 속에 살도록 지탱해 주는 버팀목들을 파스칼은 체계적으로 제거해 나갔다. 소중하게 여기는 가치들은 순전히 허상이며, 독단적인 특권은 순간의 편의, 또는 편견임을 드러내 보인다. 인간의 관계와 제도들은 서로 부대끼고, 타고난 본성은 완전히 달라질 수 있는 듯하며, 습관은 삶에서 대단히 지배적인 역할을 하므로 제2의 본성(천성)이라고 부를 만하다(126번). 이성 자체는 본능이나 감각에서 원료를 공급받아야 돌아갈 수 있다. 거기에는 어떤 보장도 존재하지 않으며, 하나같이 변덕스럽고 상대적이며 불확실하다. 이런 전개는 본보기로서는 물론, 표현 방식에서도 파스칼에게 적잖이 영향을 미친 몽테뉴(Montaigne)에게서 영감을 받았다.

파스칼은 인간의 현실을 '변덕, 권태, 불안'(24번)으로 규정하고, '오락' 장(章) 전체를 다 할애해 사람들이 권태를 막으려고 얼마나 안간힘을 쓰는지 이야기한다. 그런 생각을 해야 할 특별한 사정이 있지 않은 한, 인간은 별 의미가 없지만 진이 빠질 만큼 고단한 온갖 일에 취한 채 하루하루를 살아가기 쉽다. '최고선'을 탐색하는 철학자들이라고 해도 그저 행복하기만을 바라는 평범한 이들보다 나을 것이 없다. 이런 점에서 인간의 실상은 비참하기 이를 데 없어서, 지복(至福)의 그림자가 희미하게나마 우리 안에 남아 있지 않은 한 도저히 닿을 수 없는 행복을 그렇게 미친 듯이 따라다니지는 않으리라고 파스칼은 주장했다. 인간의 내면은 그야말로 난국이다. 불완전한 존재에게서는 불완전함만 볼 수 있을 따름이다. 목표점을 자기 바깥에 두기 전까지 인간의 문제는 절대로 풀리지 않는다. 한마디로 인간은 하나님께 귀를 기울여야 한다. 하나님은 스스로 인간이 되셨다. 죄에 물든 보잘것없는 피조물들에게는 너무도 놀라운 일이 아닐 수 없다.

솔직히 감격스러운 일인데도 단점이 여지없이 드러난 이성은 뻔뻔스러운 공격을 감행한다. 바로 이 단계에서 마침내 파스칼은 대화 상대에게 아직 진리를 찾지 못했더라도 계속 탐색해 보자고 초청한다. 그편이 무관심을 고집하는 쪽보다 훨씬 합리적이라는 것이다. 더 중요한 것은 오로지 그리스도 안에서만 비참함과 위대함이 충돌하는 인간의 모순을 해결할 수 있다는 사실이다.

191 그리스도 없이 하나님을 아는 것은 불가능한 일일 뿐만 아니라 소용없는 짓이기도 하다.

따라서 파스칼에게 철학자들이 신봉하는 이신론은 무신론만큼이나 기독교 신앙과 거리가 먼 관념이다(449번). 인간이 위대하다는 근거는 생각, 오로지 생각뿐이다. 따라서 인간의 현실을 구성하는 여러 요소들을 검증하는 일은 이성이 권리이자 의무가 된다. 인간 본성의 모순과 이중성은 참다운 신앙만이 풀 수 있고 또 풀어야 할 수수께끼다. 파스칼에게는 성육신, 그리고 대속과 한 덩어리를 이루는 타락의 교리야말로 하나뿐인 정답이었다. 타락하지 않았더라면 인간은 여전히 행복했을 테고, 대속이 없다면 인간은 멸망당할 수밖에 없는 상태에 머물렀을 것이다. 그리고 성육신을 통해, 하나님은 제한적인 이해력을 가진 인간이 알아볼 수 있는 유일한 형태, 무한정 하찮은 것과 무한히 위대한 것 사이의 균형을 정확하게 맞춘 모습으로 스스로를 드러내셨다. 친히 인간이 되심으로써 그리스도는 짐승도 아니고 천사도 아니지만 양쪽의 속성을 다 지닌 상태를 거룩하게 하셨다. 인간은 결코 하나님처럼 될 수 없다(뱀은 그렇게 되리라고 약속했지만). 그래서 하나님이 친히 인간이 되셨다. 하나님이자 동시에 인간이신 그리스도를 따르면 더할 나위 없는 행복에 이를 수 있다.

《팡세》 후반부는 성경과 그 밖에 여러 자료들을 증거로 제시하며 타락과 대속이라는 신학적 교리를 뒷받침하는 데 공을 들인다. 파스칼은 같은 시대를 살아가는 대다수 사람들을 인류 역사를 설명해 주는 모자이크로 받아들였다. 그에게 타락은 여러 작가들을 통해 인류 최초의 조상과 끊어짐 없는 접선으로 맞닿아 있음이 입증된 역사적인 사건이었다. 파스칼은 유대 민족의 끈질긴 생존에 깊은 인상을 받았으며(오늘날이라면 더더구나 그랬을 것이다), 하나님의 섭리를 보여 주는 선명한 증표로 여겼다. 그러지 않고는 '하나님이 메시아의 소망을 계시해 보여 주고 위임하신 민족'이 정작 그리스도가 오셨을 때는 그분을 거부했다는 점과 기독교 신앙에 핵심적인 전승이 참임을 증명하기 위해 지켜져 왔다는 사실을 둘 다 설명해 낼 도리가 없었다.

랍비들의 해석과(이미 수백 년 전에 나온 중세 서적을 통해 간접적으로 지식을 얻었다) 표징(엄밀히 말하자면 '예표'라고 해야 한다)들을 사용한 것은 그의 논리가 지닌 더없이 명확한 약점이다. 예언서들, 특히 다니엘서를 무비판적으로 읽으면서 노골적인 논리적 모순에 빠졌지만, 결국 이런 오류들은(비록 중대하긴 하지만) 파스칼을 존경하는 마음을 더 깊게 한다. 기독교가 도덕률이나 경건한 전설을 뛰어넘는 신앙이라면 당연히 역사적인 사실과 전통과 연결되어야 한다. 그리고 크리스천이 구약 성경을 존중하면서 그리스도를 따른다면, 문제를 무시하는 것이 아니라 설령 오해의 소지가 있다 해도 그 유대 문서들의 신뢰성을 검증하는 데 한결 유익할 것이다. 그 시절, 아마추어로서 파스칼은 할 만큼 했다.

파스칼의 주장에서 놓쳐서는 안 될 포인트가 한두 가지 더 있다. 먼저, 신체 질서에 할당된 역할이다. 여기에는 두 가지 완전히 다른 면모가 있다. 하나는 이생의 욕심, 정욕, 그리고 물질주의를 사랑의 적이라고 이야기하고, 마음으로 하나님을 우러러보기보다 눈을 낮춰 짐승 같은 사람들을 바라볼 때 벌어지는 일들을 보여 주는 데서 잘 드러난다. 이런 인식에서 볼 때, 인간은 영적인 진리에 물질적인 가치를 적용해 그 본성을 저버리고 있다. 오만한 철학자들이 지적인 가치만을 적용해 진리를 왜곡하는 것이나 마찬가지다. 파스칼은 물리적인 질서가 지닌 이런 측면을 어떻게 대다수 유대인들(그리고 일부 크리스천들)이 표징과 예언들을 정확하고 영적인 의미로 해석하는 데 실패했는지를 설명할 때 주로 사용한다.

이 신체 질서에 할당된 두 번째 역할은 첫머리에서도 볼 수 있으며 '도박' 장 마무리 부분에서 가장 명확하게 나타난다. 여기서 파스칼은 생각 없이 자동적으로 반응하는 습관, 또는 무조건 반사라는 의미로 "기계"라는 단어를 사용한다. 그런 의미에서 신체의 질서는 두 번째 본성을 충족시키고, 순전히 지적인 결정을 행동에 옮기게 하며, 오만한 마음을 겸손하게 하는 결정적인 역할을 한다. 그러므로 '성수를 바르고 죽은 이들을 위해 미사를 부탁'(418번)하면서도 정작 믿음이 없는 이들은 정욕, 특히 신앙에 더없이 큰 걸림돌이 되어 온 교만을 이겨내는 데 도움이 된다 싶으면 누가 봐도 무의미한 관습을 훨씬 쉽게 받아들인다. 이런 기계적인 행동은 아무 가치가 없다. 거기에 무슨 의미가 있다고 생각하는 것은 바리새인들처럼 율법의 문장 자체를 지나치게 강조하는 태도나 다름없다. 사람들이 예배 공동체에 들어가기 위해 취하는 행동 양식만 흉내 내는 셈이다.

파스칼은 단순히 상대를 믿게 하는 것이 아니라 충분히 납득시키고, 그렇게 해서 그 밖에는 구원이 없다고 믿었던 그리스도의 몸, 곧 교회의 온전한 지체가 되게 하려 애썼다. 이런 점은 정확한 사회적 의미를 가지고 있는데, 이는《팡세》, 특히 크리스천 윤리를 다루는 1부 26장에서 눈에 띄게 자주 거론된다. 나아가 곧바로 이어지는 장에 인용되면서 특별한 힘을 발휘한다. 파스칼은 여기서, 이성적으로 기독교 신앙을 거부하던 입장을 철회하고 그 동기들을 살피는 데 동의하는 이들은 비록 여전히 신앙이 없다 해도 순전히 인간적인 차원에서 더 나은 시민이 될 것이라고 주장한다. 크리스천의 생활 방식을 받아들임으로써 비로소 자신이라는 껍질을 뚫고 나올 수 있다. 마침내 자기애의 감옥에서 벗어나 다른 이들을 사랑할 자유를 얻는 것이다.

파스칼의 접근법은 의도적으로 직선적이지 않은 방식을 취하며, 출발점은 제각각이지만 모두가 같은 결과를 향하는 주장들로 구성되어 있다. 본인의 표현을 빌리자면, "예수 그리스도는 모든 사물이 지향하는 목표와 중심"(449번)이다. 이는 《팡세》뿐만이 아니라 파스칼이 쓴 여러 신앙 글들을 읽어 나갈 때 늘 염두에 두어야 할 표현 방식이다.

출발점으로 돌아가 다시 한 번 짚자면, 하나님 없이 사는 사람이 비참한 까닭은 마음 한복판에 스스로를 둔 탓이며, 하나님과 더불어 사는 사람의 행복은 그리스도를 중심으로 삼고 완벽한 사람이셨던 그분의 삶을 따라가기 위해 힘쓴 덕이다. 우주의 창조주는 유한한 피조물들의 눈에 보이지 않는 하나님이시며, 인간을 지으신 그분 안에는 누구나 따라야 할 '자기애와 독선에 눈멀지 않은' 본보기가 있다.

이런 맥락을 보면, 이른바 '불의 밤'이라는 회심 사건이 어떻게 이후에 일어나는 온갖 일들의 밑바탕이 되고 그 의미를 설명해 주는지 알 수 있다. 《시골 친구에게 보내는 편지》도 그렇지만 《팡세》 역시 기독교 신앙을 변증하는 동시에 '나'라는 거짓 신을 맹렬히 비난한다. '예수의 신비'(919번)같이 사사로운 본문들은 그리스도의 고난을 곱씹는 파스칼의 묵상이 하나님은 물론, 죄와 대속을 둘 다 경험한 동료 인간들에게도 더 가까이 다가서게 만든다는 사실을 잘 보여 준다.

불안하고 초조한 신경증, 오만한 지성주의, 경박한 물질주의, 이기심, 공격성 같은 것들이 일상적인 삶의 이면에서 말끔히 사라져 버린다면 그제야 파스칼의 글을 찾는 독자가 줄어들 것이다. 그때까지 《팡세》는 누구나 절감할 수밖에 없는 '변덕, 권태, 불안'이라는 인간의 현실에서 벗어나고 싶어 하는 숱한 이들을 사로잡고 새로운 기운을 불어넣을 것이다.

이 번역에 처음 착수하던 1965년 당시, 첫 번째 사본을 바탕으로 한 4종의 라푸마 판이 이미 나와 있어서 영어 번역의 토대로 삼기에 모자람이 없어 보였다. 무엇보다 번호 체계는 수정할 필요가 없을 것 같았다. 그런데 두 번째 사본을 기본으로 삼은 셀리에 판이 나오면서 (1976, 1991년) 순진한 소망들은 여지없이 무너졌다. 실질적인 묶음은 변한 것이 없다 하더라도, 두 번째 사본에서 387-417번의 위치가 도입부로 바뀌었다는 것은 곧 두 판본 사이에 당장 36개 항이 불일치한다는 뜻이다. 더욱이《팡세》의 물질적인 구성 성분이 완전히 드러나면서(폴 에른스트는 이를 '층위학'이라고 불렀다) 번호를 다시 매겨야 하는 사태는 언제고 한 번은 치러야 할 불가피한 일이 되었다. 예를 들어, 셀리에 판에서는 438-450번이 계속 이어지는 하나의 글이다. 이 번역판과 두 번째 사본의 주요한 순서 차이는 주석을 달아 표시했으며 부록으로 색인을 붙여 그 둘 사이의 차이를 금방 알아볼 수 있게 했다.

번역의 목적은 원어를 거의, 또는 전혀 모르는 이들이 번역 작업이 없이는 절대로 다가설 수 없는 작품들을 합리적인 확신을 가지고 읽을 수 있도록 돕는 것이다. 번역자가 지정된 원문에 최대한 충실하지 않고 스스로 변형 판을 만들어 소개한다면 정확성과 신뢰성이라는 궁극적인 기준을 충족시키지 못할 것이다. 두 번째 사본 출간은 당연히 환영할 일이지만 (파스칼이 세상을 떠난 지 300년도 더 지나 나왔기에) 여전히 여러 문제점을 안고 있는 것 역시 엄연한 사실이다. 세상사가 다 그렇듯, 어쩔 수 없이 지연을 반복해 가며 오랜 기다림 끝에 빛을 본 장 메스나르 판도 결점이 있기는 마찬가지다.

완성되지 않은 작품, 특히 파스칼이 작업했던 방식으로 작성되고 원본과 두 사본이 오늘날 우리에게 전해 내려오기까지 물리적 형태로 보존된 이 글들은 기껏해야 원작자가 남긴 상태에 최대한 근접하는 수준까지만 복구할 수 있을 따름이다. 느슨한 결말들을 깔끔하게 정리하려는 온갖 시도는 파스칼 자신부터가 그 단계에 훨씬 못 미쳤던 터라 의도와 정반대 결과를 낳기 십상이다.

사실, 무엇보다 중요한 것은《팡세》에 대한 독자들의 반응이다. 전문가들은 수수께끼들을 풀어내고 오류의 근원을 제거해서 힘닿는 데까지 신뢰할 만한 본문을 제시하려 안간힘을 쓴다. 하지만 기술적인 문제들에는 별 관심 없이 다만 원작자가 그려 내는 인간 상황에 대해 지극히 개인적인 차원에서 반응하는 수많은 독자들에게 파스칼이 갖는 매력까지 그런 식의 활동으로 설명해 낼 수는 없다(거기에 주안점을 두고 있을지라도).

《시골 친구에게 보내는 편지》를 비롯한 다른 작품들을 염두에 두고 작성한 단장들 가운데 라푸마 판에는 들어갔다가 이런저런 이유로 셀리에 판에서는 생략된 것들이 있는데, 이번 번역에서는 그 안에 들어 있는 모든 글들을 남김없이 풀기로 했다. 번역판과 원서에 쓰인 표현이 쉽고 어렵고를 떠나 옹근 원고는 한 인간으로서, 그리고 작가로서 파스칼의 생각을 더 정확하게 파악하게 해 준다. 파스칼이 삭제하거나 수정한 본문들을 조판상으로 구별하는 데는 라푸마 판을 사용하지 않았다. 이런 부류의 판본에는 그렇게 다듬는 것이 어울리지 않는다. 띄어쓰기와 행 바꿈은 원고를 따랐지만, 어쩔 수 없는 경우에는 구두법에 따라 조절했다. 의심스러운 구석이 보일 때마다 끊임없이 영인본을 찾아 확인했다.

실질적인 번역과 관련해 이전 번역자 대다수가 확실히 거부했던 한 가지 기본 원리를 따르려 노력했다. 파스칼처럼 같은 단어를 거의 강박적으로 자주 되풀이해 사용하는 필자가 또 있을까 싶다. 이처럼 중요한 형식적 특성을 제대로 옮기지 못하면 번역이 부정확해지고, 여지없이 독자들을 오도하게 마련이다. 그래서 같은 장의 같은 단장에서라면 동일한 프랑스어 핵심 단어는 가능한 한 동일한 영단어를 사용했다. 스스로 밝힌 것처럼(515번) 파스칼은 단순히 다양하고 세련되게 다듬으려는 뜻에서 변화를 주는 것을 비난했으리라는 확신을 가지고 마음을 다잡았다. 'juste'를 비롯한 몇몇 핵심 단어들은 동일한 단어로 번역하기 어려웠지만 그래도 원칙을 지켰는데, 'honnête'는 완전히 풀어내기가 불가능했다.

파스칼이 고전에서 가져다 쓴 인용문은 주로 몽테뉴의 저작물에서 빌려 온 문장들이지만 원서만을 참조했다. 성경 인용은 가능한 한 킹제임스 성경(KJV)을 따랐지만(한국어판은 주로 개역개정 성경을 따랐으며, 경우에 따라 옮긴이의 사역일 경우도 있다. 또한 새번역 성경을 사용할 경우 별도 표기했다-편집자), 파스칼이 사용한 프랑스어 성경이나 라틴어판 불가타 성경과 지나치게 편차가 나는 경우 원문을 그대로 직역했다. 특히 상대적으로 더 긴 본문들에서 파스칼은 자유분방하게 성경 원문을 고쳐 쓰는데, 그런 대목에서는 조심스럽게 복원할 수밖에 없었다. 성경을 흉내 내 옛 말투로 쓴 글은 최대한 그대로 살려 풀었다.

이 책의 첫 줄은 그런 모방이 불러오는 어려움을 잘 보여 준다. 프랑스어 원문은 온 세상을 향해 새 노래로 주님을 찬양하라고 권하는 몇몇 시편을 암시하는데, 여기에는 세상 어디서나 불리리라는 뜻과 온 세상이 노래한다는 의미가 다 들어 있다. 그런 상황에서는 될 수 있는 대로 이중적인 의미를 다 담으려 노력했다. 단장마다 끄트머리에 붙여 놓은 번호는 지금도 널리 참조하는 브룅슈비크 판(Brunschvicg edition) 번호다.

고(故) 루이 라푸마, 필립 셀리에, 그리고 장 메스나르에게 감사와 존경의 뜻을 전할 수 있어 매우 기쁘다. 이들의 공헌은 파스칼 연구를 이루 말할 수 없이 풍요롭게 했으며, 한없는 보람을 안겨 주는 이 작가를 계속 파고들 수 있도록 기운을 북돋아 주었다.

1993년 12월

영문판 옮긴이_ A. J. 크라일샤이머Krailsheimer

1부

파스칼이 분류한 원고

(파스칼이 붙인 표제들)

인간은 갈대에 지나지 않는다.
온 자연을 통틀어 가장 연약한 존재다.
하지만 생각하는 갈대다.

인간의 위대함은 자신의 비참함을 아는 데서 시작한다.
비참하다는 사실을 아는 것은 비참하지만,
비참하다는 점을 안다는 데 위대함이 있다.

사소한 것들이 위안을 준다.
하찮은 것들이 마음을 상하게 하기 때문이다.

그림이란 얼마나 덧없는가! 똑 닮게 그렸다며 흥분해 찬탄하지만,
정작 실물에서는 아무런 감흥을 느끼지 못하니!

인간은 얼마나 슬기롭지 못한지 제 몫이 아닌 시간 속을 헤매고,
반면에 유일하게 스스로 어찌해 볼 수 있는 시간에 관해서는
조금도 깊이 생각하지 않는다.

과거와 현재는 수단이며 미래만이 목표가 된다.
그러므로 실제로는 사는 게 전혀 아니며 살기를 바랄 뿐이다.
어떻게 행복해질까 늘 계획만 세우고 있으니,
당연히 정말로 행복해질 리가 없다.

1

질서[1]

1 시편은 온 세상에 두루 미치도록 노래했다(시 98:4).

마호메트를 뒷받침하는 증인은 누구인가? 그 자신이다.

예수는 자신의 증언이 아무것도 아니기를 바라신다.[2]

증인의 자격은 언제 어디나 존재하며 동시에 지극히 초라해야 한다는 것이다.[3] 그[4]는 혼자다. / 596

2 **문답을 이용한 질서** "무엇을 어떻게 해야 합니까? 사방에 보이는 것이라고는 불확실함뿐입니다."

"제 자신을 아무것도 아니라고 생각해야 할까요? 아니면 신이라고 생각해야 할까요?" / 227

3 "만물에는 변화와 연속이 있소."

"그렇지 않습니다. 세상 모든 것에는……"

"아니, 당신은 하늘과 새들이 하나님을 드러낸다고 고백하지 않는다는 말이오?"—"그렇습니다."—"당신이 믿는 종교도 마찬가지고?"—"그렇습니다. 하나님이 그렇게 특별한 깨우침을 준

이들에게는 그게 다만 얼마라도 참이겠지만, 나머지 대다수에게는 거짓이기 때문입니다." / 244

4 **하나님을 찾도록 뭇사람들을 이끄는 편지**[5] 그렇다면 철학자들과 회의론자들, 그리고 독단론자(dogmatist; 교조주의자)들 틈에서 하나님을 찾아보라고 하라. 찾는 이들마다 하나같이 애만 탈 것이다. / 184

5 **질서** 친구에게 하나님을 찾으라고 간곡하게 당부하는 편지.[6] 친구는 대답할 것이다. "그런다고 나한테 이로울 게 뭐 있겠어? 아무것도 얻지 못할 거야." 그에게 말해 주라. "낙심하지 말게." 그러면 그는 답할 것이다. 어떤 빛이라도 찾는다면 다행이겠지만, 종교 스스로 그 빛을 찾는다 한들 별 유익이 없으리라 말하고 있으니 차라리 찾지 않는 편이 낫겠다고 말이다. 그에게 이렇게 답하라. "기계적인 사고일세." / 247

6 1부: 하나님 없는 인간의 참상.
2부: 하나님을 가진 인간의 행복.
혹은
1부: 본성의 타락. 본성 자체가 증명함.
2부: 구주의 존재. 성경이 입증함. / 60

7 **증거의 유용함을 보여주는 편지, 기계적인 논리로** 믿음은 증거와 다르다. 증거는 인간의 소산이지만, 믿음은 하나님의 선물이다.

"의인은 믿음으로 말미암아 살리라"(롬 1:17). 이는 하나님이 친히 인간의 마음에 심으신 믿음이며, 이 믿음은 흔히 증거를 도구로 쓴다. "믿음은 들음에서 나며"(롬 10:17). 이 믿음은 우리의 마음속에 있으며 "나는 안다"가 아니라 "나는 믿는다"고 고백하게 만든다. / 248

8 **질서** 유대인의 존재 양식과 관련해 부정할 수 없는 명확한 사실들을 보라. / 602

9 불의(不義)를 다루는 문서에는 이런 내용이 포함될지 모른다.

장자가 모든 것을 소유하는 부조리. "이봐, 당신은 산 이편에서 태어났어. 그러니 당신 형이 모든 것을 가져야 마땅하지."

"어째서 당신은 나를 죽이려 드십니까?" / 291

10 이 모두가 인간 존재가 비참한 데서 비롯한다. 이를 알기에 다른 데로 눈을 돌리는 것이다. / 167

11 **질서** 하나님을 찾으라고 권하는 편지에 이어서 걸림돌을 없애는 방법을 알려 주는 편지를 쓰라. 다시 말해 이것은 기계에 관한 이야기다. 즉 그것을 준비하는 방법과 탐색에 이성을 활용하는 방법을 소개하는 글을 쓰라. / 246

12 **질서** 사람들은 신앙을 멸시한다. 몹시 싫어하면서 한편으로는 혹시라도 진실일까 하여 마음을 졸인다. 치료법은 우선, 신앙은

이성과 충돌하지 않으며 도리어 우러르고 존중할 가치가 있음을 알려 주는 것.

이어서 흥미를 갖게 하고, 선량한 이들이 '신앙이 사실이면 좋겠다'는 뜻을 품게 이끌며, 마침내 정녕 그러함을 보여 줘야 한다.

신앙은 인간 본성을 제대로 꿰고 있다. 그러므로 우러를 가치가 있다.

참된 행복을 약속하기에 매력적이다. / 187

---

1. 순서, 작품의 질서, 구성.
2. "내가 내 자신을 위하여 증언한다면 내 증언은 참되지 못하다"(요 5:31, 새번역).
3. 유대인이야말로 대표적인 증인들이다. 어디에 있든지 자신들의 신앙을 지켜서 결국 스스로 인정하지도 않는 구원을 선포했으니 말이다.
4. 마호메트.
5. 427번 참조.
6. 418번 참조.

2

덧없음

13 두 얼굴이 닮았다. 그 자체로는 조금도 우습지 않지만 나란히 놓고 보면 그 닮은꼴에 웃음을 자아낸다. / 133

14 그러나 참다운 크리스천은 이 어리석은 생각들에 복종한다. 어리석음을 공경해서가 아니라, 어리석음에 복종하도록 인간들에게 징벌을 내리신 하나님의 명령을 받들기 때문이다. "피조물이 허무한 데 굴복하는 것은 …… 오직 굴복하게 하시는 이로 말미암음이라"(롬 8:20). 그러기에 성 토마스(St. Thomas)는 부자들을 더 좋은 자리에 앉히는 문제를 이야기한 야고보서 본문(약 2:2-3)을 설명하면서, 그들이 그리 행하는 것이 하나님의 시각에서 하는 것이 아니라면 제 신앙이 명령하는 바를 어기는 셈이라고 했다. / 138

15 마케도니아의 왕 페르세우스(Perseus), 파울루스 에밀리우스(Paulus Emilius).

페르세우스는 스스로 목숨을 끊지 않았다는 이유로 비난을 받았다.[1] / 410

16 **덧없음** 세상의 덧없음처럼 더없이 명백한 사실들을 거의 의식하지 않고 사는 탓에, 남보다 크고 높아지기를 추구하는 것은 어리석다고 이야기하면 다들 놀라며 이상한 소리로 여긴다. 참으로 기이한 노릇이다. / 161

17 **변덕스러움과 기이함** 혼자 자기 일만 하며 사는 것과 세상에서 가장 강력한 나라를 다스리는 것은 판이하게 다른 일이다.

투르크 황제는 한 인격 안에 이 둘을 함께 갖추고 있다. / 113

18 두건 높이와 같은 사소한 차이가 수도사 2만 5천 명을 들고일어나게 할 수 있다.[2] / 955

19 그는 하인 네 사람을 거느렸다. / 318

20 그는 물 건너 저편에 산다. / 292

21 너무 젊으면 판단이 흐려진다. 그것은 너무 나이가 들어도 매한가지다. 생각이 너무 없든, 생각이 너무 많든 하나같이 완고하고 극단적이 되게 한다.

일을 끝내자마자 그 일을 돌이켜보며 살피면 과하리만치 깊이 빠져들게 마련이다. 또한 지나치게 오랜 시간이 흐른 뒤에 살피려 하면 다시 들여다볼 엄두조차 나지 않는다.

이는 그림을 너무 가까이서, 또는 너무 멀리서 바라보는 일과 흡사하다. 딱 알맞은 자리는 지극히 작은 한 지점뿐이다.

나머지는 너무 가깝거나 너무 멀거나 너무 높거나 너무 낮다. 그림 그리는 일이야 원근법에 따르면 그만이지만, 진리와 윤리 문제라면 어떻게 그 지점을 잡아낼 것인가? / 381

22 파리는 얼마나 힘이 센지 싸움에서 지는 법이 없다. 정신을 마비시키고 육체를 갉아먹는다. / 367

23 **과학의 덧없음** 자연 과학적 지식은 시련이 닥쳤을 때 윤리적인 무지에 위안을 주지 못한다. 하지만 윤리가 제공하는 지식은 자연 과학적인 무지에 늘 위안을 준다. / 67

24 **인간의 현실** 변덕, 권태, 불안. / 127

25 왕들은 언제나 한 무리의 근위병과 악대, 장교들을 비롯해 절로 존경과 두려움을 품게 하는 온갖 장치들을 갖추고 등장하기 일쑤다. 그리하여 더러 이들 없이 홀로 있어도 그 생김생김이 휘하에 있는 이들에게 넉넉히 존경과 두려움을 불러일으킨다. 왕이라는 인간 존재와 통상적으로 그에게 붙어 다니는 수하들을 떼어 생각하지 못하기 때문이다. 세상은 이런 효과들이 전부 습관의 소산임을 모르고 그저 타고난 힘에서 비롯된다고 믿는다. "지엄한 품성이 왕의 얼굴에 또렷이 서렸다"는 식의 이야기가

생겨나는 까닭이 여기에 있다. / 308

26 왕의 권력은 백성의 이성과 우매함, 그 가운데서도 특히 어리석음을 기반으로 한다. 세상 무엇보다 크고 중요한 일은 인간의 연약함을 기반으로 삼는다. 이는 더할 나위 없이 확실한 기초다. 인간은 앞으로도 연약하리라는 것만큼 확실한 사실은 없기 때문이다. 지혜를 떠받드는 식으로 건전한 이성에만 근거한 것은 무엇이든 부실할 수밖에 없다. / 330

27 인간의 속성은 오로지 어느 한 방향으로만 가지 않는다. 이리저리 왔다 갔다 하는 법이다.

열병에 걸리면 오한이 나고 땀이 흐르는데, 한기는 열기와 마찬가지로 열이 얼마나 높은지 보여 주는 유용한 지표다.

대대로 내려온 인류의 발명품들도 마찬가지로 변화한다. 세상의 선과 악도 대체로 이와 비슷하다.

"변화는 보통 귀인들을 즐겁게 한다."[3] / 354

28 **연약함** 인간은 행복을 좇는 일에 온 정신을 팔지만, 무엇을 가졌다고 주장할 근거가 없다. 실상은 빈손이고, 무엇을 가졌다는 것은 스스로 만들어 낸 생각일 따름이며, 소유를 확실히 보장할 힘도 없기 때문이다.

지식도 매한가지다. 질병이 앗아가 버리는 까닭이다.

인간은 진리에서든 행복에서든 하나같이 무기력하다. / 436

29 “무기를 잡지 못한다면 살 가치가 없다고 생각하는 사람들.”[4] 이들은 평화보다 죽음을 더 사랑하지만, 전쟁을 치르느니 죽는 것이 낫다고 여기는 이들도 있다.

소신을 목숨보다 귀하게 여길 수 있다. 무언가를 죽도록 사랑하는 것은 지극히 자연스러운 일이 아닐까 싶다. / 156

30 승객 가운데 태생이 가장 고귀한 이를 골라 선장으로 뽑지는 않는다. / 320

31 그저 스쳐 지나가는 동네라면 사람들이 뭐라고 하든지 신경 쓰지 않는다. 하지만 한동안 머물러야 한다면 평판에 신경을 쓰게 마련이다. 얼마나 오래 갈까? 헛되고 보잘것없는 우리가 살아 있는 시간만큼. / 149

32 **덧없음** 존경한다의 의미: 불편을 감수하겠다. / 317b

33 무엇보다 놀라운 것은 모두들 자신의 연약함에 놀라지 않는다는 사실이다. 너나없이 진지하게 행동하며 자신의 소명에 따른다. 관례를 좇아 그렇게 하는 것을 정말 좋아해서가 아니라 이성과 정의가 어디에 있는지 확실히 알고 있는 양 행동하고 싶어 하는 까닭이다. 인간은 쉴 새 없이 좌절하고, 뒤틀린 겸손으로 이내 자책에 빠진다. 자기 몸에 익혔노라고 늘 으쓱대던 기술 탓은 아니라고 생각한다. 하지만 회의론에 물들지 않은 숱한 이들이 있다는 것은 회의론 자체의 영예를 위해서도, 또 얼마든지

허황되기 이를 데 없는 생각을 할 수 있는 게 인간이라는 존재임을 보여 주기 위해서도 유익한 일이다. 인간은 본질적으로 그리고 필연적으로 연약하지 않으며, 그뿐만 아니라 도리어 태생적으로 지혜롭다고 믿을 수 있기 때문이다.

회의론을 받아들이지 않는 이들이 있다는 사실만큼 회의론을 강력하게 뒷받침해 주는 요소도 없다. 인류가 회의론자 일색이라면 그 주장은 망가지고 말았을 것이다. / 374

34 회의론이라는 종파는 벗보다는 적에게서 더 큰 힘을 얻는다. 인간의 연약함은, 그 사실을 자각하는 사람보다 그러지 못하는 부류에게서 훨씬 또렷이 드러나는 까닭이다. / 376

35 **구두 굽** "어쩜 이렇게 잘 만들었을까!" "대단한 기술자야!" "정말 용감한 군인이군!" 바로 이 지점에서 성향과 직업 선택이 시작된다. "저 사람은 어마어마하게 마시네! 이 친구는 거의 못 마시는걸?" 이런 말들이 술을 자제하는 이와 술고래, 병사, 겁쟁이 등을 만들어 낸다. / 117

36 세상의 덧없음을 의식하지 못하는 사람은 그 자신도 덧없다. 온갖 시끄러운 소리와 눈길을 잡아끄는 즐길 거리, 앞날에 대한 상념에 젖어 사는 젊은이들이 아니고서야 그 사실을 깨닫지 못하는 이가 어디 있겠는가?

그러나 젊은 친구들에게서 오락 거리를 빼앗으면 곧 죽을 만큼 지루해하는 모습을 보게 될 것이다. 그들은 허무라는 실체를 정확히 인식하지도 못한 채 자신이 무가치하다고 느낄 것이다. 딴생각할 겨를도 없이 자기 성찰에 들어가면 곧바로 견딜 수 없이 우울해지는 법인데, 그보다 비참한 일은 다시없을 것이다.

/ 164

37 **거래** 인기는 너무나 달콤해서 사람들은 그와 관련된 일이라면 물불을 가리지 않는다. 심지어 죽음까지도. / 158

38 너무 많은 술과 너무 적은 술.

그에게 술을 주지 말라. 그는 진리를 발견할 수 없을 것이다. 그에게 너무 많은 술을 주어도 결과는 같을 것이다. / 71

39 공 하나, 토끼 한 마리를 쫓아다니느라 시간을 다 쓴다. 왕들의 놀이가 딱 그렇다. / 141

40 그림이란 얼마나 덧없는가! 똑 닮게 그렸다며 흥분해 찬탄하지만, 정작 실물에서는 아무런 감흥을 느끼지 못하니! / 134

41 **두 개의 무한, 중도** 너무 빨리 읽거나 너무 천천히 읽으면 아무것도 깨닫지 못한다. / 69

42 얼마나 많은 왕국들이 우리를 전혀 모르고 있는가! / 207

43 사소한 것들이 위안을 준다. 하찮은 것들이 마음을 상하게 하기

때문이다. / 136

44 **상상** 인간 내면의 지배적인 기능이며, 오류와 거짓을 주관하는 자다. 시종일관 변함없이 그러한 것이 아니어서 오히려 더욱 기만적이다. 상상이 거짓을 판단하는 확고한 기준이었더라면 진실을 가려내는 한결같은 표준이 되었을 것이다. 그러나 보통 상상은 거짓이므로 참과 거짓에 똑같은 표시를 해서 자신을 숨긴다.

어리석은 자들을 이야기하는 것이 아니다. 더없이 지혜롭다는 이들 이야기를 하는 것이다. 상상은 지혜로운 이들 사이에서 가장 큰 설득력을 갖는다. 이성이 아무리 반대해 봤자 헛수고일 뿐이다. 이성은 값을 매길 힘이 없다.

이성의 적, 즉 이성을 억제하고 지배하는 이 오만한 힘은 제 능력을 마음껏 과시할 심산으로 인간 내면에 제2의 본성을 만들었다. 상상은 저만의 행복한 이와 불행한 이, 병든 이와 건강한 이, 부자와 가난한 이를 만들어 낸다. 이성을 믿고 의심하고 부정하게 한다. 이것은 감각을 죽이기도 하고 살리기도 한다. 저만의 어리석은 사람과 현명한 사람을 빚어낸다. 지금까지 이성이 해 오던 것과는 상대가 안 될 만큼 상상이 자신의 고객을 넉넉하고도 완전하게 충족시키는 꼴을 지켜보는 것만큼 화나는 일은 없을 것이다. 상상하는 재주를 지닌 이들은 분별 있는 이들이 이성을 통해 느끼는 수준보다 훨씬 더 자신에 만족한다. 몹시 젠체하며 뭇사람들을 내려다본다. 남들이 머뭇머뭇 확신하지 못할 때, 이들은 대담하고 자신 있게 논리를 내세운다. 이들의 경쾌한 처신은 귀 기울여 듣는 청중들에게서 자주 좋은 평가를 받는다. 스스로 슬기롭다고 상상하는 이들은 비슷한 기질을 가진 심판관들의 성원을 받아 누린다. 상상은 어리석은 무리의 사람들을 슬기롭게 만들지 못하지만 기쁘게 해 줄 수는 있기 때문이다. 이와 달리 이성은 지지자들을 비참하게 만들 따름이다. 상상은 추종자들을 영예로 감싸고 이성은 부끄러움을 안긴다.

명성을 제공하는 주역은 누구인가? 무엇이 인간, 업적, 법률, 위대한 무언가를 존경하고 숭배하게 하는가? 상상하는 능력이 아니면 무엇이겠는가? 세상 재물을 다 끌어모아 놓아도 상상의 인정을 받지 못하면 여전히 부족할 뿐이다. 널리 존경받는 나이 지긋한 판사가 있다고 하자. 그는 상대적으로 더 연약한 이들의 상상을 해치는 사소한 사정에는 눈길조차 주지 않고 지고지순한 이성에 기대어 있는 그대로 심판한다. 보라, 그런 그가 경건하고도 열의가 넘치는 심령으로, 자비를 베풀려는 뜨거운 열망으로 타당한 심판을 더욱 공고히 하면서 설교를 들으러 간다. 모범이 될 만한 존경심을 품고 기꺼이 귀를 기울일 채비를 갖춘다. 그런데 단상에 나타난 설교자가 태생적으로 쉰 듯 거친 목소리에 얼굴은 요상하고 이발사가 수염을 엉망으로 깎아 놓은 데다 걸치고 있는 옷마저 그다지 깨끗한 편이 아니라면, 그 몰골로 위대한 진리를 설파한다면, 천하에 고명하신 판사님이라도 십중팔구 반듯한 얼굴을 끝까지 고수하지는 못할 것이다.

온 세상을 통틀어 으뜸가는 철학자가 널찍한 널빤지에 앉아 있다고 해 보자. 널판지가 천 길 낭떠러지에 걸려 있다면, 이성이 아무리 안전하다고 장담할지라도 상상에 지고 말 것이다. 상상만으로도 얼굴빛이 하얗게 질리고 식은땀이 나는 사람도 많을 것이다.

상상이 어떤 역할을 하는지 줄줄이 늘어놓을 뜻은 없다. 고양이나 쥐를 보거나, 석탄이 으스러지는 소리를 듣는 것만으로도 이성은 흔들릴 수 있다는 사실을 우리는 안다. 목소리 톤 하나에 지극히 슬기로운 이들도 영향을 받아 연설이나 시(poem)가 미치는 파급력이 달라진다.

사랑이나 미움은 정의의 판도를 바꿔 놓는다. 수임료를 미리 두둑하게 챙긴 변호사는 더욱더 열렬히 변호해야 할 이유를 찾을 것이다. 겉모습에 마음을 빼앗긴 재판관들에게 그의 적극적인 태도는 또 얼마나 유리하게 작용할까 싶다. 그러니 또 얼마나 불합리한가, 바람이 부는 대로 나부끼는 이성은! 상상이 이성을 흔들어 변화되는 사례를 들라면 거의 모든 인간 행동을 꼽아야 할지 모른다. 이성은 결국 굴복할 수밖에 없어서, 더없이 지혜로운 이성이라 할지라도 상상이 굽이굽이마다 분별없이 내놓은 원리들을 받아들이고 있기 때문이다.

이성만을 따르기로 작정하는 이는 누구든 스스로 어리석은 인간임을 드러내는 셈이다. 인간은 상상으로 인정받는 혜택을 입기 위해 하루 종일 뛰어다녀야 하고(이성이 그러길 바라므로), 한숨 자고 이성의 노역에서 벗어나 기운을 차리면 단번에 자리를 박차고 일어나 환영을 좇고 세상의 통치자가 빚어내는 인상을 받아들여야 한다. 여기에 오류의 소인이 있다. 그러나 이것은 유일한 원천이 아니라 여러 근원 가운데 하나일 뿐이다.

이렇게 평화로운 시기에는 상상이 한층 광범위한 이점을 누리기는 하지만, 인간이 이 두 세력을 동맹으로 만든 것은 지극히 올바른 처사였다. 갈등 상황이라면 상상이 완벽한 우세를 보이게 마련이다. 이성은 절대로 상상을 압도하지 못한다. 오히려 그 반대인 경우가 더 일반적이다.

판사들은 이 비밀을 꿰고 있었음에 틀림없다. 붉은 법복, 털북숭이 고양이처럼 온몸을 단단히 감싸는 담비 털, 재판이 벌어지는 법정, 곳곳에 박힌 왕가의 문장을 비롯해 온갖 근엄한 장치들이 이들에게는 필수 요소였다. 의사들이 흰 가운을 입고 슬리퍼를 신지 않았더라면, 공부깨나 했다는 학자들이 사각모에 넓게 퍼진 겉옷을 사시장철 걸치지 않았더라면, 절대로 뭇사람들을 홀리지 못했을 것이다. 세상은 이처럼 신뢰감을 주기 위한 껍데기에 저항하지 못한다. 판사들이 참다운 정의를 지니고 의사들이 진정한 치유 기술을 가졌다면 사각모를 쓸 이유가 없었을 테고, 당당한 지식은 마땅히 존중받았을 것이다. 하지만 다들 가상의 지식을 소유한 탓에 이렇게 덧없는 장치들을 고안해 상상을 자극할 수밖에 없었다. 사실, 이들의 진정한 관심사는 어떻게 이것으로 존경을 얻느냐에 있다.

이런 식으로 위장하지 않는 부류는 오로지 군인들뿐이다. 그들의 역할은 실제로 훨씬 본질적이어서 자기 힘으로 자리를 잡지만, 다른 이들은 가면을 뒤집어쓴다.

왕들이 이런 위장에 나서지 않는 까닭도 여기에 있다. 왕들은 스스로 어떤 존재인지 드러낼 심산으로 요란하게 차려 입지 않는 대신 근위병과 노련한 용사들에게[5] 호위를 받는다. 온 역량과 능력을 오로지 왕을 위해 사용하는 무장 병력들로 고수(鼓手)와 나팔수를 앞세우고 다닌다. 왕을 에워싸고 지키는 이런 부대는 심지가 단단한 이들도 떨게 만든다. 왕들은 눈에 드러나는 장치를 따로 덧대지 않아도 지배력을 지닌다. 4만 명에 이르는 친위 부대에 둘러싸인 채 호화로운 대궐에 사는 투르크 황제를 보통 사람처럼 보려면 극도로 정제된 이성을 가져야 한다.

법모를 쓰고 법복을 입은 모습만 봐도 법률가가 가진 법률적인 능력에 호의를 품는다.

상상이 모든 것을 결정한다. 상상은 세상에서 으뜸으로 치는 아름다움과 정의, 행복을 빚어낸다. 《세상을 좌우하는 주인공에 대한 견해》(*Dell'opinione regina del mondo*)라는 이탈리아 책을 읽어 보고 싶다. 제목만 알고 있지만, 그 자체로 여러 책에 버금가는 가치가 있다. 아직 그 책을 잘 알지 못하지만, 그 시각에 공감한다. 거기에 담겨 있을지 모르는 해로운 내용을 제외하고 말이다.

끝내 오류로 몰아가려는 구체적인 목적을 달성하기 위해 주어진 게 틀림없어 보이는 이 기만적인 능력의 영향이 대체로 이러하다. 그 밖에도 우리가 가지는 오류의 원인은 수두룩하다.

오로지 해묵은 인상만이 우리를 그릇 인도하는 것은 아니다. 새로움의 매력 역시 같은 힘을 갖는다. 그러기에 인생들 사이에는 어린 시절의 잘못된 인상을 좇는다느니, 분별 없이 새로운 생각을 좇는다느니 하며 서로 다투는 일이 끊이지 않는다. 중도를 찾은 이를 알고 있다면, 나와서 증명하게 하라. 어떤 원인이라도, 설령 지극히 자연스럽고 심지어 어린 시절부터 각인된 생각이라 할지라도 얼마든지 교육이나 감각에서 비롯된 기만적인 사고 취급을 받을 수 있다.

더러는 말한다. "당신은 어려서부터 상자 안에 아무것도 보이지 않으면 빈 상자라고 믿어 왔기에 진공이 존재한다고 생각합니다. 하지만 그것은 감각이 빚어내고 습관이 힘을 보탠 착각에 지나지 않아서 반드시 과학으로 바로잡아야 합니다." 또 한쪽에서는 말한다. "학교에서 진공은 없다고 배우면서 당신의 상식은 변질되고 말았군요. 그릇된 인상이 주입되기 전까지 당신은 분명 선명하게 이해하고 있었습니다. 이제는 원래 상태로 되돌려 상황을 바로잡아야겠어요." 누가 속이고 있는가? 감각인가, 아니면 교육인가?

또 다른 오류의 원인이 있다. 병이다. 질병은 판단과 감각을 마비시킨다. 심각한 병은 상당한 피해를 입히며 상대적으로 가벼운 병이라 할지라도 그 정도에 따라 영향을 끼친다. 여기에는 의심의 여지가 없다.

사사로운 이익 또한 인간을 기분 좋게 눈멀게 만드는 대단한 도구다. 더없이 공정한 사람이라도 자신이 개입된 소송 사건에서 재판관을 맡을 수는 없다. 나는 스스로에게 유리하게 작용하는 편파의 위험을 피하기 위해 불의라는 반대편 극단으로 기울었던 이들을 여럿 알고 있다. 당연히 승소할 사건에서 패소하는 가장 확실한 방법은 가까운 친척에게 심리를 맡기는 것이다. 정의와 진리는 너무도 정교해서 우리가 가진 뭉툭한 도구로는 정확한 자리를 짚을 수 없다. 함부로 손을 댔다가는 날을 무디게 만들고, 참이 아닌 거짓 주변에 가닿을 수밖에 없다.

그런데 다행스럽게도 인간은 정확한 진리의 원천을 지니지 못한 듯 보인다. 몇몇 두드러진 거짓의 원인을 지녔을 따름이다. 이제 그런 것이 얼마나 많은지 알아보자.

하지만 인간이 저지르는 오류의 가장 터무니없는 원인은 감각과 이성 사이의 전쟁이다. / 82

45 인간은 은혜를 통해서가 아니면 뿌리 뽑을 수 없는 태생적인 오류로 가득한 존재다. 아무것도 인간에게 진리를 알려 주지 않는다. 다들 속이려 들 뿐이다. 진리의 두 원천은 이성과 감각이지만, 어느 쪽도 진짜가 아니며 서로 기만하는 일에 골몰한다. 감각은 거짓된 겉모습으로 이성을 속인다. 그러나 감각 역시 영혼을 속여 넘긴 그대로 영혼에 속아 넘어간다. 되갚음을 당하는 것이다. 열정은 감각을 뒤흔들어 그릇된 인상을 빚어낸다. 양쪽 다 앞다투어 상대를 홀리고 기만한다.

하지만 이렇게 이질적인 기능들이 이해에 이르지 못하는 데서 생기는 오류는……

(기만의 힘에 관한 글은 바로 이 대목에서 시작해야 한다.) / 83

46 **덧없음** 사랑의 원인과 결과. 클레오파트라(Cleopatra).[6] / 163

47 인간은 결코 현재에 만족하지 않는다. 과거를 불러내고 미래를 예측한다. 마치 미래가 다가오는 속도가 너무 더뎌서 재촉이라도 해 보려는 듯이, 또는 너무 빨리 날아가 버린 과거를 붙들어 두기라도 할 듯이 도로 소환해 낸다. 인간은 얼마나 슬기롭지 못한지 제 몫이 아닌 시간 속을 헤매고, 반면에 유일하게 스스로 어찌해 볼 수 있는 시간에 관해서는 조금도 깊이 생각하지 않는다. 허무하기가 한량없어서 존재하지 않는 시간을 꿈꿀 뿐,

존재하는 단 하나의 시간은 생각 없이 놓쳐 버린다. 현재는 대개 아픔을 안긴다. 괴로우니 시야에서 밀어내려는 것이다. 즐길 만하다 싶으면 허망하게 사라지는 것을 지켜보며 아쉬워한다. 우리는 미래를 가져다가 현재를 지탱하려 애쓰며, 도달하리라고 결코 확신할 수 없는 시간을 위해 스스로 통제할 능력이 없는 것들을 조정하려 든다.

우리의 생각을 들여다보자. 그러면 우리의 신경이 온통 과거, 또는 미래에 관심을 쏟고 있음을 알게 될 것이다. 현재는 거의 염두에 두지 않는다. 혹시라도 현재를 헤아린다면 그건 미래 계획에 어떤 도움이 될지 궁리할 때가 전부다. 현재는 결코 목적이 아니다. 과거와 현재는 수단이며 미래만이 목표다. 그러므로 실제로는 사는 게 전혀 아니며 살기를 바랄 뿐이다. 어떻게 행복해질까 늘 계획만 세우고 있으니, 당연히 정말로 행복해질 리가 없다. / 172

48 세상에서 으뜸가는 재판관이라 할지라도 자기 주위에서 일어나는 소음에 조금도 흔들리지 않을 만큼 독립적인 정신을 가진 것은 아니다. 그의 주의를 흐트러트리는 데 굳이 포성까지 동원할 필요는 없다. 풍향계나 도르래 돌아가는 소리만으로도 충분하다. 파리가 붕붕거리며 귓가를 맴도는 순간 생각의 깊이가 얕아지는 것은 놀랄 일이 아니다. 그만한 소음이라 할지라도 그가 유익한 조언을 할 수 없게 만들기에 충분하다. 누군가가 진리를 찾을 수 있게 돕고 싶다면 이성을 마비시키고 도시와 나라들을 다스리는 강력한 지성마저 흐트러트리는 그 생물을 멀리 쫓아

버리라.

얼마나 터무니없는 신인가, 인간은! 더없이 우스꽝스러운 영웅이여! / 366

49 카이사르(Caesar)는 밖으로 나가 세상을 정복하는 즐거움을 즐기기에는 나이가 너무 많았다. 아우구스투스(Augustus)와 알렉산드로스(Alexander)라면 모르겠지만. 두 사람은 젊었고 그렇기에 좀처럼 혈기를 주체할 수 없었다. 하지만 카이사르는 그들에 비해 한결 원숙했을 것임이 분명하다. / 132

50 스위스 사람들은 상류층이라는 소리에 질색한다. 그들은 높은 자리에 오르기에 적합한 인물로 평가받기 위해 자신들이 평민 출신임을 입증하려 애쓴다. / 305

51 "날 죽여서 당신에게 무슨 득이 된다고 이러시오? 내게는 무기도 없소."

"뭐라고? 당신은 강 건너에 살지 않소? 그대가 강 이편에 살았다면 나는 살인자가 되겠지. 하지만 이보시오. 당신은 저편에 살기에 나는 용사가 되고 이 모든 것이 정당한 일이 되는 거요." / 293

52 **양식**(良識) 그들은 이렇게 말할 수밖에 없다. "당신은 성실하게 행하고 있지 않소. 우리는 잠들지 않았소" 등등. 이 오만한 이성이 낮아져 애원하는 꼴을 얼마나 보고 싶은지! 이런 말은 당신

이 상대의 권리에 도전하고 그쪽이 무력으로 방어하는 상황에서 나오는 이야기가 아니기 때문이다. 그 사람은 그저 성실하게 행하고 있지 않다고 말하려는 것이 아니라 힘으로 당신의 불성실을 벌주려는 것이다. / 388

---

1. 117번을 보라.
2. 중세에 프란체스코회 수도사들의 복식을 둘러싸고 벌어졌던 논쟁을 염두에 둔 말이다.
3. Horace, *Odes*, Ⅲ. 29. 호라티우스, 《송가》.
4. Titus Livy, *Livy*, XXXIV. 17. 티투스 리비우스, 《리비우스 로마사》(현대지성 역간).
5. 미늘창부대(halberds)로 적는 경우도 있다.
6. 413번 참조.

3 비참

53 인간은 짐승들에게 절을 하고 섬기기까지 할 만큼 비천하다.

/ 429

54 **변덕** 사물에는 다양한 성질이 있고 영혼에는 다채로운 성향이 있다. 마음에 제시되는 그 어떤 것도 단순하지 않으며 영혼은 결코 어느 한 가지 주제에 몰두하지 않기 때문이다. 똑같은 사물이 웃음을 빚어내고 동시에 울음을 끌어내는 이유가 여기에 있다. / 112

55 **변덕** 흔히, 사람 쓰는 일을 오르간 연주하듯 생각한다. 인간이 평범한 오르간인 것은 사실이지만 쉬 바뀌고 변하는 희한한 오르간이다. 평범한 오르간을 연주하는 법만 아는 이들은 이 인간 오르간으로 음정을 맞추는 데 캄캄하기 마련이다. 건반들이 어디에 있는지 알아야 한다. / 111

56 우리는 너무도 불행한 나머지 무언가를 즐기면서도 일이 틀어지지 않을까 하는 염려에 시달린다. 끊임없이 그런 일들이 일어날 가능성이 있고 실제로 그리되는 경우도 숱하다. 일이 잘 돌아갈 때, 일이 잘 풀리지 않을 경우를 미리 염려하지 않고 기뻐하는 비결을 찾은 사람은 핵심을 제대로 짚은 셈이다. 그것은 삶에서 끝없이 반복되는 운동이다. / 181

57 너무 자유로운 것은 좋지 않다.
필요한 것을 다 갖는 것은 좋지 않다. / 379

58 압제는 순리를 떠나 만사를 지배하려는 욕구에서 비롯한다.

우리는 저마다 힘, 아름다움, 지각, 경건 등 인간의 다양한 분야 가운데 어느 한 분야를 지배할 따름이며 다른 분야에서는 힘을 쓰지 못한다. 때로는 서로 다른 영역들이 충돌해서 강한 것과 아름다운 것들이 지배권을 다투지만, 지배하는 영역이 딴판이므로 이는 참으로 어리석은 짓이다. 이들은 상대를 전혀 이해하지 못한다. 어디서나 한결같이 지배권을 행사하고 싶은 마음에서 실수가 생긴다. 세상 무엇으로도 불가능하며, 심지어 힘을 동원해도 소용없다. 권력은 학자 세계에 아무런 영향을 미치지 못하며, 외적인 행위를 지배할 따름이다. 따라서 이런 주장들은 거짓이다……

압제 압제란 다른 방식으로만 얻을 수 있는 것을 특정 수단을 써서 소유하고자 하는 접근법이다. 인간은 다양한 종류의 가치마다 마땅히 다양한 값을 치른다. 우리는 매력은 사랑하고,

힘은 두려워하며, 지식은 신뢰해야 한다.

이는 반드시 치러야 할 합당한 대가다. 지급을 거부하는 행위는 잘못이며, 다른 값을 요구하는 행동 역시 잘못이다. 따라서 이런 주장은 잘못이고 압제다. "나는 잘생겼으니 당신은 나를 두려워해야 한다. 나는 강하니 당신은 나를 사랑해야 한다. 나는……." 마찬가지로 이렇게 주장하는 것도 잘못이고 압제다. "그는 강하지 않으니 나는 그를 존경하지 않을 것이다. 그는 똑똑하지 않으니 내가 그를 두려워할 이유가 없다." / 322

59 전쟁을 일으켜 허다한 이들의 목숨을 빼앗을지, 그 수많은 스페인 백성에게 사형선고를 내릴지 판단해야 하는 상황이 됐을 때 결정을 내리는 주역은 오직 한 사람, 그것도 이해 당사자다. 이런 사안일수록 반드시 어느 편에도 기울지 않는 제삼자가 결정해야 한다. / 296

60 사실, 법이란 너무도 덧없는 것이어서 다들 한 점 망설임 없이 거기서 빠져나간다. 그만큼 법은 인간을 기만하는 데 유용하다.[1]

인간은 스스로 통치하고자 하는 세상의 국가 체제를 어떤 토대 위에 세우려 하는가? 종잡을 수 없이 변하는 저마다의 취향인가? 그럼 얼마나 혼란스럽겠는가? 정의인가? 무엇이 정의인지 인간은 알지 못한다. 정의의 실체를 꿰고 있다면 "저마다 제 고장의 관례를 따르라"는 식의 금언이 어떤 인간 사회에서도 공통적으로 통용될 만큼 널리 퍼졌을 리가 없다. 참다운 공평이 그 빛나는 광채로 세상의 많은 민족들을 사로잡았을 테고 법을 만드는 이들이 변함없는 정의 대신 페르시아인과 독일인의 변덕스러운 기분과 공상을 본보기로 삼지도 않았을 것이다. 세상 모든 나라와 세대에 그 정의가 자리 잡은 모습을 볼 수 있어야 마땅하다. 하지만 기후가 달라지듯 시시때때로 색을 달리하는 정의, 또는 불의만 눈에 띄는 실정이다. 위도가 3도만 달라져도 법제가 통째로 뒤집어진다. 자오선 하나에 진실의 정의가 변한다. 기본법도 발효되고 몇 해만 지나면 개정된다. 법률에도 유통기한이 있다. 토성이 사자자리로 들어가는 현상이 범죄를 규정하는 지표가 된다. 강줄기가 정의의 범위를 제한하다니, 우스꽝스럽기 짝이 없다. 피레네산맥 이편에서는 참인데 저편에서는 거짓이라니!

정의는 이런 관례에 따라 달라지는 것이 아니라 모든 나라에 공통적으로 적용되는 자연법에 들었다는 이야기도 들린다. 아무렇게나 닥치는 대로 생겨난 규정들이 어쩌다가 보편적인 단 하나의 법률에 이르렀다면 한사코 그런 입장을 지킬 수 있다. 하지만 우습게도 인간의 기호는 워낙 제각각이어서 '공통의 하나'는 존재하지 않는다.

절도, 근친상간, 영아 살해, 존속살인 같은 범죄들을 도덕적인 행위로 여기던 시절도 있었다. 강 건너편에 사는 까닭에, 그리고 그쪽 통치자가 이쪽 통치자와 다툼이 있다 해서 나와 아무 갈등이 없음에도 누군가 나를 죽일 권리를 갖는다니, 이보다 더 부조리한 노릇이 있겠는가?

자연법이 존재한다는 데는 두말이 필요 없다. 하지만 인간의 건전한 이성이 부패하면서 모든 것이 다 변질됐다. "우리의 것은 더 이상 없다(그렇게 부르는 건 관습의 소산이다)."[2] "범죄는 원로원에서 만든 규정과 백성들의 투표로 성립된다."[3] "과거에는 죄를 두고 괴로워했지만 이제는 법 때문에 고통스러워한다."[4]

이런 혼란 탓에 한편에서는 정의의 본질은 입법자의 권위라고 하고 다른 한편에서는 군주의 편의라고 이야기한다. 반면에 더러는 당장의 관례라고 하는데, 이것이 가장 신뢰할 만한 주장이다. 오로지 이성만을 좇는다면, 무엇도 스스로 정의로울 수 없으며 시간에 따라 만사가 다 달라진다. 관례는 대중이 받아들였다는 그 한 가지 이유만으로 온전히 공정해진다. 그것이 권위의 신비로운 토대가 되는 셈이다. 관례를 애초의 원리까지 되짚어 올라가려고 시도하는 이는 결국 그 자체를 파괴하게 마련이다. 결함을 바로잡기 위한 법률만큼 불완전한 것도 없다. 법은 공평하므로 거기에 따른다고 말하는 이는 법의 본질이 아니라 존재하지 않는 가상의 정의에 복종하는 셈이다. 법은 완전히 자족적이다. 법은 그 자체일 뿐 그 무엇도 아니다. 법의 근거를 캐고 싶어 하는 이들은 그것이 어지간히 시시하고 허약하다는 데 놀랄 수밖에 없다. 인간의 상상이 얼마나 경이로운지 두고두고 곱씹어 왔던 처지가 아닌 한, 고작 한 세기만에 법률이 그처럼 엄청난 광채와 존경을 받게 되었다는 사실에 입을 다물지 못할 것이다. 판을 뒤엎는 혁명적인 방법은 근원을 깊이 파고들어 그 안에 권위와 정의가 얼마나 빈약한지 드러냄으로써 이미 확고하게 자리 잡은 관례들을 몰아내는 길뿐이다. 더러는 부당한 관습이 폐기시켰던 국가의 기본적이고 원초적인 법으로 돌아가야 한다고 외친다. 하지만 이는 가진 것을 죄다 잃어버리기에 더없이 좋은 방법이다. 그 저울에 달고도 살아남을 정의는 어디에도 없을 것이다. 하지만 사람들은 그런 주장에 솔깃해서 멍에를 의식하자마자 벗어 팽개쳐 버리고, 지체 높은 양반들은 그 기회를 틈타 백성과 아울러 일반적으로 인정되는 관례를 검증해 보고 싶어 하는 이들까지 모조리 파멸시키려 든다. 그러기에 더없이 슬기로운 입법자들 가운데도 모름지기 인간은 자주 속아 넘어가는 편이 유익하다고 설파하는 이들이 있다. 일부 진중한 정치인들은 말한다. "자유를 가져다주는 진리를 묻는다면, 기만당하는 편이 도리어 행복하다고 하겠다."[5]

전복을 부추기는 진실은 공공연히 드러나서는 안 된다. 법률은 애초에 아무 근거 없이 성립되었지만 이제는 타당한 원리로 자리 잡았다. 법이 당장 끝장나길 바라는 것이 아니라면, 참되고 영원한 무언가로 인정해야 하며 그 기원은 철저하게 감춰야 한다. / 294

61 **정의** 매력이 그러하듯, 정의 역시 유행의 문제다. / 309

62 **세 호스트(host)** 영국 국왕, 폴란드 국왕, 스웨덴 여왕[6]과 교분을 나눴던 이가 있었을까? 언젠가 도망쳐 어디서도 숨을 데를 찾지 못하는 날이 오리라고 그는 생각이나 했겠는가? / 177

63 **영예** 칭찬은 아주 어릴 적부터 모든 것을 망쳐 놓는다. "말도 잘하지! 옳지! 착하기도 하지!"

시샘과 영예에 자극받지 않고 자란 포르루아얄의 아이들은

편견이 없다. / 155

64 **내 것, 네 것** "내 강아지야." 이 가엾은 아이들은 말했다. "볕 드는 데가 내 자리야." 이것이 바로 이 땅에서 보편적으로 일어나는 탈취의 시작이자 그 이미지다. / 295

65 **다양성** 신학은 학문 가운데 하나지만 동시에 얼마나 많은 학문들인가? 인간은 단일한 개체다. 하지만 해부를 한다면 어떻게 되겠는가? 머리, 심장, 위장, 혈관들, 각각의 혈관, 혈관의 각 부분, 혈액, 피 한 방울 한 방울이 아닌가?

소읍이든 시골 마을이든 멀리서 보면 그저 소읍 하나, 시골 마을 하나지만, 가까이 다가가서 보면 집들, 나무들, 기와들, 나뭇잎들, 풀잎들, 개미들, 개미다리들, 그 밖에 이것저것 무한정 덧붙여 갈 수 있는 존재가 된다. 이 모두를 '마을'이라는 한마디로 아우른다. / 115

66 **불의** 법이 공정하지 않다고 이야기하는 것은 위험하다. 다들 공평하다고 믿고 거기에 복종하기 때문이다. 윗사람은 윗사람이기에 순종해야 하듯, 법은 법이므로 따라야 한다는 이야기를 곁들여 들려주어야 할 이유가 여기에 있다. 대중에게 이를 납득시킬 수만 있다면 폭동을 사전에 막는 비방이 될 것이다. 이것이 정의(正義) 설명하는 가장 적절한 정의(定義)다. / 326

67 **불의** 사법권은 집행하는 쪽이 아니라 집행당하는 편을 염두에

두고 정해진다. 하지만 그런 사실을 일반 대중에게 이야기하는 일은 위험하다. 백성은 당신들을 지나치리만치 신뢰한다. 이는 그들에게 해롭지 않으며 당신들에게는 도움이 된다. 따라서 "내 양을 치라(요 21:16). 네 양 말고"라는 말은 널리 공표해야 한다. 당신들은 내게 목초지를 빚지고 있다. / 879

68 인생이라는 짧은 시간이 앞뒤로 펼쳐지는 영원에 흡수되고—"단 하루를 머물다 간 길손의 기억처럼"[7]—지금 차지하고 있는 두 눈에 보이는 작은 공간이 나로서는 가늠할 수 없고 그편에서도 나를 알지 못하는 무한정 광대한 공간에 삼켜진다는 사실을 곱씹노라면, 문득 두려워지고 거기가 아니라 여기에 있다는 사실에 놀라게 된다. 거기 아닌 여기에, 그 때가 아닌 지금 내가 존재할 이유는 어디에도 없다. 누가 나를 여기에 두었는가? 누구의 명령과 집행으로 지금 이 자리가 내 몫이 되었는가? / 205

69 **비참** 욥과 솔로몬. / 174b

70 인간의 처지가 참으로 행복하다면 생각을 돌려 다른 데 눈길을 줄 이유가 없을 것이다. / 165b

71 **모순** 오만은 이 모든 비참한 형국의 균형을 잡아 준다. 인간은 참담한 현실을 숨기거나 드러내 보이거나 둘 중 하나인데, 그 사실을 알고 있다는 것을 대단히 자랑스러워한다. / 405

72 인간은 자신을 알아야 한다. 설령 진실을 찾는 데 보탬이 되지 않는다 할지라도 적어도 삶을 이어 가는 데는 도움이 된다. 그보다 바람직한 것이 또 무엇이겠는가? / 66

73 지금 느끼는 즐거움이 가짜라는 자각과 당장 맛보지 못하는 쾌락의 덧없음을 깨닫지 못하는 무감각이 변덕스러운 행동을 부른다. / 110

74 **불의** 남을 해코지하지 않으면서도 제 강렬한 정욕을 채울 길을 그들은 찾지 못했다. / 454

75 성경의 전도서는 하나님 없이 사는 인간은 무지하며 어쩔 수 없이 불행하다고 말한다. 하고자 하는 마음은 있으되 할 수 있는 능력이 없다면 누구라도 불행할 수밖에 없기 때문이다. 인간은 행복해지길 바라며 진리를 확인하기를 바라지만 하나같이 진리를 알 능력이 없으며 알고자 하는 욕구를 버리지도 못한다. 심지어 회의를 품을 수도 없다. / 389

76 하지만 어쩌면 이는 이성의 지평을 넘어선 문제일지도 모른다. 그렇다면 그 힘이 미치는 사안들 가운데 이성이 고안해 놓은 것들을 검토해 보자. 이성이 제 이익을 위해 더없이 열성적으로 몰두하는 한 가지가 있다면, 아마 최고선을 추구하는 일일 것이다. 영향력 있고 예리한 이들이 최고선을 어디에 두었는지, 그리고 그들 사이에서는 합의가 이뤄졌는지 살펴보기로 하자.

일부에서는 최고선이 덕성에 있다고 한다. 더러는 감각적인 쾌락에 있다 하고, 더러는 본성을 좇아 사는 데 있다 하고, 더러는 진리에 있다 하고—"사물의 이치를 지각할 수 있는 이는 행복하다"[8]—더러는 총체적인 무지(無知)에 있다 하고, 더러는 무위(無爲)에 있다 하고, 더러는 겉모습에 휘둘리지 않는 데 있다 하고, 더러는 절대로 놀라지 않는 데 있다 하고—"아무것에도 놀라지 않는 것이 행복을 찾고 지키는 거의 유일한 길이다"[9]—뛰어난 회의론자들은 평정, 회의 그리고 끊임없이 판단을 미루는 데 있다고 주장한다. 한결 슬기로운 이들은 최고선을 찾기는 불가능하며 심지어 기대할 수조차 없다고 이야기한다. 그것이 명답이다.

(이어지는 글은 '법률' 뒤로 옮겨 싣는다.)

그럼 이제 이 세련된 철학들이 길고 고된 수고 끝에 확실한 결론에 이르렀는지 여부를 살펴야 한다. 적어도 그 영혼은 자신을 알게 되지 않았을까 싶다. 이 주제를 둘러싸고 세상을 주름잡는 이들의 입장을 들어 보자. 영혼의 본질을 두고 그들은 어떤 생각을 했을까? 395. 영혼의 위치를 잡는 데 더 운이 따랐을까? 395. 영혼의 기원과 존속 기간, 마침내 어디로 가는지에 관해 무엇을 발견했을까? 399. 빈약한 이해력에 비해 영혼은 너무도 고상한 주제일까? 그렇다면 눈높이를 물질 수준으로 낮춰 보자. 그리고 알아보자. 영혼이 생명을 불어넣어 주고 있는 육신이 무엇으로 만들어지는지, 영혼이 지켜보면서 자기 뜻대로 움직이는 다른 것들이 무엇으로 이루어져 있는지 알고 있을까? 모르는 것이 없다고 자부하는 이 대단한 독단론자들은 이와 관련

해 무얼 알고 있을까? 393쪽.[10]

"이런 견해들 가운데 〔어떤 것이 참일까?〕"[11]

이성이 합리적이라면 그걸로 충분할 것이다. 이성은 아직 그 어떤 확실한 진리도 발견하지 못했음을 인정할 정도로는 합리적이지만, 언젠가 발견하리라는 소망은 여전히 포기하지 않았다. 도리어 여느 때나 다름없이 열렬하게 탐색을 계속하며 스스로 목표를 달성하는 데 필요한 능력을 가졌다고 자신한다.

이제 설전을 끝내야 한다. 결과를 토대로 이성의 능력을 살펴본 뒤에 본질적으로 검토해 보아야 한다. 이성의 힘과 장악력이 진리를 포착해 내는 데까지 미치는지 들여다보자. / 73

---

1. 법률과 관련된 예문 가운데 상당 부분은 몽테뉴의 저작에서 가져왔다.
2. Cicero, *De Finibus.*, v. 21. 키케로, 《키케로의 최고선악론》(서광사 역간).
3. Seneca, *Epistles.*, XCV, 세네카, 《서한집》
4. Tacitus, *Annales.*, Ⅲ. 25. 타키투스, 《타키투스의 연대기》(범우 역간).
5. St Augustine, *City of God*, Ⅳ. 27을 개략적으로 인용. 아우구스티누스, 《신국론》.
6. 찰스 1세(Charles Ⅰ; 1649년에 처형), 요한 카시미르(John Casimir; 폐위되었다가 1656년에 복위), 크리스티나(Christina; 1654년에 퇴위).
7. 구약 성경 외경 지혜서 5장 15절.
8. Virgil, *Georgics*, Ⅱ. 490. 베르길리우스, 《농경시》.
9. Horace, *Ep.*, I. VI. I. 호라티우스, 《서한집》.
10. 이 문단의 의문문 문장 뒤에 적은 숫자들은 파스칼이 참고한 몽테뉴의 《수상록》 쪽 번호.
11. Cicero, *Tusculanae Disputationes*, I. II. 키케로, 《투스쿨룸 대화》(아카넷 역간).

4

권태

77 **자존심** 호기심은 허영에 지나지 않는다. 일반적으로 인간은 무언가를 알아서 누군가에게 이야기할 수 있기를 바랄 따름이다. 달리 말해 수다를 떨 일이 전혀 없겠다 싶으면, 그러니까 남들에게 자랑하는 것은 꿈도 꾸지 않고 무언가를 구경하는 순수한 기쁨을 누리러 바다를 가로지르는 여행에 나서는 일 따위는 절대 일어나지 않을 것이다. / 152

78 **인간 설명서** 의존, 독립의 욕구, 결핍. / 126

79 애착을 품고 추구하던 일을 포기해야 할 때 얼마나 짜증스러운가! 행복한 가정생활을 즐기던 남자가 한눈에 끌리는 여인을 만나 대엿새 즐겁게 지내다가 도로 전에 하던 일로 되돌아간다면 얼마나 비참하겠는가? 날이면 날마다 이런 일이 일어난다. / 128

5

원인과 결과

80 존경은 불편을 감수한다는 뜻이다. 적절치 못해 보일지 모르지만 지극히 올바른 행동이다. "당신이 요구하지 않아도 그리할 작정이므로 당신이 원한다면 더더구나 기꺼이 불편을 감수하겠습니다"라고 말하는 셈이기 때문이다. 아울러 존경은 지체 높은 이들을 구별하게 해 준다. 그저 안락의자에 앉아 있는 것을 존경으로 여긴다면 모든 이들을 다 존경해야 할 테고 정말 지체 높은 이를 구별해 낼 도리가 없을 것이다. 하지만 우리는 불편을 감수함으로써 또렷이 구별한다. / 317

81 보편적이라고 할 만한 유일한 규칙은 일상사의 경우에는 국법이고 그 밖의 일에서는 다수의 의지다. 어째서 그런가? 그 안에 담긴 힘 때문이다.

그러기에 또 다른 권력의 근원을 가지는 왕들은 다수인 신하들의 뜻에 따르지 않는다.

부의 평등은 두말할 것 없이 올바른 덕목이다. 하지만 권력을 눌러 정의에 복종하게 만들 수 없었던 인간은 정의를 움직여 권력에 복종하게 했다. 정의를 굳히기 어려워지자 힘을 정당화해서 정의가 권력과 공존하면서 최고선인 평화를 이루게 했다.

/ 299

82 지혜는 우리를 이끌어 어릴 적으로 돌아가게 한다. "돌이켜 어린아이들과 같이 되지 아니하면"(마 18:3). / 271

83 세상은 만사를 제대로 심판하는 훌륭한 재판관이다. 세상은 본질적인 무지(無知) 상태인데 인간이 속한 자리가 바로 거기이기 때문이다. 지식에는 서로 맞닿은 두 극단이 존재한다. 한쪽 끝에는 모든 인간이 가지고 태어나는 순전한 태생적 무지가 있다. 반면에 다른 한쪽 극단에는 인간 지식의 지평을 단번에 꿰뚫어 보는 위대한 지성들이 도달하는 무지가 있다. 하지만 끝내는 이들마저도 스스로 아는 것이 전혀 없으며 출발점과 똑같은 상태로 되돌아왔음을 자각하게 된다. 그래도 이는 무지 자체는 인식할 줄 아는 현명한 무지다. 어중간한 치들은 반대편 끝에 이르지도 못했으면서 태생적인 무지를 새카맣게 잊어버린다. 참지식의 겉만 훑아 보고서도 세상만사를 두루 이해하는 척한다. 이들은 세상을 혼란스럽게 하고 모든 일을 잘못 판단한다.

평범한 대중과 명석한 이들이 함께 세상을 돌아가게 만든다. 전자는 세상을 멸시하고 거꾸로 멸시를 받기도 한다. 그들의 판단은 한결같이 엉망이지만 세상은 그들을 정확하게 심판한다.

/ 327

84 **데카르트** 개괄적으로 정리하자면, "만사가 형상과 운동의 결과"라고 해야 한다. 그게 사실이니까. 하지만 이름을 정해 놓고 기계를 조립하는 것은 정말 우스꽝스러운 노릇이다. 무의미하고, 불확실하며, 고생스럽기만 하다. 그것이 사실이라고 할지라도 보통 철학 전반이 한 시간의 수고를 들일 가치가 있으리라고는 생각지 않는다. / 79

85 "법에서 극단이란 곧 불의의 극단을 가리킨다."[1] 다수결은 최상의 방편이다. 눈에 빤히 보이는 데다 순종을 강제하기에 부족함이 없을 만큼 강력하기 때문이다. 하지만 다수의 의견에서는 총명함이라고는 거의 찾아보기가 어렵다.

그게 가능했더라면, 인간은 권력을 정의의 손에 쥐여 주었을 것이다. 하지만 권력은 감지할 수 있는 자질이므로 원하는 대로 주무를 수 없는 반면, 정의는 뜻대로 조작할 수 있는 정신적인 특성이므로 정의가 권력의 수중에 넘어가고 말았다.

그렇게 정의라는 이름이 권력을 대변하기에 이르렀다.

그리하여 칼의 정의가 등장했다. 칼이 진정한 정의를 부여하는 까닭이다.

그렇지 않았더라면 인간은 한편에서 폭력을, 다른 한편에서는 정의를 보아야 했을 것이다(《시골 친구에게 보내는 편지》 열두 번째의 끝).

권력에 맞서는 정의를 부르짖으며 봉기했던 '프롱드의 난'(Fronde)[2]이 불의가 되는 이유가 여기서 출발한다. 교회는 경우가 다르다. 거기에는 폭력 없이 진정한 정의가 존재하기 때문이다. / 878

86 **참정의에 대하여**[3] 우리에게 참정의 따위는 없다. 그런 것이 있었더라면, 자신이 속한 나라의 관례를 따라야 한다는 원칙을 정의의 기준으로 삼지는 않았을 것이다.

정의를 찾아볼 수 없을 때 권력을 찾는 까닭이 여기에 있다.

/ 297

87 대법관은 위엄이 넘치는 인물이다. 지위가 얼토당토않기에 근사한 법복을 걸친다. 왕은 그렇지 않다. 왕들은 상상을 조금도 동원하지 않으며 그저 권력을 즐긴다. 법관이나 의사 등은 상상에 기대지 않고는 아무것도 누리지 못한다. / 307

88 그것은 관습이 아니라 힘의 산물이다. 독창적으로 무언가를 해낼 줄 아는 이는 대단히 드물기 때문이다. 절대다수는 그저 따라가고 싶어 하며, 독창적으로 목표를 추구하는 이들을 좀처럼 인정하려 들지 않는다. 한사코 자신이 인정받길 원하고, 창의적이지 못한 무리를 낮추본다면 다들 막무가내로 헐뜯고 심지어 주먹질까지 하려 들 것이다. 그러므로 명민한 자질을 가졌다면 너무 자만하지 않도록 조심하며, 흡족한 기분을 혼자 간직하려 애쓸 필요가 있다. / 302

89 **원인과 결과** 놀랍고 놀랍다. 금은 실로 누빈 비단옷을 입고 시종을 일고여덟 명씩이나 거느리고 다니는 이를 높이지 말라고 주문하다니! 맙소사! 그 앞에서 머리를 조아리지 않으면 몽둥이찜질을 당하기 십상이다. 그의 옷은 권력을 드러낸다. 멋진 마

구를 장착한 말과 다른 말을 비교하는 꼴이다. 몽테뉴가 거기에 무슨 차이가 있는지 파악하지 못하고 다들 다르다고 생각하는 데 놀라 까닭을 물은 것은 우스운 일이다. 실제로 그는 말한다. "어떻게 그런 일이 다 있지?" 등등. / 315

90 **원인과 결과** 천차만별. 일반 대중들은 지체 높은 집안에 태어난 이들을 예우한다. 헛똑똑이들은 "출생 신분은 개인적으로 우월함을 보여 주는 것이 아니라 우연의 산물일 뿐"이라며 한껏 낮추본다. 정말 총명한 이들은 존중하는 마음가짐을 갖지만, 보통 사람들과 같은 이유에서가 아니다. 거기에는 더 심오한 동기가 있다. 지식보다 열정이 더 뛰어난 신앙인들은 명석한 이들이 지체 높은 이들을 높이는 까닭과 상관없이 얕잡아본다. 신앙이라는 새로운 틀에 비추어 판단하기 때문이다. 하지만 온전한 크리스천은 더 고상한 빛에 이끌리므로 여전히 그들을 존중한다.

이렇게 입장은 어떤 빛에 비추어 보느냐에 따라 앞뒤, 정(正)과 반(反)을 오가게 마련이다. / 337

91 **원인과 결과** 한층 심오한 동기들을 가지고 무엇이든 거기에 맞춰 판단해야 하지만, 보통 사람들과 끊임없이 대화해야 한다. / 336

92 **원인과 결과** 모두가 착각의 희생자라는 말은 사실이다. 평범한 이들의 견해는 건전하지만, 지적으로도 그런 것은 아니기 때문이다. 범인들은 진리가 없는 곳에 진리가 있으리라고 믿는다.

이런 입장들에도 진리가 존재하는 것은 분명하지만 흔히 상상하는 것만큼은 아니다. 지체 높은 이들을 존중해야 하는 것은 사실이지만 그런 집안에 태어난 것이 정말 우월하게 여길 만한 요인이어서는 아니다. / 335

93 **원인과 결과** 끊임없는 전환, 정에서 반으로.

이처럼 우리는 인간이 정작 중요하지도 않은 일에 쓸데없이 큰 관심을 기울이는 헛된 존재임을 보여 주었다. 그리고 이 모든 의견들은 논박당했다.

이어서 이런 의견들 모두가 어디 하나 나무랄 데 없이 건전하고, 따라서 덧없음을 드러내는 이런 사례들도 나름대로 타당성이 있으며, 밖에서 지적하듯 마냥 공허한 것은 아님을 이야기했다. 이렇게 보통 사람들의 주장을 논박한 이들의 논리를 재반박했다.

하지만 이제 이 마지막 명제를 논박하고 평범한 대중의 의견이 건전하다 할지라도 그 백성은 여전히 덧없다는 말이 사실임을 보여 줘야 한다. 왜냐하면 범인들은 진리가 거기 있어도 진리를 보지 못하고 진실이 아니어도 진실이라고 가정하는 탓에 그들이 내놓는 의견들은 늘 철저하게 그릇되고 불건전하기 때문이다. / 328

94 **평범한 이들의 건전한 견해** 가장 큰 재앙은 내전이다.

백성이 자신의 가치를 보상받기 원한다면 내란을 피하기 어렵다. 너나없이 가치 있는 존재로 여겨 달라고 주장할 것이 뻔하기 때문이다. 그저 타고난 권리만을 좇아 아둔한 인간에게 승

계가 내려간다 해도 우려할 폐해는 그렇게 대단하지도, 또 그렇게 확실하지도 않다. / 313

95 **평범한 이들의 건전한 견해** 멋내기가 마냥 헛일은 아니다. 수많은 이들이 당신을 위해 일하고 있음을 보여 주기 때문이다. 머리만 봐도 몸종과 향료사를 거느리고 있음을 알 수 있다. 거기에 온갖 띠, 장식실, 술 따위까지 더하면…… 섬기는 손을 여럿 두었다는 것은 피상적인 과시나 장식 이상을 의미한다.

더 많은 손을 부리는 사람일수록 더 큰 권력을 가진 인물이게 마련이다. 우아한 매무새는 권력을 드러낸다. / 316

96 **원인과 결과** 인간의 연약함은 아름다움과 관련된 규범이 그토록 많아지는 원인으로 작용한다. 훌륭한 류트(lyte; 기타와 연주법이 비슷한 현악기-편집자) 연주자가 되는 것도 그렇다. 훌륭한 연주(훌륭하지 못한 연주?)는 단지 우리의 연약함 때문에 나쁜 것이 된다. / 329

97 **원인과 결과** 모든 인간 행동의 근원은 강렬한 정욕과 물리력이다. 정욕은 자발적인 행동을 일으키고 물리력은 비자발적인 행동을 자극한다. / 334

98 다리 저는 이를 본다고 불쾌해지지는 않는다. 하지만 정신적 절름발이를 대하노라면 짜증이 인다. 다리가 불편한 이들은 나머지 다른 이들이 바르게 걷는다는 사실을 인정하지만, 마음을

저는 이들은 상대가 절뚝인다고 이야기하기 때문이다. 그런 식이 아니었더라면 화가 나기보다 안타깝다는 생각이 앞섰을 것이다.

에픽테토스(Epictetus)는 한 걸음 더 나아가 묻는다. "누가 우리더러 머리가 아픈 모양이라고 이야기하면 기분이 상하지 않는데, 어째서 주장이나 선택에 문제가 있다는 이야기를 들으면 화가 나는 걸까?" / 80

99 이유는 이렇게 설명할 수 있다. 머리가 멀쩡하다, 또는 다리를 절지 않는다는 사실은 지극히 분명하지만, 바른 선택을 하고 있는지에 관해서는 그만큼 확신이 서지 않기 때문이다. 결국 확신을 갖게 하는 유일한 근거는 스스로에게 통하는 증거이므로, 그 증거가 누군가에게 자신과 백팔십도 다른 판단을 내리게 만들 수도 있다는 생각이 들면 머뭇거리고 또 놀라게 마련이다. 이편의 선택에 숱한 이들이 콧방귀를 끼는 상황이라면 더더구나 그렇다. 뭇사람들의 판단보다 자기 생각을 선호해야 하는데, 그건 상당히 대담하고 어려운 노릇인 탓이다. 다리를 저는 문제를 둘러싸고는 이런 식의 시각 충돌이 빚어지지 않는다.

멍청이라는 소리를 자주 들으면 그렇게 믿게 되어 있다. 자꾸 스스로를 바보라고 꾸짖으면 정말 그런가 보다 하게 된다. 인간은 홀로 남으면 내면의 대화를 나누는 법이다. 이를 꾸준히 적절하게 관리해 주어야 한다. 악한 대화는 선한 행실을 더럽힌다(고전 15:33). 되도록 침묵을 지키면서 오로지 하나님, 다시 말해서 스스로 참된 분이심을 알려 주셨기에 정말 그러하다고 확고

하게 믿을 수 있는 주님에 대해서만 자신에게 이야기해 주어야 한다. / 536

100 **원인과 결과** 에픽테토스. "당신은 머리가 아프다"라고 말하는 이들. 그것은 같은 것이 아니다. 우리는 건강은 확신하지만 정의에 대해서는 그렇지 않다. 그는 틀림없이 어리석은 소리를 했다.

그럼에도 불구하고 그는 "그것은 인간의 능력 안에 있을 수도 있고 아닐 수도 있다"는 말로 자기 논지를 입증했다고 생각했다. 하지만 그는 마음을 다스리는 것은 인간의 능력 밖이라는 사실을 보지 못했고, 크리스천이 존재한다는 사실에서 그런 결론을 내린 것은 잘못이었다. / 467

101 보통 사람들의 사고는 대단히 건전하다. 예를 들어,

1 기분 전환을 즐기고 사냥의 성과보다 사냥 자체를 좋아한다. 스스로 아노라 행세하는 얼치기들은 이를 비웃으며 인간의 어리석음을 입증하는 근거로 의기양양하게 끌어다 붙이지만, 오히려 일반 대중의 생각이 옳다. 어중간한 학식으로 파악할 수 없는 어떤 사유가 있기 때문이다.

2 출생 성분이나 부(富)처럼 외적인 요소들을 가지고 인간을 구분한다. 세상은 이번에도 그것이 얼마나 불합리한지 당당히 드러내 보이지만, 실은 지극히 합리적이다. 식인종들은 어린 왕을 비웃는다.

3 뺨을 맞고 굴욕감을 느끼거나 아니면 열심히 영예를 추구한다. 더없이 바람직한 일이다. 본질적인 유익이 따르기 때문

이다. 따귀를 얻어맞고도 아무 원한을 드러내지 않는 이는 모욕에 짓눌리고 어려운 형편에 휘둘린다.

4 무작정 시도한다. 바다로 나선다. 널빤지에 올라 건넌다.

/ 324

102 유대인과 크리스천, 어느 한쪽은 사악하다. / 759

103 **정의, 권력** 정의를 따르는 것은 옳고, 권력을 따르는 것은 필연이다.

힘이 없는 정의는 무기력하고, 정의가 없는 권력은 폭압적이다.

힘이 없는 정의는 도전받는다. 사악한 자들은 언제 어디나 존재하기 때문이다. 정의가 사라진 권력은 맹렬한 비난에 맞닥뜨리게 마련이다. 그러므로 정의와 권력을 조합해야 한다. 그러기 위해 정의의 힘을 세게 하고 권력을 정의롭게 해야 한다.

정의는 논란의 여지가 있다. 권력은 쉬 알아볼 수 있어서 논쟁할 거리가 되지 않는다. 그러므로 정의는 힘을 받지 못한다. 권력은 올바름을 불의라고 부르고 스스로 정당하다고 주장하면서 정의에 도전하는 까닭이다.

이처럼 정의에 힘을 싣기가 어려우므로 권력을 정의롭게 해야 한다. / 298

104 남들은 50세가 되어야 간신히 얻을까 말까 한 지위와 인정을 고작 열여덟 살짜리에게 선사하다니, 귀한 신분으로 태어난다는 것은 얼마나 유리한 일인가! 손가락 하나 까딱하지 않고 30년을

득 본다는 뜻이 아닌가! / 322

---

1. Terence, *Heaut.*, IV, V. 47. 테렌티우스, 《헤아우톤티모로우메노스》.
2. 1648년에 일어나 1653년까지 이어진 프랑스 내전을 일컫는 일반적인 이름이다.
3. Cicero, *De Officiis*, Ⅲ. 17. 키케로, 《키케로의 의무론》(서광사 역간).

6

위대

105 어떤 짐승이 사냥을 하면서, 또는 먹잇감이 달아나거나 나타났다고 동료들에게 알리면서 본능으로 할 행동을 이성적으로 처리하고 본능으로 할 말을 이성으로 했다면, 그보다 더 중대하게 영향을 미칠 만한 일들에 대해서도 끊임없이 이야기를 해 댈 것이다. 예를 들어, 이런 식이 아닐까? "이 밧줄 좀 물어뜯어 주게. 아파 죽겠는데 입이 닿질 않아." / 342

106 **위대** 강렬한 정욕에서 이처럼 뛰어난 질서를 만들어 냈다니, 원인과 결과가 모두 인간의 위대함을 잘 드러낸다. / 403

107 앵무새는 부리가 아무리 깨끗해도 연신 닦아 댄다. / 343

108 인간 내면의 어떤 부분이 쾌락을 감지하는가? 손인가? 팔인가? 몸인가? 아니면 피? 아무튼 영적인 무엇임에 틀림없다. / 339b

109 **회의주의에 대한 반론** 끊임없이 이야기를 나누는데도 이런 사안들을 한 점 애매한 구석 없이 깔끔하게 정의할 수 없다니 희한한 노릇이다. 흔히 너나없이 한결같은 방식으로 그것들을 이해한다고 믿지만, 그렇다는 증거가 어디에도 없으므로 그것은 아무짝에도 쓸데없는 가정이다. 실제로 한 가지 사안을 두고 같은 이야기를 하는 모습을 자주 본다. 어떤 사물이 위치를 바꾸는 모습을 지켜본다 하자. 둘이서 관찰을 해도 매번 물체가 움직였다고 입을 모은다. 그처럼 한결같은 적용은 사고의 일치라는 강력한 가정을 불러일으키지만, 총체적인 확신을 줄 만큼 절대적인 힘이 부족하다. 그럴 가능성이 있음에도 불구하고 종종 같은 결론이 다른 가정에서 나온다는 것을 알기 때문이다.

'사고의 일치'라는 가정이 이런 부류의 문제들을 조명해 확실하게 정리해 주는 본연의 빛을 완전히 꺼 버리지는 않지만, 적어도 논점을 흐리는 것은 사실이다. 플라톤주의자들은 그편에 걸지 모르지만, 그것은 빛을 흐리게 하고 독단론자들을 혼란스럽게 만들어 애매하기만 한 모호성을 옹호하는 회의론자의 비판을 영광스럽게 할 뿐이다. 자연의 빛이 어둠을 완전히 몰아내지 못하듯, 인간의 의심에서 생겨난 애매모호함 역시 모든 빛을 다 내쫓지는 못한다.

(왼쪽) 이것은 최소한일 뿐이다. 하나님은 처음이자 끝이시다. 전도서.

1. 이유 / 392

110 인간은 이성을 통해서만이 아니라 마음으로도 진리를 알게 된

다. 제일원리들을 깨닫는 것은 후자를 통해서다. 그와는 아무 상관이 없는 이성은 그 원리들을 반박하려 헛심을 뺀다. 회의론자들은 달리 뜻하는 바가 없으니 아무 목적도 없이 안간힘을 쓰는 셈이다. 이성적으로 증명할 수는 없을지 몰라도, 우리는 우리가 꿈꾸고 있는 것이 아님을 안다. 이런 증명의 무능은 인간 이성의 연약함을 드러낼 뿐, 회의론자들의 주장처럼 모든 인간 지식의 불확실성을 보여 주는 것은 아니다. 공간, 시간, 운동, 수와 같은 제일원리들을 인식하는 것은 이성을 통해 얻어 낸 어떤 지식 못지않게 확고하기 때문이다. 이성은 어떤 논리를 펴든지 이 인식에 의지하고 근거해야 한다. 공간 속에 삼차원이 있으며, 수가 무한하다는 것을 마음으로 느끼고 나면, 이성이 이어받아 한쪽이 다른 한편의 곱절이 되는 제곱수는 존재하지 않는다는 사실을 증명한다. 원리를 느끼고 나서 명제를 입증하는 식인데, 이성과 마음이라는 다른 수단을 통하기는 하지만 둘 다 확실하게 제 몫을 한다. 따라서 이성이 제일원리들을 인정하고 받아들이게 일단 증명부터 해 보라고 마음에 요구한다면, 이는 이성이 증명한 모든 명제들을 인정하고 받아들이게 일단 마음이 그것을 느끼게 해 달라고 요구하는 것만큼이나 무의미하고 터무니없는 짓이 될 것이다.

그러므로 인간의 무능은 만사에 재판관 노릇을 하겠다고 덤비는 이성을 겸손하게 만드는 구실에 오로지할 뿐, 확실한 것들을 흔들려 해서는 안 된다. 마치 이성이 무언가를 학습할 수 있는 유일한 통로이기라도 한 것처럼! 도리어 이성 따위는 눈곱만큼도 필요 없고 본능과 감성만으로 만사를 알 수 있다면 얼마나 좋겠는가! 하지만 자연은 그런 축복을 베풀기를 거절했다. 대신 이런 종류의 지식은 아주 조금만 허락했다. 그 밖에 다른 지식들은 전부 이성을 통해서만 체득할 수 있게 한 것이다.

그러기에 하나님이 마음을 움직여 신앙적인 믿음을 심어 주신 이들은 복받은 인간일 수밖에 없으며 그야말로 정당하게 확실하다는 느낌을 갖는다. 하지만 그러지 못한 이들로서는 하나님이 마음을 움직여 믿음을 허락하실 때까지 이성적인 추구를 통해서만 그런 신앙을 가질 수 있다. 주님이 베푸시는 믿음이 아니라면 그저 인간적일 뿐 구원에는 보탬이 되지 않는다. / 282

111 손이나 발, 또는 머리가 없는 인간은 얼마든지 상상할 수 있다. 발보다 머리가 더 긴요하다고 우리에게 가르치는 것은 경험이다. 생각이 없는 인간이 어떠할지는 도무지 짐작이 가지 않는다. 아마 돌멩이나 짐승쯤 되지 않겠는가? / 339

112 본능과 이성, 두 가지 본성의 표지. / 344

113 **생각하는 갈대** 인간으로서 존엄성을 추구하려면 공간이 아니라 생각의 질서를 잡아야 한다. 땅을 소유하는 행위는 아무런 유익이 되지 않는다. 공간을 통해 우주는 나를 사로잡아 작은 알갱이처럼 집어삼키고, 나는 생각을 통해 그 우주를 파악한다. / 348

114 인간의 위대함은 자신의 비참함을 아는 데서 시작한다. 나무는 스스로 비참한 줄 모른다.

비참하다는 사실을 아는 것은 비참하지만, 비참하다는 점을 안다는 데 위대함이 있다. / 397

115 **영혼의 비물질성** 철학자들이 격정을 억눌렀다면, 어떤 물질적인 요소로 그처럼 격정을 억누르게 할 수 있을까? / 349

116 비참함을 보여 주는 이 모든 사례들이 위대함을 드러내 보인다. 그것은 위대한 영주의 비참함, 왕좌를 빼앗긴 왕의 비참함이다. / 398

117 **인간의 위대함** 인간의 위대함은 너무도 명백해서 심지어 비참함 속에서조차 그 위대함이 드러난다. 동물에게는 자연스러운 성질을 인간의 경우에는 비참함이라고 불렀다. 그런 사실을 염두에 둘 때, 인간의 본성이 오늘날 짐승의 본성과 흡사하다면, 한때 가졌던 더 나은 상태에서 추락했음에 틀림없다.

왕위에서 쫓겨난 사람이라면 모를까, 왕이 아니라서 불행하다고 생각하는 사람이 어디 있겠는가? 집정관을 그만두는 바람에 파울루스 에밀리우스는 몹시 불행해졌으리라고 생각하는 이가 있을까? 도리어 다들 그가 잠시라도 그 자리에 있었던 걸 행복해했으리라고 여긴다. 본래부터 영원히 앉을 수 있는 자리가 아니었기 때문이다. 하지만 왕이라는 지위는 평생 누리게 되어 있으므로 거기서 쫓겨난 페르세우스는 더없이 불행했으리라 여긴다. 그런 처지인데도 삶을 이어 가는 것을 도리어 놀랍게 받아들일 정도다. 입이 하나뿐이어서 불행하다고 탄식할 이가 어디에 있겠는가? 눈이 하나뿐이라면 누구라서 불행하다고 생각지 않겠는가? 눈을 세 개 갖지 못했다고 괴로워하는 일은 아마 없을 것이다. 하지만 눈이 전혀 없다면 슬픔을 가누지 못할 것이 분명하다. / 409

118 심지어 강렬한 사욕(邪慾)에서도 인간의 위대함을 확인할 수 있다. 거기서 그토록 놀라운 체계를 만들어 내고 그것을 진정한 사랑의 이미지로 만들었다. / 402

7

모순

119 **모순** (인간이 얼마나 형편없고, 또 얼마나 대단한지 보인 뒤에)

이제 인간 스스로 자신의 가치를 평가하게 하라. 자신을 사랑하게 하라. 인간에게는 선을 행할 천부적인 능력이 있다. 하지만 내면의 저열함을 사랑할 이유는 없다. 스스로 경멸하게 하라. 그런 능력이 아직 채워지지 못한 채 남아 있으므로. 하지만 그것이 타고난 능력을 경멸할 이유는 전혀 아니다. 자신을 미워하고 또 사랑하게 하라. 진리를 알고 행복해할 능력을 간직했지만 깃들이거나 만족을 안길 진리를 한 톨도 소유하지 못했으니.

그러므로 인간 내면에 진리를 발견하고자 하는 열망을 불러일으키고 싶다. 애착이 얼마나 짙게 지식을 가리고 있는지 깨닫고 정욕에서 벗어나 진리를 찾을 때까지 어디든 따라갈 준비를 갖추게 해 주고 싶다. 자동적으로 이기적인 결정을 내리게 하는 정욕을 증오하도록 이끌어서 선택을 앞두고 정욕에 눈멀지 않으며, 일단 내린 판단이 앞을 가로막지도 못하게 해 주고 싶다. / 423

120 인간은 이만저만 주제넘은 것이 아니어서 온 세상에, 심지어는 자신이 떠나고 없는 세상에 찾아올 인류에게까지 알려지고 싶어 한다. 허영에 빠져 주위 사람 대여섯 명만 좋은 이야기를 해줘도 기쁨과 만족에 젖는다. / 148

121 인간의 위대함을 지적하지 않은 채 인간이 짐승과 얼마나 비슷한지 지나치게 낱낱이 설명하는 것은 위험하다. 저열함을 말하지 않고 위대함만을 과하다 싶게 이야기하는 것 역시 위험하다. 양쪽을 다 모르게 내버려 두는 것은 더더욱 위험하지만, 둘 다 제시하는 것은 더없이 유익하다. / 418

122 **APR[1] 위대함 그리고 비참함** 비참함과 위대함은 서로가 서로의 매조지(일의 끝을 단단히 단속하여 마무리하는 일-편집자)가 될 수 있으므로, 한편에서는 인간은 그 위대함을 이용해 비참하다는 결론을 내리는 반면, 다른 쪽에서는 비참에 근거를 둔 증거를 제시하면서 위대함을 힘주어 강조하는 쪽으로 더 기울곤 한다. 이쪽에서 위대함을 뒷받침하는 증거로 거론하는 사안들이 다른 쪽에서 인간은 비참하다고 결론짓는 논거로 쓰일 따름이다. 높은 데서 떨어질수록 더 비참하고 그 반대 역시 사실이기 때문이다. 이 둘이 서로 꼬리에 꼬리를 물고 돌아간다. 통찰이 깊어질수록 내면에 비참함과 위대함이 공존한다는 사실을 인식하는 까닭이다. 간단히 정리하자면, 인간은 비참한 사실을 알기에 비참하다. 하지만 비참하다는 사실을 알기에 진정 위대하다. / 416

123 **모순** 우리의 존재에 대한 모욕, 무가치한 것을 위한 죽음, 우리의 존재에 대한 증오. / 157

124 **모순** 인간은 태생적으로 잘 속으면서도 좀처럼 믿지 못하고, 겁이 많으면서도 대담하다. / 125

125 태생적 원리들이란 곧 습관적 원리가 아니고 무엇이겠는가? 아이들로 치자면 조상들에게서 물려받은 습관과 같은데, 짐승들이 사냥법을 물려받는 것과 비슷하다.

경험에서 알 수 있듯이 습관이 달라지면 거기에 따라 다른 태생적 원리들이 탄생한다. 습관이 뿌리 뽑을 수 없는 원칙들이 있다면 본성으로든 새로운 습성으로든 근절할 수 없는, 습관적이면서 동시에 태생적이지 않은 다른 원리들도 있게 마련이다. 이는 모두 기질에 달렸다. / 92

126 부모들은 혹시라도 자녀들의 태생적 사랑이 말끔히 사라질까 봐 걱정한다. 이렇게 지워지기 쉬운 본성이라면 그 실체는 무엇일까?

습관은 첫 번째 본성을 망가뜨리는 제2의 본성(천성)이다. 하지만 본성이란 무엇인가? 어째서 습관은 태생적이 아닌가? 습관이 제2의 본성이듯, 본성 자체가 그저 첫 번째 습관은 아닌지 몹시 두렵다. / 93

127 인간의 본성은 두 가지 방식으로 헤아려 볼 수 있다. 존재 목적

에 비추어 인간은 위대하며 견줄 데가 없다고 생각하든지, 달리거나 낯선 이들을 경계하며 짖는 모습을 보고 말과 개의 본성을 판단하듯 인간을 덩어리로 파악해서 극도로 비참하고 저열하다고 보든지, 둘 중 하나다. 이 두 접근 방식은 서로 상대편의 가설을 부정하는 탓에 철학자들 사이에 다양한 시각과 논란을 불러일으킨다. / 415

128 이 둘이 본성에 관한 모든 것을 인간에게 가르쳐 준다: 본능과 경험 / 396

129 **직업. 생각들** 모두 하나지만 가지각색이다.

인간 본성에는 얼마나 많은 성질들이 있는가! 직업은 또 얼마나 많은가! 남들의 칭찬을 듣고 직업을 선택하는 통상적인 방식은 얼마나 우발적인가! 잘 다듬어진 구두 굽. / 116

130 스스로 높이면, 그를 낮추리라.
스스로 낮추면, 그를 높이리라.
그에게 끊임없이 반박하리,
스스로 헤아릴 길이 없는 괴물임을
깨달을 때까지. / 420

131 회의론자들의 말 가운데 자잘한 논점들은 제쳐 두고 제일 강력한 주장을 꼽는다면, 태생적인 직관을 통하지 않고는 (믿음과 계시를 떠나서는) 이러한 원리들이 참이라고 확신할 수 없다는 것이

다. 그런데 그 태생적인 직관 역시 스스로 참이라는 확실한 증거를 단 한 점도 내놓지 못한다. 신앙을 떠나서는 인간을 선한 하나님이 창조하셨는지, 악한 마귀가 지었는지, 아니면 그저 우연히 태어났는지 확신할 길이 없다. 그러므로 타고난 원리들이 참된지, 거짓인지, 또는 불확실한지는 어디에 기원을 두느냐에 따라 달라지는 의심의 문제일 뿐이다.

더 나아가 믿음을 떠나서는 아무도 당장 자고 있는지 깨어 있는지 자신할 수 없다. 잠들어 있으면서도 평상시처럼 깨어 있노라고 단단히 믿기 십상인 까닭이다. 꿈속에서 꿈을 꾸는 경우도 허다하다. 꿈 위에 꿈을 쌓는 셈이다. 인간의 삶 가운데 절반은 이렇게 다른 꿈에 접붙여진, 그리고 죽어서야 깨어날 꿈일 수도 있지 않을까? 그 꿈을 꾸는 동안은 보통 잠을 자는 동안처럼 진리와 선에 관련된 원리를 거의 깨닫지 못하는 것이 아닐까? 삶에 벌어지는 이 모든 시간의 흐름, 만지고 느끼는 이 모든 실체들, 마음을 뒤흔드는 이 모든 생각들이 죄다 꿈속에서 일어나는 시간의 흐름과 덧없는 환영처럼 그저 환각에 지나지 않는 것은 아닐까? 꿈을 꾸면서도 공간과 형태, 운동을 보고 있다고 생각한다. 시간의 흐름을 감지하고 심지어 재기까지 한다. 사실 깨어 있는 동안과 전혀 다름없이 행동한다. 결국 스스로 인정하듯 인간은 삶의 절반을 잠 속에서 보낸다. 그 시간 동안 직관적으로 알게 되는 온갖 것들은 그 모습이 어떠하든 그저 환영일 수밖에 없으므로 한 줌의 진리도 손에 넣지 못한다. 깨어 있다고 생각하는 삶의 다른 절반이 처음 절반과 살짝 다른 또 하나의 잠 속, 그러니까 자고 있는 동안 접붙여진 꿈속이 아닌지, 자고 있다고 생각하다 문득 깨어나는 그런 꿈속이 아닌지 누가 알 수 있겠는가? 그리고 다른 이들과 함께 꿈을 꾸었는데 요행히도 그 내용이 서로 들어맞는다면(드물지 않은 일이다), 그러다 문득 혼자 깨어난다면 꿈과 현실을 뒤집어 생각할 수 있지 않겠는가? 누가 그것을 의심하겠는가?

이들이 양쪽의 핵심 포인트다. 습관, 교육, 지역의 관습 따위의 영향과 관련해 회의론자들이 직접 겨냥하는 지엽적인 논점들은 하나도 입에 올리지 않을 것이다. 이렇게 덧없는 토대 위에 논리를 세우는 대다수 일반 대중에게는 그편이 매력적일지 모르지만, 회의론자들이 가볍게 숨 한 번만 내쉬어도 금방 뒤집어지고 만다. 아직도 완전히 수긍하기 어렵다면, 그들이 쓴 책들을 살펴보라. 단박에 납득이 가고도 남을 것이다.

독단론자들의 유일한 강점, 즉 진지하고 지극히 신실하게 이야기하는 한, 태생적인 원리들을 의심할 수 없다는 주장에 주목하려 한다.

회의론자들은 간단히 말하자면 인간 기원에 대한 불확실성은 인간 본성과 관련된 불확실성까지 아우른다는 논리로 대꾸한다. 세상이 시작된 이래 줄곧 이들은 여기에 대한 답을 내놓으려 안간힘을 쓰고 있다.

(회의주의에 대해 더 깊이 알고 싶다면 그쪽에서 펴낸 책을 보라. 금세 속내를, 어쩌면 지나치리만큼 속속들이 알게 될 것이다.)

이는 사람들 사이에 전쟁이 벌어진다는 뜻이다. 독단론자 편을 들든 회의론자와 함께하든 어느 한 편에 서야 한다. 중립에 설 수 있으리라고 생각하는 이는 대단한 회의론자다. 이런 중립성이야말로 그 패거리의 본질이다. 맞서지 않는 이는 확고한 지지자다. 바로 여기가 그들의 장점이 드러나는 대목이다. 이들은 자신의 편도 들지 않는다. 중립적이고, 무심하며, 자신을 비롯해 그 무엇에도 판단을 유보한다.

그렇다면 이런 상황에서 어찌해야 할 것인가? 만사를 회의해야 하는가? 깨어 있는지, 체포당했는지, 불태워지고 있는지 의심할 것인가? 지금 의심하고 있는지도 의심해야 하는가? 살아 존재하고 있는지 회의해야 하는가?

아무도 그렇게까지는 할 수 없다. 분명히 말하지만, 철두철미한 회의주의자는 존재할 수 없다. 본성은 무기력한 이성의 뒷덜미를 잡아당겨 지나치게 멀리 엇나가지 못하도록 막는다.

그럼 인간은 진리를 확실하게 소유했다고 해야 하는가? 인간은 가벼운 압박에도 제 뜻을 드러내지 못하며 알고 있던 것마저 잃어버릴 수밖에 없지 않은가!

인간은 얼마나 기이한 종족인가! 얼마나 고상하고, 얼마나 기괴하며, 얼마나 뒤죽박죽이고, 얼마나 모순투성이고, 얼마나 놀라운 존재인가! 만물의 심판자이자 허약한 지렁이고, 진리를 담는 그릇이며, 의심과 오류의 구렁텅이인 동시에 우주의 영광이자 찌꺼기가 아닌가!

이처럼 뒤엉킨 실타래를 누가 풀어내겠는가? 이는 독단주의와 회의주의, 아니 온갖 철학을 넘어서는 문제다. 인간은 인간을 초월한다. 회의주의자들이 입만 열면 부르짖는 주장들, 그러니까 진리는 인간의 손길 너머에 있고, 무슨 수를 써도 잡을 수 없는 사냥감이며, 세상에 속한 무언가가 아니라 하늘에서 하나님의 무릎을 베고 편히 누워 있으며, 그분이 드러내길 원하실 때에만 알 수 있다는 이야기들을 백번 양보해 인정하기로 하자. 창조 이전부터 있었으며 육신을 입은 진리를 통해 인간의 진정한 본질을 알아보자.

이성을 통해 진리를 추구한다면 이들 세 분파 가운데 어느 하나를 택할 수밖에 없다. 본성을 억누르지 않고는 회의주의자나 플라톤주의자가 될 수 없다. 이성에 등을 돌리지 않고는 독단론자가 될 길이 없다.

본성은 회의주의자와 플라톤주의자들을 당혹스럽게 하고 이성은 독단론자들이 틀렸다는 증거를 들이댄다. 그렇다면 자연 이성을 통해 자신의 진정한 위치를 찾아내려 애쓰는 이들이여, 이제 어찌 하려는가? 이 세 분파 가운데 어느 하나도 피할 수 없고, 그렇다고 어느 하나에 기대어 살 수도 없으니!

오만한 인간이여, 스스로 얼마나 모순덩어리인지 이제 자각하라. 자신을 낮추라, 무기력한 이성이여! 잠잠하라, 허약한 본성이여! 인간은 무한정 인간을 초월한다는 사실을 배우라. 여태 드러나지 않았던 인간의 참다운 실상을 그대들의 주인에게서 들으라.

하나님께 귀를 기울이라.

인간의 형편이 이중적이라는 점은 너무도 자명하지 않은가? 간단히 말해서 인간이 조금도 더럽혀지지 않았다면 순결한 상태로 진리와 더할 나위 없는 행복을 당당하게 누렸을 테고, 시종일관 철저하게 타락한 상태였다면 진리나 축복이 무엇인지조차 몰랐을 것이다. 하지만 우리의 현실은 불행하다(인간의 상태 가운데 위대함을 보여 주는 요소가 전혀 없다면 불행이 한결 덜했으리라). 행복이 무엇인지 알지만 거기에 이를 수가 없다. 진리의 그림자를 감지하지만 손에 잡히는 것은 거짓뿐이다. 절대 무지와 확고한 지식, 그 어느 쪽도 아니다. 한때는 어느 정도 완전함을 만끽했지만 안타깝게도 거기서 추락하고 말았음은 명명백백하다.

그러므로 인간의 상태가 이중적임을 염두에 두자. 인간은 무한정 인간을 초월하며, 믿음의 뒷받침 없이는 스스로를 인식할 수 없는 상태로 살아가게 되리라는 사실을 마음에 품기로 하자. 인간 본성의 이중성을 깨닫지 못하는 한, 자신의 실상을 둘러싼 진리에 완고하리만치 무지해지리라는 사실을 누가 모르겠는가?

그러나 인간의 머리로는 도저히 닿을 수 없는 수수께끼, 즉 죄의 유전(transmission)이라는 신비 없이는 자신을 단 한 점도 제대로 알 수 없다. 이 얼마나 기가 막힌 일인가!

원죄에서 너무 멀리 떨어져 절대로 공유할 수 없어 보이는 이들까지 첫 번째 인간이 저지른 죄의 책임을 면할 수 없다는 사실만큼 이성에 충격적인 사태는 다시없을 것이다.

이런 죄의 유전은 불가능할 뿐만 아니라 지극히 부당해 보인다. 아직 똥오줌도 가리지 못하는 어린아이에게 태어나기 6천 년 전에 저질러져 얽힐 여지가 전혀 없는 죄의 책임을 물어 영원한 저주를 내리다니, 인간의 초라한 정의 법칙에 이보다 더 심하게 어긋나는 일이 또 있겠는가? 난데없이 뒷덜미를 잡아채기로 이 교리만 한 것이 또 있을까 싶다. 그러나 납득하기가 더없이 어려운 이 신비가 아니면, 스스로를 이해하지 못한 채로 살아갈 수밖에 없다. 인간의 실상이라는 매듭은 얽히고설켜 떡이 진 상태라 이 신비 없이 자신을 인식하기란 자기 힘으로 이 수수께끼를 풀기보다 더 어려운 노릇이다.

이런 사실에 비춰 보면, 하나님은 인간 존재를 스스로 파악하기 어렵게 하시려는 뜻에서 그 매듭을 지극히 높이, 엄밀하게는 아주 낮게 두셔서 손을 대지 못하게 하셨음을 알 수 있다. 결국 인간이 진정으로 자신을 알게 되는 것은 이성의 오만한 활동이 아니라 단순한 순종을 통해서다.

무엇으로도 넘볼 수 없는 신앙의 권위 위에 견고하게 선 이 기본적인 사실들은 믿음 안에 한결같이 변하지 않는 두 진리가 존재함을 알려 준다. 우선, 창조된 상태 또는 은혜를 입은 상태에서 인간은 온 자연의 칭송을 받으며 하나님처럼 되어 그 신성을 나눠 가진다는 진리다. 다음은, 타락하고 죄에 빠진 상태의 인간은 처음 상태에서 추락해 짐승이나 다름없어진다는 사실이다. 이 두 명제는 동일하게 확고하며 분명하다.

성경은 곳곳에서 이를 명백하게 선언한다.

"그분이 지으신 사람들을 내 기쁨으로 삼았다"(잠 8:31, 새번역).

"내 영을 만민에게 부어 주리니"(욜 2:28).

"너희는 신들이며 다 지존자의 아들들이라"(시 82:6).

다른 데서는 또 이렇게 말한다.

"모든 육체는 풀이요"(사 40:6).

"사람은 멸망하는 짐승 같도다"(시 49:12, 20).

"하나님이 그들을 시험하시리니 그들이 자기가 짐승과 다름이 없는 줄을 깨닫게 하려 하심이라 하였노라"(전 3:18).

이처럼 인간은 은혜를 통해 하나님처럼 되어 그 신성을 나눠

가지며, 은혜가 없으면 들판의 짐승과 같은 취급을 받는다는 데는 재론의 여지가 없다. / 434

---

1. '포르루아얄 판에서'(At Port Royal)를 의미하는 약자로, 파스칼이 여기서 열린 집회에서 강연했음을 보여 준다는 견해가 있었지만, 지금은 보편적으로 인정하지는 않는다. 아직까지는 보편적인 지지를 받는 대안적인 가설이 제기되지 않은 상태다. 149번도 보라.

8

오락

132 **오락(Diversion; 기분 전환용 놀이-편집자)** 인간이 행복했더라면, 하나님이나 성인들처럼 즐길 거리에 한눈을 덜 팔수록 더 행복했을 텐데. 분명 그랬겠지만, 그럼 오락에서 즐거움을 찾는 이는 행복하지 않단 말인가?

그렇지 않다. 기분 전환은 어디 다른 데서, 그러니까 외부에서 오는 까닭에 인간은 의존적이 될 수밖에 없다. 천 가지 일에서든 한 가지 사고에서든 불안감을 느끼고, 이는 어김없이 고통으로 이어진다. / 170

133 **오락** 죽음과 비참, 무지를 해결할 수 없으므로 인간은 행복해지기 위해 그런 유의 일들은 생각하지 않기로 작정한다. / 169

134 이런 고통에도 불구하고 인간은 행복해지길 원하고, 오로지 행복해지길 바라며, 행복해지길 기대하지 않고는 견디지 못한다.

하지만 어떻게 시작해야 할까? 스스로 불멸의 존재가 되는 것

이 최선의 길이지만, 그럴 수 없기에 거기에 관해 생각하길 멈추기로 결심한다. / 168

135 내가 존재한 적이 없겠다 싶은 느낌이 들 때가 있다. 자아는 생각으로 구성되기 때문이다. 세상에 태어나기도 전에 내 어머니가 죽었다면, 생각하는 나는 한 번도 존재한 적이 없게 된다. 따라서 나는 필연적인 존재가 아니다. 영원한 존재도, 무한한 존재도 아니다. 하지만 본성 안에는 필연적이고, 영원하며, 무한한 존재가 있음을 알 수 있다. / 469

136 **오락** 더러 인간의 다양한 활동, 궁정이나 전쟁에서 마주하는 위험과 어려움(숱한 다툼과 격정을 불러일으킨다), 대담하고 종종 사악하기까지 한 기획 따위를 생각할 때마다 인간이 불행한 원인은 방 안에 조용히 박혀 지내는 법을 모르는 까닭이라고 말해왔다. 먹고사는 데 어려움이 없을 만큼 넉넉한 이의 경우 집에 머물며 즐기는 법을 알고 있다면, 결코 배를 타거나 요새를 포위하고 공격하러 집을 나서지는 않을 것이다. 고향에서 평범하게 사는 것을 지겨워하지 않으면 그렇게 오래도록 군대에서 생활하고 싶어 하지 않을 것이다. 집에 머무는 것이 즐겁지 않은 탓에 친구를 찾아다니고 도박에 한눈을 판다.

하지만 온갖 불행을 아우르는 특별한 이유를 살피며 더 깊이 생각을 거듭한 끝에 보편적인 원인을 알게 된 지금, 허약하고 유한한 인간의 처지에서 비롯한 태생적인 불행에서 대단히 설득력 있는 근거를 찾는다. 그런 현실을 생각할 때마다 너무도 비참해져서 무엇으로도 위로를 삼지 못하는 것이다.

좋아하는 상황들을 상상해 보라. 거기에 가지고 태어날 수 있는 온갖 복을 보태 보라. 이 세상에서는 왕의 자리에 오르기가 으뜸으로 근사한 일이 될 것이다. 하지만 왕이라는 지위에서 누릴 수 있는 이점들을 빠짐없이 갖되 오락 거리라고는 하나도 없고 자신이 누구인지 곰곰이 생각하고 성찰하는 것이 전부라면, 이 김빠진 행복은 주인공을 계속 묶어 두지 못할 것이다. 결국 눈앞에 닥친 위협들, 역모가 일어날 가능성, 언젠가는 반드시 닥칠 죽음과 질병을 헤아리기 시작할 것이 뻔하다. 결국 흔히 말하는 여흥을 빼앗긴 주인공은 불행할 수밖에 없다. 운동경기와 오락을 마음껏 즐기는 가장 미천한 신하보다 한결 더 불행할 것이다.

따라서 정신을 쏙 빼놓는 심심풀이에 정신을 쏟든 내기, 사냥, 몰입하게 만드는 공연을 비롯해 흔히 말하는 오락 거리처럼 완전히 빠져들게 만드는 새롭고 유쾌한 열정을 동원하든 자신이 어떤 존재인지 파고드는 데서 관심을 돌리는 것은 유익한 일이다.

노름, 여성들과 어울리는 교제, 전쟁, 높은 자리 따위가 그토록 각광받는 까닭이 여기에 있다. 그런 것들이 정말 행복을 불러오지는 못한다. 도박판에서 돈을 따거나 토끼를 사냥했다고 진정으로 행복하다고 생각하는 이는 없다. 선물로 준다면 아무도 내키지 않을 것이다. 진심으로 원하는 것은 불행한 인간 의 현실을 생각하게 만드는 안락하고 평화로운 삶도, 전쟁의 위험도, 부담스러운 지위도 아니다. 그저 불행한 처지에 관한 생각을 벗어 버리고 시선을 돌리게 만드는 한바탕의 동요, 바로 그것이다. 그러기에 사냥으로 잡은 짐승보다 사냥하는 행위를 더 좋아하는 것이다.

북적이는 것을 사람들이 그토록 좋아하는 이유다. 감옥에 갇히는 것이 그토록 두려운 형벌인 까닭이다. 고독이 주는 즐거움을 그토록 납득하기 어려워하는 연유다. 왕이 되는 데 따르는 주요한 기쁨도 사실 이것이다. 주위에서 끊임없이 관심을 돌리려 애쓰며 온갖 쾌락을 알선하기 때문이다. 왕은 스스로에 대해 생각하는 것을 막으려는 이들에게 둘러싸여 있다. 비록 왕이라 할지라도 자신을 돌아보는 순간 불행해지는 것은 이런 까닭에서다.

인간이 행복을 끌어내기 위해 고안해 낼 수 있었던 장치는 이런 것들이 고작이다. 이를 철학적으로 풀어내고자 하는 이들은 값을 주고 사지 않고 하루해가 다 가도록 토끼를 좇아다니는 것은 참으로 불합리한 짓이라고 평가하는데, 이는 인간 본성을 파악하지 못해서 나온 반응이다. 토끼 그 자체는 정신을 산란하게 하는 죽음과 비참한 현실에 대한 생각에서 우리를 건져 내 주지 못하지만 사냥은 그럴 수 있다. 그러기에 피로스(Pyrrhus)왕은 맹렬하게 추구하던 일을 멈추고 쉬라는 조언을 받았지만 실제로 그렇게 하기가 몹시 힘들다는 사실을 깨달았다.[1]

쉬라는 말은 곧 행복하게 살라는 주문이나 매한가지다. 그것은 고통을 일으키는 요인을 완전히 없애 버리고 느긋하게 묵상할 수 있는 완전히 행복한 상태를 즐기라고 조언한다는 뜻이다. 그렇다면 결국 인간 본성을 이해하지 못하고 있다는 이야기가 된다.

그러므로 자신을 있는 그대로 자연스럽게 인식하는 이들은 어떻게 해서든 휴식을 피하며, 무슨 수를 써서라도 마음을 어지럽히려 한다.

그들을 비난하는 것은 잘못이다. 그들이—그저 기분 전환을 위해—신나는 일을 찾는 것을 탓할 수는 없다. 문제는 좇는 것을 얻으면 어김없이 참다운 행복을 찾을 수 있다는 듯 오락 거리를 찾는 데 있다. 그들의 추구를 헛짓이라고 불러도 할 말이 없게 만드는 대목이다. 이 모두가 비판하는 편이든 비난받는 쪽이든 한결같이 인간의 진정한 본성을 파악하지 못하고 있음을 드러낸다. 결코 만족을 줄 수 없는 무언가를 그토록 열성적으로 따라다닌다는 비난을 받았고 그 답을 골똘히 생각해 본다면, 정신을 자신에게서 떼어 놓아 줄 격렬하고 활발한 심심풀이를 바랄 따름이며 그 때문에 열정적으로 덤벼들 만한 일로 이끌 매력적인 대상을 선택했다는 정도가 적절한 답이 될 것이다. 상대는 한마디도 대꾸하지 못할 것이 틀림없다.

(허영, 드러내는 즐거움. 춤을 추고 있다면 발 디딜 자리를 생각해야 한다.)

하지만 사람들은 자신을 모르므로 그렇게 답하지 않는다. 자신이 원하는 것은 사냥일 뿐 잡은 짐승이 아니라는 점을 깨닫지 못한다. 지체 높은 이들은 사냥을 대단한 경기, 이른바 왕의 스포츠로 여기지만, 사냥꾼들은 그리 보지 않는다. 나중에 한자리 차지하면 휴식을 즐기겠다고 생각한다. 만족을 모르는 탐욕스러운 인간 본성을 뚫어 보지 못한다. 진심으로 원하는 것이 쉼이라고 생각하지만, 실제로 바라는 것은 사실 활동일 뿐이다.

인간에게는 은밀한 본능이 있어서 외적인 놀 거리와 소일거리를 좇도록 몰아간다. 이는 자신의 비참함을 끊임없이 자각하기 때문에 오는 현상이다. 최초의 본성이 지닌 위대함에서 비롯하는 또 다른 은밀한 본능도 있는데, 이번에는 진정한 행복은 흥미진진한 놀 거리가 아니라 쉼에서 온다고 이야기한다. 서로 충돌하는 이 본능들은 영혼 깊은 곳에 묻혀 있는 번다한 계획들을 끄집어내서 온갖 활동으로 쉼을 찾으려 들게 유도하는 한편, 두드러진 몇 가지 어려움들만 이겨 내면 놓쳐 버린 만족이 찾아오며 문을 활짝 열어 안식을 맞아들일 수 있으리라는 상상에 빠지게 한다.

인생은 다 이런 식으로 흘러간다. 몇 가지 장애물들을 붙들고 씨름하면서 쉼을 추구한다. 하지만 정작 걸림돌들이 치워지고 나면 쉼을 견딜 수 없어 한다. 지루하기 때문이다. 그래서 평온한 삶에서 빠져나와 무언가 신나는 일을 갈망하게 마련이다.

인간은 현재의 비참한 일이나 삶을 위협하는 비참한 상태, 둘 중 하나를 늘 생각한다. 모든 면에서 정말 안전하다고 느낄지라도 권태는 태생적으로 뿌리를 내렸던 마음 깊은 그 자리에서 제 힘으로 고개를 쳐들고 온 마음에 독을 퍼트린다.

인간은 너무도 불행한 나머지 지루해할 이유가 전혀 없을지라도 타고난 기질 그 자체 때문에 지루해진다. 얼마나 공허하던지 지루해할 오만 가지 이유가 있을지라도 막대기로 당구공을 치는 시시하기 짝이 없는 놀이 하나도 주의를 돌리기에 부족함이 없다.

누군가 물을지 모른다. "그래서, 뭘 얻으려고 이런 짓을 하는 거요?" 그렇게 해서 얻을 수 있는 것이라고는 그저 다음 날, 친구들에게 남들보다 당구를 잘 친다고 으쓱대는 것뿐이다. 마찬가지로 어떤 이들은 여태 아무도 풀지 못했던 대수문제를 해결했음을 학자들에게 드러내 보일 심산으로 공부방에 틀어박혀 진땀을 흘린다. 또 내 눈에는 어리석어 보이지만, 나중에 이러저러한 요새를 점령했노라고 뽐내고 싶어서 엄청난 위험을 무릅쓰는 이들도 허다하다. 더 슬기로워지려는 것이 아니라 그냥 무언가를 알고 있음을 보이기 위해 진이 다 빠지도록 온갖 사물을 관찰하는 부류도 있다. 이들은 숱한 반편이들 가운데 단연 으뜸이다. 다른 이들은 스스로 어리석다는 것을 알고 나면 멍청한 짓을 집어치우지만, 이들은 자신이 뭘 하고 있는지 잘 알면서도 계속하기 때문이다.

어떤 사람이 날마다 푼돈을 걸고 도박을 하는 걸로 지루함을 잊는다 하자. 아침마다 도박을 하지 않는 조건으로 그날 딸 수 있는 돈을 거저 준다면 그는 불행해질 것이다. 원하는 것은 도박을 하는 즐거움이지 돈을 따는 것이 아니라는 소리를 들을 수도 있다. 그럼 돈을 걸지 않고 게임을 시켜 보라. 흥미를 느끼지 못하고 이내 지루해할 것이 뻔하다. 그건 그가 원하는 것이 단순한 오락이 아니어서다. 자극을 주지 못하는 김빠진 놀 거리는 지루함을 부를 뿐이다. 그에게는 신명이 필요하다. 도박을 포기할 때 선물로 받을 수 있는 것이 아니라 다른 무언가를 손에 넣으면 정말 행복하리라는 상상으로 스스로를 속여 넘겨야 한다. 그러므로 열정을 쏟아부을 목표를 설정하고 스스로 만들어 낸 목표에 이르기 위해 열정과 분노, 두려움을 불러일으켜야 한다. 마치 아이들이 자기 손으로 떡칠을 한 자기 얼굴을 보고 놀라는 것과 매한가지다.

몇 달 전에 외아들을 잃었고 오늘 아침만 하더라도 갖가지 소송과 분쟁에 마음이 고단하고 눌려 있던 사람이 지금은 그 일을 생각조차 하지 않는다. 어찌 된 셈일까? 놀라지 말라. 부리는 사냥개들이 여섯 시간째 맹렬하게 쫓고 있는 멧돼지가 어느 방향으로 튈지 몰라 온 신경을 집중하고 있기 때문이다. 그에게 필요한 것은 그게 전부다. 슬픔에 젖어 있는 사람이라도 잘 구슬려서 기분을 바꿀 만한 오락 거리에 빠지게 하면 적어도 그동안은 행복해한다. 하지만 지극히 행복한 사람이라도 기분 전환이 될 만한 일이 없고 혼을 쏙 빼놓을 만한 일이나 지겨움을 몰아내 줄 만한 것이 없다면 곧 우울하고 불행해질 것이다. 주의를 돌리게 해 줄 도구가 없으면 즐거움도 없다. 기분을 바꿔 줄 무언가가 있다면 슬픔은 없다. 이게 바로 지체 높은 사람들에게 행복을 안겨 주는 요소다. 기분을 바꿔 주는 이들이 주위에 숱하게 많고, 그런 상태를 유지할 능력도 있기 때문이다.

착각하지 말라. 서장, 총장, 법원장이 된다는 것은 곧 아침마다 숱한 이들이 사방팔방에서 찾아와 하루에 한 시간도 스스로를 돌아볼 틈이 없는 지위를 즐긴다는 의미가 아니고 무엇이겠는가? 자리에서 물러나 넉넉한 재산도, 시중을 들어 줄 부하들도 없는 고향집으로 돌아가면 틀림없이 초라해지고 기가 꺾일 것이다. 자신에 대해 생각하는 것을 막아 주는 이가 없기 때문이다.

/ 139

137 **오락** 왕위가 갖는 지엄함은 그 자체로 넘치게 대단하지 않은가? 왕권을 가진 사람으로서는 스스로 어떤 존재인지 바라보기

만 해도 행복해지지 않겠는가? 그런데 굳이 평범한 백성처럼 자신에 관한 생각에서 눈을 돌리게 해 주는 무언가가 필요하겠는가? 춤을 잘 추는 쪽에만 온 신경을 쓰게 해서 은밀한 고통을 곱씹는 데서 눈을 돌리게 만드는 것이 인간을 행복하게 하는 걸 분명히 볼 수 있다. 하지만 왕에게도 마찬가지일까? 스스로 얼마나 대단한 존재인지 되새기는 쪽보다 그처럼 허망한 놀 거리에 흠뻑 빠지는 편이 더 행복할까? 왕의 마음을 더 흡족하게 해 줄 만한 관심사를 제공할 수 있겠는가? 자신을 둘러싼 장엄한 영광을 편안한 마음으로 깊이 헤아리길 즐기게 하는 대신 어떻게 가락에 맞춰 발걸음을 옮길지, 또는 어떻게 당구 채를 능숙하게 다룰지 따위의 생각들로 마음을 꽉 채우게 하는 게 그의 기쁨을 망쳐 놓는 것은 아닐까? 한번 시험해 보자. 감각을 만족시켜 줄 만한 것도 없고, 마음을 사로잡는 걱정거리도 없고, 동무해 줄 사람도 없고, 즐길 거리도 없이, 자신에 대해 깊이 생각할 넉넉한 여유와 더불어 왕을 온전히 혼자 내버려 두라. 주의를 돌릴 데가 없는 왕은 몹시 비참한 인간에 지나지 않음을 알게 될 것이다. 따라서 그런 사태가 벌어지는 것을 피하는 주도면밀한 노력이 이어진다. 왕 주변에는 숱한 이들이 북적대면서 나랏일이 끝난 뒤에 어떻게 놀이를 하는지 주의 깊게 살피고, 한갓진 시간이 나는지 지켜보다가 갖가지 재미와 놀이를 제공해서 절대로 빈틈이 생기지 않게 만든다. 다시 말해, 왕을 홀로 둬서 스스로를 돌아보게 하는 일이 절대로 일어나지 않도록 엄청나게 조심하는 이들이 주위를 에워싸고 있다는 뜻이다. 비록 왕이라 할지라도 자신을 돌아보는 순간 비참해진다는 것을 잘 알기 때문이다.

이 모든 이야기에서 크리스천 왕들은 크리스천으로서가 아니라 그저 왕으로서만 다루고 있다는 점을 밝혀 둔다. / 142

138 **오락** 아무런 위험이 없는 상황에서 죽음을 생각하기보다 죽음에 대해 생각하지 않고 있을 때 죽음을 견디기가 더 쉽다. / 166

139 **오락** 인간은 어린 시절부터 명예와 재산, 친구들 그리고 심지어 친구들의 영예와 재물까지 책임지라는 가르침을 받는다. 갖가지 의무와 언어 훈련, 운동까지 해야 하는 부담을 지며 자신은 물론 벗들의 건강과 영예, 재물까지 모두 온전하지 않으면 절대 행복해질 수 없으며 어느 하나라도 삐끗하면 반드시 불행해진다고 배운다. 그래서 하루하루 눈을 뜨기가 무섭게 등골이 휠 만큼 무거운 책임과 의무를 부여받는다. 행복해지는 길 치고는 희한하다고 이야기할지 모른다. 인간을 불행하게 하기에 이보다 더 좋은 방도가 또 있을까? 그렇다면 어찌해야 할까? 관심사와 염려를 다 거둬 가기만 하면 된다. 그러면 스스로를 돌아보며 자신은 어떤 존재고, 어디서 왔으며, 어디로 가는지 생각하게 될 것이다. 인간이 끝없이 분주하고 산만해질 수밖에 없는 이유가 여기에 있다. 이는 너무 많은 일에 시달리다가 조금 틈이 생긴다 하더라도 여흥을 즐기거나 놀이를 하며 언제나 숨 쉴 새 없이 바쁘게 살라는 조언을 듣기 일쑤인 까닭이기도 하다.

공허하고 천박한 인간의 마음이라니! / 143

1. 온 세상을 정복하고자 하는 계획을 정당화하고 싶었던 피로스왕은 만족스러운 쉼이 궁극적인 목적이라는 그럴듯한 답을 내놓았지만, 정복의 꿈을 이룬 뒤라는 단서를 달았다.

9

철학자들

140 에픽테토스가 그 길을 선명하게 보았다손 치더라도 뭇사람들에게는 그저 "당신들은 그릇 가고 있소"라고 말했을 뿐이다. 다른 길이 있음을 알려만 주었을 뿐 그리 인도하지는 않았다. 바른길이란 하나님이 원하시는 바를 좇는 것을 가리킨다. 오직 그리스도만 그 길로 이끄신다. "비아 베리타스"(Via Veritas).[1]

제논의 결점. / 466

141 **철학자들** 자기가 누군지도 모르는 이더러 하나님께 가야 한다고 외치는 것도 나쁠 것은 없다. 자신을 제대로 아는 이에게 그리 말하는 것 역시 나쁠 것은 없고. / 509

142 (그리스도 없이 하나님을 믿는다는 철학자들을 반박하며)

철학자들 그들은 오직 하나님만이 사랑과 찬양을 받을 자격이 있다고 믿지만, 자신들도 대중에게서 사랑과 존경을 얻고 싶어 한다. 스스로 얼마나 타락했는지는 깨닫지 못하고 말이다. 하나님을 사랑하고 경배하려는 소망이 마음에 가득하고 그것을 으뜸가는 기쁨으로 여긴다면, 자신을 괜찮은 인간으로 여겨도 좋다. 하지만 그것을 혐오스럽게 여기고 다만 사람들에게서 존경받는 데만 마음이 끌린다면, 억지로 몰아붙이지 않고 살살 구슬려서 자신과 같은 철학자들을 사랑하는 일이 행복의 비결이라고 믿게 하는 데만 완벽하다면, 그런 완전함은 너무도 끔찍하다. 하나님을 알았으면서도 뭇사람들이 주님을 사랑하는 것이 아니라 자기들 선에서 뚝 멈추기만을 바라다니, 어찌 그럴 수가 있는가! 그들은 자기 스스로가 만인이 바라 마지않는 행복의 대상이 되기를 바랐던 것이다. / 463

143 **철학자들** 우리를 억지로 밖으로 내모는 것들이 가득하다.

우리의 본능은 마치 행복을 바깥에서 찾아야 한다고 말하는 것 같다. 열정은 뜨겁게 타오를 만한 대상이 없는 상황에서도 우리를 밖으로 내몬다. 바깥세상은 끊임없이 우리를 미혹하고, 우리가 바깥세상을 생각조차 하지 않을 때도 유혹을 멈추지 않는다. 철학자들은 "자신에게 침잠하라. 마침내 거기서 행복을 찾을 것이다"라고 이야기한다. 하지만 이 또한 아무 소용이 없고, 우리는 그들의 주장을 신뢰하지 않는다. 그들을 신뢰하는 사람들은 더없이 공허하고 어리석다. / 464

144 스토아학파가 내놓는 것들은 몹시 까다롭고 덧없다.

스토아 철학자들은 주장한다. "지극히 높은 수준의 지혜에 이르지 못한 이들은 하나같이 어리석고 부도덕해서 마치 얕고 얕은 물에 빠진 이와 같다〔깊은 물에 들어간 이들과 마찬가지로 이들도 몸이 젖었다는 소리를 듣는다〕.[2] / 360

145 세 가지 형태의 정욕이 세 분파를 빚어냈다. 철학자들이 하는 일이란 이 세 부류의 정욕 가운데 하나를 좇는 것뿐이다.[3] / 461

146 **스토아학파** 가끔 할 수 있는 일이라면 늘 할 수도 있으며, 또한 영예를 바라는 욕구는 그 마음을 품은 이들에게 무슨 일이든 해내게 만들므로 다른 이들도 그러하리라고 결론짓는다.

하지만 이는 건강한 상태라면 흉내 낼 수 없는, 열병이 낳은 움직임이다.

에픽테토스는 일부 크리스천이 견실하다는 사실에서 모든 사람이 그럴 수 있다는 결론을 끌어낸다. / 350

---

1. "내가 곧 길이요 진리요 생명이니"(요 14:6).
2. 파스칼은 이 구절을 완성하지 않았다. 하지만 분명히 이런 내용에 해당한다.
3. 545번을 보라. 세 분파란 에피쿠로스학파(감각적인 쾌락), 스토아학파(오만), 과학자들(지적인 호기심)을 가리킨다.

10

최고선

147 **최고선** 최고선에 대한 토론.

"당신이 자신과 타고난 자신 안의 선한 것들에 만족할지도 모른다는 사실."[1]

결국 자살을 권한다는 점에서 거기에는 다소 모순이 있다. 오, 우리가 전염병처럼 떨쳐 내려 하는 이 인생은 얼마나 행복한 가! / 361

148 **2부** 믿음 없이는 인간은 선도, 정의도 알 수 없다. 인간은 너나없이 행복을 추구한다. 예외가 없다. 사용하는 수단은 저마다 다를지라도 하나같이 이 목표를 향해 달려간다. 더러는 전쟁에 나가고 또 더러는 그러지 않는다. 양쪽이 품은 한 가지 소망을 두 갈래 서로 다른 길로 풀이하는 까닭이다. 인간의 의지는 어떤 상황에서도 오로지 행복이라는 목표를 향해서만 움직인다. 어떤 사람이 어떤 행동을 하든 그 동기는 행복이다. 심지어 스스로 목숨을 끊는 사람도 마찬가지다.

하지만 장구한 세월이 지나는 동안 모두가 끊임없이 추구하는 이 목표에 믿음 없이 도달한 사람은 단 한 명도 없었다. 온 인간들이 다 불평한다. 왕, 신하, 귀족, 평민, 늙은이, 젊은이, 힘센 이, 약한 이, 유식한 이, 무지한 이, 건강한 이, 아픈 이들을 비롯해 형편과 처지가 어떠하든 사시장철 남녀노소를 가리지 않고 방방곡곡에서 불만을 쏟아 낸다.

오래도록 한 번도 끊어지거나 혹은 달라진 적 없이 이어져 온 실험은 인간에게는 자기 노력으로 행복에 이를 능력이 없음을 두말이 필요 없을 만큼 여실하게 보여 준다. 하지만 실제 사례들에서 이를 배울 기회는 거의 없다. 두 사례가 정확하게 들어맞아서 사소한 차이도 보이지 않는 경우는 어디에도 없다. 바로 그 점 때문에 이번만큼은 지난번처럼 예상이 빗나가지 않으리라는 기대를 품게 만든다. 이처럼 현재는 눈곱만큼도 만족을 주지 못하지만, 경험은 인간을 속여 불행에서 다음 불행으로 인간을 이끌어 가다가 마침내 죽음이라는 궁극적이고 영원한 클라이맥스에 이르게 한다.

이런 갈망, 이런 무기력은 도대체 무얼 보여 주는가? 한때는 인간에게 진정한 행복이 있었지만, 이제 남은 것이라고는 허망한 자취와 흔적뿐이라는 것이 아니고 무엇이겠는가? 인간은 실존하는 것들에서 구할 수 없는 도움을 실존하지 않는 것들에서 구하면서 눈에 띄는 온갖 것들로 그 자리를 메우려 안간힘을 쓴다. 하지만 그 무엇도 도움이 되지 않는다. 이 무한한 심연은 오로지 무한하고 한결같은 무언가로만, 다시 말해 하나님으로만 채워질 수 있기 때문이다.

하나님만이 인간의 참된 선이시다. 인간은 하나님을 버렸으므로 별, 하늘, 땅, 원소, 나무, 양배추, 파, 동물, 곤충, 송아지, 독사, 전염병, 전쟁, 기근, 악, 간음, 근친상간을 비롯해 자연계의 그 무엇으로도 그분을 대신할 수 없다는 사실이 도리어 낯설어 보이게 되었다. 참된 선을 잃어버린 탓에 인간은 무엇에서든, 심지어 자신을 파멸시키는 행위(하나님, 이성, 본성까지 단번에 거스르는 짓임에도)에서까지 참된 선을 구한다.

더러는 권세에서, 더러는 지적인 탐구와 지식에서, 더러는 쾌락에서 선을 찾는다.

정말 참된 선에 한 걸음 더 가까이 다가선 이들도 있다. 세상 모든 이들이 추구하는 보편적인 행복을 찾기란 불가능하다는 사실을 깨달은 이들이다. 그들은 참된 선이 오로지 한 사람만 가질 수 있으며 혹시 다른 이들과 나누면 손에 쥐어서 누리는 몫에 만족하기보다 쥐지 못한 부분에 대한 고민에 빠지게 만드는 어느 특정한 대상에서는 있지 않을 것이라 생각한다. 참된 선은 줄어들거나 시샘을 일으키는 법 없이 모두가 동시에 가질 수 있어야 하고 제 뜻과 상관없이 잃어버리는 법도 없어야 한다는 사실을 그들은 일찌감치 알았던 것이다. 이런 갈망은 날 때부터 가지고 태어나는 것이며 누구나 느끼게 마련이므로 그런 기대 없이는 살 수 없다는 논리다. 그래서 그들이 내린 결론은…… / 428

---

1. Seneca, *Ep.*, xx. 8. 세네카, 《서한집》.

11

포르루아얄

149 **APR[1] 첫머리, 불가해성을 설명한 뒤에**

인간 내면에는 위대함과 비참함이라는 극명한 차이가 나는 두 면모가 있다. 그러므로 참다운 종교라면 인간 내면에 위대함의 원리와 비참함의 원리가 얼마씩 들어 있다는 사실을 반드시 가르쳐야 한다.

아울러 기가 막힌 모순에 대해서도 설명해야 한다.

인간을 행복하게 하기 위해서는 하나님은 살아 계시며 우리는 그분을 사랑하도록 지음받았으므로, 하나님 안에 머무는 것이 진정한 축복이며 그분에게서 단절되는 사태야말로 유일한 질병임을 반드시 알려 주어야 한다. 인간은 깊은 어둠에 막혀 하나님을 알지도 사랑하지도 못하며 그분을 사랑해야 마땅하지만 정욕에 이끌려 길을 잃는 탓에 속속들이 불의할 수밖에 없다는 사실도 일러 주어야 한다. 아울러 하나님, 그리고 선을 향해 나아가는 길도 설명해야 한다. 철저한 무기력을 치유하는 치료법과 그 약을 얻는 방법도 가르쳐야 한다. 자, 그러면 이제 그 점에 비추어 세상의 모든 종교들을 검증하고 과연 기독교 신앙 외에 그 필요를 채울 수 있는 신앙이 존재하는지 살펴보자.

인간 내면에 있는 선을 제시하는 것이 고작인 철학자들은 어떠한가? 인간의 병을 낫게 할 치료법을 찾았는가? 하나님과 자신을 동등한 위치에 두는 건방을 고치는 약인가? 인간을 짐승과 같은 수준에 두는 이들, 심지어 영원한 세계에서도 지상의 쾌락밖에 제공하지 못하는 무슬림들은 인간의 정욕을 치유할 약을 가져다주었는가?

그렇다면 어떤 종교가 인간의 오만과 정욕을 치료할 방도를 알려 주겠는가? 한마디로, 어떤 종교가 인간의 참된 선과 의무, 곁길로 나가 헤매게 만드는 연약함, 그 원인과 치료법, 완전히 낫게 만드는 방도를 가르치는가? 다른 종교들은 전부 실패했다. 이제 하나님의 지혜가 일으킬 역사들을 짚어 보자.

하나님의 지혜는 말한다. "진리든 위로든 인간들에게서 나오기를 기대하지 말거라. 너희를 지은 이가 바로 나이므로 너희가 누구인지 알려 줄 수 있는 이는 오직 나뿐이다.

하지만 너희는 더 이상 처음 지었을 당시의 상태가 아니다. 나는 인간을 거룩하고, 순결하며, 한 점 흠 없이 창조했다. 빛과 슬기를 넘치게 채워 주었고, 내 영광과 놀라운 일들을 보여 주었다. 그때에는 인간의 눈이 하나님의 위엄을 보았다. 지금은 눈이 멀어 보지 못하지만 그때는 흑암 속에서도 그러지 않았으며, 고통을 안기는 죽음과 불행에 지배를 받지도 않았다. 하지만 그처럼 엄청난 영광을 간직하지 못하고 끝내 오만에 빠지고 말았다. 자신을 중심에 두고 무슨 일이든 내 도움 없이 하고 싶어 했다. 내 법에서 벗어나 스스로를 나와 동등한 자리에 두고 자기 힘으로 행복을 찾으려 했다. 그래서 제멋대로 살도록 버려두었다. 인간에게 복종하던 피조물들이 반기를 들고 원수가 되게 만들었다.

결국 오늘날 인간은 짐승처럼 변했고 나와 너무 멀어져 자신을 지은 이에 대한 어렴풋한 관념은 죽어 가거나 가물거리는 인식 속에만 남았다. 이성과 따로 놀며 종종 지배하기까지 하는 감각은 인간을 뒤흔들어 쾌락을 좇게 만들었다. 온 피조물이 인간을 괴롭히거나 미혹한다. 힘으로 억누르거나 감언이설로 유혹해 지배하는데, 다정하게 사로잡는 편이 훨씬 더 끔찍하고 해로운 멍에가 된다.

자, 이것이 오늘날 인간의 형편이다. 첫 번째 본성이 주는 행복에서 비롯한 연약한 본능을 간직한 채, 어두움과 정욕에서 비롯하는 비참함에 빠져들며, 이는 두 번째 본성으로 자리매김했다."

지금 밝혀 보이고 있는 이 원리에서 온 인류를 기함하게 했던, 그리고 그토록 다양한 학파들이 쪼개지게 만들었던 숱한 모순의 뿌리를 알아챌 수 있을 것이다. 이제 허다한 불행의 경험으로도 억누를 수 없는 위대함과 영광의 충격을 헤아려 보고 그것이 반드시 다른 본성에서 비롯하는지 여부를 알아보자.

APR. 내일을 위해. 의인법[2] "인간들이여, 비참한 현실을 치료하는 비방을 자기 안에서 찾는 것은 헛짓이다. 온 지성을 다 동원해도 진리나 선을 찾는 자리가 당신들의 내면이 아님을 깨달을 따름이다.

철학자들은 그러마고 약속하지만 지키지 못한다.

당신의 참된 선이 무엇인지, 당신의 상태가 진정 어떠한지 그들은 알지 못한다.

알지도 못하는 병을 어찌 고쳐 주겠는가? 인간의 가장 큰 병은 하나님에게서 등을 돌리고 멀어지는 오만과 세상에 묶이는 정욕이다. 철학자들이 하는 일이라고는 이 질환 가운데 적어도 어느 한쪽이 깊어지게 만드는 것이 고작이다. 당신들에게 신을 목표로 제시했다면 그것은 오직 교만을 부추길 뿐이다. 또한 스스로 하나님과 같으며, 비슷한 본성을 가졌다고 생각하게 한다. 한편 그런 허세가 허망하다는 사실을 아는 이들은 당신들을 또 다른 구렁텅이에 밀어 넣는다. 바로 인간의 본성이 동물 같음을 납득시키고 짐승의 몫인 정욕에서 선을 찾도록 유도한다.

이는 인간을 불의에서 벗어나게 하는 길이 아니다. 지혜롭다고 하는 이들은 당신들 가운데 도사린 불의를 알아채지도 못했다. 오로지 나만이 당신들의 실상을 알려 줄 수 있다.

나는 눈먼 신앙을 요구하지 않는다."

아담. 예수 그리스도.

당신이 하나님과 연합한다면 그것은 본성에 기대서가 아니라 은혜로 말미암아서다.

겸손해졌다면 본성 덕이 아니라 회개한 까닭이다.

여기서 출발하는 이중의 능력.

당신은 창조 당시의 상태가 아니다.

이 두 상태가 고스란히 노출된 이상 인정하지 않을 도리가 없다.

충동에 따르라. 자신을 관찰하라. 이 두 본성의 생생한 특성이 나타나는지 지켜보라.

단일한 주제에서 이렇게 많은 모순들이 나타날 수 있을까?

이해할 수 없는 납득할 수 없다고 해서 존재하지 않는 것은 아니다. 무한한 수, 유한한 공간과 동등한 무한한 공간.

하나님이 친히 인간과 하나가 되신다는 것은 도무지 믿기 어려운 일이다.

인간의 타락을 깨닫지 못하고서는 생각이 거기에까지 이를 수 없다. 하지만 진지하게 그것을 믿는다면, 나처럼 끝까지 그 진리를 좇으며 사실 우리는 너무도 더러워서 자기 힘으로는 하나님의 자비가 그분께 이르도록 해 줄 능력이 있는지 여부조차 가늠하기 어려워진다는 점을 인정하라. 나는 알고 싶다. 스스로의 연약함을 아는 이 동물이 무슨 권리로 하나님의 자비를 재며 자기 생각대로 설정한 한계에 가두려 하는가? 하나님이 어떤 분인지 아는 지식이 거의 없어서 자신이 어떤 존재인지 알지 못한다. 자신의 상태를 곱씹다가 헷갈린 나머지 감히 하나님은 인간을 그분과 연합하게 만들 능력이 없다고 한다. 하지만 묻고 싶다. 그분을 사랑하고 알라는 것 외에 하나님이 달리 요구하시는 것이 있는가? 인간은 태생적으로 사랑하고 인식하는 능력을 가지고 있는데, 어째서 하나님이 그분을 알고 사랑하게 만들 수 없으리라 생각하는가? 인간은 적어도 자신이 이 땅에 존재하며 무언가를 사랑한다는 것을 안다. 여기에는 두말이 필요없다. 그러므로 주위를 에워싼 어둠 속에서 무언가를 볼 수 있다면, 세상 만물 가운데 사랑할 만한 무언가를 찾을 수 있다면, 그리고 하나님이 손톱만큼이나마 거룩한 본질을 드러내 보이신다면, 무엇이 됐든 주님이 기뻐하시는 소통 방식으로 그분을 알고 사랑할 수 있어야 하지 않겠는가? 따라서 그런 논리는 겉으로 보기에는 명백한 겸손에 토대를 두고 있는 것 같지만, 의심할 여지없이 구역질나는 교만이 도사리고 있다. 자신이 어떤 존재인지 스스로 알아낼 도리가 없으므로 인간은 하나님에게서 배워 알아야 한다는 사실을 인정하게 하는 겸손이 아니라면 진지하지도, 합리적이지도 않다.

"아무 생각 없이 고분고분 나를 믿게 할 뜻은 없다. 힘을 써서 억지로 복종하게 만들 계획도 없고. 그렇다고 만사를 시시콜콜 다 설명해 줄 마음도 없다. 이런 모순들을 조화시키기 위해 설득력 있는 증거, 즉 내가 어떤 존재인지 당신에게 확실히 알려 줄 내 위엄의 표징들을 뚜렷이 보이며, 절대로 부정할 수 없는 기적과 증거들로 내 권위를 세울 것이다. 당신으로서는 내가 가르쳐 준 것들이 참인지 아닌지 가릴 능력이 없다는 것 말고는 부인할 근거를 찾지 못할 터, 자연히 그 가르침들을 믿을 것이다.

하나님의 뜻은 인간을 대속하여, 길을 찾는 이들에게 구원의 문을 열어 주시는 것이었다. 그러나 인간은 그런 은총을 받기에 한없이 합당치 않음을 스스로 드러내 보였으므로, 하나님이 어떤 이들에게는 값없이 자비로 베푸시는 은총을 다른 이들에게는 그 마음의 완고함으로 인해 거절하시는 것은 지극히 타당한 일이다.

하나님이 더없이 완악한 이들의 고집을 꺾으려 하셨다면, 자연계의 격변이 일어나 천둥번개가 삼엄하고, 죽은 이들이 일어나며, 앞을 보지 못하는 이들이 눈을 뜨고 주님을 바라보게 될 마지막 날에 임하시듯, 그 본질에 관한 진리를 의심할 수 없을 만큼 명명백백하게 자신을 드러내시기만 해도 충분했을 것이다. 하지만 그것은 하나님이 바라는 방식이 아니었다. 주님은 온유하게 오셨다. 숱한 사람들이 하나님의 너그러운 처분에 합당치 않음을 드러냈으므로 그들이 바라지 않는 축복은 거두길 원하셨다. 그러기에 확연히 거룩하며 누구에게나 절대적인 확신을 줄 법한 방식으로 나타나시는 것은 바람직하지 않았다. 하지만 진심으로 기다리는 사람들마저 감지할 수 없을 만큼 은밀하게 오시는 것도 마땅치 않았다. 그런 이들에게는 완벽하게 자신을 알리고 싶어 하셨다. 결국 전심으로 구하는 이들에게는 공개적으로 나타나시되 온 마음을 다해 피하는 이들에게는 드러나지 않고자 하셨다. 구하는 이들에게는 보이고 마다하는 이들에게는 보이지 않는 증거들을 주셔서 자신을 정확하게 알리셨다.

오직 보고 싶어 하는 이들에게는 넉넉한 빛이, 정반대 성향을 가진 이들에게는 넉넉한 어둠이 있다." / 430

---

1. 122번을 보라.
2. 여기서는 잠언에 나타난 하나님의 지혜를 일컫는다.

12

첫머리

150 하나님을 믿지 않고 이성을 좇기로 작정한 사람이라면 제법 강한 이성을 지녔어야 마땅하다.

그런데 그들은 무어라 하는가?

"보다시피 짐승들도 사람처럼 살고 또 죽지 않는가? 무슬림도 크리스천과 다를 바가 없지 않은가? 우리처럼 무슬림에게도 그들의 예식과, 선지자들, 박사들, 성인들, 신앙이 있다."

"그것이 성경과 상반되는가? 모두 성경에 나오는 이야기가 아닌가?"

진리를 아는 일에 별 관심이 없다면 이쯤으로도 마음 편히 지낼 수 있다. 하지만 온 마음을 다해 진리를 알고자 한다면 세세한 구석에 이르기까지 면밀하게 살피고자 노력해야 한다. 철학적인 문제라면 모를까, 여기는 성패가 갈리는 결정적인 지점인데…… 그런데도 다들 이런 식으로 대충 훑어보고 나서 희희낙락하다니……

이 신앙을 파고들어 보자. 애매한 사안들을 속 시원히 설명해

주지는 않을지라도 아마 그런 문제들을 가르쳐 주기는 할 것이다. / 226

151 자신과 다를 바 없이 형편없고 무기력한 동류들에 의지하는 일은 터무니없는 행동이다. 그들은 도움이 되지 않는다. 인간은 홀로 죽게 되어 있다.

그러므로 세상에 혼자뿐인 듯 행동해야 한다. 그렇게 산다면 으리으리한 집 따위를 짓겠는가? 주저 없이 진리를 탐색할 것이다. 그러지 않는다면 진리를 좇기보다 사람의 칭찬을 더 소중히 여긴다는 것을 스스로 드러내는 셈이다. / 211

152 천국, 또는 지옥과 우리 사이에는 세상에서 가장 허약한 반쪽짜리 삶이 있을 따름이다. / 213

153 보람도 없이 쾌락을 열심히 좇아다닌 10년간의(그 10년이 당신이 내기에 걸었던 돈이므로) 자기애 말고, 무얼 장담할 수 있는가? 얼마간의 고통은 말할 것도 없고. / 238

154 **선택** 세상에서 누리는 삶은 여기 소개하는 여러 가정들에 따라 달라지게 마련이다.

1 (언제까지나 여기 있을 게 확실하다면)[1] 영원히 여기 있을 수 있다면.

2 (언제까지나 여기 있을지 여부가 불확실하다면)

3 (언제까지나 여기 있지는 못하리라는 것은 분명하지만 오래도록 머물 거라고 믿어 의심치 않는다면)

4 (언제까지나 여기 있지는 못할 게 분명하고 오래도록 머무를지 여부가 불확실하다면: 잘못된 가정)

5 언제까지나 여기 있지는 못할 게 분명하고 한 시간이라도 더 있을지조차 불확실하다면.

우리 몫은 마지막 가정이다. / 237

155 심정.
본능.
원리들. / 281

156 길을 찾는 무신론자들을 가엾게 여기라. 얼마나 불행하겠는가?
무신론을 뽐내는 이들을 매섭게 꾸짖으라. / 190

157 무신론은 정신의 힘을 보여 주지만, 그저 어느 선까지가 고작이다.[2] / 225

158 선택할 수 있다면 어떤 어려움이 있더라도 진리를 추구해야 한다. 참다운 원리를 믿지 않고 세상을 떠난다면 영원히 버림받을 수밖에 없기 때문이다. "하지만 내가 섬기고 예배하길 원하셨더라면, 하나님은 그 뜻을 보여 주는 증표들을 남겨 두셨을 텐데요"라고 말하고 싶은가? 그분은 그렇게 하셨다. 당신이 눈여겨보지 않았을 따름이다. 그러니 찾으라. 그럴 만한 가치가 있다. / 236

159 인생에서 일주일을 바쳐야 한다면 백 년도 바쳐야 한다. / 204

160 세상에는 오직 세 부류의 인간이 있다. 하나님을 발견하고 섬기는 이들, 분주히 찾아다니지만 아직 발견하지 못한 이들, 구하지도 찾지도 않으며 사는 이들이다. 첫 번째 범주에 드는 이들은 합리적이고 행복하다. 마지막 부류는 어리석고 불행하다. 두 번째에 속한 이들은 합리적이지만 불행하다. / 257

161 무신론자들은 완전히 명백한 사실들을 이야기해야만 한다. 그런데 영혼이 물질적이라는 것은 완전히 명백한 사실은 아니다. / 221

162 비신자들을 가엾게 여기라. 그들이 처한 처지만으로도 이미 충분히 불행하지 않은가? 그들을 위해서가 아니라면 함부로 대해서는 안 된다. 그러지 않으면 도리어 해가 될 뿐이다. / 189

163 감옥에 갇힌 남자가 있다. 아직은 자신에게 어떤 선고가 내려졌는지 모르지만 딱 한 시간 뒤면 알게 될 것이다. 선고가 내려졌음을 알았다면 한 시간은 선고를 뒤집으려 노력해 볼 만한 시간이다. 선고를 앞둔 사람이 선고가 내려졌는지 여부를 모른다고 그저 카드나 치고 있다는 것은 자연스러운 일이 아니다.

인간이 ……하는 것은 자연 법칙을 넘어서는 일이다. 이는 하나님의 손에 짓눌리는 것이다.

그러므로 그분을 찾는 이들의 열정뿐만 아니라, 하나님을 찾지 않는 이들의 맹목적인 처사도 하나님의 존재를 드러내 보인다.

/ 200

164 **첫머리. 지하 감옥** 코페르니쿠스의 주장이라면 더 뜯어볼 필요가 없다고 보지만 이것은 경우가 다르다.

영혼이 유한한지, 아니면 무한한지 아는 것은 삶 전체에 영향을 미친다. / 218

165 연극의 나머지 부분이 다 우아하더라도 마지막 장은 유혈이 낭자하다. 그들이 당신의 머리 위로 흙을 퍼 던지고 막이 내려온다, 영원히. / 210

166 우리는 아무것도 보이지 않게 덮어 눈앞을 가리고 나서, 아무 생각 없이 깊은 구렁텅이로 뛰어든다. / 183

---

1. 파스칼은 괄호 안의 구절에 줄을 그어 지워 버리고 1부터 5까지 숫자만 남겨 두었다.
2. 원문의 "Esprits forts"라는 표현은 문자적으로는 '강한 정신'을 뜻하지만, 현대적인 의미로는 합리주의적 자유사상가들을 가리킨다.

13

이성의 굴복과 활용

167 이성의 굴복과 활용. 그것이 참된 기독교 신앙을 만든다. / 269

168 성찬을 믿지 않는 따위의 어리석은 짓을 얼마나 싫어하는지 모른다. 복음이 참이고 예수 그리스도가 하나님이시라면, 무에 어려울 것이 있단 말인가? / 224

169 성 아우구스티누스는 말한다. "기적이 아니었다면 나는 크리스천이 되지 않았을 것이다." / 812

170 **굴복** 의심해야 할 때와 확신해야 할 때와 굴복해야 할 때를 잘 가려야 한다. 그러지 않는 사람은 이성의 힘을 모르는 셈이다. 세상에는 이 세 원리를 거스르는 이들이 있다. 더러는 증명이 무엇인지 전혀 모르기에 모든 것을 증명해 보이겠다 확신하고, 더러는 언제 굴복해야 할지 몰라서 모든 순간, 모든 것을 의심하고, 더러는 시의적절하게 판단할 줄 몰라서 그저 늘 굴복한다.

회의론자, 수학자, 크리스천: 의심, 확신, 굴복. / 268

171 "아주 기꺼이 말씀을 받아들이고, 그것이 사실인지 알아보려고, 날마다 성경을 상고하였다"(행 17:11, 새번역). / 696

172 만물을 다정하게 대하시는 하나님은 조리에 맞는 논리와 은혜로 정신과 마음에 신앙을 불어넣으신다. 마음과 정신에 강압과 협박으로 종교를 주입하려 들면 믿음 대신 두려움이 먼저 생긴다. 이는 신앙이 아니라 공포다. / 185

173 만사를 이성에 굴복시킨다면, 우리 종교는 신비롭고 초자연적인 구석이라고는 전혀 없는 빈껍데기만 남을 것이다.

그렇다고 이성의 원리들을 짓밟는다면 우리 종교는 부조리하고 우스꽝스러워질 것이다. / 273

174 성 아우구스티누스. 굴복해야 할 때라는 판단이 서지 않는 한, 이성은 절대로 굴복하지 않을 것이다.[1]

그렇다면 굴복해야 한다는 판단이 서면 이성은 굴복해야 한다. 당연한 일이다. / 270

175 지옥에 떨어진 사람들이 몹시 당황스러워지는 순간은 크리스천의 신앙을 비난하는 데 동원했던 바로 그 논리로 자신이 정죄당하는 것을 지켜보는 상황일 것이다. / 563

176 진리를 사랑하지 않는 이들은, 논란의 여지가 있고 숱한 이들이 반대한다는 것을 핑곗거리로 삼는다. 그들의 잘못은 진리도, 자비도 사랑하지 않는다는 그 한 가지 사실에 뿌리를 두고 있다. 그러기에 그들은 변명의 여지가 없다. / 261

177 모순은 진리를 보여 주는 질 낮은 지표다.

확실한 사실들 가운데 상당수는 모순되었다.

그러나 모순 없이 통과되는 거짓도 수두룩하다.

모순이 거짓의 지표가 될 수 없듯, 모순이 없다고 해서 그것이 진리의 표지는 아니다. / 384

178 '영속성'(Perpetuity)[2]이라는 제목 아래 있는 두 종류의 인간을 보라. / 747b

179 참다운 크리스천은 몹시 드물다. 심지어 신앙에 있어서도 그렇다. 믿는 사람들은 수두룩하지만 미신을 좇듯 믿을 뿐이다. 믿지 않는 사람들 또한 허다한데 이는 방탕한 삶을 사는 까닭이다. 어느 쪽에도 들지 않는 사람은 아예 없다시피 하다.

진심으로 헌신하는 삶을 사는 사람들이나 마음의 직관에 기대어 믿는 모든 사람들까지 여기에 넣으려는 것은 아니다. / 256

180 예수 그리스도는 기적을 행하셨다. 이어서 사도들과 초기교회 성인들도 그랬다. 예언이 아직 성취되지 않았고 그들을 통해 차츰 이뤄져 가는 중이어서 기적 말고는 달리 간증이 없었기 때문

이다. 메시아가 백성을 회심시켜 돌아오게 하리라는 사실은 예언을 통해 이미 알려져 있었다. 백성의 회심이 없었더라면 어떻게 이 예언이 성취될 수 있었겠는가? 예언의 최종 결과가 메시아를 뒷받침하지 않았더라면 어떻게 백성들이 그분께 돌아올 수 있었겠는가? 그러므로 주님이 죽었다가 다시 살아나셔서 뭇 백성을 돌이키실 때까지는 예언이 다 이뤄진 것은 아니었으며, 이 시기 동안은 줄곧 기적이 필요했다. 이제는 더 이상 유대인들에게 보여 줄 기적이 필요치 않다. 성취된 예언들이 변치 않는 기적이기 때문이다. / 838

181 신앙심은 미신과 다르다.

신앙심을 미신의 자리로 끌어가는 것은 신앙심을 파괴하는 짓이다.

이교도들은 우리가 미신적으로 복종한다며 책을 잡고 든다. 자신들이 행하는 것으로 우리를 비난한다.

눈에 보이지 않는다는 이유로 성찬을 믿지 않는 불경건.

확실한 명제들을 믿는 미신.

믿음 등등. / 255

182 이처럼 이성을 부인하는 것보다 더 이성에 부합하는 것은 없다. / 272

183 두 가지 극단: 이성을 배척하는 자세. 이성만 인정하는 태도. / 253

184 기적이 없었다면 예수 그리스도를 믿지 않는다 한들 죄가 되지

않았을 것이다.

"내 얼굴 좀 보아라. 내가 얼굴을 맞대고 거짓말이야 하겠느냐?"(욥 6:28, 새번역) / 811

185 믿음은 분명 감각이 말해 주지 않는 이야기를 들려주지만, 그렇다고 눈에 보이는 것과 딴판은 아니다. 믿음은 감각 그 이상이지 감각에 맞서는 것은 아니다. / 265

186 당신들은 대중이 교회에 품은 신뢰를 함부로 이용해서 무엇이든 다 믿게 만든다. / 947

187 지나치게 고분고분하다는 이유로 누군가를 비난해야 하는 일이 심심찮게 벌어진다. 이는 불신만큼이나 자연스러운 악이며 그만큼 치명적이다.

미신. / 254

188 이성이 도달하는 마지막 단계는 자신보다 나은 존재가 헤아릴 수 없이 많다는 점을 인정하는 것이다. 이러한 사실을 깨닫기까지 나아가지 못한다면 그 이성은 그저 허약할 따름이다.

자연적인 것들이 이성을 초월한다면, 초자연적인 것들은 더 말해 무엇하겠는가? / 267

---

1. *Letters*, CXXII, 5. 아우구스티누스, 《서한집》.
2. 286번을 보라.

14

하나님을 증명해 보이는 이 방식의 탁월함

189 **예수 그리스도를 통해 하나님께로** 인간은 오로지 예수 그리스도를 통해서만 하나님을 안다. 이 중보자가 없으면 하나님과의 소통은 끊어지고 만다. 예수를 통해 하나님을 안다. 예수 그리스도 없이 하나님을 알고 그분의 존재를 증명하노라고 주장하는 이들은 꺼내 놓기에 부실한 헛 증거들만 잔뜩 가진 셈이다. 하지만 우리는 예언이라는 확고하고도 뚜렷한 증거들을 가지고 그리스도를 증명해 보일 수 있다. 그 성취를 통해, 그리고 그 사건을 토대로 예언들은 이런 진리들이 재론의 여지없이 확실함을 보여 주고 예수가 하나님이심을 입증해 보일 수 있다. 그러므로 주님 안에서, 그리고 그분을 통해 하나님을 안다. 이를 떠나 성경 없이, 원죄 없이, 약속된 그대로 오신 필연적인 중보자 없이 하나님이 존재하신다는 사실을 압도적으로 증명하거나 중요한 교리와 윤리를 가르치는 일은 불가능하다. 하지만 그리스도를 통해 그분 안에서 하나님의 존재를 증명하고 교리와 윤리

를 둘 다 가르칠 수 있다. 그러므로 예수는 인간들의 참하나님이시다.

또한 동시에 예수님은 인간의 비참함을 아신다. 이 하나님은 그야말로 인간을 비참한 처지에서 건져 줄 구세주시다. 따라서 인간의 사악함을 알 때에만 하나님을 제대로 알 수 있다.

스스로 얼마나 비참한 신세인지 모르는 채 하나님을 아는 사람은 주님이 아니라 자신을 영화롭게 한다.

"이 세상은 그 지혜로 하나님을 알지 못하였습니다. …… 하나님께서는 어리석게 들리는 설교를 통하여 믿는 사람들을 구원하시기를 기뻐하신 것입니다"(고전 1:21, 새번역). / 547

190 **서문** 하나님의 존재를 설명하는 형이상적인 증명들은 대중의 논리와 너무 동떨어지고 잔뜩 뒤엉켜서 별로 영향을 미치지 못한다. 설령 누군가에게 도움이 된다해도 설명을 듣는 그때뿐이어서 단 한 시간만 지나도 혹시 속은 것은 아닌지 걱정한다.

"호기심으로 얻고는 오만 탓에 잃어버리는 것은 아닐까?"[1]

이는 그리스도를 빼놓고 하나님을 알게 된 결과다.

그리스도 없이 하나님을 아는, 다시 말해, 중보자 없이 알게 된 하나님과 중보자 없이 소통한 결과다.

그러므로 중보자를 통해 하나님을 아는 이들은 스스로 얼마나 비참한 처지인지 잘 알게 마련이다. / 543

191 그리스도 없이 하나님을 아는 것은 불가능한 일일 뿐만 아니라 소용없는 짓이기도 하다. 그들은 그분에게서 더 멀어지는 것이

아니라 더 가까이 끌려 들어간다. 그들은 자신을 낮추지 않았다. 하지만…… "위대함이 자기에게서 나오는 줄 안다면 더 나은 사람일수록 더 엉망인 사람이 될 것이다."[2] / 549

192 자신의 비참한 처지를 제대로 모르는 채 하나님을 알면 교만해질 수밖에 없다.

하나님을 모르는 상태에서 자신의 비참함을 알면 낙담할 수밖에 없다.

예수 그리스도를 앎으로써 균형을 잡을 수 있다. 그분은 하나님만이 아니라 우리의 비참함도 알려 주시기 때문이다. / 527

---

1. St Augustine, *Sermons*, CXLI. 아우구스티누스, 《설교집》.
2. St Bernard, *Sermons on the Canticle*, LXXXIV. 성 베르나르, 《찬송 설교집》.

15

이행, 인간을 아는 지식에서 하나님을 아는 지식으로

193 **오류에 이르게 하는 편견** 하나같이 목표에는 관심도 없고 그저 수단만 가지고 끊임없이 입씨름을 벌이는 모습을 지켜보는 일은 개탄스럽기 짝이 없다. 다들 어떻게 하면 출세할까 고민하지만 직업이나 나라를 선택하는 문제에 이르면 결정을 운명의 손에 맡겨 버린다.

숱한 투르크인들, 이교도들, 기독교의 진리를 믿지 않는 이들이 다만 그것을 최선의 방도라고 믿도록 가르침을 받으며 자랐다는 이유만으로 조상들이 간 길을 고스란히 따라가는 것을 보면 너무도 안타깝다. 그런데 그게 바로 우리가 열쇠공이니 군인이니 하는 구체적인 직업을 고르는 방식이다.

미개인들이 프로방스에는 아무 관심도 두지 않는 까닭이 여기에 있다.[1] / 98

194 어째서 내 지식, 내 키, 천 년이 아니라 백 년이 고작인 내 삶에

는 한계가 설정되어 있는 것일까? 자연은 무슨 이유로 그렇게 만들어 놓은 것일까? 무한한 전체의 차원에서 보자면, 나머지보다 더 매력적이라고 할 만한 것이 없으므로 다른 걸 제쳐 두고 굳이 어느 하나를 선택할 이유가 없을 텐데, 그렇다면 왜 저것이 아니라 이것을 골랐을까? / 208

195 **모든 것을 조금씩** 우리는 만사를 다 꿰는 보편적인 존재가 될 수 없다. 무엇에든 아직 알려지지 않은 부분들이 있으므로 날마다 조금씩 알아 가야 한다. 무언가를 다 알기보다 모든 것을 조금씩 아는 편이 더 낫기 때문이다. 그런 보편성은 더없이 근사하다. 양쪽을 다 가질 수 있다면 더 바랄 나위가 없겠지만, 어느 하나를 선택해야 한다면 골라야 할 쪽은 후자다. 세상은 이를 알고 이미 그렇게 하고 있다. 이렇게 세상은 좋은 심판관 노릇을 하는 경우가 종종 있다. / 37

196 나는 음식을 먹을 때 듣기 싫은 소리를 내거나 숨을 씩씩거리는 이들을 떠올리면 역겨워진다. 상상의 영향력은 상당하다. 상상은 우리에게 어떤 유익을 끼치는가? 자연스러운 일이어서 우리는 거기에 깊이 빠지는가? 아니다. 도리어 우리는 저항한다. / 186

197 사랑의 원인과 결과를 헤아려 보는 것보다 인간의 공허함을 여실히 증명하는 일도 없다. 온 우주가 그것 때문에 달라졌기 때문이다. 클레오파트라의 코. / 163b

198 H5.[2] 한치 앞을 내다보지 못하는 인간의 비참한 상태를 볼 때, 그리고 한마디 말이 없는 온 우주와, 그 우주 한구석에 누가 자기를 거기다 두었는지, 무얼 하려고 왔는지, 죽고 나면 무슨 일이 닥칠지를 비롯해 그 무엇도 알아낼 능력이 없는 채로 유기되듯 한 점 빛도 없이 버려진 인간을 연구할 때마다, 깜박 잠든 사이에 무시무시하게 황량한 섬 같은 데로 실려 가 어디가 어딘지도 모르는 채 눈을 뜨지만 달아날 방도조차 없는 이가 된 것처럼 더럭 겁이 난다. 그런데 그토록 참담한 처지에도 어떻게 다들 깊이 낙담하지 않는지 그저 놀랍기만 하다. 나와 다를 바 없이 지어진 주변 사람들을 돌아본다. 그리고 그들에게 내가 모르는 것을 더 알고 있느냐고 묻는다. 아니라는 답이 돌아온다. 길을 잃은 이 비참한 인생들은 주위를 돌아보며 깊이 빠져 집착할 매력적인 대상을 찾는다. 여태 나는 단 한 번도 그런 애착 관계를 형성할 수 없었다. 그리고 눈에 보이는 것 말고 무언가가 존재할 가능성을 헤아리며 하나님이 그분의 흔적을 남겨 두지 않았을까 알아내려 안간힘을 쓴다.

서로 충돌하는, 그러기에 하나만 빼고 모두 거짓인 숱한 종교들을 본다. 저마다 권위를 내세우며 뭇사람들이 믿어 주길 바라고 그러지 않는 이들을 을러댄다. 그래서 나는 그런 종교들을 믿지 않는다. 누구나 스스로를 선지자라 일컬을 수 있다. 기독교 신앙을 들여다본다. 거기에도 예언이 있지만 누구나 내놓을 수 있는 그런 유는 아니다. / 693

199 H9. **인간의 불균형** 아무것도 첨가하지 않은 처음 지식이 이르는

지점이 바로 여기다. 그게 참이 아니면 인간 내면에 진리는 존재하지 않는다. 참이라면 심한 부끄러움을 느끼는 강력한 동기가 되고, 그러면 어떤 경우에도 자신을 낮출 수밖에 없을 것이다.

인간은 이런 지식을 신뢰하지 않고는 존재할 수 없으므로, 자연을 더 광범위하게 탐색하는 작업에 들어가기 전에, 진지하게 느긋한 마음으로 자연을 음미하고 또한 자신을 돌아본 뒤에, 그 둘을 비교하면서 자신과 자연 사이에 균형이 있는지 여부를 판단하면 좋겠다.

인간에게 온 자연을 충만하고 고결한 위용 그대로 깊이 묵상하게 하라. 주위의 하찮은 대상들에게서 시선을 돌리게 하라. 우주를 밝히는 영원한 등불처럼 쏟아지는 눈부신 빛을 보게 하라. 이 별이 그려 내는 광활한 궤도에 비하면 이 땅은 그저 한 점에 지나지 않음을 알려 주라. 그 망망한 궤도 자체도 창공에 떠돌아가는 별들이 빚어내는 궤도에 비하면 지극히 작은 점에 다름 아님을 알고 감탄하게 하라. 눈이 거기서 멈추거든 상상력을 움직여 더 멀리까지 나아가게 하라. 자연이 새로운 것을 만들어 내느라 지치기 전에 상상력이 그것을 인식하기에 점점 더 피곤해질 것이다. 자연의 광대한 품 안에서 눈에 보이는 세계는 통틀어 봐야 감지하기조차 어려운 점 하나에 지나지 않는다. 어떤 관념을 동원해도 그 근처에도 가지 못한다. 인간의 이해를 상상할 수 있는 공간 너머로 확장시켜도 소용없다. 사물의 실재에 비하면 분자 하나 꼴이나 되려는지 모르겠다. 자연은 어디에나 중심이 존재하며 테두리는 어디에도 없는, 말 그대로 무한구체

(無限球體)다. 간단히 말해서, 상상조차 관념 속에서 자신을 잃고 만다는 사실은 하나님의 전능하심을 보여 주는 표지들 가운데 감지할 수 있는 가장 큰 표상이다.

인간이 자신을 돌이켜보며 온 존재들과 비교해 스스로는 어떤 존재인지 곰곰이 생각하게 하라. 자기를 길을 잃고 방황하는 존재로 여기게 하라. 자신이 머무르는 이 작은 감옥, 그러니까 이 우주의 관점에서 지구와 그 안에 있는 왕국, 도시들, 집들, 그리고 자신을 적절하게 평가하는 법을 배우게 하라.

무한 속에 인간은 어떤 존재인가?

하지만 똑같이 숨 막히게 놀라운 경이를 선사하기 위해 알고 있는 한 가장 작은 무언가를 살피게 하라. 진드기를 보여 주라. 다리에 있는 관절들, 다리를 지나는 혈관들, 혈관 속의 혈액, 혈액 속의 체액 성분, 체액 한 방울 한 방울, 체액 한 방울 속에 든 수분까지 그 작은 몸 안에 비교가 안 될 만큼 더 작은 부분들이 있음을 알려 주라. 상상력이 다 소진될 때까지 더 잘게 나눠 보게 하라. 그렇게 도달한 가장 마지막 것으로 대화 주제를 삼으라. 인간은 그것을, 자연을 통틀어 더 이상 작아질 수 없는 극한의 미세함으로 여길 것이다.

새로운 심연을 보여 주고 싶다. 눈에 보이는 우주만이 아니라 이렇게 작은 분자에 담긴 자연의 가늠하기 어려운 방대함까지 설명해 주고 싶다. 무수한 우주들이 존재하며 그 하나하나에는 눈에 보이는 이 세상과 같은 비율로 저마다의 행성과 저마다의 지구가 있음을 보게 하라. 그 지구 위에 짐승들이 있으며 마지막에는 진드기가 있음을 알려 주라. 거기서 처음과 같은 결과를 다시 얻을 테고, 멈추거나 쉬는 법도 없이 같은 것들을 거듭 거듭 발견하면서 광대함에 경이로워했던 것과 마찬가지로 스스로의 미세함에 대해서도 놀라 어쩔 줄 몰라 할 것이다. 방금 전까지만 해도 우주에서 감지조차 할 수 없고 전체의 품속에서 자취마저 없었던 몸이 이제는 인간의 손이 닿지 않는 무(無)에 비해 거대해져 한 세계, 또는 전체가 되었으니 누가 탄복하지 않겠는가? 누구든 자신을 이런 식으로 살피는 이는 스스로에 대한 두려움에 사로잡힐 것이다. 자연에게서 받아 가진 제 몸이 무한과 무라는 두 심연 사이에서 자신을 떠받치고 있음을 알고 나면 그 놀라운 현실에 전율을 느낄 것이다. 호기심이 변해 경이로움이 되면서 어떤 가정을 가지고 그 신비를 파고들기보다 침묵하며 깊은 묵상에 들어갈 공산이 더 크리라 믿는다.

결국, 자연에서 인간이란 무엇인가? 무한에 대면 아무것도 아니고, 무에 가까운 것들과 비교하면 전체다. 전부와 무의 중간점인 셈이어서 양쪽 끝을 이해할 가능성은 매우 희박하다. 사물의 끝과 그 이치들은 인간의 힘으로는 도저히 풀 수 없는 비밀로 감춰져 있다.

인간으로서는 자신이 비롯된 무를 볼 수 없는 것과 마찬가지로 그 안으로 빨려 들어가게 될 무한도 볼 수 없다.

그렇다면 인간은 영원토록 사물의 원리들과 끝을 알아낼 가망이 전혀 없는 중간자의 겉모습을 더듬는 것 말고 달리 무엇을 할 수 있겠는가? 만물은 무에서 나와서 무한으로 뻗어 간다. 이 엄청난 과정을 누가 따라갈 수 있겠는가? 이런 불가사의를 만들어 낸 주인공 말고는 아무도 그 신비를 이해할 수 없다.

인간은 이렇게 무한한 대상들을 깊이 살피지 못한 탓에 마치 자신과 자연 사이에 어떤 균형이 존재하기라도 하는 것처럼 섣불리 그쪽을 면밀히 살피는 작업에 착수했다.

인간이 스스로 탐사하려는 대상만큼이나 광대한 자기 확신에 들떠 사물의 원리를 알아내고, 거기서 출발해 만물을 다 파악하고 싶어 하는 것은 기이하기 짝이 없는 일이다. 끝 모를 오만이나 혹은 자연만큼 무한한 능력 없이는 이런 계획을 마음에 품을 수 없기 때문이다. 이는 두말이 필요 없을 만큼 분명한 노릇이다.

조금 더 인식이 깊어지면, 자연은 자신과 창조자의 이미지를 만물에 새겨 두었으므로 거의 모든 사물이 자연의 이중적인 무한성을 공유하고 있음을 이해할 것이다. 그러기에 알다시피 어떤 학문이든 그 연구 범위는 무한하다. 예를 들어, 수학만 하더라도 그렇다. 설명해야 할 무한한 명제들이 무한히 많다는 것을 누가 의심하겠는가? 원리가 다양하고 미묘하다는 점에서도 무한하다. 최종적이라고 생각하는 명제들도 홀로 서지 못하고 다른 명제들에 기대고 있으며, 그 명제들 역시 또 다른 명제들에 의존하는 터라 어떠한 결정적인 명제도 허락되지 않는다는 것은 누구나 아는 사실이다.

하지만 비록 유체물의 특성에 비추어 무한정 나뉠 수 있다 하더라도, 감각으로 파악할 수 있는 선을 넘으면 그것을 '불가분점'이라고 부르듯, 이성으로 더 이상 탐구할 수 없는 명제를 궁극적인 것으로 본다.

학문의 두 무한 가운데 무한정 큰 쪽이 한결 더 명확하게 드러난다. 모든 것을 아노라고 주장하는 이들이 좀처럼 나타나지 않는 까닭이다. 데모크리토스(Democritus)는 “모든 것에 대해 말하려 한다”고 이야기하곤 했다.

하지만 무한정 작은 것은 보기가 훨씬 힘들다. 철학자들은 거기에 도달하겠노라고 한결 쉽게 주장하는데, 거기가 바로 너나 없이 실수하는 대목이다. 이는 ‘사물의 이치에 대하여’라든지 ‘철학의 원리들에 대하여’[3] 따위의 낯익은 표제들이 나온 기원이기도 하다. ‘알 수 있는 모든 것에 대하여’[4]라는 뻔뻔스러운 제목에서 보듯 겉은 멀쩡해도 속내는 허세로 가득하다.

사람들은 사물의 둘레를 끌어안기보다 중심에 이르기가 더 쉽다고 자연스레 생각한다. 눈으로 볼 수 있는 세계의 폭은 분명 우리보다 크다. 반면에 작은 사물들보다는 더 크므로 샅샅이 꿰뚫기가 한결 쉽다고 생각한다. 하지만 무에 이르기 위해서는 전체를 파악하는 것만큼이나 큰 힘과 품이 들어간다. 어느 쪽이든 무한한 능력이 필요한 것이다. 사물의 궁극적인 원리를 파악한 사람은 무한을 알아내는 데 성공할 것이다. 한 극단은 다른 편에 의지하고 한쪽은 다른 쪽을 인도한다. 양 극단은 서로 반대 방향으로 진행하다가 하나님, 오직 하나님 안에서 만나 하나로 결합한다.

그러므로 우리 한계를 알자. 인간은 중요한 무엇이지만 전부는 아니다. 우리가 가진 그런 존재적 특성은 무에서 비롯하는 제일원리의 지식을 가리고, 또한 인간 존재의 왜소함은 무한함을 보지 못하게 우리 시야를 차단한다.

지성은 사고의 질서 속에서 몸이 자연계 전반에서 차지하고 있는 것과 똑같은 지위를 차지하고 있다.

인간은 전방위적으로 제재받고 있으므로, 모든 인간 기능의 양 극단 사이에 선 중간자적인 상태라 할 수 있다. 우리의 감각은 어떤 극단도 제대로 감지하지 못한다. 너무 큰 소음은 귀를 먹먹하게 만든다. 빛이 너무 강하면 어지럽다. 너무 멀어도, 또 너무 가까워도 제대로 볼 수 없다. 논쟁이 너무 길어도 혹은 지나치게 짧아도 논점이 흐려진다. 진상을 너무 깊이 알면 당황스럽다. 0에서 4를 빼면 0이 된다는 사실을 도통 이해하지 못하는 이들도 있다. 제일원리들은 너무도 명확하다. 지나친 쾌락은 불쾌감을 일으킨다. 음악에서 지나친 화음은 신경을 거스른다. 과도한 친절은 성가시다. 넘치게 되갚아 주고 빚진 느낌을 떨쳐내고 싶어진다. "친절은 갚을 수 있을 정도라 여길 때나 환영받는다. 도에 넘치면 감사가 미움으로 바뀐다."[5]

인간은 극도의 더위도, 극도의 추위도 느끼지 못한다. 장점도 지나치면 해가 되는데, 심지어 그것을 알아채지도 못한다. 그러면서 그 때문에 고통받는다. 너무 젊거나 너무 나이가 들면 사고 기능이 약화된다. 너무 많이 배우거나 적게 배워도 마찬가지다.

한마디로, 극단은 인간을 위해 존재하지 않으며 인간 역시 극단을 위해 존재하지 않는다. 극단이 인간을 피하든 우리가 극단을 피하든 둘 중 하나다.

이것이 인간의 실상이다. 그러기에 확실하게 알거나 철저하게 모를 수는 없다. 언제나 불확실하게 앞뒤로 흔들리며 끝을 알 수 없는 범위의 한가운데를 떠돌아다닐 따름이다. 꼭 붙들고 단단히 설 만한 확고한 자리를 확보했다 싶을 때마다 어김없이 발판이 움직이며 저만치 멀어져 간다. 따라가기라도 할라치면 금방 손아귀에서 빠져나가 미끄러지듯 멀어지며 눈앞에서 영원히 사라져 버린다. 우리를 위해 그 무엇도 멈추지 않는다. 이것이 인간이 겪는 자연스러운 상황이며, 또한 이는 인간의 성향과 더없이 심하게 어긋나는 상태기도 하다. 단단한 발판, 다시 말해 무한을 향해 탑을 쌓아 올릴 수 있는 궁극적이고 영속적인 토대를 찾고 싶은 욕구에 불타지만, 인간의 기초는 온통 균열이 가고 땅이 갈라져서는 저 아래서 깊은 구덩이가 입을 벌리고 있다.

그러므로 확실이니 안정이니 하는 것들을 추구하지 말자. 이성은 시시때때로 변하는 겉모습에 늘 속아 넘어간다. 아무것도 두 무한 사이에 유한을 고정시킬 수 없으며, 이 두 무한은 유한을 포함하고 있으면서 또한 유한을 피해서 달아난다.

이를 분명히 이해했다면, 저마다 자연이 부여한 상태에 조용히 머물 수 있으리라 생각한다. 인간은 언제나 양 극단에서 멀리 떨어져 중간점에 있으므로 누군가 눈곱만큼 사물을 더 잘 이해한들 그게 뭐 그리 대단하겠는가? 사물의 이치를 깨치고 남들보다 조금 더 나아갔다 해도 목표에서는 여전히 멀지 않은가? 설령 수명이 10년쯤 더 늘어난다 하더라도 영원이라는 시간 속에서 인생은 여전히 지극히 짧은 한순간이 아니던가?

무한의 시각으로 보면 유한한 존재는 모두 똑같다. 그럼에도 나머지는 제쳐 두고 어느 한 유한에만 집착하는 이유를 모르겠다. 단순히 자신을 다른 유한한 존재와 비교하는 것은 고통스러운 일이다.

인간이 스스로를 연구한다면, 앞으로 더 나아가는 것이 얼마나 불가능한 일인지 깨달을 것이다. 부분이 어떻게 전체를 쉬이 알겠는가? 하지만 적어도 자신과 균형을 이루는 여러 부분들은 간절히 알고 싶을 수 있다. 그러나 세계의 모든 부분들은 서로 관계를 맺고 연결되어 있어서 다른 부분들, 또는 전체 없이는 어느 한 부분을 알 도리가 없다.

예를 들어, 인간과 그가 아는 모든 것들 사이에는 일정한 관계가 있다. 인간에게는 깃들일 공간, 존재할 시간, 생존하기 위한 움직임, 스스로를 구성할 요소들, 열과 영양을 공급할 음식, 숨쉴 공기가 필요하다. 빛을 보고 물체를 감지한다. 한마디로 만물이 인간과 관계를 맺고 있다. 그러므로 인간을 이해하기 위해서는 어째서 공기가 있어야 살 수 있는지 알아야 하고, 공기가 인간의 생명과 어떤 연관이 있는지 파악해야 한다.

공기가 없으면 불길은 타오르지 못한다. 그러므로 하나를 알려면 다른 것들도 알아야 한다.

이렇듯 만물은 원인이자 결과이며, 도움을 받는 처지이면서 도움을 주는 입장이고, 영향을 주는 동시에 받으며, 가장 동떨어지고 공통점이 없는 일들을 자연스럽고 미세하게 한데 묶는 연결고리로 서로 버팀목이 되어 주므로, 전체를 모르고 부분들을 안다는 것은 각 부분을 모르면서 전체를 아는 것만큼이나 불가능한 일이다.

세상 만물들 안에, 또는 하나님 안에 깃든 영원성은 짧기만 한 인생에게는 놀라운 일이 아닐 수 없다.

우리 안에 일어나는 변화들에 비해 내내 확고하고 한결같은 자연의 속성 역시 같은 느낌을 줄 것이다.

인간이 사물의 이치를 꿰뚫어 보지 못하는 데는 이유가 있다.

인간은 영혼과 몸이라는 서로 상반된 요소로 이루어진 반면, 사물은 아주 단순하기 때문이다. 인간이 생각할 수 있는 것은 영적인 요소를 갖고 있기 때문이다. 인간을 단순히 물질적인 존재라고 주장한다면, 사물을 이해하는 길을 더 가로막는 꼴이 되고 만다. 물질 스스로가 자신을 안다고 말하는 것은 상상할 수도 없는 일이기 때문이다. 물질이 자신을 어떻게 인식할지 스스로 탐구하는 일은 불가능하다.

따라서 인간이 오로지 물질적인 존재라면 우리는 아무것도 알 수 없으며, 정신과 물질로 구성되어 있다면 영적이기만 하거나 물질적이기만 한 사물에 관해서는 완벽한 인식을 가질 수 없다.

거의 모든 철학자들이 사물에 대한 관념을 헷갈려하면서 물질적인 대상을 영적으로, 영적인 대상을 물질적으로 이야기하는 것도 바로 이런 이유에서다. 뻔뻔스럽게도 이들은 물체는 붕괴되는 경향이 있다, 중심을 지향한다, 파괴를 회피한다, 진공 상태를 두려워한다, 성질과 공감 및 반감을 가지고 있다는 이야기를 늘어놓는다. 하지만 이들은 사실 모두 영적인 것들에만 적용되는 특질이다. 또 정신에 관해 이야기하면서는 마치 정신이 어느 특정 자리에 머물러 있는 것처럼 여기고, 한 곳에서 다른 곳으로 움직이는 것을 정신 작용이라 설명한다. 하지만 그것은 오로지 물체에만 해당하는 성질이다.

인간은 사물에 대한 이러한 관념들을 있는 그대로 순수하게 받아들이지 않는다. 대신 우리는 우리가 지닌 성질들로 그것들을 덧칠하고 자기 눈에 보이는 모든 단순한 사물들에다 우리만의 복합적인 존재를 아로새긴다.

정신과 물질로 모든 것을 조제해 내는 것을 보고 '그렇게 섞으면 무엇이든 완벽하게 파악할 수 있겠구나' 하고 생각지 않는 이가 어디 있겠는가? 하지만 이는 좀처럼 이해하기 어려운 일이다. 사실상 인간 자체가 더없이 큰 수수께끼다. 우리는 몸의 실체를 모른다. 정신의 실체는 더 모른다. 어떻게 몸과 정신이 이어지는지 아는 바가 거의 없다. 이것이 인간 최대의 난제지만 그것이 바로 인간이라는 존재다. "정신과 육체가 어떻게 합쳐지는지 이해할 수 없지만 그것이 바로 인간이다."[6]

마지막으로, 인간의 연약함을 증명하는 작업을 끝마치기 위해 이 두 가지 고찰로 마무리하려 한다…… / 72

200 H3. 인간은 갈대에 지나지 않는다. 온 자연을 통틀어 가장 연약한 존재다. 하지만 생각하는 갈대다. 인간을 으스러트리기 위해 온 우주가 무장을 하고 나설 필요는 없다. 증기 한 모금, 물 한 방울로도 죽이기에 충분하다. 하지만 우주가 인간을 으스러트린다 해도 인간은 여전히 그 우주보다 고귀하다. 스스로 죽어가고 있으며 우주가 자신보다 우위에 있음을 아는 까닭이다. 하지만 우주는 그 무엇도 알아채지 못한다.

그러므로 인간이 존엄한 까닭은 생각할 수 있기 때문이다. 회복을 위해 의지해야 할 것은 무슨 수를 써도 채울 수 없는 공간이나 시간이 아니라 바로 생각이다. 잘 생각하기에 힘쓰자. 그것이 윤리의 기본 원리다. / 347

201 이 무한한 공간들을 채운 영원한 침묵 때문에 나는 두렵다. / 206

202 위로를 받으라. 당신이 기대해야 할 위로는 자신에게서 오는 위로가 아니다. 도리어 자신에게 아무것도 기대하지 않음으로써 위로를 기대해야 한다. / 517

---

1. Montaigne, *Essays*, 1/23를 참조하라. 몽테뉴, 《수상록》.
2. H5와 H9, H3은 모두 《인간에 대하여》(*Homme*)를 쓰려고 파스칼이 준비하던 자료를 가리킨다.
3. 데카르트가 쓴 글의 표제(1644).
4. 피코 델라 미란돌라(Pico della Mirandola)가 쓴 글의 표제(1486).
5. Tacitus, *Annals*, IV. 18. 타키투스, 《타키투스의 연대기》(범우 역간).
6. St Augustine, *City of God*, XXI. 10. 아우구스티누스, 《신국론》.

15b

자연은 부패했다

〔파스칼은 제목만 붙여 놓고 거기에 따르는 단상들을 채우지는 않았다.〕

16

다른 종교들의 거짓됨

203 **다른 종교들의 거짓됨** 마호메트에게는 권위가 없었다.

따라서 그의 논리를 뒷받침하는 다른 힘이 전혀 없이 그 자체의 영향력이 전부였으므로 그의 논리는 대단히 강력한 것이어야 했다.

그래서 마호메트는 무어라 말하는가? 누구나 자기를 믿어야 한다고 말한다. / 595

204 **다른 종교들의 거짓됨** 다른 종교에는 증인이 없다. 이들에게는 증인이 있다.

하나님은 다른 종교들에게 그런 증인들을 내세우라고 도전하신다. 이사야 43장 9절-44장 8절.[1] / 592

205 모든 일에 단일한 원리, 단일한 목적만이 있다면—만물이 어느 한 존재에 의해, 그리고 그 존재를 위해 있다면—참다운 종교는 그 존재만을 경배하고 사랑하는 법을 가르쳐야 한다. 하지만 알

지 못하는 대상을 경배할 수 없고 자기 말고는 아무것도 사랑할 능력이 없으므로, 이런 의무들을 내세우는 종교는 인간의 무능을 가르치고 해결책도 제시해야 한다. 참종교는 한 사람에 의해 모든 것이 사라지고 하나님과 인간을 잇는 끈이 끊어졌으며, 또한 한 사람에 의해 그 유대가 회복되었음을 가르친다.

하나님의 이런 사랑이 절실하게 필요한데도 태생적으로 우리는 이를 거스른다. 이렇게 보면 우리는 분명 죄에 물든 채 태어나는 것이 틀림없다. 그게 아니라면 하나님께서 불의하신 것이다. / 489

206 "그들은 결과를 보았을 뿐 원인은 보지 못했다."[2] / 235

207 **마호메트에 대한 반론** 복음서가 마태의 것이 아니라면 꾸란도 더 이상 마호메트의 것이 아니다. 세대와 세대를 이어 가며 여러 저자들이 자신들의 글에 마태복음을 인용했다. 심지어 켈수스(Celsus)나 포르피리오스(Porphyry)처럼 적대적인 이들마저 이를 부정하지 않았다.

꾸란에는 마태가 선한 사람이었다고 쓰여 있다. 그러므로 마호메트는 거짓 선지자였다. 악한 이들을 선하다고 하거나 그들이 그리스도에 대해 했던 말에 동의하지 않았거나 둘 중 하나였으니. / 597

208 하나님에 대한 인식이 없다면, 인간은 지난날을 두고두고 곱씹으며 우쭐한 느낌에 젖거나 눈앞의 연약함을 지켜보며 한없이

낙담하지 않겠는가? 온전한 진리를 알 능력이 없으므로 결코 완전한 선에 이를 수 없기 때문이다. 인간 본성을 두고 더러는 부패하지 않았다고 하고, 다른 한편에서는 회복이 불가능할 정도로 썩었다고 한다. 이들은 모든 악의 근원이 되는 두 가지 본성인 오만이나 나태를 피할 길이 없다. 대안이라고는 비겁하게 굴복하거나 오만하게 도망치는 것뿐이다. 인간이 자신의 탁월함을 의식하면 타락한 실상을 알지 못하므로 태만은 확실히 피할 수 있으나 오만에 빠질 테고, 본성의 부족함을 자각하면 존엄을 인식하지 못하게 돼서 자만은 면할지라도 절망의 구렁텅이에 곤두박질칠 수밖에 없을 테니 말이다.

그래서 스토아학파니, 에피쿠로스학파니, 독단론이니, 아카데미학파니 하는 온갖 분파들이 등장했다.

오직 기독교 신앙만이 세상의 지혜에 기대어 한쪽을 좇고 나머지를 배척하는 것이 아니라, 복음을 들음으로써 양쪽을 단번에 물리치는 방식으로, 견고하게 이어진 두 악을 동시에 치유할 수 있다. 하나님의 성품에 참여한다고까지 높이 평가받는 지극히 거룩한 상태의 의인마저도 온갖 부패의 근원을 끌어안고 있어서 평생토록 실수와 고통, 죽음과 죄에 노출될 수밖에 없다고 가르치는 한편, 더없이 악한 이들을 향해서는 구세주가 베푸는 은혜를 입을 길이 열려 있다고 외치기 때문이다. 그러므로 기독교 신앙은 스스로 의롭다 하는 이들을 떨게 하고, 죄인이라 고백하는 이들에게는 위로를 준다. 누구에게나 공통적으로 열려 있는 은혜와 죄라는 두 가지 가능성을 통해 두려움을 너무도 말끔하게 누그러뜨리므로, 이성과는 댈 수 없을 만큼 인간을 겸비하게 만든다. 아울러 절망에 빠지지 않게 하고, 태생적인 자만과 비할 바 없이 뿌듯해하게 하면서도 허세를 부리지 않게 이끈다. 이러한 사실은, 한 점 오류도 없고 악이 없는 기독교 신앙이야말로 인류를 가르쳐 깨닫게 하고 바로잡을 수 있는 유일한 신앙임을 또렷이 보여 준다.

그렇다면 누구라서 그처럼 거룩한 지식을 믿고 예배하길 거부하겠는가? 지워지지 않는 탁월함의 흔적을 내면에서 감지하고 있다는 것은 더없이 명백한 사실이 아닌가? 반면에 비참한 인간 현실이 낳은 결과들을 끊임없이 경험하는 것 또한 사실이지 않은가?

이 혼돈과 어마어마한 혼란이 감히 반박할 수 없을 만큼 강력하게 선언하는 것이 이 두 상태에 관한 진실이 아니고 또 무엇이겠는가? / 435

209 **예수 그리스도와 마호메트의 차이** 마호메트는 예언된 바 없지만, 예수는 예언되었다.

마호메트는 사람들을 죽였지만, 예수는 따르는 사람들을 죽게 했다.

마호메트는 말씀을 읽지 못하게 했지만, 예수님은 사도들에게 읽으라고 명령했다.

마호메트가 인간적인 입장에서 봤을 때 성공의 길을 따랐던 반면, 예수는 인간적인 입장에서 봤을 때 죽음의 길을 좇았다. 한마디로 둘 사이의 차이가 너무 크다. 하지만 마호메트처럼 했더라면 예수도 성공했으리라고 결론짓기보다는 마호메트가 성

공했기에 예수는 죽을 수밖에 없었다고 해야 마땅하다. / 599

210 태생적으로 인간은 서로 미워한다. 저마다 내재한 정욕을 공동선에 보탬이 되게 하려고 안간힘을 써 왔지만, 이는 거짓이며 사랑의 가짜 이미지에 지나지 않는다. 본질적으로는 사실 미움이기 때문이다. / 451

211 인간은 강렬한 욕구를 기반으로 훌륭한 행정 규칙, 윤리와 정의를 구축하고 발전시켜 왔다. 하지만 본질적으로 인간의 사악한 뿌리, 즉 인간을 만들어 내는 이 사악한 원료는 뽑혀 나간 것이 아니라 단지 감춰져 있을 따름이다. / 453

212 예수는 오만한 마음을 내려놓고 다가갈 수 있는 분이며, 절망하는 일 없이도 그 앞에 우리 자신을 낮출 수 있는 하나님이시다. / 528

213 "입맞춤보다 뺨 한 대가 돌아오기 십상이지만, 사랑하기에 두렵지 않다."[3] / 551

214 참다운 신앙의 지표는 인간에게 반드시 하나님을 사랑하도록 요구하는 것이다. 더없이 마땅한 일임에도 이를 행하는 종교가 전혀 없었다. 하지만 기독교 신앙은 그렇게 했다.

참다운 신앙은 인간의 정욕과 연약함을 꿰뚫어 보아야 한다. 기독교 신앙은 그랬다.

참다운 신앙은 또한 해결책들을 제시해야 하는데, 그 가운데 하나가 기도다. 기독교 신앙 말고는 그 어떤 종교도 하나님께 그분을 사랑하고 따라가게 해 달라고 기도하지 않는다. / 491

215 (인간 본성 전반을 들어 보고 난 뒤에.) 신앙이 참이 되려면 인간의 본성을 인식해야 한다. 위대함과 졸렬함을 두루 파악하고 있어야 한다는 뜻이다. 기독교 신앙 외에 어떤 종교가 이를 속속들이 헤아리는가? / 433

216 참신앙은 인간의 의무, 연약함, 오만과 정욕, 그리고 그 해법, 즉 겸손과 금욕을 가르친다. / 493

217 명쾌하고 확실한 표징들도 있지만, 더러는 종말론의 상징 비슷한 구석이 많아서 억지로 끌어다 붙인 게 아닌가 싶고, 이미 회심한 이들이나 믿을 법한 것들도 있다.

하지만 종말론의 상징과 기독교에서 제시하는 표징 사이에는 차이가 있다. 종말론에는 온전히 신뢰할 만한 점이 전혀 없다. 따라서 종말론의 상징이 이편의 어떤 표징들처럼 탄탄한 토대를 지녔다고 지적하는 것은 잘못이다. 왜냐하면 그편의 상징은 기독교의 표징처럼 확실한 면모가 조금도 없는 까닭이다.

그러므로 이는 대등한 논의가 못 되므로 양쪽을 혼동하거나 동등하게 여겨서는 안 된다. 어떤 면에서는 비슷해 보이지만 다른 점에서는 딴판이기 때문이다. 하나님과 관련된 사안의 경우는 명확한 쪽 덕분에 모호한 쪽까지 그 명확함의 서광을 입는다.

(마치 애매한 말을 하는 이들 같아서, 말귀를 알아듣지 못한 이들은 얼토당토

않게 받아들일 것이다.) / 650

218 마호메트를 판단할 때, 불분명한 주장이나 신비로워 보이는 무언가를 토대로 삼지 않고 명백한 사실과 낙원 등 그 밖에 온갖 것들을 근거로 삼으면 좋겠다. 바로 그 지점에서 마호메트의 터무니없는 속성이 드러나기 때문이다. 그와 관련된 명확한 사실들은 말도 안 된다고 외면하면서 이해하기 어려운 주장들은 신비로운 진리처럼 받아들이는 일이 타당치 않은 까닭이 바로 여기에 있다. 성경과는 경우가 다르다. 거기에도 마호메트의 모호함만큼이나 기이하게 애매한 구석들이 있음을 인정한다. 하지만 성경에는 분명하게 성취된 예언들을 비롯해 감탄스러우리만치 명쾌한 사실들이 존재한다. 따라서 이는 대등한 경합이 아니다. 모호한 점에서만 비슷하고 그 모호함마저도 존중하게 만드는 명확함에서는 전혀 다른 이 둘을 혼동하거나 동등하게 생각하지 말아야 한다. / 598

219 이방인의 종교들과 같은 다른 종교들에 대중이 빠져드는 이유는 그 종교들이 외면을 중시하기 때문이다. 하지만 명석한 이들에게는 통하지 않는다. 반면에 순전히 지성적이기만 한 종교는 명석한 이들에게는 적합할지 모르지만 일반 대중에게는 별 유익이 없다. 외면적인 요소와 내면적인 속성이 잘 결합된 기독교 신앙만이 모두에게 적절하다. 안으로 인간을 고양시키며 밖으로 오만한 이들을 겸손하게 한다. 이를 둘 다 갖추지 못하면 완벽할 수 없다. 대중은 형식에 담긴 정신을 이해해야 하고 명석

하다는 이들은 정신을 형식에 복종시킬 줄 알아야 하기 때문이다. /251

220 자신을 미워하라고 가르치는 종교는 기독교뿐이다. 그러므로 기독교 외에 그 어떤 종교도 자기를 부인하고 참으로 사랑할 가치가 있는 존재를 추구하는 이들을 충족시키지 못한다. 스스로 낮아지신 하나님을 따르는 신앙을 〔전에〕 한 번도 들어 본 적 없는 사람일지라도 듣자마자 단박에 이 종교를 받아들일 것이다. /468

---

1. 489번 참조.
2. St Augustine, *Contra Julianum*, iv. 60. 아우구스티누스, 《율리아누스 반박》.
3. St Bernard, *Sermons on the Canticle*, 84. 성 베르나르, 《찬송 설교집》.

17

기독교 신앙의 매력

221 모두를 위한 예수 그리스도, 단 한 민족만을 위한 모세.

유대인들은 아브라함을 통해 축복을 받았다. "너를 축복하는 자에게는 내가 복을 내리고 너를 저주하는 자에게는 내가 저주하리니 땅의 모든 족속이 너로 말미암아 복을 얻을 것이라"(창 12:3).

'네가 나의 종이 되게 하는 것은 쉬운 일이다'(사 49:6). "이방을 비추는 빛"(눅 2:32).

다윗은 율법을 이야기하면서 "어느 다른 민족에게도 그와 같이 하신 일이 없으시니"(시 147:20)라고 했지만, 우리는 예수님을 이야기하면서 "모든 민족에게 그와 같이 하셨다. 그것은 쉬운 일이다" 등등이라고 해야 한다—이사야.

이처럼 보편적인 쪽은 예수님이다. 교회마저도 신자들만을 위해 제사를 드리지 않는가! 예수님은 모든 사람들을 위해 십자가의 제물이 되셨다. / 774

222 육신의 유대인들과 이교도들은 저마다 고통을 끌어안고 있으며 크리스천도 마찬가지다. 그러나 이방인에게 구세주는 없다. 언감생심 바라지도 않는다. 유대인에게도 구세주는 없다. 소망하지만 헛되이 바랄 따름이다. 오로지 크리스천에게만 구세주가 존재한다('영속성'[1] 장을 보라). / 747

1. 21장.

18

근거

223 표징(figures)을 사용하는 이유와 관련해 '표징' 장(章)에 들어간 내용들은 '근거'를 다룬 장에 포함해야 한다. 그리스도가 세상에 처음 오시는 사건이 미리 예언된 까닭은 무엇인가? 어째서 그렇게 모호하게 예언됐는가? / 570

224 도무지 믿으려 들지 않는 이들이 가장 쉽게 속아 넘어간다. 모세의 기적을 믿지 않으려 안간힘을 쓰느라 베스파시아누스(Vespasianus)의 기적(베스파시아누스 황제가 침을 발라 먼눈을 뜨게 하고 발을 만져 걷게 했다는 이야기-옮긴이)은 선뜻 믿어 버린다. / 816

225 예수가 사람들 사이에 알려지지 않았던 것과 꼭 마찬가지로, 진리도 눈에 띄게 다른 점 없이 뭇 의견들 틈에 묻혀 있다. 성찬식에 쓰는 빵도 평범한 빵 가운데 있다. / 789

226 신앙의 모든 것은 그리스도와 아담 안에 있고, 윤리의 모든 것

은 정욕과 은혜 속에 있다. / 523

227 부활과 동정녀 탄생에 대해 도대체 무슨 말을 하려는 것인가? 인간이나 동물을 다시 만들어 내는 쪽보다 낳는 편이 더 어렵다고 보는 까닭은 무엇인가? 난생처음 보는 동물이 있다면 암수의 교미로 태어났는지 아닌지 분간할 수 있겠는가? / 223

228 선지자들은 예수 그리스도를 어떻게 말하는가? 그저 하나님이라고만 했는가? 그렇지 않다. 진정 보이지 않는 하나님의 형상이며, 세상의 인정을 받지 못할 테고, 대중은 그분의 실상을 믿지 않을 것이며, 뭇사람들이 부딪혀 넘어질 걸림돌이 되리라고 했다.

이런 사실을 대놓고 선포하고 있으니 명확성이 떨어진다고 비판하지 말라. 흔히들 말한다. "하지만 불분명한 점이 있다. 그것만 아니면 아무도 예수에게 걸려 넘어지지 않을 것이다." 하지만 이는 선지자들이 공공연히 하는 주장 가운데 하나일 따름이다. "그들의 눈이 감기게 하라"(사 6:10). / 751

229 이 종교는 인간이 더없이 깨어 있는 상태에서나 알 수 있을 법한 일들을 자녀들에게 가르쳤다. / 444

230 납득하기 어려운 모든 것이 그래도 계속 존재한다. / 430b

231 인간은 너무도 하잘것없어서 하나님과 소통하기에 가당치 않다

고 주장한다면 참으로 대단하다. 그런 판단을 내릴 줄 알다니. /511

232 하나님이 어떤 이는 눈멀게 하고, 또 어떤 이들은 밝히 깨닫길 원하신다는 원리를 받아들이지 않는 한 하나님의 역사를 눈곱만큼도 이해할 수 없다. /566

233 예수는 사악한 무리를 그 어두움에 버려 두시려고 나사렛 출신이라는 점도, 요셉의 아들이라는 사실도 부정하시지 않았다. /796

234 하나님은 정신보다 의지를 움직이고 싶어 하신다. 완벽한 명료함은 정신에는 도움이 되지만 의지에는 해롭다. 오만한 마음가짐을 꺾으라. /581

235 예수는 또렷이 보는 이들을 눈멀게 하고 보지 못하는 이들을 보게 하며, 병든 이들을 고쳐 주고 건강한 이들을 숨지게 하며, 죄인들을 불러 뉘우쳐 의롭게 하며 의롭다는 이들을 그 죄에 버려두며, 주린 이들을 선한 것으로 채우고 넉넉한 자들을 빈손으로 만들기 위해 이 땅에 오셨다. /771

236 **눈멀게 하고, 깨닫게 하고** 성 아우구스티누스, 몽테뉴, 《스봉을 위한 변증》(*Apology for Sebond*).

선택받은 사람들을 깨닫게 하기에 충분한 빛이 있고, 그들을 겸손하게 하기에 충분한 어둠이 있다. 타락한 이들을 눈멀게 하기에 모자람이 없는 모호함이 있고, 그들을 정죄하고 변명의 여지를 없애고도 남을 빛이 있다.

예수의 구약 쪽 계보에는 별 상관이 없는 인물들이 숱하게 섞여 있어서 가계를 한눈에 분간하기가 어렵다. 모세가 직계 선조들만 기록했더라면 한결 명쾌했겠지만 그래도 예수의 계보를 따로 가리켜 보여 준 덕에 그나마 분명하게 볼 수 있다. 꼼꼼히 들여다본 사람이라면, 무엇보다 다말이니 룻이니 하는 인물들을 보고 예수의 계보를 쉽게 구별할 수 있을 것이다.

이러한 제사를 규정한 사람들은 그게 얼마나 쓸모없는 일인지 알고 있었지만, 헛된 일이라고 공공연히 주장하는 사람들마저도 제사를 멈추지 않았다.

하나님이 종교를 딱 하나만 허락하셨더라면 분별하기가 쉬웠을 것이다. 하지만 가만히 들여다보면, 제아무리 혼란스러워도 참다운 신앙을 어렵잖게 분간해 낼 수 있다.

원리: 모세는 총명한 인물이었다. 또한 지성의 지배를 받는 사람이었던 만큼 지성에 정면으로 맞서는 행동은 어떤 것도 감행하지 않았을 것이다.

이처럼 더없이 분명한 약점들이 실제로는 강점들이다. 마태와 누가가 기록한 두 계보만 봐도 그렇다. 둘이 짜고 만들어 낸 족보가 아니라는 것이 너무도 명확하지 않은가? / 578

237 만일 예수가 오직 거룩하게 하려는 뜻 하나만 가지고 세상에 오셨다면, 성경을 비롯한 모든 것들이 다 그쪽을 지향했을 테고, 그리스도를 받아들이지 않는 이들에게 믿음을 주기가 훨씬 쉬

웠을 것이다. 예수가 오로지 눈멀게 하려고 오셨다면 어떤 행동이든 다 불투명했을 테고, 믿지 않는 이들을 설득할 길이 없었을 것이다. 그러나 이사야의 말처럼 "성소"인 동시에 "걸림돌"이 되러 오셨으므로 우리로서는 신앙이 없는 이들을 깨닫게 할 수 없고 그들 역시 우리를 확신시키지 못한다(사 8:14). 하지만 우리는 바로 그 사실로 그들을 설득한다. 우리는 예수의 모든 행동에 그 어느 쪽도 확신을 가지게 할 만한 요소가 전혀 없다고 말하기 때문이다. / 795

238 **표징** 하나님은 인간을 썩게 만들 만한 소유물들을 전부 앗아가고자 하시지만, 능력이 없어서 베풀지 못하는 것이 아님을 보이시려 유대 민족을 만드셨다. / 645

239 인간은 하나님께 어울리지 않는다. 하지만 어울리게 될 수 없는 것은 아니다.

하나님께는 비참한 인간과 스스로 하나가 되는 것이 어울리지 않는 일이었다. 하지만 비참한 지경에서 인간을 구해 내신 것은 하나님께 잘 어울리는 일이었다. / 510

240 **증거** 성취된 예언.
예수 이전의 것과 이후의 것. / 705

241 **모순의 근원** 십자가에 달려 죽기까지 낮아지신 하나님. 예수 그리스도 안에서의 두 가지 본성. 세상에 두 번 오심. 인간 본

성의 두 가지 상태. 자신이 죽임당함으로써 죽음을 이기신 메시아. / 765

242 **하나님이 스스로 드러내지 않으려 하셨다는 사실** 종교가 단 하나뿐이라면 신은 선명하게 드러날 것이다. 오직 기독교에만 순교자가 있다 해도 마찬가지다.

이처럼 신은 숨어 있다. 따라서 신이 숨어 있다고 말하지 않는 종교는 참이 아니며 그 이유를 설명하지 않는 종교 또한 아무런 가르침을 주지 못한다. 오직 기독교만 이 두 조건을 다 충족시킨다. "진실로 주는 스스로 숨어 계시는 하나님이시니이다"(사 45:15). / 585

243 **우리 신앙의 토대** 오늘날 이교적인 신앙은 근거가 전혀 없다. 지난날에는 말로 전해진 신탁이 있어서 그것을 근거로 삼는다고들 했다. 하지만 도대체 어떤 책들이 그 주장을 확고하게 뒷받침하는가? 저자들의 덕성에 비추어 정말 믿을 만한 문서들인가? 세심하게 보존돼서 변질되지 않았다고 한 점 의심 없이 믿을 수 있는가? 무슬림 신앙은 꾸란과 마호메트를 근거로 삼는다. 세상의 마지막 소망이 되어야 할 이 선지자는 과연 미리 예언된 적이 있는가?

스스로 선지자라 불리기를 원하는 사람들 가운데 어느 누구도 보여 준 적이 없는 독특한 징표 같은 것을 제시한 적이 있는가? 내세울 만한 어떤 기적을 행한 적이 있는가? 스스로의 전통과 관련해 어떤 신비를 가르치는가? 어떤 윤리의식과 행복에 대한 인식을 가지고 있는가?

유대교는 성경[1]의 전통과 여염의 관습을 좇아 두 갈래로 평가해야 한다. 세간의 관습으로 판단하자면 유대교의 윤리의식과 행복관은 우스꽝스럽기 짝이 없지만 성경에 비춰 보면 더없이 훌륭하다. 유대교의 근거는 참으로 감탄할 만하다. 성경은 세상에서 가장 오래된 책이며 더없이 참되다. 마호메트는 아무나 읽지 못하게 하는 방식으로 제 경전을 지키려 했던 데 반해, 모세는 누구나 읽으라는 명령으로 율법을 보존하려 했다. 그런 면에서는 모든 종교가 다 마찬가지다. 기독교 신앙의 경우에도 성경과 결의론(보편적 규범을 들이댈 수 없는 애매하고 까다로운 특수한 사안들의 옳고 그름을 판단하는 이론-옮긴이)의 문서는 딴판이다.

기독교는 얼마나 신성한지, 또 다른 신성한 종교를 그 근거로 삼을 정도다. / 601

244 무신론자들의 반박.

"하지만 우리에게는 빛 한 점 없다." / 228

1. 여기서 "성경"(sacred books)은 "그들 성인들"일 수 있다. 즉 'livres'와 'leurs'를 잘못 읽었을 수도 있다.

19

표징으로 세워진 법

245 율법은 표징(상징-편집자)이었다는 사실. / 647

246 **표징** 모세가 만났던 두 사람은 유다 백성과 애굽 민족의 앞날을 눈앞에 미리 보여 준다. 애굽 사람이 유다 사람을 때리자 모세가 상대를 죽여 앙갚음했지만, 유다 사람은 그 은혜를 잊어버리지 않았는가?(출 2:11-14) / 657

247 **상징적인 것들** "너는 삼가 이 산에서 네게 보인 양식대로 할지니라"(출 25:40). 이 말씀을 두고 바울은 유대인들이 하늘에 있는 것의 모형과 그림자를 만들었다고 설명했다(히 8:4-5). / 674

248 **표징** 선지자들은 허리띠, 수염, 불에 그슬린 머리칼 따위의 표징을 사용해 예언했다. / 653

249 **상징적인 것들** 암호를 푸는 실마리.

"참되게 예배하는 자들"(요 4:23). "보라 세상 죄를 지고 가는 하나님의 어린양이로다"(요 1:29). / 681

250 **상징적인 것들** 칼, 방패, "용사여"(시 45:3) 같은 말들. / 667

251 말씀의 뜻을 풀어 준다면서 말씀에서 그 의미를 찾지 않는 사람은 말씀의 적이다. 성 아우구스티누스, 《기독교 교양》(*De Doctrina Christiana*, 크리스천다이제스트 역간). 〔111-127.〕 / 900

252 두 가지 실수: 1 모든 것을 문자적으로 받아들이는 태도. 2 모든 것을 영적으로 해석하려는 자세. / 648

253 **표징** 예수님은 마음의 눈을 열어 말씀을 알아듣게 해 주셨다. 두 가지 커다란 계시를 꼽자면 이렇다:

1 "참으로 이스라엘 사람"(요 1:47), "참으로 자유로우리라"(요 8:36), "하늘로부터 참떡"(요 6:32)처럼 모든 것을 표징으로 알려 주셨다.

2 십자가를 지기까지 낮아지신 하나님. 그리스도는 영광에 들어가기 위해 고난을 받으셔야 했다. "죽음을 통하여 죽음의 세력을 잡은"(히 2:14) 것이다. 두 번 세상에 오심. / 679

254 표징을 남용하는 자에 맞서 반박하라. / 649

255 의로운 이들에게는 메시아를 알리고 사악한 자들은 알아보지

못하게 하시려고 하나님은 이렇게 예언하셨다. 메시아의 면면을 선명하게 예언했더라면, 악인들에게마저 불분명한 구석이 전혀 없었을 것이다.

반면에 모호하게 예언했더라면 의인들에게조차 애매했을 것이 틀림없다. 선량한 마음으로는 예를 들어, 사방이 막혀 있는 히브리 문자 '멤'[1]이 600년을 가리킨다는 사실을 이해하지 못했을 것이다. 이 경우, 예언하는 방식이 상징적일지라도 뜻하는 시간은 분명하다.

결국, 약속된 복을 물질적인 무엇쯤으로 여기는 악인들은 그 시기를 명확하게 예언했음에도 곁길로 새 나가고 말지만, 의인들은 엇나가지 않는다.

약속된 복을 이해하는 일은 자기가 사랑하는 것을 복으로 여기는 마음에 달렸지만 약속한 시간을 판단하는 일은 마음에 달려 있지 않기 때문이다. 그러므로 오로지 사악한 이들만 시기는 명확하게, 복은 모호하게 이야기하는 예언에 속아 넘어갈 따름이다. / 758

256 육신의 유대인들은 선지서에서 예언한 메시아의 위대함도, 낮아짐도 도무지 이해하지 못한다. 메시아가 다윗의 자손이지만 다윗의 주가 된다거나(마 22:45), 아브라함 이전에 계셨으며 아브라함이 그분을 보았다고(요 8:56, 58) 적은 것을 보면서도 그분을 예언 그대로 위대하게 인식하지 못한다. 영원하리만치 대단한 이라고 믿지 않으니 따라서 그분이 한없이 낮아지고 돌아가셨다는 사실도 깨닫지 못한다. "그리스도는 영원히 우리와 함께하

시는데 이이는 스스로 죽을 것이라고 하지 뭐야" 하고 수군거릴 따름이다(요 12:34). 이렇게 유대인들은 예수를 유한한 존재로도 영원한 존재로도 받아들이지 않으며, 그저 그 안에 깃들인 육신의 위대함만을 찾으려 들 뿐이다. / 662

257 **모순들** 서로 어울리지 않는 모습들을 잘 조화시켜야 근사한 초상화를 그려 낼 수 있다. 상반되는 요소들을 정리하지 않은 채 잘 어울리는 일련의 특성들에만 매달려서는 안 된다. 글쓴이의 의도를 제대로 파악하려면 서로 모순되는 본문을 하나도 빠짐없이 잘 조화시켜야 한다.

그러므로 성경 말씀을 정확히 이해하려면 모순되는 본문들을 다 조화시키는 하나의 의미를 반드시 찾아야 한다. 여러 구절들과 잘 들어맞는 뜻을 파악하는 것으로는 부족하며, 상충되는 내용들까지 아우르는 참뜻 하나를 캐내야 한다.

작가라면 누구나 서로 충돌하는 온갖 대목들을 다 아우를 수 있는 한 가지 의미를 갖고 있다. 그렇지 않으면 아예 뜻 없는 글이라는 이야기인데, 성경과 예언서들은 그렇게 치부할 수 있는 책이 아니다. 지극히 분명하고 적합한 속뜻을 가지고 있으므로 온갖 모순점들을 한데 조화시키는 하나의 의미를 탐색해야 한다.

따라서 유대인들이 하는 설명은 참뜻이 될 수 없으며, 오직 그리스도 안에서만 서로 부대끼는 모순점들이 한데 아우러진다.

유대인들로서는 왕과 통치자가 끊어지리라는 호세아의 예언과 야곱의 예언을 조화시킬 도리가 없다(호 3:4; 창 49:10).

하지만 율법과 희생 제물, 하나님 나라를 현실로 받아들이면 이런 본문들이 서로 아귀가 딱 들어맞는다. 이들이 하나같이 표징이라는 원리를 놓쳐서는 안 된다. 글쓴이의 의도가 지극히 분명함에도 불구하고 같은 저자, 같은 책, 가끔은 같은 장의 본문조차도 한데 아우르는 일이 불가능한 경우들도 있다. 에스겔 20장만 해도 그렇다. 사람은 하나님의 율례를 좇아 살아야 한다고 해 놓고 다시 거기에 따르지 말라고 이야기하지 않는가? / 684

258 하나님이 직접 고르신 자리인 예루살렘성 말고는 희생 제사를 드리거나 십일조로 드린 헌물을 먹는 일이 허락되지 않았다—신명기 12장 5절; 14장 23절; 15장 20절; 16장 2, 7, 11, 15절.

호세아 선지자는 왕도, 통치자도, 희생 제물도, 우상들도 없이 살게 되리라고 예언했는데, 오늘날 다 이뤄진 셈이다(호 3:4). 예루살렘 바깥에서는 합당한 제사를 드릴 수 없기 때문이다. / 728

259 **표징** 율법과 제사가 진리라면 그것은 하나님을 불쾌하게 만들어서는 안 되고, 반드시 기쁘시게 해야 한다. 그런데 그것이 표징이라면 주님을 기쁘게도, 불쾌하게도 할 수 있다.

그런데 성경 전반에 걸쳐 이들은 하나님을 기쁘게도, 불쾌하게도 한다. 성경에는 이제 율법은 변할 것이며 제사도 바뀌리라고, 임금도, 통치자도, 제사도 없이 살게 되리라고, 새로운 언약이 성립되고 율법이 갱신되리라고, 그동안 받아 가졌던 계명은 쓸모가 없고 제사는 가증스러우며, 하나님은 그런 것을 바라지 않으신다고 적혀 있다.

다른 한편에는 율법은 무궁하며, 이 언약은 변함없고, 제사는 끝없이 되풀이되며, 영원한 왕이 오실 때까지 홀이 그 가운데서 떠나지 않을 것이므로 왕권도 한없이 이어지리라는 구절도 있다.

이 본문들이 모두 문자적인 뜻 그대로를 말하는가? 그렇지 않다. 그러면 모두 상징적인 뜻을 담고 있는가? 그것도 아니다. 문자적이거나 상징적이거나 둘 중 하나다. 하지만 문자적인 뜻이 담겼을 가능성을 완전히 제외해 버리면, 첫 번째 본문들은 그저 상징적인 뜻만 드러낼 따름이다.

이 본문들을 다 뭉뚱그려서 문자적인 서술로만 볼 수는 없다. 모두가 상징적인 기술일 수는 있다. 그러므로 이들은 문자적이 아니라 상징적인 표현이다.

'창세 때부터 어린양이 죽임을 당하셨다'(계 13:8), "영원한 규례"(겔 46:14을 비롯한 여러 구절). / 685

260 심상은 원칙적으로 부재와 실재, 즐거움과 불편함을 다 아우르는데, 사실은 부재와 불편함은 배제한다.

표징 율법과 제사가 문자적인지 상징적인지 알려면, 이런 주제를 이야기하는 선지자들이 더 이상 생각하고 관찰한 바 없이 다만 옛 언약에만 시선을 두었는지, 또는 이미지로 구성된 그 밖에 무언가를 보았는지 여부를 헤아려야 한다. 인간은 심상을 통해 표징을 보는 까닭이다. 이를 알아보려면 그저 선지자들이 여기에 대해 무어라 말하는지만 살펴보면 된다.

율법과 제사가 영원하리라고 할 때, 장차 바뀌리라 예언했던 바로 그 언약을 가리키는가? 제사에 관해서도 마찬가지다.

암호로 적힌 글은 중의적이다. 중요한 편지를 받았다 하자. 보낸 이의 의도는 분명하지만 어디서 그 이야기를 하고 있는지 애매하고 불분명하다면, 다시 말해 속뜻이 숨겨진 편지여서 보기는 해도 단박에 속내를 읽지 못하고 듣기는 하되 한숨에 깨닫지 못한다면, 이중적인 의미를 지닌 일종의 암호문이라고 생각할 수밖에 없지 않겠는가?

문자 그대로 해석할 경우 서로 충돌하는 점들이 확연히 드러난다면 더 말해 무엇하겠는가?

선지자들은 입을 모아 이스라엘은 늘 하나님의 사랑을 입을 테고 율법은 영원하리라고 예언했다. 아울러 아무도 그 뜻을 가늠하지 못하며 비밀은 영원히 드러나지 않는다고도 했다.

그렇다면 그 암호를 풀어내서 숨은 의미를 잘 알아듣도록 가르쳐 주는 이들을 얼마나 존경해야 하겠는가? 암호문에서 끌어낸 원리들이 오롯이 자연스럽고 명쾌하다면 더더욱 높이 떠받들어야 하지 않겠는가? 예수와 사도들이 바로 그런 이들이다. 봉인을 뜯고, 휘장을 찢고, 숨은 의도를 명백하게 드러낸 주인공들이다. 인간의 적은 자신의 정욕이고, 구세주는 영적이며, 그분의 왕국도 영적이다. 또 주님은 두 차례에 걸쳐 세상에 오시는데 처음에는 비천하게 찾아오셔서 오만한 이들을 겸손하게 하시고, 다음에는 영광 가운데 임하셔서 낮고 천한 이들을 높이신다. 예수님은 하나님이자 인간이시다. 그들은 이 모든 사실을 우리에게 가르쳐 주었다. / 678

261 구세주가 처음 세상에 오는 시점은 상세하게 예언되어 있었지

만, 두 번째는 그렇지 않다. 첫 번째는 은밀해야 했지만 두 번째는 영광으로 충만하며 더없이 분명해서 원수들까지도 똑똑히 확인할 수 있기 때문이다. 첫 번째는 드러나지 않게 오셨으므로 성경 말씀을 깊이 연구한 이들만이 알아볼 수 있었다. / 757

262 그리스도의 적들, 그러니까 유대인들은 어떤 반응을 보일 수 있었을까?

주님을 받아들였더라면 그분을 인정하는 셈이 됐을 것이다. 메시아를 기다리는 소망을 위임받은 이들이 주님을 받아들였다는 의미이기 때문이다. 거부했더라면 그 거부를 통해 그리스도를 인정하는 셈이 됐을 것이다. / 762

263 **모순** 메시아가 올 때까지는 설령 왕의 홀, 곧 왕위는 이어질지라도 왕도 없고 통치자도 없다.

영원한 법, 변화된 법.

영원한 언약, 새로운 언약.

선한 법, 선하지 못한 율례. 에스겔 20장. / 686

264 유대인들은 눈이 휘둥그레지는 대단한 기적들에 익숙했다. 홍해와 가나안 땅에서 경험한 엄청난 이적들을 장차 메시아가 행할 기가 막힌 역사의 예고편쯤으로 여겼기 때문에 모세가 행한 기적 정도는 맛보기로 치부해도 좋을 만큼 훨씬 더 어마어마한 무언가를 기대했다. / 746

265 표징은 부재와 존재, 유쾌와 불쾌를 다 아우른다. 이중적 의미를 담은 암호 같아서 한쪽은 명확하게 드러나지만, 사실 속뜻은 숨어 있노라고 말한다. / 677

266 더러는 백성의 기분을 맞춰 주려고 선지자들이 "영원한 왕이 오실 때까지 왕의 홀이 유다 지파를 떠나지 않으리라"고 예언했을지도 모른다고 의심한다. 헤롯이 왕위에 오르면서 그 예언이 거짓임이 밝혀지지 않았냐는 것이다. 하지만 그런 의미의 예언이 아니며 도리어 세속의 왕조는 반드시 끊어지고 말리라는 것을 명쾌하게 알고 있었음을 입증해 보이기 위해 선지자들은 오랫동안 왕도, 통치자도 없이 지내리라고 선언했다. 호세아. / 719

267 **표징** 일단 비밀의 실체가 드러나고 나면 반드시 눈에 보이게 마련이다. 이런 관점에서 구약 성경을 읽으며 그간의 제사는 과연 참제사였는지, 아브라함의 혈통이라는 것이 하나님의 사랑을 입을 만한 진정한 이유가 되는지, 약속하신 땅이 정말 안식처였는지 헤아려 보라. 그렇지 않다고? 그럼 모두 표징일 것이다.

아울러 구약에서 규정한 예식들과 사랑과 직결되지 않은 계명들도 살펴보라. 이들이 상징적인 요소들임을 단박에 알아차릴 수 있을 것이다.

그러므로 이 모든 제사와 의식들은 표징이거나 허튼소리, 둘 중 하나다. 그런데 개중에는 너무도 명백하고 고귀해서 터무니없는 소리로 치부할 수 없는 것들이 있다.

선지자가 구약 성경 너머에 전혀 눈길을 주지 않는지, 그 안에

서 다른 무언가를 보았는지 여부를 면밀히 살피라. / 680

268 **표징** 율법 조문은 죽이는 것. —모든 것이 표징이 된다. —그리스도께서 반드시 고난을 당하셔야 했다. —낮아지신 하나님.

—이들은 바울이 남긴 암호들이다(고후 3:6).

마음의 할례, 참다운 금식, 진정한 제사, 참된 성전(롬 2:29). 예언자들은 이 모두가 영적임을 알려 준다.

썩어 없어질 살이 아니라 영원히 소멸하지 않는 살(요 6:53-57).

"너희가 참으로 자유로우리라"(요 8:36). 그러므로 다른 자유는 그저 상징적인 자유에 지나지 않는다.

"나는 하늘에서 내려온 살아 있는 떡이니"(요 6:51). / 683

269 하나님께 등을 돌리게 만드는 강렬한 정욕 말고 다른 적은 없다. 〔인간〕 원수들은 적이 아니다. 인간에게 하나님 외에 다른 복은 없다. 풍요로운 땅은 복이 될 수 없다. 행복은 육체에 있으며 감각적인 쾌락에서 멀어지게 만드는 건 무엇이든 악이라고 믿는 이들은 한껏 그리 살다가 죽게 내버려 두라. 하지만 온 마음을 다해 하나님을 찾는 이들, 오로지 그분을 바라보는 눈을 빼앗기는 것만을 고통으로 여기는 이들, 그분께 사로잡히기만을 간절히 소원하며 주님에게서 멀어지게 만들려는 자들만을 원수로 삼는 이들, 그런 적들에게 에워싸여 짓눌리고 있음을 알고 비통해하는 이들은 이제 반가운 소식을 전하리니 기운을 차리라. 그들을 자유롭게 하실 이가 있으니, 그분을 소개하려 한다. 그들에게 한 분 하나님이 있으니 다른 이들에게는 알려 주지 않을 것이다.

원수들의 손아귀에서 건져 주기로 메시아가 약속하셨으며, 적들이 아니라 스스로의 악에서 구원하러 오신다는 사실을 그들에게 보여 줄 것이다.

메시아가 거룩한 백성을 원수의 손에서 건져 내리라는 예언을 들으며, 육신의 생각을 좇아 다윗이 애굽을 지목한다고 생각하는 이들이 있을지 모른다. 그런 경우라면, 예언이 성취되었음을 입증해 보일 수 없다. 하지만 악을 가리킨다는 정확한 판단은 내릴 수도 있다. 사실 원수는 애굽이 아니라 죄악이기 때문이다.

그러므로 '원수'라는 말의 뜻이 모호하기는 하지만, 다윗이 이사야를 비롯해 숱한 이들이 그렇듯(사 43:25) 메시아가 죄에서 그 백성을 건져 내리라(시 130:8) 이야기한다고 본다면 모호함은 사라진다. 그리고 원수라는 단어의 이중적인 의미는 '죄'라는 개념 하나로 모아진다. 죄를 생각하고 있었다면 얼마든지 그것을 원수라고 표현할 수 있지만, 원수를 생각했더라면 그것을 죄라고 표현하지는 못했을 것이다.

모세와 다윗, 이사야는 같은 어휘를 사용했다. 그렇다면 셋이 의미하는 바가 서로 다르다고 누가 말할 수 있겠는가? 다윗은 '원수'라고 말하면서 틀림없이 죄악을 의미했지만, 모세는 다른 뜻으로 같은 말을 했노라고 어떻게 주장할 수 있겠는가?

다니엘은 9장에서 이스라엘 백성을 원수들의 압제에서 건져 달라고 기도한다. 하지만 다니엘은 죄를 염두에 두고 있다. 이를 뒷받침하기 위해 가브리엘이 와서 다니엘의 간구가 하나님께 이르렀으며, 70주만 더 기다리라 일러 주었다는 사실을 전한다. 백성이 죄에서 해방되고 나면 죄악이 끝나고, 지극히 거룩한 구세주가 영원한 의로움을 가져올 것이다. 율법의 의로움이 아니라 영원히 변치 않는 의로움이다. / 692

270 **표징** 유대인들은 세상적인 생각 속에서 자라고 늙어 갔다. 하나님은 조상 아브라함, 즉 그의 육신과 거기서 비롯된 이들을 사랑하셨으며, 그 후손을 번성하게 하시고 다른 여러 민족들과 구별해 뒤섞이지 않도록 하셨으며, 엄청난 이적들을 숱하게 행하셔서 백성을 향한 사랑을 보이심으로써 애굽에서 오래도록 종살이하던 백성을 끌어내셨으며, 광야에서 줄곧 만나로 먹이셨으며, 더없이 풍요로운 땅으로 인도하셨고, 왕을 허락하시고, 짐승을 잡아 제사를 드리고 그 피를 뿌려 죄를 씻을 근사한 성전을 주셨으며, 마침내 메시아를 보내 유대인 자신들이 온 세상을 다스리게 하실 것이며, 그분이 오시는 시기는 이미 예언되어 있다는 생각이다.

세상이 이런 세속적인 착각에 빠져 지내는 사이 세월은 흘러가고, 마침내 그리스도가 예고된 시점에 이 땅에 임했다. 하지만 기대하던 대로 눈부신 영광 가운데 임하지 않는 탓에 아무도 그분을 메시아로 생각지 않았다. 그리스도가 세상을 떠난 뒤 바울이 등장해서 이 모두가 상징적으로 벌어진 일들이며(고전 10:11), 하나님 나라는 육이 아니라 영에 있으며, 인간의 원수는 바벨론이 아니라 자신의 정욕이며, 하나님이 기뻐하시는 것은 손으로 지은 성전이 아니라 정결하고 겸손한 마음이며(히 9:24), 몸의 할례는 쓸모없으니 마음이 할례를 받아야 하며(롬 2:29), 모세는 하늘에서 내려오는 양식을 주지 않았다고 가르쳤다.

하지만 하나님은 여기에 합당치 않은 이들에게는 이러한 사실들을 드러내 보이시기를 원하지 않으셨다. 그런데도 어떻게든 변화시켜 믿게 하시려고 그 시점을 명확하게 예언하셨다. 또렷하게 표현하신 적도 많지만, 대부분 상징적인 방식으로 전하셔서 표징 그 자체를 좋아하는 이들은 거기에 묶여 조금도 앞으로 나가지 못하게 하시고, 상징화된 본질을 사랑하는 이들은 그 핵심을 보게 하셨다.

사랑으로 이어지지 않는 것은 무엇이든 표징이다.

성경이 가리키는 단 하나의 지향점은 사랑이다.

이 유일한 가치와 연결되지 않는 것은 하나같이 표징이다. 목표는 단 하나뿐이므로 거기에 닿지 않는 것들은 명백히 상징적일 수밖에 없다.

그러므로 하나님은 사랑이라는 단일한 계명을 다채롭게 드러내서 다양성을 추구하는 인간의 호기심을 채우신다. 다양한 경로를 이용해 인간에게 꼭 필요한 한 가지 요소로 안내하는 것이다. 필수 요소는 단 하나뿐인데 인간이 다양함을 좋아하니 하나님이 유일한 필수 요소로 이끄는 데 이 다양성을 동원해 두 가지 필요를 동시에 채우신다.

유대인들은 표징들을 너무 좋아하고 온 마음을 다해 바라보았던 까닭에 예언한 시간과 방식으로 그 실상이 드러났을 때는 제대로 알아차리지도 못했다.

랍비들은 '신부의 젖가슴'(아 4:5)을 상징적으로 받아들인다. 자신들의 유일한 목표를 나타내지 않는 모든 대상을 세속적인 가치의 표상으로 보는 것과 마찬가지다.

크리스천들은 심지어 성찬마저도 그토록 염원하는 영광의 표징으로 여긴다. / 670

271 예수가 한 일이라고는 '인간은 저마다 자기애에 빠져 있으며 종살이하는 신세고 앞을 보지 못하며 병들었고 불행하며 죄에 물들어 있으며, 나는 그런 인류를 구원하고 깨우치며 거룩하게 하고 치유해야 하며, 이는 십자가에서 내가 당한 고난과 죽음에 힘입어 자기를 부인하고 나를 따르는 이들을 통해 성취될 터'라고 가르친 것뿐이다. / 545

272 **표징** 참된 하나님 말씀은 문자적으로는 틀리지만 영적으로는 옳다. "너는 내 오른쪽에 앉아 있으라"(시 110:1)는 구절은 문자적으로는 틀렸고 영적으로는 참이다.

이런 표현들에서는 하나님을 인간의 용어로 설명한다. 이는 그저 누군가를 오른편에 앉힐 때 인간이 갖는 의도를 하나님도 품고 계신다는 뜻일 따름이다. 따라서 하나님의 의도를 가리킬 뿐, 그것을 행하시는 방식을 일컫지는 않는다.

"여호와께서 그 향기를 받으시고"(창 8:21) 풍요로운 땅으로 갚아 주시리라고 할 때만 해도 그렇다. 누군가 여기서 피워 올린 감미로운 향기를 맡고 기름진 땅을 상으로 베풀 때 그가 갖는 그런 심정을 하나님도 똑같이 가지고 계신다는 뜻이다. 하나님은 우리를 향해 같은 마음을 품으신다. 우리도 달콤한 향기를 선사한 다른 사람에게 바로 그런 마음을 갖기 때문이다.

"여호와께서 노를 발하시고"(사 5:25)라든지 '질투하시는 하나님' 같은 표현들도 마찬가지다. 하나님의 어떤 면모들은 그런 방식이 아니고는 도무지 설명할 길이 없어서 지금까지도 교회에서 그대로 쓰이는 것이다. "그가 네 문빗장을 견고히 하시고"(시 147:13) 등의 구절들과 같은 맥락이다.

이사야에 나오는 닫힌 히브리 문자 '멤'은 600을 가리킨다는 식으로 성경이 스스로 드러내지 않는 의미를 인위적으로 부여하는 행위를 용납할 수 없다. 그것은 계시된 진리가 아니다.

히브리 문자 가운데 '차데 꼬리형'(final tsade)과 '불완전 헤'(defective he)는 불가사의한 사실을 가리킨다고 쓰여 있지도 않다.[2] 따라서 그렇게 말하는 행위 역시 용납할 수 없다. 쇳조각을 금덩어리로 만들어 주는 '현자의 돌'인 양 이야기하는 태도는 더 말할 것도 없다. 문자적인 의미는 참이 아니다. 예언자들부터가 그렇게 말하기 때문이다. / 687

273 좀처럼 믿지 못하는 이들은 유대인들도 신뢰하지 않았다는 핑계를 내세운다. 그들은 말한다. "그토록 명확하다면 어째서 이스라엘 백성은 믿지 않았단 말인가?" 차라리 그때 그냥 믿었더라면 지금처럼 유대인들이 거부했던 사례가 걸림돌이 되는 사태는 없었으리라며 자못 아쉬워하기까지 한다. 하지만 유대인들이 거부했다는 사실이 바로 우리 신앙의 토대다. 그들이 우리와 한편에 섰더라면 믿고자 하는 마음이 한결 덜했을 것이 뻔하다. 한층 그럴싸한 핑곗거리를 들이댔을 것이다.

예언이라면 사족을 못 쓰는 유대인들을 그 성취에는 그토록

적대적이게 만든 것은 참으로 놀라운 일이다. / 745

274 **구약과 신약을 동시에 입증하는 증거들** 둘을 단번에 증명하려면 한쪽 예언들이 다른 한편에서 이뤄졌는지 확인하면 된다.

예언들을 검증하려면 먼저 이해부터 해야 한다.

예언에 한 가지 의미만 있다고 믿는다면 메시아는 아직 세상에 오지 않았음에 틀림없지만, 두 가지 뜻이 있다고 본다면 예수 그리스도로 이미 임하셨음이 분명하기 때문이다.

따라서 예언에 두 가지 의미가 있는지 여부가 모든 문제의 초점이 된다.

성경 말씀에 예수 그리스도와 사도들이 담아 놓은 두 겹의 뜻이 들어 있다는 증거들이 여기에 있다.

1 성경 자체.

2 랍비들. 모세스 마이모니데스(Moses Maimonides)는 성경에는 확실히 두 측면이 있으며 선지자들은 오로지 예수 그리스도만을 예언했다고 했다.

3 카발라(Kabbala; 유대교 신비주의 교리와 전통-옮긴이).

4 랍비들이 스스로 내놓은 비의적인 성경 해석.

5 이중적인 의미를 두는 랍비들의 신념.—메시아는 두 번 세상에 오는데, 목적에 따라 영광스럽게, 또는 비천하게 임한다.—선지자들은 오로지 메시아에 관해서만 예언했다.—율법은 영원하지만 메시아가 오면 바뀌게 되어 있다.—그때는 아무도 더 이상 홍해를 기억하지 않는다.—이방인과 이방인들이 한데 섞일 것이다.

275A **표징** 이사야 51장. 구속의 이미지.

'그러나 인자가 땅에서 죄를 사하는 권세가 있는 줄을 너희로 알게 하려 하노라 내가 네게 이르노니 일어나라'(막 2:10-11).

눈에 보이지 않는 거룩함으로 한 민족을 거룩하게 창조하고 영원한 영광으로 가득 채울 수 있음을 알려 주려고 하나님은 눈에 보이는 것들을 지으셨다. 자연은 은혜의 이미지이므로, 하나님은 은혜로 베풀고자 계획하신 선물들을 자연이라는 선물로 창조하셨다. 하나님이 지으신 가시적인 세상을 본 인간들이, 그분이 보이지 않는 것들도 지으실 수 있다는 판단을 내리게 하신 것이다.

그리하여 하나님은 백성을 홍수에서 건져 내고, 아브라함의 자손으로 나게 하고, 득실거리는 원수들 가운데서 구원하심으로 안식을 누리게 하셨다.

홍수에서 건져 내고 온 민족을 아브라함의 자손으로 만드는 풍요로운 땅으로 인도해 들이는 것은 하나님의 목표가 아니었다.

은혜마저도 영광의 표징일 따름이다. 은혜가 궁극적인 목표가 아니기 때문이다. 율법은 은혜를 예고하고, 은혜는 영광의 전조가 된다. 은혜는 영광의 표징이자 기원, 또는 원인이다.

평범한 인간의 일상은 성인들의 일상과 다를 바 없다. 만족을 추구한다는 점에서는 매한가지지만, 어떤 대상에서 그것을 찾느냐에 따라 차이가 있을 뿐이다. 그것을 가로막는 이들을 가리켜 '원수'라고 부른다. 하나님은 겉으로 드러나지 않는 대상을

지배할 권능을 가지셨음을 보이심으로써 눈에 보이지 않는 선물을 주실 권세가 있음을 알려 주셨다. / 643

276 터무니없어 보이는 이야기를 하는 두 사람이 있다 하자. 한 사람은 그저 한 가지 의미밖에 볼 줄 모르지만 다른 한 사람은 노련해서 숨은 뜻 두 가지를 모두 헤아릴 줄 안다면 어떨까? 아무 사전지식 없이 둘이 나누는 이런 대화를 듣는다면, 누구든 도긴개긴이라고 생각할 것이다. 하지만 한 사람은 계속해서 천사와 같은 이야기를 하는데 다른 한 사람은 늘 따분한 일상사나 주워섬긴다면, 한 사람은 신비로운 내용을 전하지만 다른 사람은 그렇지 않다고 판단할 것이다. 전자는 쓸데없는 소릴 할 줄 모르는 대신 신비로운 의미를 더없이 선명하게 보여 주지만, 후자는 신령한 함의는 담을 줄 모르고 내내 허튼소리만 할 줄 안다는 걸 고스란히 드러내기 때문이다.

구약은 암호다. / 691

---

1. 히브리어 열세 번째 문자로, 다양한 형태로 변형돼서 쓰인다.
2. 히브리 문자에 관한 이야기들은 13세기 도미니크 수도회 수사 레이몬드 마티니(Raymond Martini)의 글, 《푸기오 피데이》(*Pugio Fidei*, 1651년 판)에서 가져왔다.

20

유대교 율법주의

277 **유대교 율법주의 연표**(쪽 번호 표기는 《푸기오》라는 책을 따름)[1]

27쪽. 구전 율법, 또는 두 번째 율법이라고도 부르는 《미쉬나》(*Mishna*)의 저자 랍비 하카도쉬(Hakadosh) — 200년.

《미쉬나》의 주석들:
- 《시프라》(Siphra; 레위기 주석-옮긴이) — 340년
- 《바라이토트》(Baraitot; 미쉬나에는 들어가지 않았으나 의미가 큰 자료들-옮긴이) — 340년
- 예루살렘의 《탈무드》(*Talmud*)
- 《토세프타》(*Tosephta*; 미쉬나를 보완할 수 있도록 구전 전승 가운데 중요 내용을 정리해 탈무드에 포함시킨 규정과 해설들-옮긴이)

《미쉬나》 주석을 쓴 호사야 라바(*Hoshaiah Rabbah*)의 《베레쉬트 라바》(*Bereshith Rabbah*).

《베레쉬트 라바》, 《바르 나코니》(*Bar Nachoni*) 같은 문서들은 역

사와 신학을 다룬 섬세하고 공감할 만한 논술들이다.

《라보트》(*Rabboth*)도 같은 작가의 작품이다.

예루살렘의 《탈무드》가 나오고 백여 년이 흐른 뒤, 랍비 아쉬(Ashi)는 온 유대인들의 동의를 얻어 바벨론의 《탈무드》(*Talmud*)를 펴냈다. 유대인이라면 누구든 거기에 담긴 내용들을 반드시 지켜야 했다.

아쉬가 덧붙인 내용을 《게마라》(*Gemara*)라고 하는데 《미쉬나》를 풀이한 주석에 해당한다. 《탈무드》는 《미쉬나》와 《게마라》를 모두 아우른다. / 635

278 유대인들은 원죄와 관련해 풍부한 전승을 가지고 있다.

창세기 8장: "사람의 마음이 계획하는 바가 어려서부터 악함이라"(21절).

랍비 모세스 하다르샨(Moses Hadarshan): "빚어지는 그 순간부터 인간에게는 이 악한 누룩이 들어갔다."

《마사셰트 숙카》(*Massachet Sukkah*): "이 악한 누룩에는 일곱 가지 이름이 있다. 성경은 이를 악, 포피, 부정, 원수, 수치, 굳은 마음, 추위라고 부르는데, 하나같이 인간의 마음 깊숙한 곳에 깃든 사악함을 가리킨다." 《미드라쉬 테힐림》(*Midrash Tehillim*; 시편 주석-옮긴이) 역시 같은 의미에서 "하나님이 인간의 악한 본성에서 착한 성품을 건져 주실 것"이라고 말한다.

"악인이 의인을 엿보아 살해할 기회를 찾으나 여호와는 그를 악인의 손에 버려 두지 아니하시고"(시 37:32-33)라는 말씀처럼 악은 날이면 날마다 새로운 모습으로 인간 앞에 나타난다.

이 악은 이 세상을 사는 동안은 마음을 유혹하고 다음 세상에서는 인간을 정죄한다.

모두 《탈무드》에 있는 이야기다.

《미드라쉬 테힐림》은 "너희는 떨며 범죄하지 말지어다"라는 시편 4편 4절 말씀을 주석하면서 "자신의 정욕을 두려워하고 멀리하면 욕심이 죄로 끌고 들어가지 못할 것"이라고 했다. 이어서 "악인의 죄가 그의 마음속으로 이르기를 그의 눈에는 하나님을 두려워하는 빛이 없다"(시 36:1)는 말씀과 관련해서는 인간의 악한 본성이 악한 자들에게 속삭이는 말이라고 풀이했다.

《미드라쉬 엘 코헬레트》(*Midrash el Kohelet*): "가난하여도 지혜로운 젊은이가 늙고 둔하여 경고를 더 받을 줄 모르는 왕보다 나으니"(전 4:13). 젊은이는 선이고, 왕은 인간의 사악함이다. 이 악은 모든 지체가 거기에 고개를 조아리기에 왕이고, 갓난이 적부터 늙어서까지 마음에 산다는 점에서 늙었다고 하며, 앞을 보지 못하는 저주의 길로 끌어가는 까닭에 둔하다고 표현한다.

《미드라쉬 테힐림》에도 같은 내용이 있다.

《베레쉬트 라바》는 "내 모든 뼈가 이르기를 여호와와 같은 이가 누구냐 그는 가난한 자를 그보다 강한 자에게서 건지시고"(10절)라는 시편 35편 말씀을 언급하면서 악이라는 누룩보다 더 사나운 폭군이 있겠느냐고 질문한다.

또 "네 원수가 배고파하거든 음식을 먹이고 목말라하거든 물을 마시게 하라"는 잠언 25장 21절을 두고는 만일 악한 누룩이 주리거든 잠언 9장에서 말하는 지혜의 음식을 주고, 목말라 하거든 이사야 55장이 말하는 물을 주라는 토를 달았다.

《미드라쉬 테힐림》도 다르지 않다. 원수들을 이야기하는 이 대목에서 원수는 악한 누룩을 가리키며, 이 밥과 이 물을 줌으로써 상대의 머리에 숯불을 올리는 셈이 된다는 것이다.

《미드라쉬 엘 코헬레트》 전도서 9장에 대해: "큰 왕이 와서 그것을 에워싸고"(14절)라는 말씀에서 큰 왕은 악한 누룩이며, 왕이 성읍을 둘러싼 큰 흉벽은 유혹을 의미한다. "그 성읍 가운데에 가난한 지혜자가 있어서 그의 지혜로 그 성읍을 건진 그것"(15절)이라고 할 때 지혜자는 선을 뜻한다.

시편 41편 1절에 대해: "가난한 자를 보살피는 자에게 복이 있음이여."

시편 78편 39절에 대해: "그들은 육체이며 가고 다시 돌아오지 못하는 바람." 영혼불멸을 부정한다고 착각하게 만드는 구절이다.[1] 하지만 뜻을 짚어 보면, 이 바람은 죽을 때까지 인간을 따라다니나 부활할 때에는 돌아오지 못하는 악한 누룩을 가리킨다.

시편 103편 16절, 시편 16편 10절도 마찬가지다.

랍비들의 원칙: 두 메시아. / 446

1. 히브리어로(라틴어 'spiritus'도 그렇지만) '영혼'이나 '숨', '바람'이라는 뜻을 모두 가지고 있기 때문이다.

21

영속성

279 “네 하나님 여호와께서 네 마음과 네 자손의 마음에 할례를 베푸사”(신 30:6)처럼 간단한 구절 하나만으로도 다윗이나 모세의 사고방식을 알 수 있다.

철학자든 크리스천이든 인간의 논리는 모호하고 불확실할지 모르지만, 이런 유의 한마디는 그 밖에 다른 것들을 다 정리해 버린다. 에픽테토스의 한마디가 만사를 어느 정도 정리해 내는 것이나 매한가지다. 그때까지는 모호한 구석이 있지만 그 뒤로는 그렇지 않다. / 690

280 법을 필요에 맞춰 탄력적으로 운용하지 않으면 국가는 망하고 만다. 하지만 종교는 그런 융통성을 조금도 묵과하거나 행사하지 않는다. 그러므로 타협 아니면 기적, 둘 중 하나가 있을 따름이다.

굽혀서 목숨을 부지하는 사례는 꽤 많다. 하지만 엄밀하게 말해서 그것은 진짜 살아 있는 것이라 할 수 없다. 어찌 됐든 결국은 완전히 멸망할 것이다. 그런 식의 신앙이라면 절대로 천 년을 이어 갈 수 없다. 기독교 신앙이 한 점 타협 없이 꾸준히 이어져 왔다는 사실을 보면 분명 하나님이 주신 믿음임을 알 수 있다. / 614

281 **영속성** 기독교 신앙은, 눈부시게 아름다운 상태로 하나님과 교제하던 인간이 타락해서 더없이 암울하고, 후회스러우며, 하나님과 분리되는 지경에 빠졌지만, 이 삶을 마친 뒤에 약속된 메시아에 힘입어 옛 모습을 회복하리라는 믿음으로 이뤄져 있으며, 그렇게 늘 이 세상에 있어 왔다.

모든 것이 다 사라져 버렸지만 만물의 존재 이유가 되는 이 신앙은 변함없이 이어졌다.

인류는 첫 세대부터 갖가지 악행에 빠져들었지만, 여전히 에녹과 라멕처럼 세상이 시작될 때부터 예언된 그리스도를 기다리는 거룩한 이들이 남아 있었다. 인간의 사악함이 극에 이른 것을 지켜본 노아는 그가 예표했던 메시아를 소망하며 개인적으로 세상을 구원하러 나섰다. 하나님이 메시아의 신비를 보여주셨을 때 아브라함은 우상숭배자들 틈바구니에 끼어 있었지만 멀리서 그분을 경배했다. 이삭과 야곱의 시대에는 온 땅에 가증스러운 일들이 퍼졌지만 이들은 신앙을 지키며 살았다. 마지막 순간을 맞은 야곱은 침상머리에 둘러선 자녀들을 축복하다가 큰 감격에 사로잡혀 하던 말까지 끊고 외쳤다. "여호와여 나는 주의 구원을 기다리나이다"(창 49:18).

애굽 사람들은 우상숭배와 마술에 젖어 있었으며, 심지어 하나님의 백성마저 그들을 따라 거기에 휩쓸렸다. 하지만 모세와 뜻을 같이하는 이들은 남들이 보지 못하는 것을 보았으며 주님이 준비하신 영원한 선물들을 바라보며 예배했다.

이어서 그리스인과 로마인들도 거짓 신들을 세웠다. 시인들은 숱한 신학 체계들을 고안해 냈으며, 철학자들은 오만 가지 분파로 갈라졌다. 그럼에도 불구하고 유대 민족의 중심에는 늘 선택된 이들이 있어 자신들만 아는 메시아가 오시리라는 사실을 예고했다. 마침내 때가 차고 주님이 오셨으며, 그 이후로 수많은 분파와 이단들이 일어나고, 허다한 나라들이 무너졌으며, 온갖 것들이 숱하게 변하는 것을 지켜보았다. 그래도 언제나 계시는 그분을 섬기는 교회는 한 점 흔들림 없이 면면히 이어졌다.

이 종교가 쉴 새 없이 공격을 받으면서도 어김없이 살아남았다는 것은 놀랍고, 유례를 찾을 수 없으며, 온전히 거룩한 사실이다. 헤아릴 수 없을 만큼 여러 차례 완전히 무너지기 직전까지 몰렸지만, 그때마다 하나님이 놀라운 방식으로 권능을 보이셔서 도로 살려 내는 상황이 되풀이되었다. 압제자의 뜻에 머리를 조아리거나 굴복하지 않고 지금껏 살아 남았다는 것은 참으로 기가 막힌 노릇이다. 국가라면 필요에 맞춰 법을 바꿔 가며 생존하는 것이 당연하다. 하지만…… (몽테뉴가 동그라미로 표시한 부분을 보라.)

/ 613

282 **영속성** 메시아는 늘 신앙의 대상이었다. 노아와 모세에 이르러서도 아담의 전승은 여전히 생생했다. 뒤이어 등장한 선지자들 역시 다른 일들을 예고하면서 메시아를 예언했다. 그들의 예언

은 더러 백성이 두 눈으로 확인할 수 있는 현실이 되어 선지자의 소명이 진실하며 자연히 메시아에 관해 전한 약속 또한 사실임을 분명히 증명해 주곤 했다. 예수 그리스도는 기적을 행해서 온 이교도들을 회심시켰으며 이는 사도들도 마찬가지였다. 이처럼 예언들이 모두 성취되면서 메시아의 진실함이 영원히 입증되었다. / 616

283 여섯 세대, 그 여섯 세대의 여섯 조상, 여섯 세대 첫머리에 일어난 여섯 가지 경이로운 사건, 여섯 세대 첫머리의 여섯 번의 아침. / 655

284 본성을 거스르고 상식에 어긋나고 쾌락에 맞서는 유일한 종교는, 또한 언제나 변함없이 존재해 온 단 하나의 종교이기도 하다. / 605

285 초대교회가 올바르지 못했더라면 〔오늘날의〕 교회는 무너져 버렸을 것이다. 오늘날의 교회가 잘못되어 있다면 그것은 사정이 다르다. 전통적으로 이어져 내려온 가장 중요한 원칙, 초대교회가 지녔던 믿음의 원칙이 언제나 자리 잡고 있어서 초대교회의 뒤를 따르고 순응하기만 하면 무엇이든 다 정리하고 교정할 수 있기 때문이다. 그런데 오늘날의 교회는 초대교회를 전제하고 신경을 쓰지만, 초대교회는 미래교회를 상정하거나 염두에 두지 않는다. / 867

286 어떤 종교에든 두 부류의 인간이 있다. 이방인 가운데는 짐승을 숭배하는 이들과 자연종교의 유일신을 섬기는 이들이 있다.

유대인 가운데는 육신적인 이들과 영적인 이들, 즉 옛 율법을 지키는 크리스천이 있다.

크리스천 가운데는 육에 속한 이들, 곧 새로운 율법을 좇는 유대인들이 있다.

육신의 유대인들은 육신의 메시아를 기다렸으며, 육에 속한 크리스천은 이 땅에 오신 메시아가 하나님을 사랑하는 의무를 면제해 주었다고 믿는다. 참다운 유대인과 진실한 크리스천은 하나님을 사랑하게 만드는 메시아를 섬긴다. / 609

287 상대적으로 천박하고 경솔한 구성원을 보고 유대교를 판단하려는 이들은 오해하기 십상이다. 유대교의 진면목은 거룩한 문서들과 예언자들의 전승에 분명하게 드러난다. 예언자들이야말로 율법을 문자적으로만 해석하지 않는다는 사실을 더없이 선명하게 제시하는 주인공들이다. 기독교도 다르지 않다. 복음과 사도들, 그리고 전승으로 미뤄 보면 신성하기 이를 데 없지만, 기독교를 그릇 쓰는 이들을 통해 보면 우스꽝스러울 뿐이다.

육신의 유대인들에 따르면, 메시아는 이 세상을 다스리는 위대한 통치자여야 했다. 육에 속한 크리스천의 말을 빌리자면, 예수 그리스도는 이 땅에 오셔서 하나님을 사랑할 책임을 면해 주고 인간의 도움 없이도 효력을 발휘하는 약속을 주었어야 했다. 둘 중 어느 쪽도 참된 크리스천이나 유대교의 모습이 아니다.

진정한 유대인과 참다운 크리스천은 하나님을 사랑하게 하며

그 사랑으로 원수를 이기게 하는 메시아를 항상 기다리는 법이다. / 607

288 모세는 신명기 30장에서 하나님이 우리 마음에 할례를 베풀어 마음을 다해 그분을 사랑하게 하실 것이라고 약속한다. / 689

289 육신의 유대인들은 크리스천과 이방인 사이, 어중간한 지점에 있다. 이방인들은 하나님을 알지 못하고 오직 세상에 속한 것들만 사랑한다. 유대인들은 참하나님을 알지만 오직 세상에 속한 것들만 좋아한다. 크리스천은 참하나님을 알고 세상에 속한 것들을 사랑하지 않는다. 유대인과 이방인은 같은 대상을 사랑하며, 유대인과 크리스천은 한 하나님을 안다.

유대인에는 두 부류가 있다. 오로지 이방인의 속성만 지닌 쪽이 있는가 하면, 크리스천의 정서를 가진 이들도 있다. / 608

22

모세의 증거

290 **또 다른 동그라미 표시** 족장들의 긴 수명은 지난날 벌어졌던 사건들의 역사를 사라지게 만들기는커녕 도리어 보존하는 데 한몫했다. 선조의 역사를 제대로 알지 못하는 까닭은 같이 살 기회가 거의 없었고, 다음 세대가 이성적인 판단을 할 나이에 이르기 전에 십중팔구 세상을 떠나기 때문이다. 그런데 그처럼 수명이 길던 시절에는 그만큼 후손들이 선대들과 함께 사는 시간이 길고, 자연히 오랜 시간 대화를 나누게 마련이다. 그렇다면 조상의 역사 말고 무슨 이야기를 더 나누었겠는가? 공부할 것이 있는 것도 아니고, 과학이나 예술도 없으며, 요즘처럼 일상생활에 관한 대화가 풍부한 상황도 아니었기 때문이다. 따라서 당시에는 계보를 보존하는 데 특별한 관심을 기울였음을 알 수 있다.[1]

/ 626

291 기적들, 거룩하며 순수하고 흠잡을 데 없는 이들, 학자들, 숱한 증인들과 순교자들, 옹립된 왕들—다윗, 그리고 혈통으로 왕

족이었던 이사야를 볼 때 이 종교는 참으로 위대하다. 또한 지식에 있어서도 위대하다. 지혜와 이적을 남김없이 보여 준 뒤에 이를 완전히 거부하고 내세울 것이라고는 지혜도 이적도 아닌 십자가와 어리석음뿐이라고 말한다는 점에서 위대하다.

지혜와 이적만 가지고도 신뢰를 얻기에 부족함이 없는 이들, 그리고 그 됨됨이를 입증해 보인 이들이 '그저 어리석어만 보이는 십자가의 능력이 아니고서는' 아무것도 인간을 변화시키거나 하나님을 알고 사랑하게 만들지 못한다고 선언하는 까닭이다. 지혜도 이적도 아니고, 십자가의 공로가 빠진 표징으로도 불가능하다는 것이다.

그러므로 우리의 종교는 실질적인 동기로 미루어 판단하자면 어리석고, 그 신앙을 위해 예비한 지혜에 비추어 보면 슬기롭다.

/ 587

292 **모세의 증거** 어째서 모세는 사람의 수명은 그토록 길게, 그들의 세대는 그토록 적게 잡았을까? 모든 일을 불분명하게 만드는 것은 긴 연수가 아니라 세대수의 많음이기 때문이다. 단지 사람들이 바뀌면서 진실도 달라지는 법이다.

하지만 모세는 사람의 머리로 상상할 수 있는 가장 중요한 사건, 창조와 홍수를 나란하게 보일 만큼 가까이 배치했다. / 624

293 일주일을 바쳐야 한다면 우리는 일생도 바쳐야 한다. / 204b

294 선지자들이 율법을 지키는 동안 백성은 눈길조차 주지 않았다.

하지만 일단 선지자들이 사라지고 나자 무관심이 있던 자리에 열망이 들어찼다. / 703

295 요세푸스는 자기 민족의 수치를 숨긴다.

모세는 자기 백성의 수치도…… 숨기지 않는다.

"여호와께서 그의 영을 그의 모든 백성에게 주사 다 선지자가 되게 하시기를 원하노라"(민 11:29).

그는 백성에게 지쳐 있었다. / 629

296 셈은 라멕을, 라멕은 아담을 보았다. 셈은 또 야곱을, 야곱은 모세를 본 이들을 보았다. 따라서 홍수와 창조는 사실이다. 사태를 제대로 파악한 이들에게 이는 매우 결정적 증거다. / 625

297 이스라엘 백성의 율법을 향한 열성, 특히 더 이상 선지자가 나타나지 않게 된 이후의 열심. / 702

1. 281번 '영속성' 부분에서 마지막 대목을 보라.

23

그리스도의 증거

298 **질서** 성경에는 질서가 없다는 반론에 대하여.

마음에는 질서가 있다. 정신에도 질서가 있어서 원리를 사용하고 증명을 할 줄 안다. 마음의 질서는 성질이 조금 다르다. 누구도 사랑의 동기들을 정리해 제시하는 방식으로 사랑받아야 할 이유를 입증하지 않는다. 그것은 우스꽝스러운 짓이다.

예수 그리스도와 바울은 정신의 질서가 아니라 사랑의 질서를 품었기에 가르치려 들지 않고 스스로 낮아지기를 원했다.

성 아우구스티누스도 마찬가지다. 이런 질서는 대부분 목표와 관련된 주장 하나하나에서 빗겨 나간 요소들이라 언제나 눈에 잘 들어온다. / 283

299 복음서는 마리아의 처녀성을 말하지만 예수가 태어날 때까지뿐이다. 모든 것을 예수와 연관 지어 이야기한다. / 742

300 예수는 하도 미미해서(세상이 말하는 의미로 말이다) 정치적으로 중

요한 사건만 기록하는 역사가들은 그 존재를 알아차리지도 못했다. / 786

301 **거룩함** "내가 내 영을 만민에게 부어 주리니"(욜 2:28). 백성은 하나같이 불신과 정욕에 빠져 있었다. 그런데 자비가 온 세상을 뜨겁게 달궈 놓았다. 통치자들은 그 지위를 내려놓았고, 젊은 여인들은 순교와도 같은 고난을 감수했다. 이런 힘은 어디서 생기는 것일까? 메시아가 이 땅에 임한 까닭이다. 이는 주님이 오셨다는 증표이자 결과들이다. / 772

302 기적들의 조합. / 809

303 기능공도 부에 관해 이야기하고, 법률가도 전쟁이나 왕위를 논할 수 있지만, 부에 관해 가장 잘 설명할 수 있는 사람은 부자이고, 막 하사한 엄청난 선물들에 관해 담담히 말할 수 있는 사람은 왕이며, 하나님에 관해 잘 가르칠 수 있는 주인공은 하나님뿐이시다. / 799

304 **예수 그리스도의 증거** 왜 성경에서 룻기를 빼지 않았을까? 다말의 이야기를 어째서 그대로 담아 놓았을까? / 743

305 **예수 그리스도의 증거** 70년 뒤에 석방되리라는 보장이 있다면 진정한 의미의 구금은 아니다. 하지만 지금 그들은 포로고 한 점의 소망도 없다.

비록 땅끝까지 흩어 버렸더라도 신실하게 율법을 지키면 다시 불러 모으겠노라고 하나님은 약속했다. 유대인들은 더없이 그 법에 충실했지만 여전히 압제에 시달리고 있었다. / 638

306 그가 하나님인지 여부를 가리려 안간힘을 쓰다가 유대인들은 그가 인간임을 입증하기에 이르렀다. / 763

307 교회로서는 예수가 인간임을 증명해 보이기가 예수가 하나님이라는 사실을 입증하기보다 훨씬 어려운 노릇이었지만, 양쪽 다 어김없는 사실이었다. / 764

308 몸과 정신 사이의 무한한 간격은 정신과 사랑 사이의 끝없이 먼 거리를 한눈에 보여 주는 표징이다. 사랑은 초자연적인 까닭이다.

정신을 좇느라 바쁜 이들에게는 온갖 위대한 것들이 뿜어내는 광채도 빛을 잃는다.

육신적인 관점에서 대단하다고 할 수 있는 왕들과 부자들, 장군들의 눈에는 지성이 뛰어난 이들의 위대함이 들어오지 않는다.

육신적인 이들과 지적인 이들의 눈에는 지혜의 위대함—하나님에게서 비롯하지 않았다면 그야말로 아무것도 아닌—이 보이지 않는다. 이들은 갈래가 완전히 다른 세 부류의 질서다.

위대한 천재들은 능력과 아름다움, 위대함, 승리, 빛나는 면모를 갖추고 있어서 육신적인 위대함이 필요치 않으며 자신들과는 아무 상관이 없다고 여긴다. 그들은 눈이 아니라 정신으로 인식하며 그것으로 충분하다.

성인들(Saints)은 저만의 능력과 아름다움, 위대함, 승리, 빛나는 면모를 갖추고 있어서 육신적인 위대함이나 지적인 위대함이 필요 없으며 자신들과는 아무 상관이 없는 것으로 치부한다. 그런 위대함은 무얼 더하지도 가져가지도 못하기 때문이다. 그들은 몸이나 호기심으로 가득한 정신이 아니라 하나님과 천사를 통해 세계를 인식한다. 이들에게는 하나님이면 충분하다.

아르키메데스(Archimedes)는 설령 보잘것없는 신분이었다 하더라도 존경받았을 것이다. 눈에 보이는 전쟁터에 나가 싸운 적은 단 한 번도 없지만, 새로운 것을 발견해 뭇사람들의 정신을 풍요롭게 해 주었다. 인간의 정신세계 속에서 그는 얼마나 찬란한 빛을 내뿜고 있는가!

예수는 재물도 없고 이렇다 할 지식을 내보이지도 않았지만 그분만의 거룩한 도를 품고 있었다. 새로이 발견한 것도 없고 통치하지도 않았지만 겸손하고, 오래 참으며, 하나님 앞에서 거룩하고 거룩하고 또 거룩했으며, 악마를 무서워 떨게 하고, 죄가 없는 분이셨다. 지혜를 감지하는 마음의 눈으로 볼 때, 얼마나 대단한 위엄과 숨 막히도록 놀라운 고결함을 지니고 이 땅에 오셨던가!

아르키메데스가 비록 왕족이기는 했지만, 스스로 쓴 수학책들 속에서 왕자 행세를 했더라면 그것은 참 부질없는 짓이었을 것이다.

주 예수 그리스도가 화려한 영광 속에 거룩함이 지배하는 세상에 왕으로서 임하는 것은 무의미한 일이었을지 모른다. 하지만 그분은 스스로 정한 질서에 따라 찬란한 빛 가운데 오셨다.

예수의 초라함을 보고서 그것이 세상에 와서 드러내려 했던 위대함과 똑같은 질서의 것인 양 그 초라함에 충격을 받는 것은 참으로 도리에 맞지 않는 일이다.

삶, 고난, 초라함, 죽음, 제자들을 선택한 방식, 배신, 비밀스러운 부활 따위에서 예수의 위대한 면모를 헤아린다면, 하도 놀라워서 그와 아무 관련이 없는 비천함에 충격을 받을 이유가 전혀 없을 것이다.

하지만 육신의 위대함만 떠받들고 정신의 위대함 따위는 아예 존재하지 않는 것처럼 여기는 이들이 있다. 또 오로지 정신의 위대함만 찬양하면서 지혜에 무한히 더 위대한 면모가 있다는 사실은 아예 외면하는 이들도 있다.

온 육신과 창공, 별, 지구, 그리고 그 안에 자리 잡은 왕국들을 통틀어도 한 줌 정신이 지닌 가치에 미치지 못한다. 정신은 그 모두는 물론 자신마저도 잘 아는 반면, 육신은 아무것도 모르기 때문이다.

모든 육체와 모든 정신, 그리고 그 둘이 낳은 열매들을 다 합쳐도 잠깐 스치는 사랑에도 견줄 바가 못 된다. 사랑은 한없이 높은 질서에 속하는 까닭이다.

세상의 온 육신들을 총동원해도 한 가닥 생각조차 빚어내지 못한다. 애초에 불가능한 일이며 그것은 다른 질서에 속한 문제다. 온 육신과 정신을 죄다 끌어모아도 참다운 사랑 한 가닥도 끌어내지 못한다. 처음부터 어림없는 일이며 그것은 완전히 다른 초자연적인 질서에 속한 문제다. / 793

309 **예수 그리스도의 증거** 예수는 어마어마한 사실들을 너무도 단순하게 이야기해서 마치 거기에 대해 전혀 생각해 보지 않은 것 같은 인상을 준다. 하지만 그 단순한 설명이 얼마나 명쾌했던지 누구든 그분의 생각을 선명하게 알 수 있었다. 그렇게 명쾌함과 단순함이 한데 어우러지다니, 참으로 놀라운 일이다. / 797

310 **예수 그리스도의 증거** 사도들이 거짓말을 퍼트렸다는 주장은 황당하기 이를 데 없다. 끝까지 파헤쳐 보자. 예수가 죽고, 열두 제자들이 한자리에 모여 그리스도가 죽음에서 다시 살아났다는 소문을 내기로 공모한다고 상상해 보라. 이는 세상을 쥐고 흔드는 온갖 권력에 모두 맞선다는 뜻이다. 인간의 마음은 변덕스러우며 변하기 쉽고 약속과 뇌물에 예민하게 반응한다. 제자들 가운데 단 한 명이라도 유인하는 술책에, 또는 한 걸음 더 나아가 감옥에 갇히고 고문당하고 목숨을 잃을 수도 있는 상황에 몰려 그동안 했던 이야기를 부정했더라면 모든 것이 다 무너져 버렸을 것이다. 잘 들여다보라. / 801

311 유대인들이 그토록 오랜 세월 살아남았으며, 언제나 비참한 상황에 몰려 있는 모습을 지켜보는 것은 놀랍고도 특별히 주목해야 할 일이다. 살아남아 메시아를 증명해 보이는 동시에, 그분을 십자가에 못 박았기 때문에 비참한 상태에서 벗어나지 못하는 것은 그리스도에 대한 증거로 반드시 필요하다. 비참하다는 사실과 살아남는다는 것이 서로 충돌하긴 하지만, 유대 민족은 비참함에도 불구하고 여전히 살아 있다. / 640

312 "예언서들을 읽어 보라."
"무엇이 성취되었는지 살피라."
"어떤 예언이 이루어질 것인지 헤아려 보라." / 697

313 **정경**(正經) 교회를 시작할 무렵에 나타났던 이단들은 정경을 입증하는 일에서 크게 한몫했다. / 569

314 느부갓네살왕에게 사로잡힌 백성이 먼 이방 땅으로 끌려가면서 혹시라도 왕의 홀이 유다에서 옮겨졌다고 생각할까 봐, 처음 망했을 때는 하나님이 따로 말씀하셨다. 그 땅에 오래 머물지 않을 것이며 도로 회복되리라고 말이다(렘 29:10).

그래서 백성은 늘 예언자의 가르침에서 위안을 얻었으며, 왕의 통치도 끊이지 않고 이어졌다.

하지만 두 번째로 망했을 때는 회복의 약속도, 선지자도, 왕도, 위안도, 소망도 없었다. 왕의 홀이 영원히 옮겨졌기 때문이다.
/ 639

315 모세는 애초부터 삼위일체, 원죄, 메시아를 가르친다.

위대한 증인, 다윗.

선하고 자비로운 왕, 고상한 인간, 지혜와 힘. 그는 앞날을 예언하고 기적이 일어난다. 여기에는 끝도 없다.

자만심이 가득한 인물이었다면 자신이 메시아라고 한마디 했을 법도 하다. 다윗을 언급한 예언은 그리스도를 설명하는 예언보다 더 또렷했으므로.

〔세례〕 요한도 마찬가지였다. / 752

316 복음서 기자들이 예수를 그처럼 완벽하리만치 생생하게 묘사할 수 있었던 것은, 누군가 영웅적인 인물의 자질을 잘 가르친 덕일까? 어째서 그리스도를 고뇌에 빠진 연약한 인간으로 그려 냈을까? 한 점 흔들림 없는 장렬한 죽음을 설명하는 방법을 몰랐던 것일까? 그럴 리가 없다. 누가는 스데반의 최후를 예수의 죽음보다 더 영웅적으로 풀어내고 있으니 말이다(행 7:58).

복음서 기자들이 그려 낸 예수는 죽음이 명확해지기 전까지는 두려워하지만 정작 죽음에 직면해서는 아주 단호했다.

기자들이 예수를 그토록 괴로워하는 인물로 묘사할 때는 스스로 고민하는 시점뿐이었다. 사람들이 그를 괴롭히는 상황에서는 더없이 단단했다. / 800

317 율법과 성전을 향한 유대인의 열정 유대인이었던 요세푸스와 필로(Philo)의 《카이우스에게》(*ad Caium*).

이토록 뜨거웠던 민족이 또 있을까? 그들은 그럴 수밖에 없었다.

예수가 임할 시기와 세상의 상태를 예언에서 이미 언급했다. "통치자의 지팡이가 그 발 사이에서 떠나지 아니하기를"(창 49:10). "넷째 나라"(단 2:40).

칠흑 같은 어둠 속에서 이런 빛을 보다니 얼마나 큰 복인가!

다리오와 고레스, 알렉산드로스와 로마인들, 폼페이와 헤롯이 저도 모르는 사이에 하나님의 영광을 위해 일하는 모습을 믿

음의 눈으로 지켜보는 일은 얼마나 즐거운가! / 701

318 복음서들 사이에서 또렷이 보이는 불일치. / 755

319 교회 이전에 회당이, 크리스천 이전에 유대인들이 있었다. 선지자들은 크리스천을, 세례 요한은 예수 그리스도를 예언했다. / 699

320 마크로비우스(Macrobius). "헤롯의 손에 학살당한 갓난이들."[1] / 178

321 마호메트가 했던 일은 아무라도 할 수 있다. 기적을 일으키지도 않았고 미리 예언된 적도 없기 때문이다. 그리스도가 행한 일은 아무도 따라 할 수 없다. / 600

322 사도들은 속였거나 속았을 거라고들 한다. 하지만 둘 다 쉽지 않은 이야기다. 사람이 죽었다 살아났다고 상상하기란 불가능하기 때문이다.

예수가 살아 있는 동안은 몸소 제자들을 뒷받침해 준다 쳐도 그 이후는 어찌 된 셈인가? 그분이 직접 사도들에게 나타나지 않았다면, 누가 그들을 움직였겠는가? / 802

---

1. 753번을 보라.

24

예언

323 예수 그리스도, 유대인과 이방인을 없애다:
"모든 나라의 모든 족속이 주의 앞에 예배하리니"(시 22:27).
"매우 쉬운 일이라"(사 49:6).
"내게 구하라"(시 2:8).
"모든 왕이 그의 앞에 부복하며"(시 72:11).
"불의한 증인들이 일어나서"(시 35:11).
"자기를 치는 자에게 뺨을 돌려대어"(애 3:30).
"그들이 쓸개를 나의 음식물로 주며"(시 69:21). / 773

324 우상숭배는 폐지될 것이다. 메시아는 모든 우상을 쓰러트리고 사람들을 이끌어 참하나님을 경배하게 할 것이다(겔 30:13).

우상들의 신전은 허물어지고, 온 세상 곳곳에서 여러 민족들이 짐승이 아니라 깨끗한 제물을 하나님께 드릴 것이다(말 1:11).

메시아는 유대인과 이방인들의 왕이 될 것이다. 그리고 이 땅에서 유대인과 이방인의 왕은 양쪽 모두에게 억압을 받으며 살해 음모에 시달리지만, 끝내는 그 둘을 다 다스릴 것이다. 모세의 예배를 그 중심인 예루살렘에서부터 폐기하고 거기에 그분의 첫 번째 교회를 세우며, 우상숭배를 그 중심인 로마에서부터 섬멸하고 그곳에 그분의 으뜸가는 교회를 세울 것이다. / 730

325 그리스도는 온전해지는 길을 가르쳐 주실 것이다. 얼추 비슷하게라도 이런 길을 가르친 이는 전무후무하다. / 733

326 정점은, 이 모든 일들을 예언한 터라 아무도 이를 우연의 산물이라고 말할 수 없었다는 사실이다. 살 날이 일주일만 남았다면, 누구라도 이 모든 것이 그저 우연일 뿐이라고 믿는 쪽에 기울지는 않을 것이다. 자신의 감정에 매이지 않는 한, 일주일이 남았든 백 년이 남았든 달라질 것이 없다. / 694

327 숱한 이들을 앞세우고 난 끝에 드디어 예수가 와서 말했다. "내가 여기 있다. 그때가 바로 지금이다. 분명히 말하거니와, 기한이 차면 일어나리라고 선지자들이 예언했던 일들을 내 사도들이 완성할 것이다. 유대인들은 버림을 받고, 예루살렘은 머잖아 멸망할 터이며, 이방인들도 하나님을 알게 될 것이다. 너희들이 포도원을 물려받을 상속자를 죽인 뒤에 내 사도들이 이를 이룰 것이다"(막 12:8 참조).

이어서 사도들은 유대인들에게 말했다. "너희는 저주를 받으리라"(켈수스는 이를 비웃었다). 아울러 이방인들에게 전했다. "그대들은 하나님을 알게 될 것이다." 그리고 정말 그렇게 되었다. / 770

328 '그렇게 되면 더는 이웃들에게 여호와를 알라고 가르치지 않을 것이다. 주님이 누구에게나 스스로를 알리실 것이기 때문이다'(렘 31:34). '너희 자녀들이 장래 일을 말할 것이다'(욜 2:28). '내 영과 나를 경외하는 마음을 그 마음에 두겠다'(렘 32:40).

이는 모두 같은 일이다.

예언을 한다는 것은 곧 겉으로 드러나는 증거가 아니라 내면의 친밀감을 가지고 하나님을 말하는 것을 가리킨다. / 732

329 예수는 처음에는 미미하지만 그 뒤로 차츰 커질 것이다. 다니엘의 작은 돌. 다니엘 2장 35절.

메시아에 관해서 한마디도 들어 본 적이 없다 해도, 정녕 그렇다 하더라도, 세계 질서를 둘러싼 그런 예언들이 놀랍게 성취되는 장면을 보고 난 뒤에는 모두가 하나님의 역사임을 알아야 한다. 예언서들이 메시아를 예언하고 있음을 알았다면 그분이 반드시 오시리라는 확신이 들어야 하며, 두 번째 성전이 무너지기 전으로 시점을 못 박고 있음을 보았다면 그리스도가 이미 오셨다고 고백해야 마땅하다. / 734

330 **예언** 애굽인들의 회심.

이사야 19장 19절.

애굽 땅에 세워진 참하나님을 위한 제단. / 725

331 메시아가 이 땅에 임했을 때 백성은 두 부류로 나뉘었다. 영적인 이들은 그분을 받아들였고 육에 속한 이들은 그리스도를 증

언하는 역할에 머물렀다. / 748

332 **예언** 단 한 명이 예수가 임하는 시기와 방식을 책에 써서 예언하고, 예견된 그대로 정말 그리스도가 왔다면 그것만 가지고도 어마어마한 영향력을 갖게 마련이다.

하물며 여기에는 비할 수 없을 만큼 많은 증인들이 있다. 4천 년이 넘는 긴 세월에 걸쳐 어김없이, 그리고 끊임없이 자자손손 숱한 이들이 나타나 메시아가 오시리라 예언했다. 온 민족이 그 사실을 선포하기도 했다. 무려 4천 년 동안 한 몸이 되어 이를 확고하게 증언했으며, 어떤 위협과 박해도 그들의 마음을 바꾸지 못했다. 이는 차원이 다른 우선순위였다. / 710

333 **예언** 유대 백성의 상태, 이방 민족의 처지, 성전의 형편, 햇수를 통해 시기를 예언했다. / 708

334 호세아 3장.

이사야 41; 48장. "내가 옛적에 장차 일어날 일들을 예언해서 그게 바로 나라는 사실을 백성이 알게 해 주었다." 54; 60-61장; 마지막 장.

알렉산드로스에 대항했던 야두스(Jaddus).[1] / 716

335 예언들은 예수가 어떤 존재인지 보여 주는 더없이 확실한 증거다. 하나님이 가장 공들여 준비한 부분도 바로 그 대목이다. 예언이 성취되었다는 사실이야말로 교회가 시작될 때부터 끝날 때

까지 이어지는 기적이기 때문이다. 그러기에 하나님은 1,600년 동안 선지자들을 세우시고 이후로 400년에 걸쳐 유대인들을 사방팔방으로 흩으셨다. 유대 백성은 세상 구석구석까지 그 모든 예언들을 실어 날랐다. 그리스도의 탄생을 위한 준비가 그러했다. 온 세계가 복음을 믿을 뿐만 아니라 천하에 두루 퍼져 세상 모두가 받아들이게 만들어야 했으므로 예언이 반드시 있어야 했다. / 706

336 같은 사안을 그토록 다채롭게 예언하려면 대담해야 한다. 우상을 숭배하는 이교적인 네 왕조, 유대 통치의 종말, 70주 같은 사건들이 동시에, 무엇보다 두 번째 성전이 파괴되기 전에 벌어져야 했다. / 709

337 헤롯은 틀림없이 메시아가 오시리라고 믿었다. 유다에게서 왕권을 이어받긴 했지만 유다 가문 출신은 아니었다. 아주 중요한 분파 하나가 여기서 비롯했다.

유대인들은 바르 코흐바(Bar Kochba)와 또 다른 인물 하나를 받아들였다. 그리고 당시에 어디서나 들을 수 있을 만큼 널리 퍼졌던 소문.

수에토니우스(Suetonius). 타키투스. 요세푸스.

그분을 통해 왕의 홀이 유다를 영원히 떠나지 않지만 그가 오시면 유다의 왕권을 거두신다니, 메시아는 도대체 어떤 이어야 한다는 말인가?

보고도 깨닫지 못하고 들어도 알지 못하게 하기에 이보다 나은 묘수는 없을 것이다.

시기를 계산하는 이들에 대한 그리스인들의 저주.[2] /753

338 **예견** 네 번째 왕조 치하에서 두 번째 성전이 파괴되기 전, 유대인들이 다니엘서에서 말하는 70주간 동안 지배권을 잃어버리기 전, 아직 두 번째 성전이 성하게 서 있는 그 사이에 이방인들은 유대인들이 섬기는 하나님을 소개받아 알게 될 것이다. 하나님을 사랑하는 이들은 원수들의 손에서 구원을 받으며 주님을 향한 경외감과 사랑으로 충만해질 것이다.

네 번째 왕조가 통치하는 동안, 두 번째 성전이 파괴되기 전, 어마어마하게 많은 이방인들이 하나님을 경배하며 천사와 같은 삶을 사는 역사가 일어났다.

결혼하지 않은 젊은 여성들은 정조와 삶을 하나님께 바쳤고, 남성들은 온갖 쾌락을 버렸다. 플라톤은 높은 수준의 교육을 받은 소수 선택받은 인사들조차도 설득하지 못했건만, 이 은밀한 힘은 몇 마디 말에 기대어 공부가 깊지 않은 사람 수십만 명을 믿게 했다.

부자들은 재물을 포기했고, 자녀들은 부모 집에서 누리던 사치스러운 삶을 뒤로하고 광야에 나가 금욕 생활을 했다(유대인 필로의 기록을 보라).

이들은 무엇을 의미하는가? 실은 오래전에 이미 예견된 일들이다. 2천 년 동안 어떤 이방 민족도 유대인의 하나님을 섬기지 않았다. 그런데 예언의 때에 이르자 이방인들이 한 분 하나님을 예배했다. 성전은 무너지고 통치자들마저 십자가 앞에 무릎을 끊었다. 이런 일들은 모두 무엇을 가리키는가? 하나님의 영이 온 세상에 두루 임했다는 사실이다.

랍비들이 스스로 고백하듯, 모세 시대부터 예수 시대에 이르기까지 어떤 이방 백성도 모세의 책들을 믿지 않았지만, 그리스도 이후로는 어마어마하게 많은 이방인들이 그 가르침의 본질과 정신을 살펴 쓸데없는 내용은 거절해 가며 신뢰했다. / 724

339 선지자들은 저마다 메시아가 임할 때 나타날 온갖 징표들을 제시했으므로, 다양한 표징들은 한꺼번에 드러나야 했다. 따라서 다니엘의 70주가 끝나면 네 번째 왕국이 열려야 하고 동시에 왕권은 유다를 떠나야 했다.

그런데 이런 사태가 아무런 걸림돌 없이 순조롭게 일어났다. 메시아, 곧 자신을 그리스도라 부르는 메시아가 이 땅에 왔으며 여기에도 아무런 어려움이 없었다. 이는 선지자들의 예언이 참되다는 명백한 증거다. / 738

340 "가이사 외에는 우리에게 왕이 없나이다"(요 19:15). 그러므로 예수는 메시아였다. 그들에게는 외국인 말고는 왕이 없었고 다른 왕을 바라지도 않았으니 말이다. / 720

341 **예언** 다니엘의 70주는 예언의 의미가 담긴 용어인 까닭에 언제가 그 시작점인지 불분명하다. 그 끝점 역시 마찬가지여서 연대를 연구하는 학자들 사이에서 의견이 분분하다. 하지만 입장에 따른 시간차는 고작 200년 남짓에 지나지 않는다. / 723

342 **예언** 바벨론에 붙들려 갔을 때도 왕국은 중단되지 않았다. 예언 그대로 신속하게 귀환했기 때문이다. / 637

343 **예언** 위대한 목신, 판(Pan)은 죽었다.[3] / 695

344 장차 일어날 일을 확고하게 말하며, 눈멀게 하고 눈뜨게 할 뜻을 과감히 선포하며, 앞으로 벌어질 분명한 일들을 뒤섞어 불분명하게 가리는 이를 만난다면 경외감 말고 달리 무슨 감정을 느낄 수 있겠는가? / 756

345 "매우 쉬운 일이라"(사 49:6). 이방인들을 향한 소명(사 52:15). / 727b

346 **예견** 메시아의 때가 이르면 그분이 와서 애굽에서 빠져나왔던 역사를 다 잊을 만큼 완전히 새로운 언약을 세우리라고 선지자들은 예언했다—예레미야 23장 7절; 이사야 43장 16절. 겉껍질이 아니라 마음에 그 법을 심고, 피상적이기만 하던 경외감을 중심 깊은 곳에서 느끼게 하겠다는 것이다.

이 모든 예언을 듣고도 그리스도의 법을 보지 못할 사람이 있겠는가? / 729

347 **예언** 유대인들은 예수를 거부하며 택함받은 포도나무임에도 불구하고 신포도만 낸 탓에 하나님께 버림받을 것이다. 선택받은 백성은 불성실하며 배은망덕하고 믿음이 없을 것이다(사 5:1-7). "순종하지 아니하고 거슬러 말하는"(롬 10:21) 족속.

하나님이 어둠으로 그들을 치시니 앞을 보지 못하는 이처럼 대낮에도 더듬을 것이다(신 28:28).

또한 하나님이 사자를 보내 그분의 길을 준비하게 하실 것이다(말 3:1). / 735

348 다윗 가문의 영원한 통치. 역대하. 모든 선지자가 예언하고 맹세하며 약속했지만 세속적인 차원에서는 성취되지 않았다. 예레미야 33장 20절. / 718

---

1. 요세푸스에 따르면, 대제사장 야두스는 알렉산드로스에게 굴복하지 않았으며, 황제는 유대인의 하나님을 경배했다고 한다.
2. 여기 '그리스인들'은 '유대인들'로 본다. 파스칼은 이 문장을 《푸기오》(*Pugio*)에서 인용했는데, 그 과정에서 착오가 생긴 듯하다.
3. Plutarch, *De Defectu*, 17. 플루타르코스, 《신탁의 종말》. 에우세비오(Eusebius) 교황 이래로 기독교 변증가들을 비롯해 수많은 이들이 즐겨 입에 담았던 설화에서 따온 말이다.

25

특별한 표징들

349 **특별한 표징들** 두 율법, 율법을 새긴 두 장의 돌판, 두 차례 지어진 성전, 두 번의 포로 생활. /652

350 야벳에서 족보가 시작된다.
요셉은 두 팔을 엇바꿔 형제 가운데 아우를 택했다.[1] /623

1. 여기서 아우는 에브라임을 가리킨다(창 48:13-14). 실제로 복을 전한 이는 요셉이 아니라 야곱이었다. 전문을 확인하려면 484번을 보라.

26

크리스천의 윤리

351 기독교 신앙은 희한하다. 스스로 악하고 무가치하며 심지어 혐오스러운 존재임을 인정하길 요구하면서, 다른 한편으로는 하나님같이 되기를 소망하라고 주문한다. 하지만 그런 균형추가 없다면, 한없이 자만해서 끔찍한 허영덩어리가 되거나 더없이 낮아져서 참혹하리만치 비참해질 것이다. / 537

352 비참한 처지는 절망을 낳는다.

오만은 뻔뻔스러움을 낳는다.

성육신은 얼마나 큰 구원이 필요한지 드러내서 인간이 얼마나 비참한 형국인지 여실히 보여 준다. / 526

353 의로워질 도리가 없게 만드는 비천함도 아니고, 악을 면한 거룩함도 아닌. / 529

354 인간은 절망과 오만이라는 두 가지 위험 인자에 언제나 노출되

어 있으므로, 은혜를 받거나 혹은 놓쳐 버릴 이중의 가능성이 있다고 가르치는 것보다 더 적합한 교리는 없다. / 524

355 세상 온갖 것들 가운데 그리스도는 즐거움은 제쳐 두고 오로지 고통만 함께 짊어지셨다. 가까이 있는 이들을 사랑하지만 그분의 자비는 그 한계를 넘어 원수에게까지, 더 나아가 하나님의 적들에게까지 미친다. / 767

356 순종이라는 면에서 병사와 카르투지오 수도사(Carthusian) 사이에 어떤 차이가 있을까? 양쪽 다 똑같이 순종하며 의존적이고 하나같이 고된 훈련을 받는다. 다만 병사는 언제나 스스로 주인이 되고 싶어 한다. 대장이나 제후라도 언제나 부림을 받으며 의존하는 존재이기에 결코 뜻을 이룰 수 없음에도, 항상 소원을 품고 늘 그 뜻을 이루기 위해 몸부림친다. 반면에 카르투지오 수도사는 스스로 주인이 되려 하지 않고 그저 주님만 의지하기로 서약한다. 따라서 죽는 날까지 누군가에게 매인 몸이기는 매한가지다(이것이 늘 그 둘의 공통된 숙명이다). 하지만 한쪽은 늘 기대를 갖는 반면 다른 한편은 엄두조차 내지 않는다.[1] / 539

357 참다운 크리스천만큼 행복하고, 사리에 밝고, 도덕적이며, 사랑스러운 이는 어디에도 없다. / 541

358 하나님과 하나가 되었다고 믿으면서도 크리스천은 어떻게 그처럼 오만한 마음을 품지 않는지! 스스로 지렁이나 다름없다고 생

각하면서도 크리스천은 어떻게 그처럼 비굴해지지 않는지! 삶과 죽음, 선과 악을 대하는 훌륭한 방식! / 538

359 스파르타인들이나 그와 비슷한 이들이 보여 주는 고귀한 죽음의 이야기들은 좀처럼 큰 울림을 주지 못한다. 그게 우리에게 무슨 소용이란 말인가?

하지만 순교자들이 보여 주는 죽음의 본보기들은 마음을 움직인다. 모두 한 지체여서 하나의 끈으로 연결되어 있으며, 그들의 결심은 단순한 모범을 넘어 어쩌면 지극히 타당해 우리의 다짐에도 영감을 주기 때문이다.

이방인들의 사례 가운데는 이런 부류가 하나도 없다. 그들과 우리는 아무런 연결점이 없다. 돈 많은 낯선 누군가를 본다고 해서 살림이 넉넉해지는 것이 아니라 부유한 아버지나 남편을 봐야 부자가 되는 것이나 같은 이치다. / 481

360 **생각하는 지체의 출발. 윤리** 자기 존재가 행복한지 인지할 능력이 없는 하늘과 땅을 지으시고 나서, 하나님은 그것을 지각할 줄 아는 존재를 지으시고 생각하는 기능을 가진 지체들로 몸을 구성하고 싶어 하셨다. 지체들만으로는 연합의 행복이라든지, 잘 깨닫고 납득하는 데서 얻는 기쁨, 넋을 불어넣고 꾸준히 성장하며 삶을 지속하도록 날 때부터 베풀어 주시는 보살핌에서 오는 만족 따위를 의식하지 못하기 때문이다. 이것들을 전부 느끼고 볼 수 있다면 얼마나 행복할까! 하지만 그러자면 그것을 알 지성과 보편적인 정신에 동의하는 선한 의지를 반드시 가져

야 한다. 지성을 손에 넣은 인간이 그 자양분을 다른 지체들에게 전달하지 않고 자신만을 위해 간직한다면 그릇된 처사일 뿐만 아니라 자신을 사랑하기는커녕 증오하는 끔찍한 사태가 벌어질 것이다. 지체가 누리는 즐거움은 의무와 매한가지로 그 하나하나가 속해 있는, 그리고 지체가 자신을 사랑하는 것보다 더 깊이 지체를 사랑하는 온 영혼의 인도에 동의하고 따라가는 데서 비롯하기 때문이다. / 482

361 "주인이 아끼고 듣기 좋은 말을 해 준다고 해도 종은 종이 아니겠는가? 종이여, 그대는 참으로 형편이 좋구려, 주인이 침이 마르도록 칭찬해 주니! 하지만 이내 그대를 매질할지도 모를 일이라네." / 209

362 만사를 다 제 뜻대로 휘두를 힘이 있다 해도 의지 자체는 결코 만족을 가져다주지 못한다. 그러나 의지를 내려놓는 바로 그 순간 만족이 찾아온다. 의지가 없다면 불만이 생길 도리가 없다. 의지를 버리지 않으면 만족을 누릴 길이 없다. / 472

363 인간은 정욕을 풀어놓아 제멋대로 날뛰게 하고 양심을 억누른다. 거꾸로 해야 마땅하건만. / 914

364 틀에 소망을 두는 것은 미신이지만, 틀에 맞추기를 거부하는 것은 오만이다. / 249

365 경험은 신앙과 선량함 사이에 엄청난 간격이 있음을 보여 준다. / 496

366 어느 종교에나 두 종류의 신자가 있다('영속성' 장을 보라). 미신적 인 부류와 욕심에 사로잡힌 부류. / 747C

367 **틀에 매이지 않는 이들** 베드로를 비롯한 사도들이 할례를 폐지하는 문제를 논의할 당시, 과연 그것이 하나님의 법을 어기는 처사인지가 쟁점으로 대두되었다. 사도들은 선지자들의 가르침이 아니라 할례를 받지 않은 사람에게도 성령이 임하셨는지에 주목했다.

그들은 율법을 철저하게 지켰느냐보다 하나님이 친히 거룩한 영으로 충만하게 한 이들을 인정하고 받아들이신다는 사실이 더 의지할 만한 기준이라고 판단했다.

율법의 유일한 목적은 성령이며, 할례 없이도 성령을 받을 수 있으므로 사도들은 할례가 불필요하다는 사실을 잘 알았다(행 15장). / 672

368 **지체들. 거기서 시작하라** 우리 자신에게 가는 사랑을 조절하려면, 생각하는 지체들로 가득한 몸을 떠올리고(우리는 온전한 몸을 이루는 지체들이기 때문이다) 각 지체가 어떻게 그 자신을 사랑해야 하는지 알아야 한다. / 474

369 **국가** 유대인 필로가 《군주국가론》(*On Monarchy*)에서 주장하듯 기

독교 국가는 물론 유대 국가에도 통치자는 하나님뿐이었다.

전쟁을 해도 하나님을 위해 싸웠으며 가장 큰 소망 역시 하나님뿐이었다. 영토는 오직 하나님의 소유라고 생각하며 하나님을 위해 어떻게든 지키려 했다. 역대상 19장 13절. / 611

370 지체들이 행복하려면 반드시 의지를 가져야 하고 몸에 순응해야 한다. / 480

371 생각하는 지체들로 이뤄진 한 몸을 상상해 보라. / 473

372 지체가 된다는 것은 온몸의 정신을 통해서, 그리고 온몸을 위해서가 아니라면 생명도 없고, 존재도 없고, 움직임도 없다는 뜻이다. 몸에서 떨어져 나가 더는 자기가 속한 몸을 보지 못하는 지체는 점점 망가져 결국 소멸한다. 그런데도 자기가 온전한 몸인 줄 착각해서 의지해야 할 몸을 전혀 보지 못하며, 자신 말고는 기댈 데가 없다고 믿고 스스로 그 중심이자 본체가 되려고 안간힘을 쓴다.

하지만 그 안에는 어떤 생명의 원리도 없으므로 이리저리 헤매게 마련이며, 스스로 본체가 아님을 잘 알면서도 몸의 지체임을 깨닫지 못하므로 존재의 불확실성을 감지한 순간 당혹스러워한다. 그러다 마침내 자신의 정체를 깨달으면, 다시 말해 원래 제자리를 찾고 나면 오로지 몸을 위해서만 자신을 사랑하기에 이르며 지난날의 일탈을 돌아보고 서글퍼한다.

지체는 태생적으로 이기적인 동기에 이끌려 상대를 사로잡으려 하는 경우가 아니고서는 아무도 사랑할 수 없다. 피조물은 본래 남보다 자신을 더 사랑하게 되어 있기 때문이다.

하지만 몸을 사랑함으로써 각 지체는 스스로를 사랑하게 된다. 몸 안에서, 몸을 통해, 그리고 몸을 위해서가 아니라면 각 지체는 그저 무의미한 존재일 뿐이기 때문이다. 그러나 "주와 합하는 자는 한 영이다"(고전 6:17).

몸은 손을 사랑한다. 손이 의지를 가지고 있다면 정신이 손을 사랑하는 것과 똑같은 방식으로 스스로를 사랑해야 한다. 이를 넘어서는 사랑은 무엇이든 바르지 않다.

"주님과 합하는 사람은 그분과 한 영이 된다." 우리는 그리스도의 지체이기에 스스로를 사랑한다. 그리스도는 몸이고 우리는 그 몸의 지체이기에 그분을 사랑한다. 모두가 하나다. 마치 삼위일체의 세 위격처럼 한 사람은 다른 사람 가운데 있다. / 483

373 우리는 오직 하나님만 사랑하고 오직 자신만 미워해야 한다.

만일 발이 스스로 몸의 일부이며 거기에 의지해 살아가고 있다는 것을 전혀 모른다면, 자기만 알고 사랑한다면, 그러다 자신이 몸에 속해 있으며 거기에 기대어 연명하는 것을 알게 된다면 지난 삶이, 자신에게 생명을 쏟아부어 준 몸에 아무 쓸모가 없이 지내왔다는 사실이 얼마나 후회스럽고 부끄러울까? 발이 스스로 몸에서 떨어져 나온 경우도 마찬가지겠지만, 몸이 발을 거절하고 잘라 버렸더라면 완전히 멸망하고 말았을 것이 아닌가! 계속 붙어 있게 해 달라고 얼마나 기도하겠는가? 얼마나 자신을 낮춰 몸을 움직이는 의지의 다스림을 받으려 하겠는가? 필요하다면 잘려 나가는 사태도 감수할 것이다. 그렇지 않으면 지체가 될 수 없다. 모든 지체는 몸을 위해, 만물을 존재하게 하는 단 한 분을 위해 죽음을 달게 받기 때문이다. / 476

374 발과 손에 의지가 있다면 저마다 가진 뜻을 내려놓고 온몸을 다스리는 으뜸 의지에 복종해야만 모든 것이 제대로 돌아간다. 그러지 않으면 혼란에 빠지고 불행해진다. 하지만 몸의 유익만을 바라보면 지체 자신의 행복도 얻을 수 있다. / 475

375 철학자들은 악을 하나님 책임으로 돌려 결과적으로 악을 신성시했다. 크리스천은 선을 신성시했다. / 503

376 단 두 개의 계명이면 정치적 법률들을 총동원하는 것보다 기독교 국가 전반을 아무런 부족함 없이 훨씬 더 잘 다스릴 수 있다.[2] / 484

---

1. 에라스무스(Erasmus)의 유명한 《대화집》(*Colloquia*) 가운데 'The Soldier and the Carthusian.' 순종이라는 측면에서 양쪽이 대단히 흡사하다는 점을 지적한다.
2. 하나님과 네 이웃을 사랑하라는 계명(마 22:35-40).

27

결론

377 하나님을 아는 데서부터 그분을 사랑하는 데까지는 얼마나 머나먼 길인지! / 280

378 흔히들 말한다. "기적을 두 눈으로 봤더라면 회심했을 텐데." 어떻게 자신들이 전혀 알지도 못하는 일을 했을 거라고 자신 있게 말할 수 있는지 모르겠다. 그들은 무엇을 주고받거나 혹은 이야기를 나누는 것을 머릿속에 그리면서 그렇게 하나님을 예배하는 것이 회심이라고 생각한다. 진정한 회심이란, 우리가 그토록 화나시게 굴었던 분, 언제라도 목숨을 거둬 갈 권한을 백 퍼센트 거머쥐신 우주적인 존재 앞에서 그분 없이는 아무것도 할 수 없으며 노여움을 입어 마땅할 따름임을 인정하는 것이다. 이는 하나님과 인간 사이에는 절대로 화해할 수 없는 반목이 있으며 중재자가 나서지 않는 한 어떤 교류도 이뤄질 수 없음을 아는 데서 나온다. / 470

379 "기적들은 회심이 아니라 정죄에 힘을 보탠다." I.p. q. 113 a. 10 ad 2.[1] / 825

380 두말 않고 선뜻 믿는 순진한 이들을 보더라도 기막혀 하지 말라. 하나님이 그들에게 주님을 사랑하고 스스로를 미워하게 하신 것이다. 마음을 움직여 신앙으로 기울어지게 하셨다. 친히 마음을 그쪽으로 몰아 주지 않으시면 결코 실질적인 믿음과 신앙을 품고 믿을 수 없으며, 주님이 그렇게 해 주시면 당장이라도 믿게 된다.

다윗은 이를 잘 알았다. "내 마음을 주의 증거들에게 향하게 하시고"(시 119:36). / 284

381 성경을 읽어 보지도 않고 덜컥 믿는 이들은, 내면의 기질이 참으로 거룩하며 그들이 전해 들은 기독교 내용이 그 성품에 들어맞는 까닭에 그리한다. 하나님이 자신들을 손수 지으셨음을 의식하며, 그저 그분을 사랑하는 한편 자신을 미워하고 싶어 한다. 자기 힘으로 무얼 해낼 만큼 스스로 강한 존재가 아니며, 하나님께 나갈 힘조차 없고, 주님이 직접 찾아오지 않으시면 그분과 소통할 길이 전혀 없음을 안다. 오직 하나님만을 사랑하고 오직 자신만을 미워해야 하지만 너나없이 타락해서 주님께 이를 길이 없으므로 우리와 연합하기 위해 그분 스스로 인간이 되셨다는 기독교의 가르침에 귀를 기울인다. 마음의 성향이 그러해서 자신의 의무와 무능을 꿰뚫어 보는 사람들에게 확신을 주는 데는 더 이상 아무것도 필요치 않다. / 286

382 **하나님을 아는 지식** 예언과 증거들을 전혀 모르면서 크리스천이 되는 경우를 더러 보는데, 그들도 사전지식을 가진 사람 못지않게 합당한 판단을 내린다. 다른 사람들이 정신으로 평가한다면 그들은 마음으로 판단한다. 그들을 믿음에 기울게 하고 더없이 실제적인 확신을 갖게 하신 분은 바로 하나님이시다.

이런 판단 방식은 의심해 볼 여지가 많으며, 이교도와 신앙이 없는 사람들도 그런 방법을 따르다가 바른길을 잃어버리고 헤매지 않겠느냐고 말할지 모른다.

"이교도와 신앙이 없는 이들도 똑같은 이야기를 할 수 있다"는 말로 받아칠 수 있지 않느냐는 이야기다. 거기에는 이렇게 답하고 싶다. 하나님은 사랑하는 이들의 마음을 진정 기독교 신앙 쪽에 기울게 하시며, 믿음이 없는 이들에게는 자신의 말을 뒷받침할 만한 증거가 전혀 없다. 따라서 양쪽이 같은 말을 쓰고 있다 하더라도 한편은 근거가 없는 반면 다른 한편은 견실한 입증이 가능하다는 점에 차이가 있다.

("하나님은 사랑하는 이들의 마음을 …… 기울게 하시며"라는 대목에서 "사랑하는 이"는 그분을 사랑하는 사람, 그리고 그분이 사랑하는 사람을 가리킨다.)

증거 없이 믿는 이런 크리스천은 "그런 이야기라면 나도 할 수 있다"며 나서는 믿지 않는 이들에게 확신을 줄 도리가 없을지 모른다. 그 점은 주저 없이 인정한다. 하지만 증거를 알고 있는 이들은 비록 그 크리스천이 스스로 입증해 낼 능력은 없다 하더라도 참으로 하나님의 감동을 받았는지 여부는 어렵잖게 밝혀 줄 수 있다.

하나님이 친히 선지자들에게(분명히 예언자들이었다) 예수 그리스도가 다스리는 날이 오면, 뭇 민족들에게 거룩한 영을 부어 주셔서 그 아들딸들이 예언을 하리라고 말씀하셨으므로, 그 영이 그들에게 임하고 다른 이들에게는 임하지 않는다는 데는 재론의 여지가 없다. / 287

1. 토마스 아퀴나스(Thomas Aquinas)의 《신학대전》(*Summa Theologica*)에서.

2부

분류되지 않은 원고

신앙을 깊이 알지 못하게 나를 멀리 떼어 놓을 것만 같았던 온갖 모순들이 도리어 더없이 직접적으로 참신앙에 이르도록 나를 이끌어주었다.

세상에는 딱 두 종류의 인간이 있다.
스스로 죄인이라고 생각하는 의인들과
자신을 의롭게 여기는 죄인들이다.

참된 행복을 좇다가 보람도 없이
지치고 곤해지는 것은 바람직한 일이다.
그런 사람은 구주께 손을 내밀 게 마련이다.

너무 빨리 읽거나 지나치게 천천히 읽으면
아무것도 이해할 수 없다.

인간은 너나없이 똑같은 수준이며 같은 바닥을 딛고 서 있다.

하나님의 자비는 결코 태만을 합리화하지 않으며,
도리어 태만에 정면으로 맞서 싸우는 속성이다.

단지 글쓴이만 돋보이게 하는 글이라면
무엇이든 아무 유익이 없다.

갖가지 글들 1

383 홍미로운 일들을 무시해 버릴 정도로 무감각해진다는 것, 그리고 더없이 큰 관심사에까지 둔감해진다는 것. / 197

384 마카베오서(Maccabees; 가톨릭에서는 정경에 포함하지만 개신교에서는 외경 또는 위경으로 본다-편집자), 예언자가 끊어지고 나서. 마소라(Massorah), 그리스도가 오신 뒤로부터.[1] / 630

385 하지만 그런 예언들이 있었다는 사실만으로는 충분치 않았다. 온 세상 방방곡곡 전해져야 하고 자자손손 보존되어야 했다.

아울러 주님이 오신 것을 우연의 산물로 받아들이지 않도록 미리 예고할 필요가 있었다.

하나님이 그런 뜻으로 그들을 예비해 두셨다는 사실을 감안하더라도, 유대인들이 메시아의 영화를 지켜보는 증인, 더 나아가 도구가 되었다는 사실은 그분께 더 큰 영광이 된다. / 707

386 **헛것의 마력**[2] 마치 앞으로 단 일주일만 살 것처럼 행동하자. 욕망이 끼치는 해로움을 없애기 위해. / 386

387 **질서** 나는 기독교를 잘못 보고 참이라고 판단하는 쪽보다 그릇된 줄 알고 지내다 뒤늦게 참이라는 사실을 깨닫는 편이 훨씬 더 두렵다. / 241

388 신약과 구약 모두 한결같이 예수 그리스도가 관심의 초점이다. 구약은 그를 소망함으로써, 신약은 그를 본받음으로써, 양쪽 모두 그분을 중심으로 삼고 있다. / 740

389 그리스도가 누구나 알아볼 수 있는 방식으로 임하는 대신, 옛적부터 있었던 예언들을 내세워 스스로를 드러내신 까닭은 무엇인가? 어째서 비유적으로만 자신이 미리 알려지게 하셨던 것일까? / 794

390 **영속성** 생각해 보라. 세상이 시작될 때부터 끊임없이 메시아를 기다리고 경배해 왔으며 구세주가 태어나서 거룩한 백성을 구원하리라고 하나님이 친히 알려 주셨노라고 이야기하는 이들이 늘 있어 왔다. 이어서 아브라함이 나타나 앞으로 갖게 될 자기 아들의 가계에서 구원자가 탄생하리라는 계시를 받았음을 고백했다. 야곱은 열두 아들 가운데 유다의 집안에서 중보자가 날 것이라고 선언했다. 모세를 시작으로 여러 선지자들이 잇달아 등장해서 언제 어떻게 오실지 선포하는 한편, 율법은 오로

지 메시아가 오셔서 그분의 법을 주실 때까지만 지속될 것이라 고 했다. 율법은 그때까지 유효할 뿐이지만 새로운 법은 영원하다. 이렇게 세상에는 율법, 또는 약속된 메시아의 법이 늘 존재하며 실제로도 면면히 이어져 왔다. 그리고 마침내 예언 그대로 한 치의 어긋남 없이 예수 그리스도가 세상에 오셨다. 하나같이 놀라운 일들이다. / 617

391 "유대인들은 그처럼 확실하게 예언되어 있는 사실을 어떻게 믿지 않았던 거지? 그리고 그토록 분명한 일을 거부했는데 어떻게 멸망당하지 않고 남아 있는 거지?"

답은 이렇다. 유대인들은 믿지 않을 것이며 모조리 죽임을 당하지도 않으리라고 이미 예언되어 있었다. 아울러 그편이 더할 나위 없이 메시아의 영광에 더 이바지하기 때문이다. 예언자들은 그저 존재하는 데 그치는 것이 아니라 온갖 의혹을 견뎌 내야 하는데, 이제는…… / 749

392 **표징** 하나님은 거룩한 백성을 창조하고 다른 여러 민족들과 구별하셨고, 원수들에게서 구원하여 안식을 누릴 땅으로 데려가시기로 작정하시고 그렇게 하기로 약속하셨으며, 선지자들을 통해 이 땅에 오실 시기와 방법을 예언하셨다. 그것도 모자라서 이 모든 약속을 담은 표징을 보여 주심으로 남녀노소 자자손손 선택받은 백성의 소망을 북돋우셨다. 불확실한 상태에 버려 두지 않으시고 구원하는 능력과 의지를 확인하고 확신하게 하신 것이다. 인간 창조 과정에서 아담은 이 일의 증인이 되었으며,

여인의 몸에서 구세주가 태어나리라는 약속을 받았다.

세상이 지어진 뒤로 아직 오랜 시간이 지나지 않았을 즈음에는 그 누구도 창조와 타락의 역사를 잊을 수가 없었다. 아담이 더는 지상에 존재하지 않게 되자, 하나님은 노아를 보내시고 온 땅이 물에 잠기는 홍수에서 그를 건져 주셨다. 놀라운 기적을 일으켜 세상을 구원하는 권능과 그리하시려는 계획과 진즉에 약속하셨던 구주를 여자의 씨에서 나게 하실 뜻이 있음을 여실히 드러내는 기적을 일으키신 것이다.

이 기적은 선택받은 백성의 소망을 북돋우고도 남았다.

홍수의 기억이 사람의 뇌리에 여전히 생생할 때, 다시 말해 노아가 아직 살아 있을 때 하나님은 아브라함에게 약속을 주셨고, 셈이 그대로 살았을 때 모세를 보내서서…… / 644

393 인간의 참본성, 참행복, 참미덕과 참신앙은 따로따로 떼어서 파악할 수 있는 것이 아니다. / 442

394 하나님이 자신을 감췄다고 툴툴거릴 일이 아니라 이 정도까지 보여 주심을 감사해야 한다. 아울러 마음에 교만이 가득해서 지극히 거룩하신 하나님을 알기에 합당치 않은 이른바 현인들에게 자신을 드러내지 않으셨다는 점도 고마운 줄 알아야 한다.

두 부류의 인간이 하나님을 안다. 겸손한 마음으로 앎의 수준이 어떠하든, 높든 낮든, 하찮기만 한 자기 처지를 사랑하는 사람들, 그리고 숱한 반대에 부딪힐지라도 넉넉히 진리를 깨달을 만한 지성을 가진 사람들이다. / 288

395 하나님을 곱씹고 싶을 때 마음을 흐트러트리고 다른 무언가를 생각하도록 부추기는 것이 있지 않은가? 이것들은 전부 악이고, 태생적으로 인간의 내면에 자리 잡은 속성이다. / 478

396 누구라도 내게 집착하는 것은 바람직하지 않다. 기꺼이, 자발적으로 그리한다 해도 마찬가지다. 내게 자극을 받아 그런 욕구를 갖게 된 이들을 내가 그릇되게 이끌 것이 뻔하다. 나로서는 누군가의 목표가 될 수 없고 만족을 줄 수단도 없기 때문이다. 언젠가는 반드시 죽을 존재, 그게 바로 '나'라는 인간이 아닌가! 그렇다면 그들이 애착을 품는 대상도 죽어 없어질 것이다. 그러므로 설령 점잖은 방식을 써서 설득하고, 상대가 흔쾌히 믿었으며, 그게 내게도 기쁨이 되었다 하더라도 거짓을 믿게 했다면 책임을 면할 수 없듯, 누군가가 나를 사랑하게 만들었다면 그 역시 비난받을 일이다. 혹시 누군가를 꾀어서 애착을 품게 했다면 거기서 제아무리 큰 유익을 얻는다 해도 그 거짓말에 서슴없이 동조하는 이들에게 선불리 믿지 말라고 경고해야 한다. 똑같은 이치로, 그들은 내게 애착을 품어도 안 된다. 저마다 하나님을 기쁘게 해 드리거나 그분을 추구하는 일에 온 삶과 노력을 바쳐야 하기 때문이다(이 쪽글의 아이디어는 페리에 부인[3]의 글에서 가져왔다). / 471

397 〔인간의〕 참본성을 잃었으므로 무엇이든 그 자리를 차지할 수 있다. 마찬가지로 참행복을 잃었으므로 무엇이든 인간의 행복이 될 수 있다. / 426

398 철학자들은 두 가지 상태에 어울리는 감정을 규정하지 않았다.

그들은 순전히 위대하고자 하는 욕구를 불러일으켰지만 이는 인간의 상태가 아니다.

철저히 자신을 업신여겨 낮추고자 하는 충동을 자극했지만 이는 인간의 상태가 아니다.

본성이 아니라 참회에서 비롯하는, 지속되는 상태가 아니라 위대함으로 가는 단계로써 자신을 업신여기고자 하는 욕구가 틀림없이 존재한다. 자신을 낮추는 단계가 지나가고 난 뒤, 공로가 아니라 은혜에서 비롯하는 위대함을 향한 충동이 분명히 있다. / 525

399 만일 하나님이 사람을 짓지 않으셨다 하자. 그렇다면 오로지 그분 안에서만 행복해지는 까닭은 무엇인가? 만일 하나님이 사람을 지으셨다면 어째서 그토록 그분께 맞서려 드는가? / 438

400 사람은 자기가 들어가야 할 자리를 모른다. 어김없이 길을 잃고 헤맨다. 제자리에서 굴러 떨어지고 나서는 본디 있던 곳을 다시 찾지 못한다. 한 치 앞을 볼 수 없는 어둠 속에서 초조하게, 그러나 헛되이 사방팔방 찾아 헤맬 따름이다. / 427

401 인간은 진리를 원하지만, 불확실한 것만 눈에 띌 뿐이다. 행복을 추구하지만 비참한 현실과 죽음이 고작이다. 인간에게는 진리와 행복을 소망하지 않을 도리가 없고 확실성과 행복을 확보할 방도도 없다. 얼마나 심하게 추락했는지 실감하도록 하나님은 인간에게 형벌이나 진배없는 이 욕구를 남겨 두셨다. / 437

402 **신앙의 증거** 도덕, 교리, 기적, 예언, 표징. / 290

403 **비참** 솔로몬과 욥은 인간의 비참함을 잘 알았고 누구보다 그것에 대해 정확히 진술했다. 솔로몬은 더없이 행복했던 인물이고, 욥은 따라올 이가 없을 만큼 지극히 불행했던 인물이다. 솔로몬은 쾌락의 허망함을, 욥은 고난의 실상을 경험으로 깨달았다. / 174

404 신앙을 깊이 알지 못하게 나를 멀리 떼어 놓을 것만 같았던 온갖 모순들이 도리어 더없이 직접적으로 참신앙에 이르도록 나를 이끌어주었다. / 424

405 인간을 높이는 쪽을 택하는 이들, 인간을 정죄하는 편을 택하는 이들, 자신의 즐거움을 좇는 패를 고른 이들 모두가 마땅치 않다. 나로서는 끙끙거리며 찾고 또 찾는 이들만 인정할 수 있을 뿐이다. / 421

406 **본능, 이성** 인간에게는 입증 능력이 없다. 어떤 독단론으로도 그것을 극복할 수 없다.

인간에게는 진리를 보는 관념이 있다. 어떤 회의론으로도 그것을 억누를 수 없다. / 395

407 스토아학파는 말한다. "내면을 파고들라. 거기서 평안을 찾으리니." 사실이 아니다.

다른 이들은 말한다. "밖으로 나가라. 마음껏 즐기는 데서 행복을 찾으라." 이 또한 사실이 아니다. 병이 날 수도 있지 않은가.

안에도, 바깥에도 행복은 없다. 행복은 우리의 안팎 어디를 막론하고 계신 하나님 안에 있다. / 465

408 인간의 지식과 철학의 어리석음에 관한 편지.

이 편지는 '오락' 장(章) 앞에 두어야 한다.

"…… 수 있는 이는 행복하리니."[4]

"무엇에도 놀라지 않는 이는 행복할지니."[5]

몽테뉴의 글에 나오는 280가지 지상선(至上善).[6] / 74

409 영혼불멸을 이야기하지 않았던 철학자들의 불성실. 몽테뉴의 글에 보이는 철학자들이 가진 딜레마의 오류. / 220

410 정욕을 상대로 내면에서 벌어지는 이 이성의 전쟁은 평화를 원하는 이들을 두 갈래로 갈라놓는다. 더러는 정욕을 버리고 신이 되기를 바라고, 더러는 이성을 버리고 짐승이 되려 한다(데 바로[7]). 하지만 어느 쪽도 성공하지 못했다. 이성은 여전히 남아 정욕의 비천과 불의를 비난하고 거기에 빠져 사는 이들의 평안을 늘 어지럽힌다. 또 정욕은 아무리 버리려 안간힘을 써도 그들 마음에서 좀처럼 사라지지 않는다. / 413

411 **인간의 위대함** 인간의 영혼을 생각하는 우리의 관념은 너무도 고상해서 우리는 멸시받는 것을 견디지 못하고 괴로워하느라

자기 심령에 대한 호의적인 평판을 즐기지 못한다. 인간의 모든 행복은 바로 그 호의적인 평가에 달렸다. / 400

412 인간은 다들 미쳐 있는 것이 분명해서 누군가 미치지 않았다는 사실은 미친 이를 더욱 뒤틀어 광증을 일으킬 것이다. / 414

413 인간의 덧없음을 샅샅이 알고 싶은 이는 사랑의 원인과 결과만 짚어 보면 된다. 원인은 "정체 모를 무엇"(코르네유)[8]이지만 그 결과들은 무시무시하다. 딱히 무어라 정의하기도 어려운, 워낙 사소해서 알아채기도 어려운 그것이 온 지면과 통치자, 군대와 세상을 통째로 뒤흔든다.

클레오파트라의 코: 조금만 더 낮았더라면 세계의 지평은 완전히 달라졌을 것이다. / 162

414 **비참** 참담한 현실에 위안이 되는 것은 오로지 오락 거리뿐이다. 하지만 인간의 비참한 실상 가운데 으뜸을 차지하는 것 역시 놀 거리다. 무엇보다 스스로를 돌아보며 생각하지 못하게 가로막고 저도 모르는 새에 멸망으로 이끌어 가는 까닭이다. 오락 거리가 없으면 지루해지게 마련이고 권태감은 더 확실한 도피 수단을 찾는 쪽으로 몰아가게 마련이다. 하지만 놀 거리는 세월을 허송하게 만들며, 눈치채기 어려울 만큼 서서히 죽음으로 이끈다. / 171

415 군인이 (또는 노동자가) 고단한 생활을 불만스러워하면 아무 할 일

도 주지 말아 보라. / 130

416 **인간 본성은 타락했다** 그리스도가 없으면 사악하고 비참해질 수밖에 없다. 인간은 그리스도를 통해 죄악과 비참한 처지에서 벗어난다.

인간의 선과 행복은 모두 그리스도 안에 있다.

그분을 떠나서는 악과 불행, 실수와 어둠, 죽음과 절망만 있다. / 546

417 예수 그리스도를 통해서만 인간은 하나님을 알 뿐만 아니라, 예수 그리스도를 통해서만 자신을 알 수 있으며, 예수 그리스도를 통해서만 삶과 죽음을 꿰뚫어 볼 수 있다. 예수 그리스도를 떠나서는 삶과 죽음의 의미, 하나님, 심지어 자기 자신조차도 알 수 없다.

그러므로 처음부터 끝까지 그리스도만을 이야기하는 성경을 보지 않고는 아무것도 알 수 없으며, 하나님의 성품은 물론 우리 자신의 속성도 불확실해 보이고 혼란스럽기만 할 것이다. / 548

---

1. 마카베오 가문은 BC 2세기경, 유대인들을 이끌고 로마를 상대로 독립 투쟁을 벌였다. '마소라'는 AD 500-900년 사이에 언어학자와 문법학자들이 주석을 붙이고 모음을 삽입해 만든 구약 성경 본문이다.
2. 구약 성경 외경 지혜서 4장 2절.
3. 마담 페리에(Mme Perier)는 파스칼의 누나 질베르트다.

4. '……' 부분에는 "사물의 이치를 알"이라는 구절이 들어간다. Virgil, *Georg.*, Ⅱ, 490. 베르길리우스, 《농경시》.

5. Horace, *Ep.*, Ⅰ. vi, Ⅰ. 호라티우스, 《서한집》.

6. *Essays,* Ⅱ.12. 몽테뉴, 《수상록》.

7. 데 바로(Des Barreaux; 1602-1673). 당대를 주름잡았던 자유사상가.

8. Pierre Corneille, *Médée,* Ⅱ. v. 피에르 코르네유, 《메데》.

도박

418 **무한**(無限)—**무**(無) 영혼(soul)은 육체에 내던져진 채 그 안에서 수와 시간, 공간 등을 찾아냈다. 이들을 조리 있게 추론하고 이를 자연, 또는 필연이라고 부르며 그 밖에는 아무것도 믿지 못한다.

개체 하나를 무한에 더한다 해도 티가 나지 않는다. 무한한 길이에다 30센티미터쯤 보탠 꼴이다. 유한한 무언가는 무한 속에서 소멸해서는 순전한 무(無)가 된다. 하나님 앞에서 인간의 정신(mind), 그분의 정의 앞에서 우리의 정의도 마찬가지다. 인간의 정의와 하나님의 정의는 개체와 무한 사이만큼 불균형이 대단하지는 않다.

하나님의 정의는 분명 그분의 사랑만큼이나 끝이 없어야 마땅하다. 하지만 저주받은 백성을 향한 하나님의 공의는 선택받은 이들을 향한 사랑에 비하면 그렇게 엄청나지는 않으며 선명하지도 않다.

우리는 그 속성은 모른 채, 무한수가 존재한다는 사실만 안다. 숫자가 유한하다는 것이 사실이 아님을 알고 있는 것이나 마찬가지다. 이처럼 무한수가 있음을 알지만 그것이 무엇인지는 모른다. 짝수여도 사실이 아니고 홀수여도 그렇다. 한 단위를 보탠다고 해도 그 본질이 달라지지는 않기 때문이다. 하지만 숫자는 엄연히 숫자이며 짝수 아니면 홀수, 둘 중 하나다(모든 유한수에 적용되는 원리로 이는 부인할 수 없는 진실이다).

이와 같이 어떤 분이신지 잘 알지 못하지만 하나님은 틀림없이 존재하신다.

진리 그 자체가 아니면서도 참인 것이 그토록 많으니, 그럼 실질적인 진리가 아예 없는 것인가?

인간은 스스로 유한하고 공간의 제약을 받으므로 유한한 것의 존재와 속성을 안다.

동시에 무한한 존재를 알지만 그 속성은 파악하지 못한다. 왜냐하면 넓이를 가지고 있지만 인간과 달리 한계가 없기 때문이다.

하지만 하나님은 그 넓이도 한계도 없는 분이므로 인간으로서는 그 존재와 속성을 알 길이 없다.

다만 믿음으로 존재를 알고 영광에 비추어 그분의 본질을 가늠할 따름이다.

속성을 모를지언정 무언가가 존재하는 것을 알 수 있다는 사실은 이미 증명해 보인 바 있다.

이제 인간 본연의 관점에서 이야기해 보자.

하나님이 계시다면 인간의 지식을 무한정 뛰어넘는 분이어야 한다. 나누어지지도 않고 한계도 없으므로 인간과는 완전히 동떨어진 존재다. 따라서 우리로서는 하나님이 어떤 분인지, 과연 존재하기는 하는지 헤아릴 방도가 없다. 누가 감히 그 질문에 합당한 답을 찾아볼 엄두라도 낼 수 있겠는가? 분명 인간은 해당 사항이 없다. 그분과는 접점이 전혀 없기 때문이다.

그렇다면 누구라서 크리스천이 자기 믿음의 합리적인 토대를 제시하지 못한다고, 이성적인 근거를 내놓지도 못하면서 신앙을 고백한다고 비난할 수 있겠는가? 크리스천은 그 신앙을 설명하면서 세상 사람들에게는 그 신앙이 “미련한 것”(고전 1:18), 다시 말해 어리석은 일이라고 단언하는데, 뭇사람들은 그 믿음을 입증하지 않는다고 불평한다. 크리스천으로서는 증명에 나서면 말씀을 지키지 않는 셈이 된다. 지각을 잃은 것이 아니라는 사실을 보이는 길은 증명하지 않는 방법밖에는 없다. “그렇다 치자. 하지만 신앙을 그렇게 제시하는 이들에게는 좋은 구실이 되고 아무 근거도 없이 믿음을 내세운다는 비난을 모면하게 해 줄지 모르지만, 기독교를 받아들이는 이들에게는 핑계가 될 수 없지 않은가?” 그럼, 이 점을 짚어 보고 나서 신의 존재 여부를 이야기해 보자. 그러나 우리는 어느 쪽으로 기울 것인가? 이성은 이 문제를 결정하지 못한다. 무한한 혼돈이 우리를 갈라놓을 따름이다. 무한한 거리의 반대쪽 끝에서 동전이 던져지고 앞면, 또는 뒷면이 나올 것이다. 어느 쪽에 걸겠는가? 이성은 어느 한쪽을 선택하도록 만들 수 없다. 이성은 어느 한쪽이 틀렸음을 증명해 보일 수도 없다.

그렇다면 선택한 이를 잘못했다고 비난하지 말라. 당신 역시 거기에 대해 아는 바가 전혀 없지 않은가! “옳다. 하지만 이 한 건의 선택을 꾸짖는 것이 아니라 어찌 됐든 무언가를 선택했다는 점을 탓할 뿐이다. 앞면을 고른 쪽이나 뒷면을 택한 쪽이나,

똑같이 잘못했다. 둘 다 그릇된 행동을 한 것이다. 바른 처사는 어느 쪽에도 걸지 않는 것이다."[1]

그럴 수도 있겠다. 하지만 인간은 반드시 어느 쪽엔가 걸어야 한다. 이미 판에 끼었으니 선택의 여지가 없다. 그럼 어느 편을 선택하겠는가? 어차피 택해야 한다면 어느 편이 가장 적은 이익을 주는가? 잃을 수 있는 것은 진실과 선 두 가지다. 걸어야 할 것 역시 두 가지다. 하나는 이성과 의지이고, 다른 하나는 지식과 행복이다. 인간의 본성은 실수와 비참한 처지, 그 둘을 피하려 한다. 선택을 피할 길은 없으므로 어느 한쪽을 택하고 나머지를 버렸다고 해서 이성이 멸시당할 일은 이제 없다. 한 가지 사항은 말끔히 정리되었다. 하지만 행복은 어찌할 것인가? 동전 앞면에 걸 때, 즉 하나님이 살아 계신다는 쪽을 선택할 때 따라올 득실을 따져 보자. 두 경우를 예측해 보자. 이기면 전부를 얻고 지더라도 잃을 것이 없다. 그렇다면 망설이지 말고 하나님이 존재한다는 쪽에 걸라. "멋지다. 그래, 그쪽에 걸어야겠다. 하지만 너무 많이 거는 것 아닌가?" 찬찬히 살펴보자. 이기고 질 가능성은 똑같이 반반이므로, 한 생명으로 둘을 얻을 승산만 있어도 주저하지 않고 걸 것이다. 그런데 심지어 셋을 얻을 수 있다면 어떻게 할 것인가?

기꺼이 판에 낄 것이다(반드시 그래야 하므로). 어차피 게임을 할 수밖에 없는 상황이라면, 승패의 확률이 똑같은 판에서 과감히 패를 던져 세 가지 생명을 얻지 않는 것은 슬기롭지 못한 처사가 될 것이다. 하지만 영원한 생명과 행복이 거기에 있다면 어찌 되겠는가? 그렇다면 설령 경우의 수가 끝도 없이 많고 쓸 수 있는 패는 단 하나뿐이라 할지라도, 둘을 얻기 위해 그 하나를 걸어야 마땅하지 않겠는가? 피할 수 없는 게임을 하는데 거기에 따야 할 무한정 행복한 삶이 무수하다면, 경우의 수가 끝없이 많고 손에 쥔 패가 하나뿐이라 할지라도 그 하나로 세 가지 생명을 거머쥘 수 있는 쪽에 걸기를 마다하는 것은 잘하는 짓이 아니다. 하지만 여기에서는 반드시 따야 할 무한히 행복한 삶은 무수히 많고, 질 확률은 제한적이며 이길 가능성이 하나이고, 이편에서 거는 것도 한정적이다. 그렇다면 이리저리 잴 필요가 없다. 무한이 걸려 있고, 이기는 경우에 비해 질 확률이 제한적이라면 망설일 여지없이 가진 것을 다 걸어야 한다. 이처럼 반드시 끼어야 하는 판에서, 이익은 무한하고 손해 볼 일은 거의 없을 성싶은 쪽에 걸지 않고 패를 아낀다면, 이성을 포기하고 있음에 틀림없다.

'이길 수 있을지 여부가 불확실하고 위험부담이 따르게 마련이며 그 위험부담을 무릅써야 한다'는 확실성과 '무언가를 얻을 수 있을지 모른다'는 불확실성 사이에는 무한한 격차가 있어서 확실히 내걸어야 하는 유한한 것과 손에 넣을 수 있을지 불분명한 무한한 유익이 엇비슷하다고 이야기하는 것은 아무 쓸 데가 없기 때문이다. 사실은 그렇지 않다. 도박하는 사람이라면 누구나 확실치 않은 이득을 노리고 확실한 위험부담을 진다. 불확실하게 유한한 이득을 위해 확실하게 유한한 것을 내거는데 이는 이성과 충돌하지 않는다. 확실한 위험부담과 불확실한 이득 사이에 무한한 격차가 있다는 말은 사실과 다르다. 실제로 어김없이 딸 가능성과 틀림없이 잃을 가능성 사이에는 끝없는 거리가 있다. 하지만 불확실한 이득과 확실한 위험부담 사이의 비율은 이기고 지는 확률에 비례한다. 그러므로 이편이든 저편이든 똑같은 확률을 가지고 있다면, 승산이 50대 50인 게임을 하는 셈이다. 그럴 경우 짊어져야 하는 위험부담의 확실성은 이득을 볼 수도 있다는 불확실성과 차이가 없어진다. 무한한 격차 따위는 어디에도 없다. 그러므로 승패의 확률이 같은 게임에서 걸 수 있는 패는 유한하고 거두어들일 상은 무한하다면, 이 논의는 무한한 무게를 지닌다.

이는 결정적이다. 인간이 어떤 진리를 붙잡을 수 있다면 바로 이것이 되어야 할 것이다.

"그럴 수 있다고 솔직히 인정한다. 하지만 어떤 카드들이 있는지 들여다볼 방법은 없을까?"—"있고말고. 성경을 비롯해 여러 가지 길이 있다."—"그렇군. 하지만 내 손은 묶였고 입에는 재갈이 물려 있다. 자유롭지 못한 상태에서 패를 고르라는 강요를 받고 있다. 단단한 틀에 갇혔으며 이미 그렇게 굳어져서 믿음을 가질 수가 없다. 내가 뭘 어찌하길 바라는가?"—"사실이다. 그러나 믿을 수 없다면 그게 정욕 탓임을 머릿속에 집어넣으라. 이성은 믿어야 한다고 줄기차게 요구하지만 그러지 못하는 까닭이다. 하나님의 존재를 입증할 증거를 더 수집하고 확대할 것이 아니라 정욕을 줄여서 확신을 갖는 데 집중하라. 당신은 신앙을 알고 싶어 하지만 그 길을 찾지 못하고 있다. 불신을 고치고 싶어 하며 해결책을 구하고 있다. 지난날 그렇게 묶여 살다가 지금은 가진 것을 모두 건 사람들에게서 배우라. 당신이 따르고 싶어 하는 길을 아는 사람들이자, 당신이 벗어나고 싶어 하는 고통에서 치유받은 사람들이다. 그들이 갔던 길을 따르라. 다들 성수를 바르고 죽은 이들을 위해 미사를 부탁해 가며 믿는 것처럼 행동한다. 그렇게 하면 아주 자연스럽게 믿는 듯 보이고 더 다루기 쉬운 바보가 될 것이다."[2]— "하지만 거기가 바로 두려운 지점이다."— "어째서 그런가? 잃을 것이 무엇이란 말인가? 이는 다만 길을 알려 주려는 뜻일 따름으로, 발목을 잡는 가장 큰 장애물인 정욕을 눌러 주며……"

설명 마무리

"그럼 당신이 이 길을 택할 경우 어떤 손해를 보겠는가? 신실하고, 겸손하며, 감사할 줄 알고, 형편이 어려운 이들을 성심껏 돕고, 진실하고, 참된 친구가 될 것이다. 참으로 다시는 불건전한 쾌락과 영예, 근사한 생활을 즐기지 않는 반면, 전혀 다른 삶을 살지 않겠는가?

자신 있게 말하지만, 심지어 이생에서도 유익을 얻을 것이다. 걸음걸음 이 길을 내딛을 때마다 이득이 너무 확실하고 위험부담은 무시해도 좋을 만큼 미미해서 한마디로 아무 값도 치르지 않고 확실한 동시에 무한한 쪽에 삶을 걸었다는 사실을 알게 될 것이다."

"얼마나 황홀하고 기분 좋은 말들뿐인지!"

"지금껏 들은 설명에 마음이 기쁘고 납득이 간다면 알아야 할 것이 있다. 모두가 이 무한하고 불가분한 분에게 앞뒤로 무릎을 꿇고 기도하며 자신을 굴복시켰던 한 사람에게서 비롯되었고, 그분은 우리의 유익과 그분의 영광을 위하여 우리 또한 복종하

게 하실 것이며, 그리하여 그 능력이 겸손함과 조화를 이루리라는 사실이다." /233

419 습관은 우리의 본성이다. 신앙에 익숙해진 사람은 그 신앙을 믿어 더는 지옥을 두려워하지 않으며 그 신앙 외에는 아무것도 신뢰하지 않는다.

왕이 두렵다고 생각하는 데 익숙해진 사람은……

수와 공간, 움직임을 보는 데 익숙해진 정신이 나머지는 외면한 채 자기가 본 것만 믿는다는 사실을 의심할 사람이 과연 있겠는가? /419

420 "하나님이 무한하며 불가분의 실재일 리가 없다고 생각하는가?" —"그렇다."—"좋다, 그럼 무한하며 불가분한 존재를 보여 주겠다. 한계가 없는 속도로 사방팔방 움직이는 한 점이 바로 그것이다.

어디서나 하나이고 동일하며 어느 자리에서나 온전한 상태이기 때문이다. 지금껏 불가능하다고 생각했던 이 자연현상을 보면서 아직 알지 못하는 다른 일들이 있을지 모른다고 스스로 깨달을 수 있어야 한다. 고작 수습을 마치고 나서 더 이상 배울 것이 없다는 결론을 내릴 일이 아니라 여전히 해야 할 공부가 끝이 없다고 판단해야 한다." /231

421 우리가 다른 사람에게서 사랑받을 만한 가치가 있다는 말은 사실이 아니다. 그러기를 바라는 것 자체가 부당하다. 날 때부터

합리적이고 공평해서 나와 남을 잘 알았더라면 의지가 이토록 한쪽으로 기울지 않았을 것이다. 하지만 인간은 그런 성향을 가지고 태어난다. 태생적으로 편파적이다.

만사가 다 자기중심적인 까닭이다. 이는 모든 질서에 어긋난다.

성향은 보편을 지향해야 한다. 전쟁, 정치, 경제는 물론 한 사람 한 사람의 몸에서도 자신을 향하는 순간 혼란이 시작된다.

그러므로 의지는 부패했다. 자연 공동체나 시민 공동체 구성원이 전체의 유익을 도모한다면, 그 공동체 자체도 자신이 속한 더 광범위한 다른 공동체를 보살피게 마련이다. 그러므로 보편적인 쪽을 지향하는 것이 당연하다. 그런 점에 비추어볼 때, 인간은 태생적으로 편파적이고 부패했다. / 477

기독교 외에는 그 어떤 종교도 인간이 죄에 물든 상태로 태어난다고 가르치지 않는다. 철학자들 가운데 그 어떤 분파에서도 그렇게 이야기하지 않으며, 아무도 이 진리를 설파하지 않았다.

기독교 말고는 그 어떤 종파나 신앙도 이 땅에 면면히 존재하지 못했다. / 606

422 우리는 우리를 흠잡는 이들 덕을 크게 보고 있다. 그들은 우리에게 굴욕감을 안기고 멸시를 자초했음을 알려 주지만 앞으로 불러올 불명예를 막아 주지는 못한다. 무시당해도 마땅한 잘못이 우리에게 아직도 수두룩하기 때문이다. 그들은 우리가 그런 잘못들을 바로잡고 뿌리 뽑는 연습을 할 채비를 갖춰 주는 셈이다. / 535

423 마음은 이성으로서는 어림할 수 없는 저만의 근거들을 가지고 있다. 헤아릴 수 없을 만큼 다양한 방식으로 이를 알 수 있다.

마음이 본연의 성향에 따라 우주적인 존재나 스스로를 사랑하는 것은 자연스러운 일이며 동시에 자신의 선택을 좇아 그 둘에 무감각할 수도 있다. 그런데 이미 한쪽을 거부하고 나머지 한쪽을 붙들었다. 당신 자신을 사랑하게 만드는 것은 이성인가?

/ 277

424 하나님을 인식하는 쪽은 이성이 아니라 마음이다. 신앙이라는 것이 꼭 그렇다. 이성이 아니라 마음으로 하나님을 감지한다. / 278

425 상식과 인간 본성에 하나같이 충돌하는 유일한 인식은, 인간들 사이에 항상 존재해 왔던 단 하나의 인식이기도 하다. / 604

426 오로지 기독교 신앙만이 인간을 행복한 동시에 사랑스럽게 만든다. 교양[3]으로는 행복과 사랑스러움 두 가지 모두를 갖출 수 없다. / 542

---

1. 파스칼이 '앞면'이라는 의미로 사용한 단어는 'croix'(요즘으로 치면 '얼굴')로, 노름꾼이 판돈을 거는 행위를 앞에서 인용한 "십자가의 도가 멸망하는 자들에게는 미련한 것"이라는 구절과 연결 짓고 있다.

2. *abêtira.* 즉 믿지 않는 이들은 지각없이 기계적으로 행동할 것이며 그러는 사이에 차츰 짐승에 더 가까워질 것이다. 현대 철학자들에 따르면 이성의 기능이야말로 인간과 짐승을 구분하는 기준이기 때문이다.

3. *honnêteté.*

시리즈 3

무관심

427 이 신앙을 비난할 요량이면, 적어도 그 면면을 제대로 알아보고 나서 공격을 시작하는 것이 어떨까 싶다. 만일 하나님을 바라보는 명쾌한 시각과 그 존재를 보여 줄 명명백백한 증거를 가졌다고 자부한다면, 신의 존재를 그처럼 또렷이 입증할 수 있는 것은 세상 어디서도 찾아볼 수 없다는 반박으로 충분하다. 하지만 이 종교는 그와 딴판이다. 오히려 인간은 하나님에게서 멀리 떨어져 흑암 속에 살고 있고, 그분은 자신을 감춰 세상이 알아보지 못하게 하셨으며, 친히 '스스로 숨어 계시는 하나님'(Deus absconditus; 사 45:15)이라는 이름으로 성경에 기록하셨다고 이야기한다. 또 하나님은 구하는 이들이 알아볼 수 있도록 눈에 보이는 표징으로 교회를 세우셨는데, 다만 오로지 온 마음으로 구하는 이들만 감지하도록 숨겨 두셨다. 그러므로 인간은 그 두 가지 사실을 힘써 붙잡으면 된다. 스스로 고백할 진리를 추구하는 데는 관심을 두지 않고 증거가 될 만한 것을 단 한 점도 보여주지 않는다고 투덜거려 봐야 아무 유익이 없다. 그들이 느끼

는 모호함, 그들이 툭하면 반대 논리로 내세우는 그 불분명함은 그저 교회가 주장하는 두 가지 사실 가운데 하나를 나머지에 영향을 주지 않으면서 분명히 할 따름이며, 그 가르침이 거짓임을 드러내기는커녕 도리어 견고하게 할 뿐이다.

진리를 제대로 공격하려면, 사방팔방 다 다녀 보고 심지어 교회가 설교라는 방식으로 제공하는 가르침 가운데서도 참된 것을 찾아보려 온갖 노력을 다 기울였지만 갈증을 채울 수 없었노라고 항변해야 한다. 그렇게 주장한다 하더라도 기독교가 가르치는 진리 가운데 고작 어느 하나를 공격하는 데 그칠 것이다. 이성적인 사람은 그렇게 이야기할 리가 없음을 짚어 두고자 한다. 그런데 그랬던 사람은 단 한 명도 없다고까지 감히 말할 수 있다. 이런 마음가짐을 가진 이들이 어떻게 행동하는지 우리는 잘 알고 있다. 기껏해야 몇 시간 남짓 성경을 군데군데 들춰 본다든지, 목회자들에게 신앙의 진리에 관해 몇 마디 물어보고 나서는 엄청나게 애를 써 가며 공부했노라 자부한다. 파고 또 파봤지만 어떤 책이나 성직자에서도 만족스러운 답을 얻지 못했다며 자랑스레 이야기한다. 하지만 나로서는 흔히 그랬듯, "게으르고 허술하기가 눈뜨고 못 봐 줄 지경"이라는 이야기를 다시 해 줄 수밖에 없다. 여기서 중요한 것은 그런 행동을 자극하는 일부 외부인들의 가벼운 호기심이 아니다. 그것은 우리 자신, 그리고 우리 모두에 얽힌 문제다.

영혼불멸은 우리에게는 더없이 중요한 이슈로, 이는 삶에 깊은 영향을 미친다. 그런 까닭에 감각을 잃어버리지 않는 한, 영혼불멸과 관련된 사실들을 파악하는 데 관심을 둘 수밖에 없다.

우리의 행동과 사고는 영원한 축복의 소망이 있느냐 여부에 따라 완전히 다른 길을 따라야 하므로, 지각과 판단을 가지고 행동할 수 있는 유일한 방법은 거기에 비추어 진로를 결정하는 길뿐이며, 그것이 궁극적인 목표가 되어야 한다.

그러므로 모든 처신을 좌우하는 이 문제의 답을 찾는 일이야말로 으뜸 관심사이자 첫째가는 의무다. 아직 믿지 않는 이들 가운데 온 힘을 다해 배우고자 하는 이들과 이를 고민하지도, 생각하지도 않으면서 사는 이들을 엄격히 구분하는 이유도 바로 여기에 있다.

회의할 수밖에 없는 한계를 진심으로 안타까워하고, 그것을 더없이 큰 불행으로 여기며, 거기서 빠져나오기 위해 젖 먹던 힘까지 다하고, 진리를 탐색하는 일을 첫손에 꼽을 만큼 중요하고 심각한 과제로 삼는 이들을 보면 그저 가여운 마음이 들 따름이다.

하지만 이런 인생의 최종 목표는 신경조차 쓰지 않는 이들, 스스로 확신할 만한 구석을 찾지 못한다는 이유만으로 다른 쪽 돌아보기를 게을리하며, 사람들이 이 견해를 받아들이는 연유가 뭐든지 쉽게 믿어 버리는 단순성 탓인지, 아니면 자신의 눈에는 모호해 보일지라도 지극히 견고하고 흔들리지 않는 토대를 가졌기 때문인지 철저히 검증하지 않는 이들이라면 전혀 다른 눈으로 바라보게 된다.

자신, 영원한 미래, 한 인간의 전부가 걸린 이런 이슈를 외면하는 꼴을 보면 연민보다 짜증이 가득 차오른다. 경악스럽고 간담이 서늘해진다. 나로서는 정말 소름끼치는 형국이다. 영적인 헌신에서 나오는 경건한 열정에서 하는 이야기가 아니다. 도리어 인간적인 관심과 자존의 원리에 비추어 이런 감정을 가져야 한다는 뜻이다. 그럴 생각이라면 깨달음이 거의 없다시피 한 이들이 바라보는 것이 무엇인지 같이 살펴봐야 한다.

한없이 고상한 정신을 소유하지 않더라도 이생에는 단 한 점 참되고 확실한 만족이 없으며, 온갖 즐거움도 헛되고, 고통은 무한하며, 순간순간 인간을 위협하는 죽음이 조만간 영원한 파멸이나 불행이라는 피할 수 없는 끔찍한 선택지를 들고 앞을 막아서리라는 사실쯤은 어렵지 않게 알 수 있다.

이보다 더 현실적이고 무서운 것은 없다. 힘껏 대담한 척해보라. 온 세상을 통틀어 가장 찬란한 인생이라도 똑같은 결말이 기다린다. 이를 곰곰이 곱씹어 보자. 그리고 이생의 유일한 낙이란 내생을 바라보는 소망뿐이며, 그날이 다가올수록 더 행복하고, 영원한 삶을 진심으로 믿는 이들에게는 불행이 기다리지 않으며, 그런 낌새조차 눈치채지 못하는 이들에게는 어떤 행복도 없다는 사실이 의심해볼 여지가 있는지 여부를 이야기해 보자.

그러므로 의심을 품는 행위 자체가 커다란 악폐지만, 그렇게 회의에 빠져 있으면서도 어떻게든 찾고 구하려는 노력은 최소한의 필수 의무에 해당한다. 그러므로 추구해 보지도 않고 의심하는 것은 몹시 불행한 동시에 대단히 그릇된 태도가 아닐 수 없다. 거기에 더하여 이에 평온한 만족감을 느끼고, 공개적으로 이야기하며, 기뻐하고 자만하기까지 한다면, 나로서는 그처럼 터무니없는 인간을 어떻게 설명해야 좋을지 모르겠다.

무엇이 그런 감정을 불러일으키는가? 속수무책으로 불행을 마주하는 것 말고는 기대할 것이 없는 상황에서 기뻐할 까닭이 도대체 무엇이란 말인가? 어떤 연유로 한 치 앞이 보이지 않는 어둠 속에 뛰어드는 허망한 짓을 하는가? 이처럼 이성적인 인간들에게 어떻게 그런 논리가 나타날 수 있는가?

"누가 이 세상에 밀어 넣었는지, 세계의 실체가 무엇인지, 자신은 어떤 존재인지 나는 모른다. 나는 모든 일에 지독하리만치 무지하다. 몸, 또는 감각들, 영혼, 심지어 지금 하는 말을 생각해 내고 만물과 자신에 대해 성찰하게 하는 신체의 일부가 어떠한지 그 실상을 모른다. 다른 것들은 고사하고 나 자신도 알지 못한다.

나를 에워싼 무시무시한 우주 공간을 지켜본다. 광대한 이 세상 한구석에 들러붙어 있지만, 어째서 저기가 아니라 여기에 던져졌는지, 또는 내게 주어진 이 짧은 삶은 어쩌다가 이전에도 흘러갔고 앞으로도 닥쳐올 영원한 시간 가운데 저쪽 토막이 아니라 이 대목에 놓였는지 전혀 모른다.

사방팔방 어디를 보아도 무한뿐이다. 원자같이, 날개가 돋친 듯 사라져 버리는 순간의 그림자같이 에워싸고 있다. 아는 것이라고는 곧 죽을 수밖에 없다는 사실이 전부인데, 정작 피할 수 없는 그 죽음에 대해서도 아는 것이 거의 없다.

어디서 왔는지 모르듯 어디로 가는지도 모른다. 아는 걸 탈탈 털어 봐야 이 세상을 떠나는 순간 무(無)로 돌아가거나 진노한 하나님의 손에 들어간다는 것뿐이지만 이 두 상태 가운데 어느 쪽이 영원히 내 몫으로 돌아올지 가늠할 수 없다.

허약함과 불확실로 가득한 상태가 내 현실이다. 이 모든 상황을 감안해 내린 결론은 장차 무슨 일이 일어날지 애써 알아볼 생각을 버리고 하루하루 살면 그만이라는 것이다. 회의하며 고민하다가 깨달음을 얻을 수도 있지만, 수고할 생각도 굳이 찾아나설 생각도 없다. 나중에 천신만고 끝에 이런 결론—무얼 확실하게 믿든 공허보다 절망을 불러일으킨다—에 이른 이들을 비웃으며 두려움도 장래에 대한 배려도 없이 지극히 결정적인 순간을 맞을 테고, 영원함과 관련해 내 앞날이 어찌될지는 불확실한 채 남겨 두고 죽음을 향해 흐느적거리며 끌려갈 것이다."

이런 소리를 늘어놓는 이들과 누가 가까이 지내고 싶어 하겠는가? 다른 사람들은 다 제쳐 두고 유독 그들에게 믿음을 주고 인생사를 상의할 이가 어디 있겠는가? 어려운 일을 당했을 때 누가 그들에게 가서 기대겠는가? 인생에 무슨 쓸모가 있겠는가?

신앙이 이처럼 불합리한 이들을 적으로 돌리는 것은 참으로 멋진 일이다. 그들의 반대 논리는 아주 사소한 위험을 내세운 것들이어서 도리어 신앙의 진리를 확립하는 데 힘을 보탤 뿐이다. 기독교 신앙은 대부분 타락과 그리스도의 구원이라는 두 축으로 이루어져 있기 때문이다. 자, 여기서 하고 싶은 이야기는 이것이다. 이들이 거룩한 행실로 구원받는다는 진리를 입증하는 구실을 하는 것이 아니라면, 적어도 그렇게 부자연스러운 정서가 인간 본성을 오염시키고 있음을 입증하는 역할을 근사하게 해내고 있는 것이 아니겠는가?

인간에게 자기 상태만큼 중요한 것은 없다. 영원보다 더 두려운 것도 없다. 그러므로 존재를 잃은 채 영원히 죽지 않고 비참한 삶을 산다는 데 무감각하다는 사실은 자연스럽지 못하다. 그

밖에 다른 일들에 관해서는 완전히 딴판이다. 더없이 사소한 일들을 두려워하며, 미리 내다보고 겁을 먹는다. 지위를 잃거나 체면을 구길지 모른다는 상상을 하면서 며칠 밤낮을 분노와 절망에 사로잡혀 지내는 사람이, 죽어서 모든 것을 다 잃으리라는 것을 잘 알면서도 불안해하지도 감정이 흔들리지도 않는다. 동일한 인간이 하찮은 일에는 그토록 예민하게 굴다가 더없이 중대한 일에는 희한하리만치 무감각한 모습을 지켜보는 것은 기괴한 일이다. 이런 현상의 원인으로 전능한 힘을 지목하는 것은 납득하기 어려운 이야기며 기가 막히도록 무감각한 처사다.

본성이 기이하게 뒤집히지 않고서야 그럴 사람이 단 하나라도 있을까 싶은 상태에 머무는 것을 자랑 삼을 리가 없다. 하지만 경험에 비춰 보면 이렇게 사는 부류가 하도 많아서, 여기에 관심을 보이는 이들 가운데 대다수는 그저 그런 척할 뿐이며 진짜 눈에 보이는 대로가 아님을 모른다면 그게 오히려 놀라울 지경이다. 다들 그런 허세를 부려야 근사해 보인다는 소리를 들어온 축들이다. 바로 이것이 그들이 이른바 멍에를 벗는다면서 흉내 내려 하는 짓이다. 하지만 이런 식으로 존중을 구걸하는 일이 얼마나 잘못인지는 어렵잖게 깨우쳐 줄 수 있다. 그것은 존경을 얻는 방법이 아니다. 세상 사람들 사이에서도 통하지 않는 방법이라고까지 이야기할 수 있다. 만사를 감각적으로 판단하며, 정직하고, 성실하며, 신중하고, (인간은 태생적으로 자신에게 도움이 될 법한 상대만 좋아하게 되어 있으므로) 친구에게 도움이 되는 일을 해 줄 능력이 있는 듯 보이는 것이 성공의 지름길이라고 여기는 세상 사람들 말이다. 그렇다면 남들한테서 멍에를 벗어 버렸다든지, 일거수일투족을 다 지켜보시는 하나님 따위는 존재하지 않는다고 믿는다든지, 제 행동의 주체는 오로지 자신뿐이라 생각한다든지, 자기 말고는 아무에게도 책임을 묻지 않는다는 소리를 듣는다 한들 무슨 유익이 있겠는가? 그렇게 하면 앞으로 뭇사람이 전폭적인 신뢰를 보내고 살아가는 데 필요한 온갖 위안과 조언, 그리고 도움을 구하러 몰려오리라 기대하는 것인가? 영혼이 그저 바람이나 연기와 매한가지라고, 그것도 거만하고 만족스러운 투로 이야기하면 다들 아주 기뻐하리라 생각하는가? 이게 신나서 떠들 일인가? 세상에서 가장 슬픈 일을 말하듯 서글프게 꺼내놓을 일 아닌가?

진지하게 생각해 보면 이는 너무도 그릇된 판단이고, 양식에 완전히 어긋나며, 열심히 좇는 근사한 모습과는 모든 면에서 지나치게 동떨어져서 그 사람들을 따르는 쪽으로 마음이 기우는 사람들을 타락시키기보다 도리어 회심시킬 공산이 더 크다는 점을 알게 될 것이다. 그리고 신앙에 회의를 불어넣은 생각과 이유들을 설명하게 해 보라. 털어놓는 사연들이 너무나도 허약하고 보잘것없어서 마음을 움직이기는커녕 정반대 결과를 낳는다. 어느 날, 누군가가 그런 이들에게 했다는 말 그대로다. "계속 그런 이야기를 늘어놓으면, 당신 덕분에 정말 회심할 것만 같소." 그의 말이 맞았다. 그렇게 경멸스러운 이들과 같은 생각을 가졌다는 자각이 드는 순간 움찔하지 않을 이가 어디 있겠는가?

따라서 그렇게 생각하는 시늉만 하는 이들은 불행할 수밖에 없다. 더없이 주제넘은 인간이 되기 위해 자기 본성을 왜곡하는 까닭이다. 더 명확히 알지 못해서 괴롭다면 그렇지 않은 척 숨기지 않아도 된다. 그렇다고 인정하는 것은 부끄러운 일이 아니다. 아무것도 깨닫지 못하는 것 말고는 부끄러워할 것이 없다. 하나님 없는 인간이 얼마나 불행한 상태인지 깨닫지 못하는 것만큼 치명적인 정신적 결함도 없다. 영원한 약속이 실현되기를 소망하지 못하는 것만큼 악한 마음을 보여 주는 뚜렷한 증표도 없다. 하나님 앞에서 뻔뻔스럽게 구는 것보다 더 비겁한 짓은 없다. 그렇다면 불신은 얼마든지 그러고도 남을 만큼 파렴치한 자들의 몫으로 남겨 두자. 크리스천이 될 수 없다면 최소한 괜찮은 인간이 되게 하자. 간단히 말해서 우리가 이성적이라고 해도 좋을 인간은 딱 두 부류로 나눌 수 있다. 하나는 하나님을 알기에 온 마음을 다해 섬기는 사람과 다른 하나는 그분을 모르기에 전심으로 그분을 찾는 사람들이다.

하나님을 알지도 못하고 찾지도 않는 이들은 어떠한가? 그들은 하나님을 구한다 해도 얻을 가치가 너무 적다고 여긴다. 그렇다 보니 다른 이들이 그들을 생각할 때도 그들에게는 전혀 공들일 가치가 없다고 여긴다. 그들이 계속 그렇게 어리석은 생각에 빠져 살도록 버려 두는 것은 사실 그들을 멸시하는 것과 같다. 그러므로 그들을 애써 멸시하지 않으려면 그쪽에서 경멸해 마지않는 하나님이 베푸는 사랑을 총동원해야 할 지경이다. 이 신앙은 그들이 살아 있는 한 깨우쳐 알게 하시는 은혜를 입을 가능성이 있다고, 또 머지않아 우리보다 믿음이 충만해질 수 있다고 여긴다. 그런가 하면 그쪽을 짓누르는 어둠이 도리어 우리를 덮칠 수도 있다고 우리가 생각하길 요구한다. 따라서 상대방 입장에 서서 우리가 그들에게 해 주길 바랄 법한 일들을 해 주고, 더불어 그들 스스로를 불쌍히 여겨야 한다고 그들에게 호소하며, 빛을 찾기 위해 다만 몇 발짝이라도 내딛어 보라고 청해야 한다.

그들이 다른 일에 허투루 쓰는 시간들 가운데 조금이라도 떼어 이 일과 관련 있는 글을 읽는 데 쓰게 하자. 마지못해 숙제하듯 손을 대겠지만 어쩌면 불현듯 무언가가 떠오를 수도 있으며, 적어도 큰 손해를 보지는 않을 것이다. 진리를 찾고자 하는 참소망을 품고 참으로 진지하게 다가서는 이들마다 만족을 얻기를 바란다. 아울러 내가 대략 이런 순서에 따라 여기에 정리한 거룩한 신앙의 증거들을 통해 하나님께 확신을 갖기를 바란다. / 194

428 기독교 신앙을 뒷받침하는 증거들을 살피기 전에, 한없이 중요하며 스스로에게 직접 영향을 미치는 문제와 관계있는 진리를 탐구하는 일에 무관심한 사람들이 얼마나 터무니없는 짓을 하는지 짚고 넘어가야겠다.

온갖 터무니없는 짓들 가운데서도 이것은 그 어리석음과 무지를 더없이 생생하게 입증해 준다. 초보적인 상식을 적용하거나 타고난 성향을 들이대기만 해도 쉽게 논박할 수 있는 지점이기도 하다. 이생은 순간에 지나지 않으며, 죽음은 그 속성이 어떠하든 영원하다. 자연히 인간의 행동이나 생각은 이 영원의 상태에 따라 다른 길을 따르게 되어 있으므로, 지각과 판단력을 갖추고 행동할 수 있는 유일한 길은 궁극적인 목표가 되어야 할 바로 그 지점을 기준으로 진로를 결정하는 것뿐이다.

이보다 더 명백한 사실은 없다. 결론적으로, 이성의 원리에 따르면, 다른 길을 선택하지만 않으면 인간은 아주 이성적으로 행동하는 셈이다. 그러므로 인생의 마지막 순간은 생각지도 않고 살고, 성찰도 불안도 없이 제 성향과 쾌락을 충족시킬 수만 있으면 어디든 떠돌며, 마치 외면하기만 하면 영원을 아예 없애 버릴 수 있기라도 한 것처럼 눈앞의 행복을 수중에 넣는 데만 신경을 쓰는 이들을 그것을 기준으로 판단하자.

그러나 영원은 존재한다. 그리고 죽음, 어김없이 시작해서 매 순간 겁박하는 죽음은 영원한 멸망, 또는 불행이라는 피할 길 없는 무시무시한 선택지를 가지고 앞을 막아선다. 영원한 멸망과 영원한 불행 가운데 어느 편이 그들을 기다리는지는 전혀 가늠할 수 없다.

결과는 두말할 것도 없이 끔찍하다. 그들은 영원토록 불행하고 비참해지는 쪽으로 가고 있다. 그런데 정작 본인들은 마치 그렇게 신경 쓸 가치가 없다고 치부한다. 그러면서 이것이 남의 말에 너무 쉽게 넘어가는 이들이 받아들인 숱한 주장들 가운데 하나인지, 아니면 본질적으로 모호하고 비밀스러운 점이 있기는 하지만 탄탄한 토대를 갖춘 가르침인지 곰곰 헤아려 보는 과정을 아예 건너뛰어 버린다. 증거가 코앞에 있어도 살펴보려 들지 않으니 그게 참인지 거짓인지, 그 증거가 강력한지 취약한지 전혀 모른다. 이처럼 무지한 상태에서 재난의 구렁텅이로—그런 것이 있다면—직행하는 데 필요한 온갖 조건들을 남김없이 갖추는 쪽을 선택한다. 증거들을 검토해 보지도 않고 죽음을 기다리는 셈이다. 그러면서도 그 상태에 지극히 만족하며, 대놓고 이야기하고 진심으로 자랑스러워하기까지 한다. 이것이 얼마나 중요한 문제인지 진지하게 생각한다면, 그들의 얼토당토않은 짓에 충격을 받지 않을 도리가 없다.

그렇게 무지한 상태에 안주하다니 참으로 소름끼치는 노릇이다. 그렇게 인생을 허비하는 이들에게 그들이 얼마나 어리석은 삶을 사는지 입증해 보여 줌으로써 자신이 얼마나 허황되고 아둔한지 깨닫게 해 주어야 한다. 왜냐하면 그들이 스스로 어떤 존재인지 알지도 못하고 심지어 깨달음을 구하지도 않고 살면서 여차하면 다음과 같은 변명을 입버릇처럼 내세우기 때문이다. "나는 모르오." / 195

429 보이느니 이뿐이며, 나를 괴롭히는 것도 바로 이것이다. 사방을 둘러봐도 온통 어둠이다. 자연은 회의와 불안을 부채질하는 요인들 말고는 아무것도 제공하지 않는다. 하나님의 흔적을 한 점도 보지 못한다면 부정적인 결론을 내릴 것이다. 그러나 창조주의 흔적을 확인한다면 편안한 마음으로 신앙 안에서 편히 머물 것이다. 하지만 부정하기에는 하나님의 표징이 너무 많이 보이고 확신하기에는 또 충분치 않다. 자연을 지탱하는 하나님이 존재한다면 자연이 명쾌하게 드러내 보여 주기를, 혹은 자연 속의 표징들이 속임수라면 깨끗이 지워지기를, 자연이 이거다 저거다 똑 부러지게 이야기해서 어느 길을 따라야 할지 정확하게 볼 수 있기를 수백 번 소망하고 또 소원했다. 그런데 오히려 지금처한 상태에서 내가 누구인지, 무얼 해야 하는지도 모르는 채 내 형편도, 의무도 가늠하지 못하고 있다. 진정한 행복이 무엇인지 알아내기 위해 온 마음을 다해 안간힘을 쓰고 있다. 그래

야 그 길을 좇지 않겠는가? 영원을 위해서라면 아무리 큰 대가를 치러도 아깝지 않을 것이다.

나라면 전혀 달리 썼을 은사를 거의 사용하지 않고—내게는 그리 보인다—무심하게 사는 이들을 보면 부럽기 짝이 없다. / 229

430 인간이 피조물 가운데 으뜸가게 탁월하다는 사실을 다른 누구도 인식하지 못했다. 인간의 탁월함이 얼마나 절대적인지 속속들이 파악한 이들은 그 비천함을 드러내는 태생적인 감정으로 비겁과 배은망덕을 꼽았다. 반면에 그 천박함이 얼마나 실질적인지 인식한 이들은 날 때부터 품는 스스로 대단하다는 감정을 오만한 조롱으로 여겼다.

더러는 말한다. "눈을 들어 하나님을 보라. 자신의 형상대로 인간을 창조해 예배하게 하신 분을 바라보라. 당신도 하나님을 닮아 갈 수 있다. 그 뒤를 따르기로 작정하면, 지혜가 그분과 동등하게 만들어 줄 것이다."—에픽테토스는 외쳤다. "당당하게 고개를 들라, 자유인들이여!" 또 한쪽에서는 말한다. "고개를 숙이고 땅을 바라보라. 하찮은 벌레 같은 인생이여, 당신과 같은 무리인 짐승들을 바라보라."

그럼 인간은 어찌되는가? 하나님과 동등한가, 아니면 짐승이나 매한가지인가? 이 얼마나 아득한 격차인가! 인간은 무엇이 되는가? 인간이 길을 잃고, 제자리에서 굴러떨어졌으며, 아등바등 애쓰지만 다시는 되찾지 못하리라는 것을 모르는 이가 어디에 있겠는가? 그렇다면 이제 누가 그리 이끌어 주겠는가? 더없이 대단한 사람들도 여태 성공하지 못했다. / 431

431 아담의 영광스러운 상태나 그가 저지른 죄의 속성, 또한 그 죄가 자자손손 이어져 온 경로도 모른다. 모두가 인간의 본성과는 전혀 다른 차원에서 일어났으며 지금 우리가 가진 이해를 뛰어넘는 일들이다.

이를 다 안다 해도 거기서 벗어나는 데 아무 보탬이 되지 않는다. 정작 알아야 할 핵심은 따로 있다. 인간은 비참한 지경이고, 타락했으며, 하나님에게서 분리되어 그리스도를 통해서만 구원받을 수 있다는 사실, 그리고 이는 이미 지상에서 놀라우리만치 분명하게 입증되었다는 점뿐이다.

이처럼 타락과 구원의 두 증거는 신앙을 외면하고 사는 믿음이 없는 이들, 그리고 절대로 화해할 수 없는 원수와도 같은 유대인들에게서 끌어낼 수 있다. / 560

시리즈 4

영원한 심판. 그리스도

432[1] — 이기심, 그리고 무엇보다 이생의 악, 필연적인 죽음, 순간순간 인간을 위협하는 죽음이 조만간 영원한 파멸이나 불행이라는 피할 수 없는 끔찍한 선택지를 들고 앞을 막아서리라는 사실은, 우리를 움직이기에 충분한 관심사다.

세 가지 조건:

이를 이성의 증거로 주장해서는 안 된다.

이 소식이 거짓이라고 확신했다면 어떤 인간이든 할 수 있는 일은 그것 하나뿐이다. 그러고서도 기뻐하지 못하고 낙담할 것이다.

이만큼 중요한 일이 없다. 하지만 이렇게 외면당하는 일도 없을 것이다.

인간의 상상력은 현재를 지나치게 과장한다. 끊임없이 지금을 생각하는 까닭이다. 반면에 영원은 도리어 축소한다. 영원을 헤아릴 수 없기 때문이다. 영원을 무(無)로, 무를 영원으로 만든다. 이 모든 일들이 인간 내면에 너무나도 깊이 뿌리내리고 있어서 이성으로 아무리 노력해도 그 모든 일들에서 우리를 지킬 수 없다. 그리고……

그러니 그들이 애써 공격하는 신앙의 토대, 다시 말해 인간 본성은 타락했다는 주장을 도리어 그들이 몸소 확인해 주는 꼴이 아닌지 물어봐야겠다. / 194b, c

433 …… 그런데 예수 그리스도는 세상에 와서 인간의 적은 정욕뿐이고, 하나님과의 단절을 부른 것도 정욕이며, 그래서 그 정욕을 무너뜨리고 뭇사람들에게 은혜를 베풀어 하나의 거룩한 교회를 이루게 하며, 이 교회를 이방인과 유대인들 가운데로 보내 과거 전자의 우상과 후자의 미신을 파괴하러 이 땅에 임했노라고 했다.

그러자 온갖 부류의 인간들이 여기에 대적했다. 정욕에서 비롯한 자연스러운 반발도 있었지만, 무엇보다 지상의 왕들이 연합해 이 신앙을 싹수부터 잘라 버리려 들었다. 오래전에 예언된 그대로였다("어찌하여 이방 나라들이 분노하며 …… 세상의 군왕들이 …… 여호와와 그의 기름 부음 받은 자를 대적하며").[2]

세상에서 대단하다는 이들, 학자들, 현자들, 왕들이 모두 힘을 합친다. 글을 쓰고, 정죄하고, 처단한다. 사방에서 옥죄어 드는 반발에도 불구하고 이 소박하고 힘없는 이들은 온갖 권력에 맞서고, 한술 더 떠서 왕들과 학자들, 현자들을 굴복시키며 우상숭배를 지면에서 깨끗이 쓸어버렸다. 진즉부터 예언되었던 권세가 이 모든 일들을 이루어 냈다. / 783

434 수많은 이들이 사형선고를 받고 사슬에 묶여 있다고 상상해 보라. 날마다 몇몇이 끌려가 다른 이들이 지켜보는 가운데 잔인하게 처형당한다. 살아남은 이들은 살해된 동료들의 모습에서 자기 처지를 확인한다. 그리고 고통과 낙담이 가득한 눈으로 서로 바라보며 자기 차례를 기다린다. 인간이 처한 상태를 그리자면 이런 형국일 것이다. / 199

435 창조와 홍수가 끝나고 더는 세상을 멸한다든지, 새로 짓는다든지, 그처럼 엄청난 표적으로 스스로를 드러내지 않기로 정하셨을 때, 하나님은 지상에 한 민족을 세우셨다. 특별히 메시아가 오셔서 그 영으로 그분의 백성을 창조하실 때까지 이어지도록 만드셨다. / 621

---

1. 이 쪽글에서 생략된 부분은 시리즈 30의 821번 이후에 수록했다.
2. 시편 2편 1-2절.

시리즈 5

기독교에 관한 두 가지 핵심 진리

436 **유대인의 역사성** 한 책과 다른 책이 이토록 딴판일 수가! 그리스인들이 《일리아드》(*Iliad*)를 짓고 이집트인과 중국인들이 저마다 역사를 기록했다는 사실은 그다지 놀랍지 않다. 다만 어떻게 출현했는지 보기만 하면 된다. 이 설화들을 쓴 역사가들은 스스로 기술한 사건이 벌어졌을 당시에 살았던 인물들이 아니다. 호머(Homer)는 소설을 써서 세상에 내놓았고 다들 소설로 받아들였다. 트로이와 아가멤논이 황금사과와 마찬가지로 실제로 존재한 적이 없다는 것을 아무도 의심하지 않았다.

호머는 결코 역사를 기록하려던 것이 아니었으며 그저 재미있는 이야기를 쓸 셈이었다. 당대 유일의 작가였고 작품이 썩 훌륭했기에 여태 전해질 따름이다. 지금도 다들 그 작품을 알고 그 작품 이야기를 한다. 반드시 알아야 할 글이 되었으며 누구나 암송하다시피 한다. 일반적으로 400년쯤 세월이 흐르고 나면 전후 사정을 기억하는 증인들은 더 이상 생존하지 않는다.

누구도 그 이야기가 우화인지 역사인지 직접 보고 들어서 알 길이 끊긴다. 선대 사람에게서 전해 들을 뿐이며, 사실로 여길 수도 있다.

우리가 사는 시대에 기록되지 않은 모든 역사는 사실 의심스러울 수밖에 없다. 《시빌레의 신탁》(*Sibylline Books*)이나 《트리스메기스투스의 신탁》(*Trismegistus*)을 비롯해 세상에서 널리 인정받았던 숱한 책들이 전부 지어낸 이야기며 세월이 흐르면서 거짓임이 자연스럽게 드러났다. 하지만 같은 시대를 살았던 작가들의 글은 사정이 다르다.

개인이 써서 뭇사람들에게 전한 책과 한 민족이 기록한 문헌의 차이는 엄청나다. 그런 책은 그 민족만큼 오래되었음을 의심할 여지가 없다. / 628

437 지각을 가진 존재만이 비참해질 수 있다. 무너진 집은 비참함을 느끼지 못한다. 오로지 인간만이 비참함을 느낀다. "고난당한 자는 나로다"(애 3:1). / 399

438[1] 하나님의 사랑이 너무도 커서 자신을 감추실 때도 이처럼 유익한 가르침을 주셨다면, 마침내 스스로 드러내실 때는 얼마나 큰 깨달음을 주시겠는가? / 848

439 더없이 불분명한 가운데서, 거기에 쐴 빛이 거의 없는 상태에서, 관련 지식을 알아보려는 마음이 없는 냉담함 속에서 그 신앙의 진리를 인정하고 시인하라. / 565

440 영원한 존재가 단 한 번이라도 존재했다면 그분은 항상 존재하는 것이다. / 559b

441 양측의 반론은 스스로에 관한 것일 뿐, 신앙에 대한 반박이 아니다. 믿지 않는 이들이 말하는 것들은 모두…… / 201

442 …… 이처럼 온 우주는 인간에게 타락했거나 구원받았거나 둘 중 하나라고 가르친다. 만물은 인간에게 위대함, 또는 비참함을 가르친다. 하나님께 버림받은 형국은 이방인에게서, 보호하시는 실상은 유대인에게서 볼 수 있다. / 560b

443 저마다 제 진리를 좇으므로 그들의 오류는 훨씬 더 위험하다. 저들의 잘못은 거짓을 따르는 것이 아니라 다른 진리를 따르지 못하게 막는 것이다. / 863

444 그렇다면 만물이 인간의 처지를 가르친다는 것은 어김없는 사실이다. 하지만 오해하지 말아야 한다. 모든 사물이 하나님을 드러낸다는 말은 사실이 아니며, 모두가 하나님을 가린다는 이야기도 참이 아니기 때문이다. 다만 하나님을 시험하는 이들에게는 자신을 감추시지만, 찾고 구하는 이들에게는 기꺼이 드러내신다는 것은 바른말이다. 인간은 하나님을 알기에 합당치 않지만 동시에 그럴 능력을 지닌 까닭이다. 타락하면서 부적격이 되었고, 나면서부터 타고난 본성으로 인해 그분을 알 수 있다. / 557

445 암흑 한가운데 있는 인간이 무슨 결론을 내릴 수 있겠는가? 아무 자격이 없다는 것 말고 또 무엇이겠는가? / 558

446 불분명한 점이 없었더라면 인간은 타락을 자각하지 못했을 것이다. 빛이 한 점도 없었더라면 치유의 소망을 품을 수 없었을 것이다. 따라서 하나님이 얼마쯤 자신을 드러내시고 또 얼마쯤은 감추신 것은 타당할 뿐만 아니라 유익한 일이다. 인간이 제 비참한 형편을 모르고 하나님을 아는 것은, 하나님을 모르고 스스로의 불행을 절감하는 것만큼이나 위험하기 때문이다. / 586

447 이방인의 회심은 오로지 메시아의 은혜를 통해서만 이루어지도록 정해져 있었다. 유대인들은 오랫동안 이민족들과 싸웠지만 아무 보람이 없었다. 솔로몬과 선지자들의 이야기도 소용이 없었다. 플라톤이나 소크라테스 같은 현인들도 설득하지 못했다. / 769

448 하나님의 흔적이 전혀 드러나지 않는다면, 영원한 결핍 따위는 모호한 채로 남았을 테고, 신성을 찾아볼 수 없기 때문이라든지 본시 인간은 그 실체를 알기에 합당치 않다든지 하는 핑계를 댔을 것이다. 하지만 항상은 아니더라도 더러 하나님이 모습을 보이셨다는 사실이 온갖 모호한 구석을 싹 지워 버렸다. 한 번 나타나셨다면 영원히 존재하신다고 봐야 한다. 그러므로 유일하게 가능한 결론은 하나님이 살아 계시고 인간은 그분께 가기에 합당치 않다는 것이다. / 559

449 …… 그들은 스스로 알지 못하는 대상을 비난한다. 기독교 신앙에는 두 가지 요점이 있다. 인간에게 그 둘을 아는 것은 똑같이 중요하며, 모르는 것은 똑같이 위험하다. 그리고 하나님이 그 두 핵심의 표지들을 주신 것은 똑같이 자비로운 일이다.

그런데도 그들은 흔히 이 둘 가운데 어느 한쪽으로 마무리될 법한 사실들을 끌어다가 다른 한편이 거짓이라는 근거로 쓴다. 오직 한 분 하나님이 계실 따름이라고 주장했던 현인들은 처형당했고, 유대인들은 미움을 받았으며, 크리스천은 훨씬 더 가혹한 박해를 당했다. 그들은 세상에 참신앙이 존재한다면 만물이 그 믿음을 중심으로 돌아가야 하리라는 자연의 이치에 비추어 판단했다. 그렇다면 만물이 움직이는 방식은, 이 신앙을 확립하고 위대하게 만드는 쪽으로 나아가야 했다. 인간은 내면에 그 가르침과 일치하는 생각들을 품어야 한다. 한마디로, 그 신앙이 모든 사물이 지향하는 목표와 중심이 되어 그 원리를 아는 사람이라면 누구나 개별적으로는 인간의 모든 본성을, 보편적으로는 세상이 돌아가는 전반적인 이치를 설명할 수 있어야 했다.

그들은 기독교 신앙을 거의 몰랐으므로 다음과 같은 생각을 토대로 기독교 신앙을 비판했다. 기독교를 단순히 위대하고 강하며 영원한 존재인 신을 섬기는 종교로 본 것이다. 하지만 이는 이신론(deism)을 설명할 따름이며, 이는 정반대편에 있는 무신론만큼이나 기독교 신앙과 거리가 먼 관념이다. 그런 관점에서 이 신앙은 참이 아니라고 단정한다. 만물이 연합하여 하나님은 인간들에게 명확하게 스스로를 드러내 보여 주지 않으신다는 핵심 진리를 확고히 한다는 사실을 그들은 전혀 헤아리지 못하기 때문이다.

이신론은 그들 마음대로 판단해도 좋다. 하지만 기독교 신앙에는 그 결론들을 적용할 수 없다. 사실 이 신앙은 중보자의 신비가 핵심을 이룬다. 그분은 인성과 신성을 그 안에 두루 갖추시고 죄로 더러워진 인간을 구원하셔서 그 신성을 통해 하나님과 화해시키셨다.

그래서 기독교 신앙은 두 가지 진리를 똑같이 가르친다. 한 분 하나님이 엄연히 살아 계시며 인간은 그분과 동행할 수 있다는 진리가 그 하나요, 태생적으로 죄에 물들어 그분께 합당치 않게 되었다는 진리가 또 다른 하나다. 이 두 요점들을 아는 것은 인간에게 똑같이 중요한 일이다. 아울러 인간이 자신의 비참한 형편을 모르고 하나님을 아는 것은 자기를 고쳐 줄 수 있는 구세주를 모르면서 스스로 불행을 절감하는 것만큼이나 위험하다.

이 둘 가운데 어느 하나만 아는 지식은 위험하다. 하나님을 알되 자신의 비참한 처지는 모르는 철학자들처럼 오만해지거나 혹은 스스로의 불행한 상황은 절감하지만 구세주에 대해서는 깜깜한 무신론자의 절망으로 향할 수 있기 때문이다.

그러므로 이 두 가지 핵심을 누구나 똑같이 알아야 한다면, 이를 누구에게나 알게 하셨다는 사실은 하나님이 똑같이 베푸신 자비가 아닐 수 없다. 기독교 신앙은 이렇게 움직이며 이런 내용으로 이루어져 있다.

자, 이제 세상의 질서를 검증하고, 만사가 이 신앙의 두 주축이 되는 교리, 다시 말해 그리스도께서 모든 사물의 존재 이유이며 만물이 지향하는 중심이라는 가르침을 확고히 하는 쪽으로 흘러가는지 여부를 살펴보자. 그분을 아는 사람은 누구나 만물의 이치도 꿰게 마련이다.

엉뚱한 데서 헤매는 이들은 이 둘 가운데 어느 한편만 보려 든다. 하나님은 알지만 자신의 비참함은 모르거나, 스스로의 불행은 통감하지만 하나님은 보지 못하는 사태는 얼마든지 일어날 수 있다. 하지만 하나님도, 자신의 불행한 처지도 다 모르면서 그리스도를 아는 일은 불가능하다.

하나님의 존재, 삼위일체, 또는 영혼불멸 같은 유의 사안들을 자연에서 비롯한 논리들을 가지고 입증하려 들지 않는 까닭이 여기에 있다. 자연에서 완고한 무신론자들을 납득시킬 논거를 충분히 찾아낼 수 있다고 생각지 않아서만은 아니다. 오히려 그리스도가 없으면 그런 지식들은 하나같이 쓸모없고 비생산적이기 때문이다. 설령 누군가가 숫자들 사이의 균형은 그 안에 내재한 으뜸 진리, 이른바 신에 기대는 비물질적이고 영원한 진리라는 확신을 품었다 하더라도 나로서는 그가 구원에 가까이 다가갔다고 생각지 않을 것이다.

크리스천의 하나님은 그저 수학적인 진리들과 원소들의 질서를 만든 신 정도가 아니다. 그런 신은 이방인과 에피쿠로스학파의 몫이다. 사람들의 생명과 재물을 주관하며 자기를 섬기는 이들을 두고두고 행복하게 해 주는 신도 아니다. 그런 하나님은 유대인의 몫이다. 아브라함의 하나님, 이삭의 하나님, 야곱의 하나님, 크리스천의 하나님은 사랑과 위로의 하나님이다. 선택하신 백성의 심령을 가득 채우시는 하나님이다. 자신의 비참함과 그분의 무한한 사랑을 영혼 깊은 곳에서부터 깨닫게 하시는 하나님이다. 영혼 깊은 곳에서 거룩한 자녀들과 하나가 되시는 하나님이다. 겸손과 기쁨, 확신과 사랑으로 충만하게 하시는 하나님이다. 다른 모든 것을 다 제쳐 두고 오직 그분만을 삶의 목표로 삼게 하시는 하나님이다.

그리스도를 떠나 하나님을 찾는 이들, 자연에 묶여 한 걸음도 나가지 못하는 이들은 누구나 만족할 만한 어떤 빛도 찾을 수 없다. 그러다 결국 중보자 없이 하나님을 알거나 섬길 대체 수단을 고안해 내서 결국 기독교가 한결같이 혐오스럽게 여기는 무신론이나 이신론에 빠지기 십상이다.

그리스도가 없으면 세상은 존속될 수 없다. 멸망하거나 혹은 지옥이나 다름없어질 것이 뻔하다.

인간에게 하나님을 가르치려고 세상이 존재했더라면, 그 신성이 아무도 반박할 수 없으리만치 사방팔방 빛을 내뿜었을 것이다. 하지만 세상이 이어지는 것은 오로지 그리스도를 통해, 그리스도를 위해, 그리고 인간들에게 그 타락과 구원을 가르치기 위해서뿐이다. 그러므로 그 안의 모든 것들은 이 두 진리를 뒷받침하는 증거로 눈부시게 빛난다.

이 땅에서는 하나님의 총체적인 부재나 또렷한 임재는 볼 수 없다. 다만 스스로 드러내지 않으시는 하나님의 임재만 볼 수 있을 따름이다. 세상 만물이 그 흔적을 담고 있다.

자연을 아는 사람만 스스로 비참하다는 사실을 인식하는 것일까? 자연을 아는 그 사람만 결국 불행한 것일까?

그는 아무것도 몰라서도, 하나님을 좌지우지할 수 있다고 자부할 만큼 알아서도 안 된다. 그러나 무언가를 잃어버렸음을 의식할 정도는 알아야 한다. 무언가를 잃어버렸음을 인식하기 위해서는 알기도 하고 모르기도 해야 한다. 자연의 상태가 바로 이러하다.

그가 어떤 길을 선택하든 나는 가만히 내버려 두지 않을 것이다…… / 556

450 참다운 신앙은 탁월함과 비참함을 동시에 가르치고, 자존감과 자기 비하, 사랑과 미움을 동시에 품게 할 것이다. / 494

---

1. 재판에서는 438-450번까지를 끊이지 않고 이어지는 문절로 정리했다. 셀리에는 이를 '타락론' 장으로 분류했다(467번 참조).

시리즈 6

유대 민족의 이점

451 **유대 민족의 이점** 이번 조사를 하면서 유대 백성 안에 또렷이 나타나는 놀랍고도 독특한 수많은 특성들이 가장 먼저 눈길을 사로잡았다.

무엇보다도 다른 민족들은 무한정 많은 가문들의 집합체인 반면, 이 민족은 옹글게 형제들로만 구성되어 있다는 점이다. 이루 헤아릴 수 없을 만큼 구성원이 많지만, 단 한 사람에서 이어져 내려왔으며, 모두가 한 혈육이고 서로 지체인 까닭에 대단히 강력한 단일가족국가를 이루었다. 대단히 독특한 사례다.

이 가족, 또는 민족은 인류 역사상 가장 오래된 집단이며, 그 점만 가지고도 남다른 경의가 생기는 듯하다. 지금 진행하는 연구에서는 더더구나 그렇다. 하나님이 오랜 시간을 두고 인간과 소통하셨다면, 그 전통을 파악하기 위해 기대야 할 대상은 바로 이들이기 때문이다.

이 민족은 까마득하리만큼 오래되었으며 그 기원부터 오늘날까지 면면히 이어지면서 독보적으로 오랫동안 지속되어 왔다.

그리스와 이탈리아, 스파르타, 아테네, 로마를 비롯해 한참 후대에 출범했던 수많은 민족들이 진즉에 멸망했던 반면, 이들은 강력한 통치자들이 여럿 나서서 깨끗이 쓸어버리려 숱하게 애를 썼음에도 불구하고 지금껏 남아 있다. 이는 유대 역사가들이 증언하는 일인 동시에, 장구한 세월에 걸친 자연 질서에 비추어 봐도 쉽게 알 수 있는 일이다. 유대 민족은 늘 혈족을 유지했고, 이는 예언된 그대로다. 아울러 태곳적부터 가장 최근까지 이어지는 그들의 역사는 인류 역사 전반을 두루 포함한다.

유대 민족을 지배해 온 율법은 세계에서 가장 오래됐으며, 더없이 완벽하고, 어떠한 상황에서도 꾸준히 지켜 온 유일한 법률이다. 요세푸스는 (아피온을 반박하며) 이를 훌륭하게 증명해 냈다. 유대인이었던 필로도 마찬가지였다. 율법의 출현은 워낙 오래전 일이라 천 년이나 지난 뒤에야 그 이름을 얻었으므로 여러 나라의 역사를 기록했던 호메로스도 그 명칭을 사용한 적이 없었음을 곳곳에서 설명한 것이다. 율법은 그저 한 번 읽어 보기만 해도 얼마나 완벽한지 금세 판단할 수 있었다. 놀라운 지혜와 공정성, 분별을 갖추고 모든 인간사에 대처한다는 사실이 알려지면서, 고대 그리스와 로마의 입법자들은 이를 감지하고 거기서 주요한 법률들을 빌려 왔다. 이른바 '12동판법'(The Twelve Tables; 로마법의 원전으로 BC 451년에 제정되었다-옮긴이)과 요세푸스가 제시하는 다른 증거들에서 이를 확인할 수 있다.

동시에 이 법은 온갖 신앙 관습에 대해서는 더없이 엄중하고 가혹해서 독특하고 고된 규정을 준수할 의무를 수없이 부과하고 어길 경우 사형에 처하기까지 했다. 이런 점을 감안하면, 규정이 훨씬 더 너그러웠던 다른 민족들은 수시로 법을 바꿨던 반면, 반항적이고 참을성 없기로 유명한 이 민족이 그렇게 오랜 세월에 걸쳐 율법을 지속적으로 보존해 왔다는 사실은 참으로 놀라운 일이다.

이 첫 번째 율법을 수록한 책은 그 자체로 세계에서 가장 오래된 서적이다. 호메로스와 헤시오도스를 비롯한 고대 역사가들의 글은 그로부터 600-700년이 더 지나서야 세상에 나왔다. / 620

유대 민족의 성실성

452 **유대 민족의 성실성** 유대인들은 애정을 담아 충실하게 이 책을 후대에 전했다. 모세는 이스라엘 백성을 향해 평생토록 하나님께 배은망덕한 짓을 저질렀고, 자기가 죽은 뒤에는 한술 더 뜨겠지만, 자신은 이미 그러한 사실을 귀에 못이 박이도록 자주 전했다면서 하늘과 땅이 그 증인이라고 선언했다.

그뿐만 아니라 하나님은 결국 그들에게 진노하셔서 세상 여러 민족들 사이에 흩어 버리실 터이고, 자신들의 신이 아닌 잡신들을 섬겨 주님을 노하게 했으므로 그분도 택하신 백성이 아닌 다른 민족을 불러 도발하실 것이며, 그분의 말씀은 한 톨도 남김없이 영원토록 보존되며, 거룩한 책을 언약궤에 넣어 저들을 증거하는 도구로 쓰길 원하신다고 분명히 선포한다. 이사야 선지자 역시 이사야 30장 8절에서 같은 이야기를 한다. / 631

참유대인과 진정한 크리스천은 같은 신앙을 가졌다

453 **참유대인과 진정한 크리스천은 오로지 하나의 신앙만을 가졌음을 보이기 위하여**

유대인의 종교는 아브라함의 자손, 할례, 희생 제사, 예식, 언약궤, 성전, 예루살렘, 그리고 마지막으로 모세의 율법과 언약을 핵심으로 해서 이루어진 듯 보인다.

분명히 말하지만 이 종교는 위에 열거한 것들에 의지하지 않는다. 오직 하나님의 사랑으로 구성된다. 그분은 다른 것들을 전부 거부하셨다.

하나님은 아브라함의 자손을 인정하지 않으실 것이다. 하나님의 뜻을 저버리면 유대인이라 할지라도 이방인과 마찬가지로 벌하신다.

신명기 8장 19절[1]: "네가 만일 네 하나님 여호와를 잊어버리고 다른 신들을 따라 그들을 섬기며 그들에게 절하면 내가 너희에게 증거하노니 너희가 반드시 멸망할 것이라."

이방인이라 할지라도 하나님을 사랑하면, 그분은 유대인과 차별하지 않고 받아 주실 것이다.

이사야 56장 3절: "이방인의 자손들로 여호와께서 나를 그의 백성 중에서 반드시 갈라내시리라고 말하지 말게 하라. 주님과 연합하여 그를 섬기며 여호와의 이름을 사랑하는 이방인의 자손들을 나의 성산으로 인도하여 그들의 번제와 희생을 나의 제단에서 기꺼이 받게 되리니 이는 내 집은 만민이 기도하는 집이라 일컬음이 될 것임이라."

참유대인들은 제 공로가 있다면, 그것은 아브라함이 아니라 오직 하나님에게서 비롯했다고 생각했다.

이사야 63장 16절: "의심할 여지없이, 주는 우리 아버지시라. 아브라함은 우리를 모르고 이스라엘은 우리를 인정하지 아니할지라도 여호와여, 주는 우리의 아버지요 우리의 구속자라."

모세도 이스라엘 백성을 향해 하나님은 겉모습을 보고 사람을 판단하지 않으신다고 했다.

신명기 10장 17절: "하나님은 사람을 외모로 보지 아니하시며 뇌물을 받지 아니하시고."

안식일은 그저 표징일 뿐이었다. 출애굽기 31장 13절을 보라. 애굽에서 탈출했던 역사를 기억하는 장치였다. 신명기 5장 15절을 보라. 따라서 이제 애굽은 잊혀야 하므로, 안식일은 더 이상 필요치 않다.

할례는 다만 표징일 따름이었다. 창세기 17장 11절을 보라.

광야에 있을 때는 할례를 받지 않았던 이유가 거기에 있다. 다른 민족들과 섞일 일이 없었기 때문이다. 그리고 그리스도가 오신 뒤에는 할례가 더 이상 필요치 않았다.

마음의 할례를 받아야 한다.

신명기 10장 16-17절; 예레미야 4장 4절: "그러므로 너희는 마음에 할례를 행하고 다시는 목을 곧게 하지 말라. 너희의 하나님 여호와는 신 가운데 신이시며 주 가운데 주시요 크고 능하시며 두려우신 하나님이시라 사람을 외모로 보지 아니하시며."

하나님은 언젠가 그 일을 행하겠다고 말씀하셨다.

신명기 30장 6절: "네 하나님 여호와께서 네 마음과 네 자손의 마음에 할례를 베푸사 너로 마음을 다하여 네 하나님을 사랑하게 하실 것이다."

마음에 할례를 받지 않은 이들은 심판을 받는다.

예레미야 9장 26절: "내가 벌을 내리겠다. 이 모든 민족은 이스라엘 백성 전체와 마찬가지로 마음에 할례를 받지 않은 자들이기 때문이다."

속이 차지 않으면 겉은 아무 소용이 없다.

요엘 2장 13절: "너희는 옷을 찢지 말고 마음을 찢으라" 등.

이사야 58장 3-4절을 비롯한 여러 구절들을 보라.

신명기는 시종일관 하나님을 사랑하라고 명령한다.

신명기 30장 19절: "내가 오늘 하늘과 땅을 불러 너희에게 증거를 삼노라. 내가 생명과 사망을 네 앞에 두었은즉 …… 생명을 택하고 네 하나님 여호와를 사랑하고 그의 말씀을 청종하라. 그는 네 생명이시기 때문이다."

이 사랑이 없으면 유대인이라 할지라도 하나님의 뜻을 외면한 까닭에 버림받으며, 대신 이방인들이 택함을 받을 것이다.

호세아 1장 10절.

신명기 32장 20절: "내가 내 얼굴을 그들에게서 숨겨 그들의 종말이 어떠함을 보리니[2] 그들은 심히 패역한 세대요 진실이 없는 자녀임이로다 그들이 하나님이 아닌 것으로 내 질투를 일으켰으니 나도 백성이 아닌 자로 그들에게 시기가 나게 하며 어리석은 민족으로 그들의 분노를 일으키리로다."

이사야 65장.

세상이 주는 유익은 거짓이며 참다운 행복은 하나님과 연합하는 데 있다.

시편 144편 15절.

하나님은 유대인의 희생제물을 기뻐하지 않으셨다. 그들의 절기 행사를 역겨워하셨다. 아모스 5장 21절을 보라.

이사야 66장 15절; 1장 11절—예레미야 6장 20절—다윗, "miserere"〔시편 51편〕—선한 이들의 경우에도.

"Expectavi"〔시편 40편〕: 시편 50편 8-14절.

하나님이 제사 제도를 만드신 뜻은 오로지 유대인들의 마음이 완악한 까닭이었다. 미가(대단하다) 6장을 보라.

사무엘상 15장 22절—호세아 6장 6절.

하나님은 이방인들의 희생 제사를 받아 주실 것이다. 유대인들의 제사는 더 이상 기뻐 받지 않으실 것이다. 말라기 1장 11절.

하나님은 메시아를 통해 새로운 언약을 맺으시며 옛 언약은 파기될 것이다.

예레미야 31장 31절.

Mandata non bona〔선하지 못한 율례〕 에스겔(겔 20:25).

이전 것은 잊힌다.

이사야 43장 18-19절—65장 17-18절.

언약궤는 잊힐 것이다.

예레미야 3장 15-16절.

성전은 버려질 것이다.

예레미야 7장 12-14절.

희생 제사는 폐지되고 또 다른 순전한 제사 제도가 확립될 것이다.

말라기 1장 11절.

아론의 반차를 따르는 제사장 직분은 폐기되고, 메시아를 통해 멜기세덱의 반차를 좇는 제사장 직분이 도입될 것이다.

"Dixit dominus"〔시편 110편〕.

이 제사장직은 영원할 것이다.

시편 110편.

예루살렘은 버림받고 로마는 받아들여질 것이다.

시편 110편.

유대인이라는 이름은 버려지고 새로운 이름이 주어질 것이다.

이사야 65장 15절.

마지막 이름은 유대인이라는 호칭보다 뛰어나며 영원히 이어질 것이다.

이사야 56장 5절.

유대인은 선지자 없이 살게 될 것이다. 아모스(암 7:9).

왕들도, 통치자들도, 희생 제물도, 우상도 없을 것이다.

그럼에도 불구하고 유대인은 언제나 한 민족으로 남아 있을

것이다. 예레미야 31장 36절. /610

---

1. 파스칼은 9장으로 오기했다. 여기서, 그리고 이어지는 인용구에서 파스칼은 본문을 상당 부분 잘라내고 압축했지만 원고에서는 이를 표기하지 않았다.
2. 파스칼은 이 문장을 "그들이 나중에 죄를 지을 때 그들에게서 내 얼굴을 숨길 것이다"라고 잘못 번역했다.

시리즈 9

유대 민족의 독특성

454 다음 사실들로 미루어볼 때, 기독교 신앙은 이전 종교를 기반으로 삼고 있음을 알 수 있다.

(모세나 그리스도와 제자들이 일으킨 많은 기적 이야기는 여기서는 하지 않으려 한다. 애초부터 누구나 납득할 만한 일은 아니기 때문이다. 지금은 기독교 신앙과 관련해 의심할 여지가 전혀 없이 확실한 증거들만 제시하고 싶다.)

세상 한쪽 구석에는 다른 여러 민족들과 구별되는 독특한 백성이 살고 있는데, 이들을 흔히 유대 민족이라고 부른다.

세계 곳곳에서, 그리고 여러 세대에 걸쳐 종교를 창시한 이들을 지켜보지만, 만족을 줄 만한 도덕성도, 관심을 사로잡는 증거도 볼 수 없다. 그러기에 이슬람교, 중국과 고대 로마, 이집트의 종교를 하나같이 거부했을 것이다. 다른 신앙과 확연히 다른 특징도 없고, 선택할 수밖에 없게 만드는 힘도 없어서 이성이 어느 한쪽에 기울지 않았다.

하지만 시대가 변할 때마다 시시각각 달라지는 온갖 관습과 신앙들을 꼼꼼히 살피다가 대단히 독특한 민족과 맞닥뜨렸다.

지상의 그 어떤 민족과도 구별되며 인류가 소유한 가장 오랜 역사들보다 몇 세기씩 더 앞선 최고(最古)의 역사를 가지고 있었다.

이어서 한 사람에게서 비롯되었으며, 한 하나님을 섬기고, 그 분의 손에서 직접 받아 가졌다는 율법에 따라 살아가는 크고 대단한 민족임을 알게 됐다. 이들은 온 세상을 통틀어 하나님이 거룩한 신비를 드러낸 민족은 자신들뿐이라고 주장한다. 온 인류는 타락했고, 하나님께 수치가 되었으며, 마침내 버림을 받아 제 뜻과 생각대로 살게 되었다고 한다. 그러기에 이 백성은 흔들리지 않는 처신을 유지하는 반면, 인간들 사이에는 별의별 미친 짓이 다 벌어지고 종교와 관습이 끊임없이 바뀐다는 것이다. 하지만 하나님은 다른 민족들을 어둠 가운데 영영히 버려 두지 않으시고 온 인류를 위해 구세주를 보내 주실 텐데, 자신들은 세상에 나가 뭇사람들에게 그분을 선포할 것이라고 이야기한다. 자기들은 분명 그 위대한 강림을 알리는 선구자이자 예표가 되며, 온 민족들을 깨워서 함께 이 구세주를 고대하도록 지음받았다고 자부한다.

나는 이 민족의 존재를 알고 깜짝 놀랐다. 주목할 가치가 있어 보였다.

그들이 하나님께 받았노라고 으스대는 이 율법을 찬찬히 헤아려 보니 참으로 훌륭했다. 어떤 법률들보다 먼저 나온 법전이었다. 심지어 그리스인들 사이에 '법'이라는 말이 통용되기 훨씬 전에 그 법을 받아서 거의 천 년을 끊이지 않고 지켜 왔다. 이처럼 온 세상을 통틀어 처음 출현한 법이 더없이 완벽하기까지 하다니 참으로 놀라운 일이다. 아테네의 12동판법과 그 뒤를 이은 로마의 법률들에서 보듯, 첫손에 꼽히는 입법자들이 그 내용을 빌려다가 자신들의 법을 만들 정도였으니, 요세푸스를 비롯한 역사가들이 충분히 다루지 않았더라도 그 사실을 입증하기가 어렵지 않았을 것이다. / 619

455 **예언** 다윗에게 후계가 그치지 않으리라는 약속. 예레미야(렘 33:22). / 717

유대 민족의 영속성

456 이는 엄연한 사실이다. 철학자들은 하나같이 여러 분파로 뿔뿔이 나뉘어 있는 반면, 세계 한구석에는 인류 역사상 가장 오랜 민족이 있다. 그들은 온 천하가 죄에 물들었으며, 하나님이 자신들에게 진리를 보여 주셨고, 그 진리가 언제나 이 땅에 있으리라고 선포했다. 다른 종파들은 죄다 막을 내렸지만, 이 신앙은 여전히 존재한다. 이들은 4천 년이 넘도록, 인간은 하나님과 교제하던 데서 추락해 그분과 완전히 멀어졌지만 주님은 거기서 구원해 주시겠다고 약속하셨고, 이 가르침은 늘 세상에 있을 것이며, 율법은 이중의 의미를 갖는다는 사실을 조상들에게서 전해 들었노라고 계속해서 주장한다.

1,600년 동안 선지자라고 인정받는 이들이 나타나서 시기와 방법을 예견했다.

그로부터 400년 뒤, 이 민족은 뿔뿔이 흩어졌다. 세계 방방곡곡에 그리스도를 선포해야 했기 때문이다.

그리고 예언된 시기에, 예언된 방식으로 그리스도는 세상에 오셨다.

그 이후로, 유대인들은 저주를 받아 곳곳으로 흩어졌지만 그럼에도 불구하고 살아남았다. / 618

457 사도들은 협잡꾼이었다는 가정.
시기는 분명하게, 방식은 애매하게.
증거가 되는 다섯 가지 상징적인 사건들.
2,000년: 1,600 예언.
400 흩어짐. / 572

시리즈 11

신앙의 증거

458 **모순** 신앙의 무궁한 지혜와 신앙의 무한한 어리석음. / 588b

459 스바냐 3장 9절: "그때에 내가 여러 백성의 입술을 깨끗하게 하여 그들이 다 여호와의 이름을 부르며 한 가지로 나를 섬기게 하리니."

에스겔 37장 25절: "내 종 다윗이 영원히 그들의 왕이 되리라."

출애굽기 4장 22절: "이스라엘은 내 아들 내 장자라." / 713b

460 크리스천의 하나님은 오직 자신만이 영혼의 유일한 행복이고, 그분 안에서만 평안을 누릴 수 있으며, 그분을 사랑하는 가운데서만 기쁨을 찾을 수 있음을 영으로 알게 하시는 분이다. 아울러 하나님을 사랑하지 못하도록 온 힘을 다해 가로막고 발목을 잡는 상대를 미워하게 하신다. 앞을 막는 자기중심성과 정욕을 차마 견디지 못한다. 하나님은 뿌리 깊은 자기중심성이 영혼을 파괴하며 오직 그분만이 치료해 주실 수 있음을 깨닫게 하신다. / 544

461 세상은 사랑과 심판을 연습하는 훈련장이다. 사람들은 하나님이 친히 지으신 자가 아니라 마치 원수같이 되어 버렸다. 그래도 하나님은 사람들이 그분을 찾고 따르기를 원하기만 하면 은혜를 베풀어 돌아갈 길을 찾기에 넉넉한 빛을 허락하신다. 하지만 구하고 좇기를 거부하면 또한 징계하기에 모자람이 없는 빛을 동일하게 허락하신다. / 584

462 선지자들이 앞일을 예언했지만 그 일들은 앞서 예언되지는 않았다. 예언된 대로 성도들이 나타났지만, 그들은 예언하지 않았다. 그리스도는 예언되었고 또 예언하신다. / 739

463 참으로 놀랍게도 정경 기자들 가운데 그 누구도 자연을 동원해 하나님을 증명하려 하지 않았다. 하나같이 백성이 하나님을 믿게 하려 노력했다. 다윗도 솔로몬도 "진공은 없다. 그러므로 하나님은 존재하신다"라고 말한 적이 단 한 번도 없다. 그들은 후대 가운데 가장 명석했던 이들보다 더 명석했음에 틀림없다. 이는 대단히 의미심장한 일이다. / 243

464 어느 한편에 편히 머무르게 하지 않겠다. 뿌리를 내리거나 쉴 데가 어디에도 없이…… / 419

465 이 어린아이들은 자기 또래가 존중받는 것을 보면 깜짝 놀란다. / 321

466 자연을 끌어다 하나님을 증명하는 것이 약함을 나타내는 표지라면, 성경을 낮춰 보지 말라. 이런 모순들을 인식했다는 것이 강함을 나타내는 표지라면 그 점에서 성경을 존중하라. / 428

467 **질서** '타락'[을 다루는 부분]이 끝나고 나면 적을 것: 거기에 만족하는지 여부를 떠나, 이 지경에 있는 이들은 누구나 그것을 알아야 한다고 말한다면 그것은 옳다. 하지만 누구나 구원을 알아야 한다고 말한다면 그것은 옳지 않다. / 449

468 세상 만물은 인간의 비참함과 하나님의 사랑, 하나님 없는 사람의 무력함과 하나님과 함께하는 사람의 능력을 여실히 보여 준다. / 562

469 **비천함** 하나님은 선택하신 백성이 유익을 얻도록 뭇사람들의 무지를 이용하셨다. / 577

470 인간이 비천한 까닭은 영예를 갈구하는 특성을 갖고 있기 때문이다. 그런가 하면 또한 이는 인간의 탁월함을 더없이 또렷하게 보여 주는 요소이기도 하다. 제아무리 가진 것이 많고, 아무리 건강하고, 또 아무리 편안하게 살아도 주변 사람들에게서 칭찬이나 인정을 받지 못하면 결코 만족하지 못한다. 인간은 이성에 지나치게 높은 가치를 두므로 지상에서 더없이 큰 특권을 누리더라도 인간 이성에서 영광스러운 위치를 차지하지 못하면 행복해할 줄 모른다. 이는 세상에서 가장 근사한 지위다. 이런 욕

망은 피할 길이 없고, 더구나 인간의 마음에서 지워 버리기가 가장 힘든 특성이기도 하다.

인간을 멸시하다 못해 짐승과 같은 수준으로 여기는 이들마저도 그 인간들이 떠받들고 신뢰해 주기를 원한다. 자신의 감정에 휘둘리다 자기모순에 빠지는 꼴이다. 무엇보다도 강력한 이 본성은 이성이 인간의 비천함을 설득하는 쪽보다 훨씬 더 강력하게 그 위대함을 확신시킨다. / 404

471 나로서는 고백할 수밖에 없다. 기독교 신앙이 '인간은 태생적으로 타락했으며 하나님에게서 멀어졌다'는 원리를 드러내자 곧바로 사람들의 눈이 열려 곳곳에 또렷한 이 진리의 흔적을 보게 되었다. 이렇게 본래 자연은 인간의 안팎을 가리지 않고 그들이 잃어버린 하나님과 타락한 본성을 어디서나 가리켜 보이게 마련이다. / 441

472 **위대** 신앙은 너무도 위대하므로, 불확실하다는 이유로 찾지 않는 이들에게 그 특권이 돌아가지 않는 것은 지극히 당연한 일이다. 구해야만 찾을 수 있는 것이 신앙일진대 불평할 일이 무어란 말인가? / 574

473 '선'이라는 말과 '악'이라는 말에 대한 해석. / 500

474 천지창조가 과거지사가 되기 시작하자, 하나님은 그 시대를 살았던 역사가 한 명을 예비하시고 한 민족 전체를 택해 이 책의

관리 책임을 맡기셨다. 이 책에 적힌 역사는 세상을 통틀어 가장 정확하며, 누구나 꼭 필요해서 반드시 알아야 하고, 또한 그 책에서만 알 수 있는 사실들을 배우게 하셨다. / 622

475 유대인들이 알지 못하도록 이 책에 드리워진 베일은, 거짓 크리스천과 스스로를 미워할 줄 모르는 모든 이들에게도 똑같이 작용한다. 하지만 진정 자신을 미워하면, 더없이 쉽게 이 책을 이해할 수 있고 나아가 그리스도를 알게 된다. / 676

476 나는 닫힌 '멤'이 영적인 표징이라고 말하지 않는다.[1] / 688

477 오만은 온갖 형태의 비참함 속에서 균형을 맞추는 평형추이자 해독제다. 여기 소외당한 악인, 명확한 탈선이 있다. 제자리에서 벗어나 아등바등 돌아갈 길을 찾는 이가 있다. 이것이 모든 인간이 하는 짓이다. 누가 그 길을 찾았는지 한번 살펴보자. / 406

478 온갖 종류의 즐길 거리를 하나하나 살필 필요 없이 '오락'이라는 제목 아래 모두 구겨 넣는 것으로 충분하다. / 137

479 철학자들에게는 280가지의 최고선이 있다.[2] / 746

480 어떤 종교에서든 진실성은 핵심 요소다. 진실한 이방인, 진실한 유대인, 진실한 크리스천. / 590

481 중국 역사와 멕시코의 역사가, 다섯 개의 태양(마지막 것은 기껏해야 800년 전이었다)에 대한 반론.[3]

한 민족에게 받아들여진 책과 한 민족을 만들어 내는 책의 차이. / 594

482 증거들 —1 기독교 신앙, 자연과 그토록 충돌함에도 더없이 확고하고 한없이 품위 있게 성립되었다는 사실—2 크리스천의 거룩함과 숭고함, 겸손—3 성경의 기적—4 특히 예수 그리스도—5 특히 사도들—6 특히 모세와 여러 선지자들—7 유대 민족—8 예언들—9 영속성: 어떤 종교도 그런 영속성을 누린 바 없다—10 만사를 설명하는 교리—11 율법의 거룩함—12 세계 질서를 통해.

이를 보고 나서 삶과 이 신앙의 본질을 곱씹으며 호감을 갖게 된다면, 걷잡지 못할 정도로 그 길을 따르고 싶은 마음이 들 게 틀림없다. 분명히 말하건대, 그 신앙을 좇는 이들을 비웃을 근거는 어디에도 없다. / 289

---

1. '멤'에 관련 기술은 272번을 참조하라.
2. 408번을 참조하라.
3. Montaigne, *Essays*, Ⅲ. 6 참조. 몽테뉴, 《수상록》.

시리즈 12

예언 1

483 **예언**(애굽에서, 《푸기오 피데이》), p. 659,[1] 《탈무드》:

"우리들 사이에 전해 오는 전승에 따르면, 메시아가 임할 때 그 말씀을 베풀기 위한 집에는 추잡하고 부정한 자들이 가득하며 율법학자의 지혜는 타락하고 부패할 것이다. 죄를 두려워하는 이들은 정죄를 당하며, 어리석고 정신이 이상한 인간 취급을 받는다."

이사야 49장: 너희 섬들아, 내가 하는 말을 들으라. 너희 먼 곳에 사는 민족들아, 귀를 기울이라. 주님께서 이미 모태에서부터 나를 부르셨다. 나를 주님의 손 그늘에 숨기시고 내 입을 날카로운 칼처럼 만드셨다. 주님께서 내게 말씀하셨다. "이스라엘아, 너는 내 종이다. 네가 내 영광을 나타낼 것이다." 그러나 나는 말했다. "주님, 제가 헛되이 수고를 한 걸까요? 쓸모없고 허무한 일에 제 힘을 허비한 걸까요? 그러나 참으로 저에 대한 판단이 주께 있고 제 노력이 하나님께 있습니다." 그러자 태에서부터 나를 그의 종으로 지으신 이시요 야곱과 이스라엘을 다시 그에게로 돌아오게 하신 주님이 말씀하셨다. "너는 주님의 귀한 종이 되었고, 나는 네 힘이 되겠다. 네가 야곱의 지파들을 일으키는 것은 쉬운 일이다. 땅끝까지 나의 구원이 미치게 하려고 내가 너를 뭇 민족의 빛으로 삼았다." 그리하여 주님은 자신의 영을 겸손하게 하는 사람, 남들에게 멸시를 받는 사람, 이방들에게 미움을 받는 사람, 통치자들에게 종살이하는 사람에게 말씀하신다. "왕과 대신들이 너를 보고 경배할 터이니, 이는 너를 택한 하나님, 신실한 주 하나님 때문이다."

주님께서 말씀하신다. "너희를 구원해야 할 때가 되면 내가 너희에게 은혜를 베풀겠고, 너를 시켜서 뭇 백성과 언약을 맺겠다. 내가 너희를 다시 너희 땅에 정착시키겠다. 나라를 일으켜 그들에게 그 황무했던 땅을 기업으로 상속하게 하겠다. 죄수들에게는 나가라 하겠고, 어둠 속에 갇힌 사람들에게는 밝은 곳으로 나오라고 말하겠다. 그들로 풍성하고 기름진 땅의 주인이 되게 하겠다. 그들은 배고프거나 목마르지 않으며, 무더위나 햇볕도 그들을 해치지 못할 것이니, 이것은 긍휼히 여기시는 분께서 그들을 이끄시기 때문이며, 샘이 솟는 곳으로 그들을 인도하시기 때문이다. 내가 나의 모든 산을 길로 삼고 나의 대로를 돋우리니 보라, 내 백성이 먼 곳으로부터도 오고, 또 더러는 북쪽에서도 오고, 서쪽에서도 오고, 남쪽에서도 올 것이다. 하늘아, 기뻐하라! 땅아, 즐거워하라! 주님께서 그의 백성을 위로하셨고, 또한 그분을 바라보며 고난을 받은 그 사람들에게 사랑을 베푸셨다."

하지만 시온은 말하는구나. "주님께서 나를 버리셨고, 주님께서 나를 잊으셨다." "어머니가 어찌 자식을 잊겠으며, 자기 태에서 낳은 아들을 어찌 긍휼히 여기지 않겠느냐! 비록 어머니가 자식을 잊는다 하여도 나는 절대로 너를 잊지 않겠다. 보라, 시온아, 내가 네 이름을 내 손바닥에 새겼고, 네 성벽을 늘 지켜보고 있다. 너를 건축할 사람들이 곧 올 것이니, 너를 파괴하는 사람과 황폐하게 하는 사람이 너를 곧 떠날 것이다. 네 백성이 모두 모여 너에게로 온다. 내 삶을 걸고 맹세하노니, 네가 반드시 그 모든 무리를 장식처럼 몸에 차며 그것을 띨 것이라. 황폐하고 궁벽한 곳, 파괴된 땅은 너무 좁아서 큰 무리가 된 네 백성을 감당할 수 없을 것이다. 자식을 잃었을 때에 낳은 자녀가 네게 말하기를 "이곳이 너무 비좁으니 울타리를 넓혀서 내게 살 자리를 만들어 주십시오"라고 할 것이다. 그때에 너는 마음속으로 이를 것이다. '누가 나에게 이렇게 넘치도록 아이들을 낳아 주었는가? 나는 자식을 잃고 더 낳을 수도 없었는데, 포로가 되어 이리저리 끌려다니는 신세인데, 도대체 이 아이들이 다 어디에서 왔는가? 보라, 나는 홀로 남았거늘 이들은 어디서 생겼는고?'" 주님은 말씀하신다. "보라, 내가 뭇 민족을 손짓하여 부르고, 그 백성에게 기치를 세우리니, 그들이 네 아들을 안고 또 품고 올 것이다. 왕들이 네 아버지처럼 될 것이며, 왕비들이 네 어머니처럼 될 것이다. 그들이 얼굴을 땅에 대고 네게 엎드릴 것이며, 네 발의 먼지를 닦아 줄 것이다. 그때에 너는 내가 주인 줄을 알 것이다. 나를 믿고 기다리는 사람은 수치를 당하지 않는다. 누가 힘세고 강한 적군에게서 전리품을 빼앗을 수 있느냐? 그러나 비록 빼앗겼다 할지라도 너희 자녀들을 구하고 네 적들을 멸망시키는 것을 그 무엇도 막을 수 없을 것이다. 그러고 나면 모든 사람이, 나 주가 네 구원자요, 네 속량자요, 야곱의 전능자임을 알게 될 것이다."

이사야 50장: 주님은 말씀하신다. "내가 써 준 이혼 증서가 어디에 있느냐? 내가 회당에서 쫓아내기라도 하였느냐? 너희를 원수의 손에 넘겨준 까닭이 무엇이냐? 너희가 팔려 간 것은 불경건함과 사악함 때문이 아니더냐?

내가 왔을 때에 왜 아무도 영접하지 않았으며, 내가 불렀을 때에 아무도 대답하지 않았기 때문이다. 내 손이 짧아서 너희를 속죄하지 못하겠느냐?

그러므로 내가 진노의 표적을 보여 주겠다. 내가 흑암으로 하늘을 입히며, 굵은 베로 하늘을 두르겠다."

주님이 나를 학자처럼 말할 수 있게 하셔서 지친 사람에게 적절히 말하는 법을 알게 하신다. 아침마다 내 귀를 열어 학자처럼 알아듣게 하신다.

주님이 그 뜻을 보이셨으므로 나는 주님께 거역하지도 않았다.

나는 나를 때리는 자들에게 등을 맡겼고, 내 수염을 뽑는 자들에게 뺨을 맡겼다. 내게 침을 뱉고 나를 모욕하여도 주님이 나를 도우셨으므로 내가 그것을 피하지도 않았다. 주 하나님께서 나를 도우시니, 그들이 나를 모욕하여도 마음 상하지 않았다.

나를 의롭다 하신 분이 가까이 계시니 그 누가 나에게 죄가 있다 하겠느냐? 주 하나님이 친히 내 보호자가 되신다.

온 인간은 사라지고 시간과 더불어 흘러간다. 주님을 경외하는 이들로 거룩한 종이 전하는 말씀에 귀 기울이게 하며, 어둠

속을 걷는 이들로 주님을 신뢰하게 하라. 그러나 너희들, 주님의 진노에 불을 지피는 이들은 불빛에 의지해 걸을지라도 그 불꽃이 너희를 태울 것이다. 내가 친히 그리하겠고 너희는 그 고통 속에 쓰러질 것이다.

이사야 51장: "내가 하는 말에 귀를 기울이라. 의로움을 좇는 이들아, 주님을 구하는 이들아. 너희가 떨어져 나온 저 바위를 보라. 너희 조상 아브라함을 생각하여 보고, 너희를 낳아 준 사라를 생각해 보라. 보라, 내가 아브라함을 불렀을 때에는 자식이 없었지만 그에게 은혜를 내려서 그 자손을 수없이 많게 했다. 내가 어찌 시온을 축복하고 은혜를 쏟아부으며 위로하는지 보라.

오, 나의 백성아, 나에게 귀를 기울이라. 나의 백성아, 내 말을 귀담아 들으라. 법은 나에게서 비롯하며, 나의 판단은 이방인들의 빛이 될 것이다."

아모스 8장 9절: (이스라엘의 온갖 죄상을 낱낱이 열거한 뒤에, 선지자는 하나님이 맹세코 그 죗값을 치르게 하겠노라고 말씀하셨음을 전한다.)

"주 하나님이 하는 말이다. 대낮에 해가 지고 한낮에 땅이 캄캄해지는 날이 닥칠 것이다. 내가 너희의 모든 절기를 통곡으로 바꾸어 놓고, 너희의 모든 노래를 만가로 바꾸어 놓겠다. 내가 모든 사람에게 굵은 베옷을 입히고, 머리를 모두 밀게 하겠다. 그래서 모두들 외아들을 잃은 것처럼 통곡하게 하고, 그 마지막이 비통한 날이 되게 하겠다. 주 하나님이 말씀하신다. 그 날이 온다. 내가 이 땅에 기근을 보내겠다. 그것은 밥이 없어서 겪는 배고픔이 아니며 물이 없어서 겪는 목마름이 아니다. 주의 말씀을 듣지 못하여서 사람들이 굶주리고 목말라 할 것이다. 사람들이 주의 말씀을 찾으려고 이 바다에서 저 바다로 헤매고, 북쪽에서 동쪽으로 떠돌아다녀도 그 말씀을 찾지 못할 것이다.

그 날에는 아름다운 처녀들과 젊은 총각들이 목이 말라서 지쳐 쓰러질 것이다. 사마리아의 부끄러운 우상을 의지하고 맹세하는 자들, 단에서 섬기는 하나님을 두고 맹세하는 이들, 브엘세바에서 예배하는 것을 좇는 자들은 쓰러져서 다시는 일어나지 못할 것이다."

아모스 3장 2절: "내가 땅의 모든 족속 가운데 너희만을 알았나니."

다니엘 12장 7절: 메시아의 통치 전반을 기록한 뒤에 말한다. "이스라엘 백성을 다 흩으신 뒤에야 이 모든 일들이 끝날 것이다."

학개 2장 4절: "이 두 번째 성전을 찬란하던 첫 번째 성전과 비교해 본 자는 이것이 하찮아 보이겠지만, 그러나 스룹바벨아, 이제 힘을 내라. 나 주의 말이다. 여호수아 대제사장아 힘을 내라. 이 땅의 모든 백성아 힘을 내라. 내가 너희와 함께 있으니 너희는 일을 계속하라. 나 만군의 주의 말이다. 너희가 애굽에서 나올 때에 내가 너희와 맺은 바로 그 언약에 따라 나의 영이 너희 가운데 머물러 있으니, 너희는 두려워하지 말라. 나 만군의 주가 말한다. 머지않아서 내가 다시 하늘과 땅, 바다와 뭍을 뒤흔들어 놓겠다〔화법 자체가 엄청난 변화를 예고함[2]〕. 또 내가 모든 민족을 뒤흔들어 놓겠다. 모든 나라의 보배가 이르리니 내가 이 성전에 영광이 충만하게 하겠다. 나 만군의 주가 말한다.

은도 내 것이요, 금도 내 것이다. 나 만군의 주의 말이다〔하나님이 원하시는 예배는 이런 것들에 기대는 것이 아님을 지적함. "들에 있는 짐승들도 다 내 것인데 거기서 가져와서 내게 제물을 드리는 것이 아니냐?"는 말씀과 같은 취지[3]]. 그 옛날 찬란한 그 성전보다는 지금 짓는 이 성전이 더욱 찬란할 것이다. 나 만군의 주가 말한다. 내가 바로 이곳에 평화가 깃들게 하겠다. 나 만군의 주의 말이다. 내가 이곳에 나의 집을 짓겠다. 나 만군의 주의 말이다."

신명기 18장 16절: "호렙산에서 총회를 가진 날에 당신들은 '주 우리 하나님의 소리를 다시는 듣지 않게 해 주시며, 무서운 큰 불도 보지 않게 해 주십시오. 우리가 죽을까 두렵습니다'라고 말했습니다. 그때 주님께서 내게 말씀하셨습니다. '그들이 한 말이 옳다. 나는 그들의 동족 가운데서 너와 같은 선지자 한 사람을 일으켜 세워, 나의 말을 그의 입에 담아 줄 것이다. 그는 내가 명한 모든 것을 그들에게 다 일러 줄 것이다. 그가 내 이름으로 말할 때에, 내 말을 듣지 않는 사람은 내가 벌을 줄 것이다.'"

창세기 49장 8절: "유다야, 너의 형제들이 너를 찬양할 것이다. 너는 원수의 멱살을 잡을 것이다. 네 아버지의 아들들이 네 앞에 무릎을 꿇을 것이다. 유다야, 너는 사자 새끼 같을 것이다. 나의 아들아, 너는 움킨 것을 찢어 먹고, 굴로 되돌아갈 것이다. 엎드려 웅크린 모양이 수사자 같기도 하고 암사자 같기도 하니 누가 감히 범할 수 있으랴!

왕의 홀이 유다를 떠나지 않고, 통치자의 지팡이가 그 발 사이에서 떠나지 아니하기를 실로가 오시기까지 이르리니 그에게 모든 백성이 복종할 것이다." / 726

1. 《푸기오 피데이》(*Pugio Fidei*)를 참조함. 파스칼은 성경 본문을 대폭 수정했으며 여기 수록한 번역문은 본인이 직접 풀어낸 글이다.
2. 파스칼이 붙인 설명.
3. 파스칼이 붙인 설명.

특별한 예언들

484 **특별한 예언들** "애굽에서 유다 민족은 그저 나그네였다. 그들에게는 애굽에서는 물론이고 그 어디에도 제 소유라고 할 만한 것이 하나도 없었다(훨씬 뒤에나 나타나는 왕정의 조짐도, 70인의 사사로 구성된 최고 협의체로서 모세가 처음 구성한 이래 그리스도 시대까지 이어진 산헤드린의 기미도 전혀 보이지 않았다. 이 모든 것은 하나같이 당시 유다 민족의 상황과는 까마득히 멀었다). 그런 상황에서 야곱은 임종을 앞에 두고 열두 아들들을 축복하면서 장차 광대한 땅을 소유할 것이고, 특히 유다 지파에게는 언젠가 왕들이 그 가계에서 나오며 형제들까지 모두 그에게 복종하리라고 예언했다—수많은 민족의 소망이 될 메시아는 그 혈통을 좇아 태어나며, 다들 고대하는 메시아가 그 가계에서 태어날 때까지, 왕위가 유다 가문에서 떠나지 않으며 통치자와 입법자들 또한 그 후손에서 그치지 않고 나오리라고도 했다.

또 야곱은 장차 소유할 땅을(마치 이미 주인이기라도 한 것처럼) 나눠 주면서 요셉에게는 다른 형제들보다 한몫을 더 주었다. "내가 네게 네 형제보다 세겜 땅을 더 주었나니"(창 48:22).

축복을 받게 하려고 두 아들 에브라임과 므낫세를 데려온 요셉은 맏아들 므낫세를 오른쪽에, 동생 에브라임을 왼편에 세웠다. 하지만 야곱은 팔을 엇갈려 오른손을 에브라임의 머리에, 왼손을 므낫세의 머리에 올리고 복을 빌었다. 아우를 앞세우고 있음을 요셉이 지적하자 야곱은 놀라우리만치 단호하게 대답했다. "나도 안다, 내 아들아. 나도 안다. 하지만 그의 아우가 그보다 큰 자가 될 것이다." 예언은 정말 실현되었다. 에브라임은 크게 번성해서 다른 지파와 함께 옹근 왕국을 이루었는데, 흔히 에브라임 지파의 이름만으로 그 왕국의 이름을 대신할 정도였다. 요셉은 세상을 떠나기 전, 자녀들에게 나눠 받은 땅으로 돌아갈 때 자신의 뼈를 함께 가져가 달라고 당부했는데, 후손들은 그로부터 200년이 더 지나서야 그 뜻을 실행에 옮겼다.

모세는 목적지에 도착하기도 전에 마치 그 땅의 지배권을 가진 양 각 지파마다 한몫씩 떼어 주었다. 그가 기록을 남긴 것은 이 모든 일이 실제로 일어나기 훨씬 전이었다. 그리고 마침내 하나님이 그 민족과 종족에서 선지자 하나를 세우실 텐데, 자신은 그분의 예표일 따름이라고 선언했다. 아울러 자신이 죽고 백성이 그 땅에 들어간 뒤에 일어날 모든 일들, 즉, 주님이 허락하실 승리들과 그분을 향한 백성의 배은망덕한 처신, 그래서 받을 형벌과 이후에 벌어질 사건들을 하나님을 대신해 정확하게 예견해 주었다.

또 땅을 분할하는 문제를 둘러싼 판결을 내려 주었다. 누구나 따라야 할 통치 체제의 전반적인 틀을 정하고, 도피성을 세우는 일에 관해서도 지침을 주었다. / 711

다니엘

485 다니엘 2장 27절: "왕이 물으신 비밀은, 어떤 지혜자나 주술가나 마술사나 점성가도 왕께 알려 드릴 수 없습니다."

〔이 꿈은 왕을 깊은 불안에 빠트렸음에 틀림없다.〕[1]

하지만 하늘에 계시는 하나님은 비밀을 드러내시고, 왕께 앞으로 무슨 일이 일어날지 알려 주셨습니다.

제게 다른 사람보다 지혜가 더 있어서 이 비밀을 드러내신 것이 아니라 하나님께서 그것을 제게 드러내셔서 왕께서도 아시도록 하시려는 것입니다.

왕이 꾸신 꿈은 이렇습니다. 왕이시여, 왕께서는 어떤 거대한 신상을 보셨습니다. 그 신상이 왕 앞에 서 있는데, 그것은 크고, 그 빛이 아주 찬란하며, 그 모습이 무시무시했습니다. 그 신상의 머리는 순금, 가슴과 팔은 은, 배와 넓적다리는 놋쇠, 다리는 쇠, 발은 일부는 쇠, 일부는 흙〔진흙〕이었습니다.

또 왕이 보고 계시는 동안에 아무도 돌을 떠내지 않았는데, 돌 하나가 난데없이 날아 들어와서 쇠와 진흙으로 된 그 신상의 발을 쳐서 부서뜨렸습니다.

그때에 쇠와 진흙과 놋쇠와 은과 금이 다 부서졌으며, 겨와 같이 바람에 날려 가서 흔적도 찾아볼 수 없게 되었습니다. 그러나 그 신상을 친 돌은 큰 산이 되어 온 땅에 가득 찼습니다. 이것이 그 꿈인데, 우리가 그것을 풀이하여 왕께 말씀드리겠습니다.

왕이시여, 왕께서는 왕들 가운데서도 으뜸가는 왕이십니다. 하늘의 하나님이 왕께 나라와 권세를 주셔서 모든 민족들이 두려워하게 하셨습니다. 왕은 바로 그 금으로 된 머리이십니다.

왕 뒤에는 왕의 나라보다 못한 다른 나라가 일어날 것입니다. 그 뒤에 놋쇠로 된 셋째 나라가 온 땅을 다스릴 것입니다.

넷째 나라는 쇠처럼 강할 것입니다. 쇠가 모든 것을 부서뜨리는 것처럼 그 나라는 주변 여러 나라를 으깨고 부서뜨릴 것입니다.

왕이 보신 발과 발가락의 일부는 진흙이고 일부는 쇠였던 것같이 그 나라는 나누어질 것입니다. 그 발가락의 일부가 쇠이고 일부가 진흙인 것같이 그 나라의 일부는 강하고 일부는 쉽게 부서질 것입니다.

왕께서 진흙과 쇠가 함께 있는 것을 보신 것같이 그들이 다른 인종과 함께 살 것이지만, 쇠와 진흙이 서로 결합할 수 없는 것처럼 그들은 결합하지 못할 것입니다.

이 왕들의 시대에 하나님이 한 나라를 세우실 터인데, 그 나라는 영원히 망하지 않을 것이며, 다른 백성에게 넘어가지 않을 것입니다. 그 나라가 도리어 다른 모든 나라를 쳐서 멸망시키고 영원히 설 것입니다.

아무도 돌을 떠내지 않았는데, 돌 하나가 난데없이 날아 들어

와서 쇠와 놋쇠와 진흙과 은과 금을 으깨는 것을 왕이 보신 것은, 위대하신 하나님이 앞으로 일어날 일을 왕께 알려 주신 것입니다. 이 꿈은 그대로 이루어질 것이고, 이 해몽도 틀림없습니다."

그러자 느부갓네살왕이 엎드려서 다니엘에게 절하고……

다니엘 8장: 다니엘은 숫양과 숫염소 사이의 싸움을 지켜보았다. 염소가 양을 물리치고 세상을 지배했다. 숫염소의 그 큰 뿔이 부러지고, 그 자리에 뚜렷하게 보이는 뿔 넷이 하늘 사방으로 뻗으면서 돋아났다. 그 가운데 하나에서 또 다른 뿔 하나가 작게 돋기 시작하였으나 남쪽과 동쪽과 이스라엘 땅을 향해 크게 뻗어 나갔다. 그리고 하늘 군대에 미칠 만큼 강해지더니 별 가운데서 몇을 땅에 떨어뜨리고 짓밟았다. 마침내 그 통치자만큼이나 강해진 듯하더니, 그분에게 드리는 제사마저 없애 버리고, 그분의 성전도 파괴했다.

다니엘이 본 환상 내용이다. 이것이 무슨 뜻인지 물었더니, 한 목소리가 외쳤다. "가브리엘아, 이 사람에게 그 환상을 알려 주라." 그러자 가브리엘은 말했다.

"네가 본 숫양은 메대와 바사(페르시아)의 왕들이다. 그 숫염소는 헬라(그리스) 왕이고, 눈 사이에 있던 큰 뿔은 그 나라의 첫째 왕이다.

그 뿔이 꺾이고 그 자리에서 생긴 네 뿔은 그 나라에 이어 일어날 네 나라다. 그 네 나라의 힘은 첫 번째 나라와 같지는 않을 것이다.

그들의 나라가 종말에 이를 때에, 그들의 죄악이 극도에 이를 때에 한 왕이 일어날 것이다. 오만하고 강력하지만 그 힘은 자기 힘이 아니다. 그는 하는 일마다 형통하며 강한 사람과 거룩한 백성을 파멸시킬 것이다. 속이고 술수를 쓰는 데 능숙해서 숱한 이들을 죽이며 끝내는 만왕의 왕을 대적할 것이다. 그러나 사람이 손을 대지 않아도 그는 끝내 망할 것이다.

다니엘 9장 20절: 내가 아직 아뢰어 기도하면서 나의 죄와 이 백성 이스라엘의 죄를 자백하고, 하나님 앞에서 땅에 엎드릴 때, 지난번에 환상에서 본 가브리엘이 내가 있는 곳으로 와서 나를 어루만졌다. 저녁 제사를 드릴 때였다. 그가 나에게 와서 설명해 주었다. "다니엘아, 내가 이제 너에게 통찰력을 주려고 왔다. 네가 간구하자마자 곧 응답이 있었다. 그 응답을 이제 내가 너에게 알려 주려고 왔다. 네가 크게 사랑받고 있기 때문이다. 그러므로 그 말씀을 잘 생각하고, 그 환상의 뜻을 깨닫도록 하라. 하나님께서 너의 백성과 거룩한 도성에 반역이 그치고, 죄가 끝나고, 속죄가 이루어지고, 영원한 의를 세우시고, 환상과 예언의 말씀을 이루시고, 가장 거룩한 곳에 기름을 부으시기 위해 70주의 기한을 정하셨다. 〔그 뒤로 이 백성은 더 이상 네 백성이 아니며, 이 도성도 너의 도성이 아닐 것이다. 진노의 때가 지나고 은혜의 해가 영원히 찾아올 것이다.〕

그러므로 예루살렘을 보수하고 재건하라는 말씀이 내린 때로부터 그 왕, 곧 메시아까지 70주가 지나갈 것임을 너는 깨달아 알아야 한다. 그리고 7주와 62주 동안〔히브리인들은 숫자를 나누어 작은 쪽을 앞에 둔다. 그러므로 7주와 62주를 합하면 69주가 되고 마지막 한 주가 남는데, 이는 앞으로 이야기할 마지막 7년을 가리킨다〕 그 거리와 성벽이 재건될 것이나 이 기간은 괴로운 기간일 것이다. 〔처음 7주에 이어〕 62주가 지난 다음에 메시아가 죽임을 당하고〔따라서 그리스도는 69주 이후, 즉 마지막 주에 죽음을 맞는다〕, 한 통치자의 군대가 침략해 들어와서 성읍과 성전을 파괴할 것이다. 홍수에 침몰되듯 성읍이 종말을 맞을 것이다. 피할 수 없는 전쟁이 끝없이 이어져 성읍이 황폐해질 것이다.

그 통치자는 뭇 백성과 더불어 7일 동안의〔마지막으로 남아 있는 70번째 주〕 굳은 언약을 맺을 것이다. 그리고 그 7일의 반〔마지막 3년 반〕이 지날 때에 그 통치자는 희생 제사와 예물 드리는 일을 금할 것이다. 그리고 혐오스러운 것들을 두루 펼치기 위해 극도로 황폐하게 만들 테고, 그 위에 정해진 것들을 쏟아부을 것이다."

다니엘 11장: 천사가 다니엘에게 말했다. "바사에 또 세 왕이 일어날 것이며〔고레스왕 치하에서 이 글이 기록되었으므로 그 이후에〕, 그 뒤에 넷째〔아하수에로; 크세르크세스〕는 다른 누구보다 훨씬 더 부유하고 강력할 것이며, 모든 사람을 격동시켜서 헬라왕국을 칠 것이다.

헬라에서는 용감한 왕〔알렉산드로스〕이 일어나서 큰 권력을 쥐고 다스리면서 자기 마음대로 할 것이다. 그러나 그가 설 때 〔7장 6절과 8장 8절에서 이미 이야기한 바와 마찬가지로〕 그 나라가 깨어져서 천하 사방으로 나뉘겠지만 그의 자손은 그 나라를 물려받지 못하며 그가 누리던 권세도 누리지 못할 것이다. 그의 나라가 뽑혀서 그의 자손이 아닌 다른 사람들〔네 명의 주요한 후계자들〕에게 넘어갈 것이기 때문이다.

뒤이어 남쪽〔애굽; 이집트〕의 왕이 될 사람〔라고스의 아들 프톨레마이오스〕이 강해지겠지만, 또 다른 사람〔시리아 왕 셀레우코스〕이 그보다 더 힘이 세지고 그의 권세가 커질 것이다. 〔역사가 아피아노스는 그를 알렉산드로스의 후계자들 가운데 가장 강력한 인물로 꼽았다.〕

몇 년 뒤에는 동맹을 맺을 것이며, 남쪽 왕은 자기 딸〔베레니케; 다른 프톨레마이오스의 아들인 프톨레마이오스 필라델포스의 딸〕을 북쪽의 왕과 결혼시켜 이들 통치자들이 서로 화친할 것이다.

그러나 그 여인은 아무런 권세도 쥐지 못할 것이다. 그 여인과 그 여인을 보낸 이들과 그 자녀들과 친구들이 모두 처형되기 때문이다〔베레니케와 그녀의 아들은 셀레우코스 칼리니코스의 손에 목숨을 잃었다〕.

그러나 그 여인의 뿌리에서 난 자손 가운데서 한 사람〔프톨레마이오스 에우에르게테스; 베레니케와 한 아버지에게서 태어났다〕이 일어나 강력한 군대를 이끌고 북쪽 왕의 영토로 쳐들어갈 것이며, 그들이 섬기는 신들과 그 통치자, 금과 은을 비롯해 더없이 귀한 온갖 전리품을 노획하여 애굽으로 가져갈 것이다. 그런 상태가 여러 해 동안 지속되지만 북쪽 왕은 맞설 엄두조차 내지 못할 것이다〔설령 애굽 내부 정세 탓에 회군하지 않았더라면 다양한 방식으로 셀레우코스를 약탈했을 것이라고 유스티누스는 말한다〕.

그렇게 남쪽 왕은 제 나라로 돌아가지만, 북쪽 왕의 아들들〔셀레우코스 케라우노스와 안티오코스 마그누스〕은 분발해서 엄청난 세력을 규합할 것이다.

북쪽의 군대는 남진해서 닥치는 대로 쓸어버릴 것이다. 남쪽 왕〔프톨레마이오스 필로파토르〕은 전열을 가다듬고 대군을 소집해 〔안티오코스 마그누스를 상대로〕 싸움에 나서고 마침내 〔라피아에서〕 승리할 것이다. 남쪽 왕의 대군은 이에 자만하고 자고해져서〔요세푸스에 따르면 프톨레마이오스는 신전을 더럽히고 모욕했다〕 수만 명의 목을 베겠지만 그렇게 해서 승리를 거두지는 못할 것이다.

북쪽 왕〔안티오코스 마그누스〕이 돌아가서 처음보다 더 많은 군대를 일으킬 것이기 때문이다. 〔젊은 프톨레마이오스 에피파네스가 왕이 되면서〕 그때에 많은 사람이 일어나서 남쪽 왕을 칠 것이며, 너희 백성 가운데서도 〔에우에르게테스가 스코파스로 군대를 보냈을 때 그 비위를 맞추려 제 신앙을 버린〕 난폭한 사람들이 나서서 환상을 실현하려 하겠지만 실패할 것이다〔안티오코스가 그들을 물리치고 스코파스를 되찾을 것이기 때문이다〕.

북쪽 왕이 성벽을 헐고 요새화된 성읍을 빼앗을 것이다. 남쪽 군대는 북쪽 군대를 당해 낼 수 없을 것이다.

북쪽 왕은 만사를 제 뜻대로 처리하며 이스라엘 땅에 우뚝 설 것이며 그곳을 완전히 장악할 것이다.

그러고는 방향을 돌려 온 애굽 왕국을 지배할 것이다〔애굽은 어린 에피파네스를 얕잡아 보았다고 유스티누스는 말한다〕.

이를 위해 북쪽 왕은 남쪽 왕에게 딸을 줄 것이다〔딸 클레오파트라가 남편을 배신하게 하려는 전략이었다. 아피아노스는 이를 설명하면서, 로마의 비호를 받는 애굽을 과연 힘으로 정복할 수 있을지 반신반의했던 터라 간교한 속임수를 썼다고 했다〕. 그 왕국을 멸망시키려고 하겠지만 그녀는 그 편에 서지 않을 것이다.

그 뒤에 그는 〔아피아노스의 말처럼〕 섬 쪽으로〔즉 바닷가 성읍들로〕 방향을 돌려서 많은 곳을 점령할 것이다.

하지만 대단한 장군〔스키피오 아프리카누스; 로마의 동맹국을 침범한 안티오코스 마그누스의 진격을 차단했다〕이 일어나 그 정벌을 막아서고 그간의 치욕을 끝장낼 것이다.

그 뒤에 북쪽 왕은 자기 땅에 있는 요새지로 돌아가겠지만, 죽어 사라질 것이다. 〔그는 거느리던 이에게 살해당했다.〕

이어서 그 땅에 폭군〔셀레우코스 필로파토르, 혹은 소테르; 안티오코스 마그누스의 아들〕이 일어나 무거운 세금으로 왕국의〔민족의〕 영화를 누리려 하겠지만 얼마 지나지 않아 숨질 텐데, 이는 노여움 탓도, 전쟁 탓도 아니다.

뒤를 이어 어떤 비열한 사람이 왕이 될 것이다. 그는 왕이 될 권리도 없는 악한 사람인데도 왕위를 차지한다. 그는 은밀하게 술책을 써서 왕권을 잡는다.

모든 군대가 그의 앞에서는 패하여 깨질 것이며, 동맹을 맺고 왕위에 오른 왕도 그렇게 될 것이다. 다른 나라들과 동맹을 맺으나 끝내는 그 나라들을 속이고, 비록 그가 소수의 백성을 다스리는 통치자이지만, 점점 세력을 확장하여 패권자로 군림할 것이다. 그 지역의 가장 부유한 곳으로 온건하게 들어가 그의 조상이나 그 조상의 조상도 하지 못한 일을 할 것이다. 그가 추종자들에게 전리품과 노략물과 재물을 나누어 주고 요새 지역을 공격할 음모를 계획할 것인데, 그의 통치 기간은 얼마 되지 않을 것이다. / 722

1. 이 쪽글에서 파스칼이 붙여 놓은 짤막한 설명들은 모두 대괄호로 처리함.

이사야와 예레미야: 라틴어 본문

486 이사야 1장 21절. 선을 악으로 바꾸는 행위와 하나님의 대응.

〔본문 구절 표기는 불가타 역본을 따랐다. 다음은 관련 구절들이다.〕

이사야 10장 1절; 26장 20절; 28장 1절.

기적들: 이사야 33장 9절-10절; 40장 17절; 41장 26절; 43장 13절; 44장 20-24절; 54장 8절; 63장 12, 14, 16-17절; 66장 17절.

예레미야 2장 35절; 4장 22-26절; 5장 4-6, 29-30절; 6장 16-18절.

형식적인 성례에 대한 신뢰: 예레미야 7장 14-16절.

핵심은 형식적인 제사에 있지 않다: 예레미야 7장 22-24절.

수많은 교훈: 예레미야 11장 13, 21절; 15장 2절; 17장 9절(말하자면, 인간의 사악함은 자명한 사실인데, 누가 그 안에 있는 악을 두루 알 수 있겠느냐는 의미).

예레미야 17장 15, 17절; 13장 15, 17절. / 682

예언 2

487 **메시아의 지상 생애** 수수께끼와 비유로 예고됨. 에스겔 17장.

누군가 앞에서 길을 준비함. 말라기 3장.

어린아이로 태어남. 이사야 9장.

베들레헴이라는 동네에서 태어날 것. 미가 5장.

예루살렘에서 주로 활동하며 다윗과 유다의 가계에서 태어날 것이다.

지혜롭고 학식이 높다는 이들의 눈을 어둡게 하실 것이다. 이사야 6장, 8장—29장—이사야 61장. 가난하고 보잘것없는 이들에게 기쁜 소식을 전하고, 보지 못하는 이들의 눈을 열어 주고, 병자를 고쳐 주며—어둠 속에 있는 이들을 빛으로 이끌 것이다. 이사야 61장.

온전해지는 길을 가르치며 이방인의 선생이 될 것이다. 이사야 55장; 42장 1-7절.

하나님을 모르는 이들은 예언을 이해하지 못한다. 다니엘 12장 — 호세아 14장 9절. 하지만 올바르게 가르침을 받은 이들은 알 수 있다.

메시아를 초라한 모습으로 설명하는 바로 그 예언이 다른 한편으로는 뭇 민족의 통치자를 표현한다. 이사야 52장 14절; 53장; 스가랴 9장 9절 등.

시기를 예고하는 예언들은 메시아를 구름을 타고 오시는 심판자가 아니라 이방인과 고통당하는 이들의 주님으로 설명한다. 영광 가운데 오시는 심판자로 그리는 예언들은 시기를 가리켜 보이지 않는다.

세상 죄를 감당하는 희생 제물이 될 것이다. 이사야 39장; 53장 등.

그분은 귀한 모퉁잇돌이 될 것이다. 이사야 28장 16절.

걸림돌과 걸려 넘어지는 반석이 될 것이다. 이사야 8장.

예루살렘도 스스로 이 돌에 걸려 넘어질 것이다.

집 짓는 이들은 이 돌을 내버릴 것이다. 시편 118편 22절.

하나님은 이 돌을 가져다 모퉁잇돌로 쓰신다.

돌은 큰 산이 되어 온 땅에 가득 찰 것이다. 다니엘 2장.

이와 같이 거절당하고, 무시당하며, 배신당할 것이다. 시편 109편 8절. 그리고 팔릴 것이다. 스가랴 11장 12절: 침 뱉음을 당하고, 맞고, 조롱당하며, 숱한 방식으로 고통을 당하며 쓸개즙을 마실 것이다. 시편 69편 21절: 창에 찔릴 것이다. 스가랴 12장 10절: 손발이 못 박히고, 죽임을 당하며, 그 옷을 제비 뽑아 나눌 것이다. 시편 22편.

다시 살아날 것이다. 시편 15편. 사흘 만에. 호세아 6장 2절.

하늘로 올라가셔서 하나님 우편에 앉으실 것이다. 시편 110편.

많은 왕들이 무기를 들고 대항할 것이다. 시편 2편.

아버지 하나님의 오른편에서 원수들을 물리치실 것이다.

세상의 왕들과 민족들이 경배할 것이다. 이사야 60장.

유대인들은 계속 한 민족으로 존재할 것이다. 예레미야. 〔21장 36절.〕

그들은 왕 없이 방황할 것이다. 호세아 3장.

예언자도 없이. 아모스. 〔9장 9절.〕

구원을 기다리지만 얻지 못할 것이다. 이사야. 〔69장 9절.〕

그리스도를 통해 이방인들을 부르심. 이사야 52장 15절.

이사야 55장—이사야 60장—시편 71편.

호세아 1장 9절: "너희가 널리 퍼져 번성하고부터는 내 백성이 아니며, 나도 너희의 하나님이 아니다. 스스로 내 백성이 아니라고 이야기하는 그곳에서 그들을 내 백성이라고 부를 것이다."

/ 727

488 유대인들은 그분을 죽였다. 메시아로 받아들이지 않을 셈으로 벌인 짓이었지만, 결과를 놓고 보면 그분이 메시아라는 결정적인 표식을 선사하고 말았다.

그뿐만 아니라 한사코 그분을 인정하지 않으려다가 스스로 도저히 부정할 수 없는 증인이 되었다.

그렇게 죽이고 부인하는 유대인들을 통해 예언은 성취되었다.

/ 761

예언 3

489 **유대인들의 끝없는 포로 생활** 예레미야 11장 11절: "보아라, 그들이 벗어날 수 없는 재앙을, 내가 그들에게 내리겠다"(새번역).

표징 이사야 5장: "주는 포도원을 가꾸고 거기서 포도가 열리기를 기다리셨지만 나느니 들포도뿐이었다. 그래서 내가 그 밭을 황무지로 만들겠다. 그 땅에서는 가시나무만 자라나게 하겠다. 내가 또한 구름에게 명하여 그 위에 비를 내리지 못하게 하겠다.

주의 포도원은 이스라엘의 집이고 유다 백성은 즐겨 심으신 포도나무다. 나는 의로움을 기대했지만 보라, 사악한 것들뿐이다."

이사야 8장 13절: "주만을 거룩히 여기며, 그분만을 겁내고 두려워할 대상으로 삼으라. 주만을 경외하라. 너희에게는 성소가 되시지만, 이스라엘의 두 집에는 걸림돌과 걸려 넘어지는 반석이 되실 것이다.

예루살렘 주민에게는 함정과 올가미가 되시므로 많은 사람이 그 돌에 걸려서 넘어지고 다치며, 덫에 걸리듯이 걸려 죽을 것이다.

나는 이 증언 문서를 제자들이 읽지 못하게 하겠다.

주께서 비록 야곱의 집에서 얼굴을 돌리셔도 나는 끈질기게 주를 기다리겠다."

이사야 29장 9절: "너희는 놀라서 꼼짝도 할 수 없을 것이다, 오 이스라엘 백성아. 술 한 모금 마시지 않았는데도 휘청거리고 비틀거릴 것이다. 주께서 너희에게 잠드는 영을 보내셔서 너희를 깊은 잠에 빠지게 하셨기 때문이다. 너희의 눈을 멀게 하실 것이요, 너희의 선지자와 통치자, 선견자들로 앞을 내다보지 못하게 하실 것이다."

다니엘 12장. "악한 자는 아무것도 깨닫지 못하되 오직 지혜 있는 자는 깨달으리라."

호세아 마지막 장, 마지막 절은 이 땅에서 누리는 복들을 여럿 언급한 뒤에 말한다. "누가 지혜가 있어 이런 일을 깨달으며 누가 총명이 있어 이런 일을 알겠느냐?"

〔이사야 29장, 계속해서〕 "이 모든 묵시가 너희에게는 마치 밀봉된 두루마리의 글처럼 될 것이다. 너희가 그 두루마리를 유식한 사람에게 가지고 가서 '이것을 좀 읽어 주시오' 하면, 그는 '두루마리가 밀봉되어 있어서 못 읽겠소' 하고 말할 것이다. 글을 읽을 줄 모르는 이들에게 주면 그들은 말할 것이다. '나는 배우지 못했소.'

주께서 말씀하신다. 이 백성이 입술로는 나를 영화롭게 하지만 그 마음으로는 나를 멀리하며, 그저 인간의 방법으로 나를 섬겼을 따름이다. 〔이것이 그 이유고 발단이다. 마음을 다해 하나님을 섬겼더라면 예언들을 이해했을 것이다.〕[1]

그러므로 내가 이 백성 가운데 여태 남겨 두었던 온갖 일들을 더하며, 기막히게 근사한 일, 곧 가장 기이한 일을 다시 행할 것이다. 지혜로운 사람들에게서 지혜가 없어지고, 총명한 사람들에게서 총명이 사라질 것이기 때문이다.'"

예언, 신성의 증거 이사야 41장: "너희가 신이라면, 이리 와서 장차 어떤 일들이 벌어질지 알려 주라. 그대의 말에 마음이 기울 것이다. 지난날에 어떤 일들이 있었는지 말해 보라. 아니면 앞으로 올 일들을 말해 보라.

그리하면 너희가 신들인 줄 우리가 알리라. 그럴 수 있다면 선한 일이든 악한 일이든 해 보라. 역사와 이유를 함께 보이라.

보라, 너희는 아무것도 아니며, 너희가 하는 일도 헛것이니 ……

너희들 가운데 누가〔그 시절에 살았던 글쓴이가〕[2] 있어 시간이 있기도 전에 태초부터 있었던 일들을 분명히 밝히고 '참으로 옳다'고 고백하게 한 이가 있느냐? 장차 닥칠 일을 알려 준 이도 없고, 선포한 이도 없다."

이사야 42장: "나는 주다. 나는 내가 받을 영광을 다른 사람에게 넘겨주지 않는다. 보라, 전에 예고한 일들이 다 이루어졌으며 이제 내가 새로 일어날 일들을 예고한다. 새 노래로 주를 찬송하라. 땅끝에서부터 주를 찬송하라."

이사야 43장 8절: "눈이 있어도 눈이 멀고 귀가 있어도 귀가 먹은 백성을 데리고 나오라.

열방은 모였는데, 그들과 그 신들 가운데서 누가 지난날의 일들과 미래에 일어날 일을 말할 수 있느냐? 그들이 그들의 증인을 세워서 자기들의 옳음을 나타내고 듣는 자들이 옳다고 말하게 하여 보라.

주께서 말씀하신다. 너희는 나의 증인이며, 내가 택한 나의 종이다. 이렇게 한 것은 너희가 나를 알고 믿게 하려는 것이고, 오직 나만이 하나님임을 깨달아 알게 하려는 것이다.

내가 알려 주었으며 구원했다. 오로지 나만이 너희 눈앞에서 이런 놀라운 일을 행했다. 그러므로 너희는 나의 증인이요 나는 하나님이다.

너희를 위하여 내가 바벨론의 대군을 물리치겠다. 나는 주 너희의 거룩한 하나님이며 이스라엘의 창조자다.

내가 바다 가운데 길을 내고 거센 물결 위에 통로를 냈다. 너희 편에 서서 막강한 적들을 물에 빠트려 몰살시켰다.

너희는 지나간 일을 기억하려 하지 말며 옛일을 생각하지 말라.

보라, 내가 새 일을 행하리니 이제 나타낼 것이다. 너희가 그것을 알지 못하겠느냐. 내가 광야에 길을 내겠으며 사막에 강을 내겠다.

이 백성은 나를 위하라고 지은 백성이다. 그들이 나를 찬양할 것이다.

심지어 나는 스스로를 위하여 너희 죄를 완전히 덮어 버렸으며 내가 더 이상 너희 죄를 기억하지도 않겠다. 너희의 배은망덕한 짓을 떠올리고 옳다고 주장할 수 있을지 생각해 보라. 너희 첫 조상부터 죄를 지었고, 너희 스승들도 나를 반역했다."

이사야 44장: "나는 처음이요 나는 마지막이라. 주님이 말씀하신다. 누가 나와 같이 할 수 있느냐? 만일 있다면 내가 옛날 사람들에게 미래를 예고했듯이 그들에게 다가올 일들을 미리 말하여 보라고 하라.

너희는 겁내지 말라. 내가 예전부터 너희에게 이미 예고하지 않았느냐? 너희는 이것을 증언할 나의 증인들이다."

고레스에 대한 예언 〔이사야 45장 4절〕 "내가 너를 지명하여 부른 것은, 나의 종 야곱, 내가 택한 이스라엘을 도우려고 함이었다."

이사야 45장 21절: "와서 함께 의논하여 보자꾸나. 누가 예로부터 이 일을 분명히 이야기해 주었느냐? 누가 이전부터 이 일을 알려 주었느냐? 나 주가 아니고 누구냐?"

이사야 46장: "너희는 태초부터 이루어진 일들을 기억하고 나와 같은 이가 없음을 알아야 한다. 내가 이미 오래전 태초부터 아직 이루어지지 않은 일들을 미리 알렸다. 나의 뜻이 설 것이니 내가 나의 모든 기뻐하는 것을 이루리라고 말했다."

이사야 42장 9절: "전에 예고한 일들이 다 이루어졌다. 이제 내가 새로 일어날 일들을 예고한다. 그 일들이 일어나기 전에 내가 너희에게 일러 준다."

이사야 48장 3절: "이미 옛적에 내가 장차 일어날 일들을 알려 주었으며 그 일을 홀연히 이루었다. 내가 알기에 너는 완고하기 때문이다. 네 목 힘줄은 쇠붙이요 네 이마는 놋쇠나 다름없다. 옛적부터 내가 네게 알려 주었다. 아직 그 일이 일어나기도 전에 네게 들려준 까닭은, 네가 '내 우상이 이 일을 이루었으며, 내가 조각한 신상과 부어 만든 신상이 이 일을 명령한 것이다' 하고 말하지 못하게 하려는 것이었다.

네가 이미 들었으니 이 모든 것을 똑똑히 보라. 네가 인정하지 않겠느냐? 이제 내가 곧 일어날 새 일을 네게 알려 줄 터이니, 이것은 내가 네게 알려 주지 않은 은밀한 일이다. 이것은 이제 내가 창조한 일이다. 옛적에 일어난 것과는 다르다. 네가 전에 이것을 들었더라면 '아, 바로 그 일, 내가 이미 알고 있었다!' 하고 말할 수 있겠지만, 이번 일만은 그렇지 않다.

나는 너를 듣지도 못하게 하였고, 알지도 못하게 하였으며, 옛적부터 네 귀가 트이지도 못하게 했다. 네가 성실하지 못하며, 모태에서부터 반역자라고 불려 마땅한 자임을 잘 알고 있었기 때문이다."

유대인들의 거절과 이방인들의 회심 이사야 65장: "내 백성의 기도에 응답하려고 준비하고 있었지만, 내 백성은 아직도 내게 요청하지 않았다. 누구든지 나를 찾으면 언제든지 만나려고 준비하고 있었지만, 아무도 나를 찾지 않았다. 내 이름을 부르지 아니하던 나라에 '내가 여기 있노라 내가 여기 있노라 하였노라' 했다.

제멋대로 가며 악한 길로 가는 반역하는 저 백성, 내 면전에서 끊임없이 죄를 짓고 우상들에게 제물을 바쳐 가며 내 노여움을 불러일으키는 백성을 맞이하려고 내가 종일 팔을 벌리고 있었다.

내가 진노하는 날, 이들은 연기처럼 흩어질 것이다.

너희의 죄악과 너희 조상들의 죄악은 한 가지니 내가 한데 모아서 너희 품에 보응하리라.

그러므로 주께서 말씀하신다. 포도송이에 즙이 들어 있으므로 사람들이 '그것을 없애지 말라. 그 속에 복이 들어 있다' 하고 말한다. 나도 이와 같이 내 종들을 생각하여 그들을 다 멸하지는 않겠다.

내가 야곱에게서 자손이 나오게 하며, 유다에게서 내 산을 유업으로 얻을 자들이 나오게 하겠다. 내가 택한 사람들이 그것을 유업으로 얻으며, 내 종들이 거기에 살며, 내 뜰에서 살지고 놀라우리만치 풍성할 것이다.

그러나 나머지는 모두 진멸할 것이다. 이는 내가 불러도 너희가 대답하지 않으며, 내가 말해도 듣지 않으며, 내가 좋아하지 않는 일만 골라서 하기 때문이다.

그러므로 주 하나님께서 말씀하신다. 보라, 내 종들은 먹겠지만 너희는 굶을 것이다. 보라, 내 종들은 마시겠지만 너희는 목이 마를 것이다. 보라, 내 종들은 기뻐하겠지만 너희는 수치를 당할 것이다. 내 종들은 마음이 즐거워 노래를 부르겠지만 너희는 마음이 아파 울부짖으며 속이 상하여 통곡할 것이다.

너희 이름은 내가 택한 백성이 저주할 거리로 남을 것이다. 내 주 하나님께서 너희를 죽게 하실 것이다. 그러나 주님께서 주님의 종들은 다른 이름으로 부르실 것이다.

지난날의 괴로운 일들을, 내가 다시 기억하지 않기 때문이다.

보라, 내가 새 하늘과 새 땅을 창조할 것이니 이전 것들은 기억되거나 마음에 떠오르지 않을 것이다.

그러나 너희는 내가 창조하는 것을 길이길이 기뻐하고 즐거워하라. 보라, 내가 예루살렘을 기쁨이 가득 찬 도성으로, 그곳 사람들을 행복을 누리는 백성으로 창조하겠다. 예루살렘은 나의 기쁨이 되고, 거기 사는 백성은 나의 즐거움이 될 것이니, 그 안에서 다시는 울음소리와 울부짖는 소리가 들리지 않을 것이다.

그들이 부르기 전에 내가 응답하며, 그들이 말을 마치기도 전에 내가 들어주겠다. 이리와 어린양이 함께 풀을 먹으며, 사자가 소처럼 여물을 먹으며, 뱀이 흙을 먹이로 삼을 것이다. 나의 거룩한 산에서는 서로 해치거나 상하게 하는 일이 전혀 없을 것이다."

이사야 56장: "주께서 말씀하신다. 너희는 공평을 지키며 공의를 행하여라. 나의 구원이 가까이 왔고 나의 의가 곧 나타날 것이다.

이를 행하고 안식일을 지켜서 더럽히지 않는 사람, 그 어떤 악행에도 손을 대지 않는 사람은 복이 있다.

이방인의 자손이라도 주님께로 온 사람은 '주님께서 나를 당신의 백성과 완전히 차별하신다'고 말하지 못하게 하라.

이러한 사람들에게 주께서 말씀하신다. 누구든지 나의 안식일을 지키고, 나를 기쁘게 하는 일을 하고, 나의 언약을 철저히 지키면, 성전에 한자리를 허락해 아들딸을 두어서 이름을 남기는 것보다 더 낫게 하여 주겠다. 그들의 이름이 잊히지 않도록 영원한 명성을 그들에게 주겠다."

이사야 59장 9절: "죄악 탓에 공평이 우리에게서 멀다. 빛을 기다리나 불확실한 것들만 보게 되고, 밝음을 바라나 암흑 속을 걸을 뿐이다.

앞을 못 보는 사람처럼 담을 더듬고 한낮에도 오밤중처럼 걸려 넘어지며 죽은 자처럼 적막한 데 머문다.

모두가 곰처럼 부르짖고 비둘기처럼 슬피 운다. 공평을 찾지만 공평이 없고 구원을 바라지만 그 구원이 멀다."

이사야 66장 18절: "그들의 행적과 생각을 알기에 언어가 다른 모든 민족을 모을 때가 올 것이니, 그들이 와서 나의 영광을 볼 것이다.

그리고 그들 가운데 징표를 둘 것이다. 그들 가운데 살아남은 자들을 열방으로, 아프리카로, 리디아로, 이탈리아로, 그리스로, 그리고 내 명성을 들어 본 적도, 내 영광을 본 적도 없는 이들에게로 보낼 것이다. 그들이 네 모든 형제들을 데려올 것이다."

성전의 폐기 예레미야 7장: "너희는 내가 처음으로 내 이름을 두었던 실로에 가서 내 백성 이스라엘의 죄악 때문에 내가 그곳을 어떻게 하였는지 보라.

〔내가 성전을 폐하고 스스로 또 다른 성전이 되었기 때문이다.〕[3]

너희가 온갖 죄를 지었으므로 내 이름으로 불리며 너희가 의지하는 이 성전, 곧 내가 너희와 너희 조상에게 준 이 장소에 실로에서 한 것과 똑같이 하겠다. 나, 곧 너희 주의 말이다.

내가 너희의 모든 동족, 곧 에브라임 자손 모두를 내 앞에서 쫓아 버렸던 것과 똑같이 너희에게도 그리하겠다〔멀리 쫓아 버리겠다〕.[4]

그러므로 너는 이 백성을 보살펴 달라고 기도하지 말라."

예레미야 7장 22절: "희생 제물을 태워 바친다고 너희에게 무슨 유익이 있겠느냐? 내가 너희 조상을 애굽 땅에서 데리고 나왔을 때, 내가 그들에게 번제물이나 다른 어떤 희생 제물을 바치라고 했더냐? 오직 명한 것은 내 음성에 순종하고 내가 명하는 그 길로만 걸어가면 내가 그들의 하나님이 되고, 그들은 나의 백성이 되리라는 것뿐이었다."

〔금송아지에 제사를 지내는 일이 벌어지기 전까지는 희생 제물을 바치라고 명령하지 않았다. 이는 악한 관습을 선한 용도로 바꾸기 위한 것이었다.〕[5]

예레미야 7장 4절: "'이것이 주님의 성전이다, 주님의 성전이다, 주님의 성전이다' 하고 속이는 말을 너희는 의지하지 말라."

/ 713

---

1. 파스칼의 설명.
2. 파스칼이 덧씀.
3. 파스칼의 설명.
4. 파스칼의 설명.
5. 파스칼의 설명.

예언: 유대인들과 그리스도

490 “가이사 외에는 우리에게 왕이 없나이다”(요 19:15). / 721

491 부패한 본성.
인간은 자신의 존재를 이루는 이성을 좇아 행동하지 않는다. / 439

492 유대 민족의 성실성.
선지자의 명맥이 끊어진 이후의 마카베오 가문.[1]
그리스도가 오신 뒤로부터, 마소라.
이 책은 증거가 될 것이다.
결함이 있는 마지막 문자들.
명예에 충실하고 명예를 위해 죽기까지 함. 세계 어디서도 유례를 찾을 수 없으며 인간 본성 어느 구석에서도 뿌리를 찾을 수 없다. / 630

493 성취된 예언들.

열왕기상 13장 2절.

열왕기하 23장 16절.

여호수아 6장 26절 — 열왕기상 16장 34절 — 신명기 33장.

말라기 1장 11절: 하나님은 유대인들의 제사를 물리치시고 이방인들이 (예루살렘이 아닌) 곳곳에서 드리는 제사를 〔받으셨다〕.

모세는 세상을 떠나기 전 이방인들이 부름을 받으리라고 예언했다. 신명기 32장 21절. 그리고 유대인들의 거부.

모세는 각 지파에 일어날 일들을 예언했다. / 714

494 유대인, 하나님의 증인들. 이사야 43장 9절; 44장 8절. / 714

495 그들은 분명 메시아를 증언하는 증인 구실을 하도록 특별히 창조된 민족임이 틀림없다. 이사야 43장 9절; 44장 8절. 틀림없다. 결정적인 문서들을 물려받았고 지극히 사랑하지만 이해하지는 못한다. 그 안에 온갖 일들이 다 예언되어 있다. 하나님은 심판의 진리를 그들에게 맡겼지만, 단단히 봉인된 책으로 주셨다. / 641

496 이 백성의 마음을 둔하게 하라고? 어떻게? 정욕을 부채질하고 욕심을 채울 수 있다는 소망을 불어넣으면 된다. / 714

497 **예언** "너희가 남겨 놓은 이름은 내가 택한 자의 저줏거리가 될 것이니라 주 여호와 내가 너를 죽이고 내 종들은 다른 이름으로 부르리라"(사 65:15). / 714

498 **예언** ―아모스와 스가랴. 그들은 의인을 팔아넘겼고 이 때문에 다시는 부름을 받지 못할 것이다.

그리스도는 배신을 당했다.

애굽은 잊힐 것이다.

이사야 43장 16-19절; 예레미야 23장 6-7절을 보라.

예언 ―유대인들은 사방 천지로 흩어질 것이다. 이사야 27장 6절. 새 언약. 예레미야 31장 32절.

두 개의 영광스러운 성전. 그리스도는 거기에 오실 것이다. 학개 2장 7-10절. 말라기. 그로티우스(Grotius).

이방인들을 부르심. 요엘 2장 28절; 호세아 2장 24절; 신명기 32장 21절; 말라기 1장 11절. / 715

499 지금껏 누가 그분보다 더 큰 영광을 지녔는가?

온 유대인들이 그분이 오시리라 예견했다. 이방인들은 세상에 오신 뒤에야 그분을 경배했다.

이방인과 유대인들 모두 그분을 삶의 중심으로 여겼다.

그리고 그 영광을 그분만큼 덜 누린 이가 또 있을까?

33년 일생 가운데 30년 동안, 그분은 자신을 전혀 드러내지 않은 채 살았다. 나머지 3년 동안은 사기꾼 취급을 받았다. 성직자와 통치자들은 그분을 배척했다. 더없이 가깝고 한없이 아꼈던 이들에게 멸시를 받았으며, 마침내는 제자들 가운데 한 사람에게 배신당해 죽음에 이르렀다. 또 다른 제자에게서는 부인을 당했고 세상에게는 버림을 받았다.

한 몸에 지닌 영광에서 도대체 무슨 덕을 보았는가? 그처럼 커다란 영광을 소유했던 이도 없고, 그분보다 더 큰 수치를 당한 이도 없다. 덕분에 그분을 알아볼 수 있었으니, 이 모든 영광은 오로지 우리를 위해 쓰였을 뿐, 스스로를 위해서는 한 줌도 취하지 않으셨다. / 792

---

1. 384번을 참조하라.

시리즈 19

상징적인 의미

500 신앙의 눈으로 헤롯과 가이사(카이사르)의 이야기를 보면 얼마나 근사한지 모른다. / 700

501 **표징** 구약 성경은 그저 표징일 따름이며, 선지자들은 세상에서 누리는 복을 가지고 다른 부류의 은총을 이야기하고자 했음을 다음과 같은 사실들에 비추어 알 수 있다.

1 이생의 복은 하나님께는 무가치하다.

2 선지자들의 말은 이 땅에서 누릴 복들을 더없이 또렷하게 약속한다. 하지만 정작 선지자들은 그 발언들이 모호하고, 웬만해서는 그 뜻을 제대로 이해하지 못하리라고 주장한다. 따라서 숨은 의미는 공개적으로 선포한 내용이 아니며 결국 선지자들은 또 다른 제물, 다른 구세주, 그 밖에 다른 무엇들을 염두에 두었던 것처럼 보인다. 예레미야 33장(30장을 잘못 적음-옮긴이) 끝절에서 보듯, 선지자들은 때가 차기 전까지는 아무도 그 참뜻을 알지 못하리라고 말한다.

두 번째 증거는 그 사람들의 발언이 서로 충돌하며 상호부정한다는 점이다. 그러므로 선지자들이 단순히 모세와 같은 뜻으로 '율법'과 '제물'이라는 표현을 썼다면 확연하고도 엄청난 모순이 생길 수밖에 없다. 이에 비추어 볼 때, 선지자들은 무언가 다른 의미를 담았으며 자연히 같은 장에서도 서로 부대끼는 경우가 생기게 되었다고 보아야 한다.

그러기에 한 성경 기자가 의미하는 바를 이해하려고 하면…… / 659

502 **표징을 사용하는 이유** 선지자들은 육에 속한 이들에게 메시지를 전해서 영적인 언약을 맡은 관리자로 만들어야 했다.

메시아를 믿는 믿음을 끌어올리자면 이미 전해진 예언이 존재해야 했고, 성실하며 충직하고 비범한 열정으로 두루 알려져서 누구한테나 인정받을 만한 이들을 통해 전달되어야 했다.

이런 조건들을 다 충족시키기 위해, 하나님은 이 세속적인 민족을 택해서 구세주이자 너나없이 갈구하는 이생의 복을 나눠줄 메시아를 예고하는 예언들을 위임하셨다.

그리하여 이 백성은 예언자들에게 남다른 열정을 드러냈으며, 메시아를 예고하는 문서들을 모두가 볼 수 있게 전달했으며, 누구나 읽도록 공개한 그 책에 예언된 그 모습 그대로 어김없이 오신다는 사실을 뭇 민족들에게 자신 있게 설파했다. 그러기에 이들은 초라하고 보잘것없는 모습으로 오신 메시아를 보고 낙담했으며 끝내는 더없이 잔혹한 적으로 돌변했다. 하지만 결과적으로는 온 세상 모든 민족에게는 두말이 필요 없을 만큼 큰 은혜를 주었으며, 율법과 선지자들을 챙기는 한없이 꼼꼼하고 열성적인 관찰자가 되어 한 점 더럽힘 없이 그 문서들을 유지하는 구실을 했다.

그러고 보면 반감을 불러일으킬 뿐인 그리스도를 배격하고 십자가에 못 박았던 이들이, 다른 한편으로는 메시아에 관한 증언을 담고 있다. 아울러 구주가 거절당하고 혐오의 대상이 되리라고 예언하는 문서들을 전달하는 주인공들이었다. 결국 그리스도를 거부함으로써 도리어 메시아임을 보인 셈이다. 그분을 받아들인 의로운 유대인들 못지않게, 거부하고 물리쳤던 유대인들 역시 그리스도를 입증해 보인 것이다. 미리 예견되었던 그대로다.

예언마다 겉으로 드러나지 않는 영적인 의미가 담긴 까닭이 여기에 있다. 유대인들이 기꺼워했던 세속적인 의미 이면에는 그들이 혐오해 마지않았던 은밀한 의미가 숨어 있다는 뜻이다. 영적인 의미가 드러났더라도 유대인들은 마음으로 받아들이거나 전달할 수도 없었을 테고, 책과 예식들을 지키고자 하는 열정도 모자랐을 것이다. 반면에 이 영적인 약속들을 마음으로 받아 메시아가 오실 때까지 한 점 더럽히지 않고 잘 간직했더라면, 이미 한편이므로 그 증언은 효력을 인정받지 못했을 것이다.

그러기에 영적인 의미가 숨겨진 것은 도리어 유익한 일이었다. 하지만 너무나 꽁꽁 감춰져서 눈곱만큼도 드러나지 않았더라면 메시아를 뒷받침하는 증거 구실을 조금도 하지 못했을 것이다. 그랬더라면 어찌 됐겠는가?

영적인 속뜻은 현실적인 의미 아래 숨어 있는 경우가 대부분이며, 메시아가 올 시기와 세상의 상태는 한낮처럼 또렷이 예언되어 있지만, 그 밖에는 그저 한두 군데서만 그 뜻이 선명하게 드러날 뿐이다. 또 일부는 영적인 의미를 너무도 정확하게 설명하고 있어서 그것을 감지하지 못한다면 육이 영을 지배할 때 내리 덮치는 부류의 어둠에 잠겨 있다고 볼 수밖에 없다.

하나님의 역사가 이러하다. 신령한 속뜻이 육적인 의미에 가려진 구절이 헤아릴 수 없이 많으며, 아주 드물게 고작 몇 군데서만 그 실체가 드러날 따름인데, 그나마도 참뜻이 숨은 자리가 어디인지 애매하거나 이런저런 해석이 모두 가능하기 일쑤다. 물론 모호한 점이 전혀 없이 속뜻이 드러나고 오로지 영적인 의도로 보아야만 들어맞는 대목들도 있다.

그런 본문이라면 오류에 빠질 까닭이 없으며 오로지 유대인들처럼 육적인 이들에게만 실수할 가능성이 남는다.

따라서 축복을 약속받았을 때, 이를 진정한 은총으로 받아들이지 않고 세속적인 복으로 해석하게 만드는 요인으로 탐욕 말고 달리 무엇을 꼽을 수 있겠는가? 그러나 하나님 안에서만 복을 구하는 이들은 이를 그분과만 연관 지을 뿐이다.

인간의 의지는 탐욕과 사랑이라는 두 원리 사이에서 분열되기 때문이다. 탐욕과 하나님을 믿는 신앙이 절대로 양립할 수 없는 것은 아니며, 사랑과 세속적인 복이 결코 공존할 수 없는 것도 아니다. 하지만 탐욕은 하나님을 이용해 세상을 즐기지만 사랑은 정반대로 움직인다.

이제 무엇이든 궁극적인 목적에 따라 설명해야 한다. 그것을 이루지 못하게 가로막는 것은 적으로 규정할 수 있다. 비록 선한 피조물일지라도 하나님께 등을 돌리게 만든다면 의에 맞서는 적이다. 하나님이 꺾고자 하시는 탐욕을 지닌 이들에게는 그분이 적이 된다.

그러므로 '적'이라는 말은 궁극적인 목적에 따라 의미가 달라진다. 의로운 이들은 정욕을 적으로 받아들였고 세속적인 이들은 적을 바벨론 사람들이라고 생각했다. 이처럼 불의한 이들에게는 이런 용어 하나하나가 다 모호할 뿐이다.

이사야가 이야기한 바가 바로 이것이다. "율법을 내 제자들 가운데에서 봉함하라"(사 8:16). 그리스도는 걸림돌과 걸려 넘어지는 반석이 되실 것이다(사 8:14). "누구든지 나로 말미암아 실족하지 아니하는 자는 복이 있도다"(마 11:6).

호세아서 마지막 구절 역시 이를 완벽하게 되풀이한다. "누가 지혜가 있어 이런 일을 깨달으며 누가 총명이 있어 이런 일을 알겠느냐 여호와의 도는 정직하니 의인은 그 길로 다니거니와 그러나 죄인은 그 길에 걸려 넘어지리라"(호 14:9). / 571

503 "…… 걸려 넘어지리라." 더러는 진리에 눈멀게 하고 또 누군가는 눈을 뜨게 할 뜻으로 만들어진 이 언약은 눈멀게 한 이들 가운데 표징을 두어 다른 이들이 보고 어김없이 깨달을 수 있게 했다. 진리에 눈먼 이들이 하나님으로부터 받아 가진 가시적인 축복이 얼마나 크고 근사했던지, 그런 하나님이라면 눈에 보이지 않는 은총과 메시아를 선사하는 것도 얼마든지 가능하리라 여겼기 때문이다.

자연은 은혜의 형상이고 보이는 기적은 보이지 않는 기적의

형상이다. '너희로 알게 하려 하노라 …… 네게 이르노니 일어나라!'(막 2:10-11)

구원은 홍해를 건너는 것과 같으리라고 이사야 51장은 말한다. 애굽을 탈출해서 바다를 걸어 건너고 여러 왕들을 물리친 사건과 만나, 아브라함의 온 가계를 통해 하나님이 구원을 베푸시고 하늘에서 양식을 내려 주실 수 있음을 보여 주신 까닭에 이 완고한 백성은 누군지도 모르는 메시아의 상징이자 표상이 되었다……

이처럼 하나님은 이 모두가 그저 표징일 뿐이라는 사실과 '참으로 자유로우리라', '참이스라엘 사람', '참할례', '참떡' 같은 말들의 의미를 가르쳐 주셨다.

(키르케루스 — 우세리우스)[1]

저마다 이 약속들에서, 제 마음 깊은 데 도사린 것들—그것이 세속적이든 영적이든, 하나님이든 피조물이든—을 찾는다. 하지만 여기에는 차이가 있다. 피조물을 구하는 사람들은 결국 원하는 것을 찾게 마련이지만 숱한 모순들이 따라오게 마련이다. 그들은 하나님은 피조물을 사랑하지 말라는 것과 오로지 그분만을 섬기고 사모하라는 것(사실, 둘 다 같은 뜻이지만)을 명하셨으며, 메시아가 이런 자신을 위해서는 오시지 않는다는 사실을 알게 된다. 반면에 하나님을 찾는 사람들에게는 아무런 충돌이 없다. 그들은 다만 하나님을 사랑할 뿐이고 메시아는 예언된 때에 마침내 오셔서 간절히 구하던 은총을 베풀어 주시리라는 것을 안다.

이처럼 유대인들은 기적과 예언들이 이뤄지는 모습을 똑똑히 지켜보았으며, 그들의 율법은 오직 하나님만을 사랑하고 섬겨야 한다고 가르쳤다. 이는 또한 끊임없이 이어지는 일이기도 했다. 이렇게 참신앙이 갖춰야 할 특성을 빠짐없이 지니고 있지만, 유대인의 가르침은 그 율법과 별개로 보아야 한다. 온갖 기적과 예언, 영속성에도 불구하고 유대인의 가르침에는 하나님만을 섬기고 사랑하라는 더 큰 핵심이 빠져 있기 때문이다. / 675

---

1. 콘라드 키르셔(Conrad Kircher)와 잭 우셔(J. Usher), 17세기에 활동했던 구약학자들.

고전에서 가져온 글들

504 인간은 군중 속에 숨어서 무리의 힘에 기대려 한다. 소요. / 260

505 **권위** 소문은 믿음의 기준에 한참 못 미치므로 직접 그 상황에 들어가 보기 전까지는 마치 금시초문인 듯 믿지 말아야 한다. 믿음의 동기는 그 무엇보다 내면의 찬성과 한결같은 이성의 목소리가 되어야 한다.

믿음은 이렇게 중요하다.

서로 부대끼는 백 가지 사실들이 모두 참일 수 있다.

해묵은 것이 믿음의 기준이라면, 옛사람들에게는 기준이 없다는 뜻이 된다.

대중의 동의가 기준이라고? 그럼 사람들이 죽고 나면……?

죄인들에게 돌아가는 형벌: 착오.

거짓 겸손, 교만.

베일을 벗으라!

시간 낭비 말자. 믿든지 부인하든지, 아니면 의심하든지 셋

중 하나다.

그렇다면 인간에게는 아무런 기준도 없다는 말인가?

동물들이 무언가를 하면 잘하는지 여부를 판단할 수 있다. 그런데 인간을 판단하는 기준이라는 것이 아예 없다는 말인가?

인간과 '부인, 신뢰, 의심'의 관계는 말들(horses)과 달리기의 관계와 같다. / 260

506 "무엇이든 자주 보면, 설령 어찌 된 셈인지 모른다 할지라도 그다지 놀라지 않는다. 하지만 예전에 한 번도 본 적 없는 일이 벌어지면 몹시 충격을 받는다"(키케로).[1] / 87

"아주 어리석은 이야기를 하려고 온 힘을 다하는 이가 여기 있다"(테렌티우스).[2]

"상상에 지배당하는 사람보다 더 불행한 것이 과연 있겠는가?"(플리니우스)[3] / 90

507 "원로원의 결정과 시민의 투표로 범죄가 구성된다"(세네카).[4]

"너무 부조리해서 철학자들이 입에 담지 못할 일은 없다"(키케로, *De Div.*).[5]

"어떤 확고한 입장에 얽매이면, 스스로 동의하지 않는 일마저 옹호할 수밖에 없다"(키케로).[6]

"무엇이든 지나치면 다 그런 법이듯, 공부도 넘치면 인간을 고통스럽게 한다"(세네카).[7]

"더없이 잘 들어맞는 것이 곧 그의 것이다."[8]

"자연은 그 무엇보다 먼저 이런 제한을 두었다"(베르길리우스).[9]

"훌륭한 정신을 가꾸는 데는 큰 공부가 필요 없다."[10]

"부끄럽지 않던 일도 대중의 인정을 받는 순간 부끄러워진다."[11]

"이것이 내게는 맞는다. 당신은 당신 나름대로 하라"(테렌티우스).[12]

/ 363

508 "인간이 스스로를 충분히 존중하는 것은 아주 드문 일이다."[13]

"숱한 신들이 우두머리 자리를 노리고 마구 날뛰고 있다."[14]

"내용도 알기 전에 맞장구부터 치는 것만큼 부끄러운 짓도 없다"(키케로).[15]

"모르는 것을 모른다고 말하는 것을 다들 창피하게 여기지만, 나는 그렇지 않다."[16]

"아예 시작도 않는 것보다 일단 해 보는 편이 훨씬 낫다."[17]

/ 364

---

1. *De Div.*, Ⅱ. 27. 키케로, 《예언에 대하여》. 506번부터 508번까지는 모두 몽테뉴의 책에서 재인용한 글이다.
2. *Heaut.*, Ⅱ. V. 8. 테렌티우스, 《자학자》.
3. Ⅱ. 7. 플리니우스, 《박물지》.
4. *Ep.*, XCV. 세네카, 《서한집》.
5. Ⅱ. lviii. 키케로, 《예언에 대하여》.
6. *Tusc.*, Ⅱ. ii. 키케로, 《투스쿨룸 대화》(아카넷 역간).
7. *Ep.*, CVI. 세네카, 《서한집》.
8. Cicero, *De Officiis*, I. xxxi. 키케로, 《의무론》.
9. Virgil, *Georgics*, Ⅱ. 20. 베르길리우스, 《농경시》.

10. Seneca, *Ep.*, CVI. 세네카, 《서한집》.

11. Cicero, *De Fin.*, XV. 키케로, 《키케로의 최고선악론》(서광사 역간).

12. *Heaut.*, I. i. 28. 테렌티우스, 《자학자》.

13. Quintilian, X. 7. 퀸틸리아누스, 《오라토리오회 규정》.

14. Seneca, *Suas*, I. iv. 세네카, 《설득법》.

15. *Acad.*, I. 12. 키케로, 《아카데미아》.

16. Cicero, *Tusc.*, I. xxv. 키케로, 《투스쿨룸 대화》(아카넷 역간).

17. Seneca, *Ep.*, LXXII. 세네카, 《서한집》.

시리즈 21

정신의 두 가지 유형

509 가면을 씌워 본성을 감춰 보라. 더는 왕도, 교황도, 주교도 아닌 그저 당당한 군주일 뿐이요, 파리(paris)가 아니라 한 나라의 수도와 같은 존재일 따름이다. 파리를 파리라고 불러야 할 때가 있고, 한 나라의 수도라고 해야 할 자리가 있는 법이다. / 49

510 총명할수록 저마다 가진 독특한 면모를 더 잘 알아본다. 평범한 이들은 사람들 사이의 다른 점을 알아채지 못한다. / 7

511 바른 생각에는 여러 종류가 있다. 더러는 특정 질서를 좇는 반면, 다른 이들은 거기서 완전히 벗어나 완전히 다른 질서를 따르기도 한다.

어떤 이들은 몇 안 되는 원리를 바탕으로 바른 결론을 내리는데, 이것도 올바른 사고의 한 영역이다.

그런가 하면 수없이 많은 원칙들을 아우른 끝에 올바른 결론을 끌어내는 이들도 있다.

예를 들어, 물의 속성을 잘 꿰고 있는 이가 있다 하자. 얽힌 원리는 몇 가지에 지나지 않지만 대단히 미묘해서 지극히 정교한 사고를 동원해야만 결론에 이를 수 있다. 그럼에도 불구하고 이들을 위대한 수학자라고 하기는 어려울 것이다. 수학은 방대한 원리들로 이루어지는 까닭이다. 몇몇 원리라면 어렵잖게 밝혀내지만 수많은 원리가 연관된 문제에서는 한 걸음도 진전을 보지 못하는 정신도 있게 마련이다.

그러므로 두 부류의 정신이 있다. 하나는 몇 가지 원리들에서 출발해서 빠르고 깊게 결론으로 들어가는 정밀한 정신이다. 다른 하나는 이루 헤아릴 수 없을 만큼 많은 원리들을 파악하고 구별하는 수학적인 정신이다. 전자는 강력하고 세밀한 정신을, 후자는 폭넓은 정신을 나타낸다.

다른 쪽은 빠진 채 어느 한쪽만 갖춘 경우도 얼마든지 가능하다. 정신은 강렬하고 협소할 수도, 넓고 빈약할 수도 있기 때문이다. /2

시리즈 22

수학적인 정신과 직관적인 정신

512 **수학적인 정신과 직관적인 정신의 차이** 수학적인 정신의 경우, 원리는 더없이 분명하지만 일상생활과는 거리가 멀고, 흔히 쓰이지 않다 보니 그쪽으로 머리를 쓰기가 쉽지 않다. 하지만 일단 관심을 두면 차츰 원리들이 훤히 보인다. 원리들은 너무도 명확해서 정신이 철저하게 망가진 상태가 아니고서야 거기서 그릇된 결론을 끌어낼 일은 없다.

하지만 직관적인 정신은 일상에서 그 원리들이 흔히 쓰이므로 모르는 이가 없다. 부러 관심을 가질 필요도 없고 따로 신경 쓸 이유도 없다. 관건은 다만 좋은 눈, 진정 훌륭한 시각이다. 원리들이 한없이 복잡하고 많아서 자꾸 무언가를 놓치기 십상이기 때문이다. 하나라도 놓치면 오류로 이어지게 마련이므로 모든 원리를 빠짐없이 보려면 명쾌한 눈이 필요하며, 이미 파악한 원리에서 터무니없는 결론을 끌어내는 사태를 막으려면 정밀한 정신을 가져야 한다.

따라서 훌륭한 눈을 가진 수학자라면 누구든 직관적일 수밖에 없다. 알고 있는 원리에서 엉뚱한 결론을 이끌어 내지는 않을 테니 말이다. 아울러 직관적인 정신도 낯선 수학 원리에 눈길을 주기만 한다면 얼마든지 수학적일 수 있다.

그러므로 직관적인 정신을 가진 이들이 수학적이 될 수 없는 까닭은, 수학 원리들을 제대로 적용하지 못하는 데 있다. 반면에 수학자들이 직관적이지 못한 이유는 눈앞의 사실들을 볼 줄 모르기 때문이다. 확실하고 분명한 수학 원리들에만 익숙해서 모든 원리들을 또렷하게 보고 처리한 뒤에야 결론을 내리는 일이 몸에 붙은 탓에, 직관이 필요한 문제와 맞닥뜨리면 갈팡질팡 헤매기 십상이다. 거기에는 그런 방식이 통하지 않는 원리들이 작용하기 때문이다. 이 원리들은 좀처럼 눈에 들어오지 않는다. 보이기보다 본능적으로 인식하는 쪽에 가까워서 스스로 감지하지 못하는 이들에게 전달하기란 몹시 힘들 수밖에 없다. 이 원리들은 너무 미묘하고 수가 많으므로, 이를 감지하고 그 감각을 바탕으로 정확하고 정교하게 판단하기 위해서는 대단히 섬세하고 정밀한 감각을 동원해야 한다. 수학에서처럼 논리적으로 접근하는 것은 거의 불가능하다. 필수적인 원리들을 금방 찾아 쓸 수 있는 것이 아니어서 첫발을 떼는 일조차 끝을 가늠하기 어려울 만큼 요원한 과제가 되기 때문이다. 그것은 어느 지점에 이르기까지는 단번에, 한눈에 보여야 하며, 점진적인 추론의 결과여서는 안 된다. 따라서 수학자가 직관적이 되거나 직관적인 이들이 수학자가 되는 사례는 드물다. 수학자들은 직관적인 사안마저 수학적으로 처리하려 드는 탓이다. 원리를 끌어다 정의부터 내리고 시작하려 덤비다 스스로 우스꽝스러워지고 만다. 이런 유형의 추론에서는 그런 과정을 밟아서는 안 된다. 물론 정신이 그렇게 작용하지 않는 것은 아니다. 그저 조용히, 자연스럽게, 꾸밈없이 추론해 나갈 따름이다. 그것을 표현하는 것은 인간의 능력을 넘어서는 일이며 이해할 수 있는 사람도 극히 드물다. 이와 달리 한눈에 보고 단번에 판단하는 데 익숙한 직관적인 정신은, 도무지 가늠할 수 없는 문제(너무 재미가 없어서 자세히 살피지 않곤 했던 개념과 원리들이 선행되어야 하는)가 제기되면 당황해 어쩔 줄 모르고 마침내는 거부감과 혐오감을 느낀다.

한편, 견실하지 못한 정신은 결코 직관적이지도, 수학적이지도 않다.

그러므로 오로지 수학자이기만 한 수학자들은 만사를 개념과 원리들로 설명하는 경우에는 건전한 결론을 내리지만, 그렇지 않으면 논리적인 근거가 흔들리고 불안정해진다. 정의가 명확한 원리만을 토대로 견실한 판단을 내리는 까닭이다.

오로지 직관적이기만 한 직관적인 이들은, 실체를 본 적도 없고 통상적으로 경험할 수도 없는 사변적이고 가상적인 사안들의 기본 원리를 파헤쳐 들어갈 만한 참을성이 없다. / 1

513 **수학. 직관** 참웅변은 웅변을 혐오하고, 참도덕은 도덕을 싫어한다. 즉, 판단의 도덕은 마구잡이식 정신의 도덕을 멸시한다.

지식이 정신과 잘 어우러지듯, 판단은 본능과 잘 어울리기 때문이다. 직관은 판단의 영역이고, 수학은 정신의 몫이다.

철학을 멸시하는 것이야말로 참철학자가 되는 길이다. / 4

514 몸은 영양분을 서서히 받아들인다.
음식은 차고 넘치지만 자양분은 거의 없다. / 356

갖가지 글들 2

515 **잡문** —한 가지 주장을 펴는 동안 같은 말이 되풀이되고, 그것을 바로잡으려다 보니 너무 딱 들어맞는 말들이어서 섣불리 바꿨다가는 도리어 논리 자체가 다 흐트러질 성싶다면, 손대지 말고 그대로 두어야 한다. 이는 확실한 표지가 된다. 굳이 고치고 싶어지는 것은 내면에서 맹목적인 선망이 작용하기 때문이다. 일반적인 규칙 따위는 존재하지 않으므로 문절에 그런 반복이 일어나는 것은 결함이 아니라는 점을 자각하지 못해서다. / 48

516 **교황** —인간은 너나없이 보장받고 싶어 한다. 교황은 신앙 문제에서, 내로라하는 신학자들은 윤리적인 사안에서 한 점 흠이 없어서 그들을 보며 안도감을 얻기를 기대한다. / 880

517 성 아우구스티누스가 요즘 세상에 와서 오늘날 그를 옹호하는 사람들과 매한가지로 이렇다 할 권위를 누리지 못한다면, 무엇 하나 이뤄 내기 어려울 것이다. 하나님은 그를 일찌감치 보내며

권위를 부여하심으로 교회를 멋지게 이끄셨다. / 869

518 **회의주의** —극단적인 영리함도 극단적인 무지만큼이나 어리석다는 비난을 받는다. 오로지 중용만이 선하다. 대부분은 그처럼 단호한 입장을 가지고 중용에서 벗어나 어느 쪽이든 극단에 치우치는 이들을 손가락질한다. 나 역시 난처해질 뜻은 없으며 중간자의 입장을 취하는 일에 흔쾌히 동의한다. 맨 밑바닥으로 가는 것은 정중히 거절한다. 바닥이어서가 아니라 끝이어서다. 꼭대기에 서는 것 역시 거절하고 싶다. 중용의 도를 버리는 일은 인간됨을 벗어나는 짓이다.

인간의 영혼이 위대한 것은 이 길을 지켜 내는 법을 알기 때문이다. 선을 넘는 것이 아니라 도리어 그 안에 꾸준히 머무는 것이다. / 378

519 자연은 ……하지 않는다.

자연은 인간을 정확하게 중간에 놓았으므로, 저울 한쪽을 건드리면 다른 쪽에도 변화가 오게 마련이다. “나는 행동하고 짐승들은 달린다.”[1]

이를 보면, 인간의 머리에 어떤 메커니즘이 있어서 한쪽을 건드리면 반대편도 저절로 건드리게 된다는 생각이 든다. / 70

520 웬만큼 살아 보고 나서야 정의가 있다는 사실을 믿었다. 오판은 아니었다. 하나님이 정의를 드러내기로 작정하셨기에 어김없이 존재한다. 하지만 나는 그런 식으로 받아들이지 않았다. 판단

이 어긋나기 시작한 지점이 바로 거기였다. 인간의 정의는 틀림없이 반듯하며, 그것을 알아보고 판단할 수단이 수중에 있다고 생각했다. 하지만 부실한 판정을 내리는 경우가 하도 많아서 자신을, 나중에는 다른 사람까지 불신하기에 이르렀다. 온 나라와 뭇사람들이 죄다 변하는 것을 보았다. 참정의를 둘러싸고 수도 없이 생각이 달라진 끝에 결국 인간 본성은 쉴 새 없이 변할 따름임을 깨달았으며, 그 뒤로는 마음을 달리 먹지 않았다. 만약에 변화가 있었더라면 내 생각을 재확인하는 셈이 됐을 것이다. 다시 독단론자가 된 아르케실라오스(Arcesilaus). / 375

521 참증거 같은 것이 있을지도 모르겠다. 하지만 확실치는 않다.

따라서 그것은 만사가 불확실하다는 것조차 확실하지 않다는 사실만을 입증할 뿐이다. 회의주의에 더 큰 영광이 깃들기를!

/ 387

522 아내와 외아들의 죽음에 더없이 비통해하고 커다란 싸움 탓에 그토록 깊이 근심하던 사람이 지금은 음울한 기색이 다 사라지고 고통스러우며 혼란스럽기만 한 온갖 생각들에서 한없이 자유로워진 듯 보이다니, 도대체 어찌 된 일일까? 놀랄 것 없다. 방금 공을 쳐서 넘겼고 이제 상대방이 되치는 공을 받아 내야 한다. 위에서 떨어지는 공을 잡아서[2] 득점을 올리는 데 온 정신이 팔려 있다. 당장 할 일이 있는데 개인사 따위를 생각할 틈이 어디 있겠는가? 이 위대한 영혼을 사로잡고 온갖 다른 일들을 머리에서 몰아낼 만한 관심사가 여기 있지 않은가! 우주를 인식

하고, 만사를 판단하고, 온 나라를 다스리기 위해 세상에 태어났지만 토끼 한 마리를 잡는 데 온 신경을 다 쓰는 사람이 여기 있다. 그가 자세를 낮추려 하지 않고 늘 힘을 주려 하면 더 어릿광대짓을 하게 마련이다. 인간의 한계를 넘어 우뚝 서려 발버둥치는 꼴이기 때문이다. 능력이 부족할 수도 있고 많을 수도 있고, 넘치게 가질 수도 있고 빈털터리일 수도 있지만, 어찌 됐든 결국은 한낱 인간이기 때문이다. 천사도 아니고 짐승도 아닌, 그저 인간에 지나지 않는다.[3] / 140

523 한 가지 생각만 해도 머리가 차고 넘친다. 인간은 동시에 두 가지 생각을 하지 못한다. 하나님이 아니라 세상 기준으로 보면 우리에게 오히려 잘된 일이다. / 145

524 신부님, 하나님의 계명은 냉정하게 판단해야 하오. 멜리데섬의 바울.[4] / 853

525 몽테뉴는 틀렸다. 관습을 지키는 유일한 이유는 합리적이라거나 올바르기 때문이 아니라 그저 관습인 까닭이다. 하지만 다들 관습이 정당하다고 믿기에 거기에 따른다. 그렇지 않으면 아무리 관습이라 해도 지키지 않았을 것이다. 인간은 합리적이고 타당한 것에만 기꺼이 순종하기 때문이다. 그런 속성이 없었더라면 너나없이 관습을 폭군으로 여겼을 테지만, 이성과 정의의 지배는 쾌락의 지배처럼 폭압적이 아니다. 인간들에게 아주 자연스러운 원리일 뿐이다.

그러므로 그저 법과 관습이기에 법률에 복종하는 것은 좋은 일이다(인간은 늘 올바른 무언가를 찾고 있으므로 결코 반기를 들지는 않을지라도 흔쾌하지는 않을 테지만). 앞으로도 올바르거나 공정한 법 따위는 없으며, 본시 인간은 그런 법을 알지도 못하므로 결국 기왕에 인정하고 받아들이는 법을 지킬 수밖에 없음을 아는 것 역시 유익하다. 그러기만 하면 법과 관습을 버릴 일은 절대로 없을 것이다. 하지만 다들 이런 주장에 귀를 기울이려 하지 않는다. 자연히 진리를 찾아낼 수 있으며 법과 관습 가운데 있으리라고 믿고 오랜 세월 이어져 왔음을 그 증거로 삼는다(진리와 상관없이 다만 권위의 근거가 될 뿐이라고는 생각지 않는다). 따라서 대중은 일단 법과 관습에 따르지만 그러다 어느 순간 그럴 가치가 없다는 판단이 들면 곧바로 반기를 든다. 어떤 시각으로 보느냐에 따라 모든 법률에 일어날 수 있는 일이다. / 325

526 악은 저지르기가 쉽다. 악의 모습은 이루 헤아릴 수 없을 만큼 다양하지만 선은 거의 유일하다. 하지만 개중에는 선으로 부르는 것만큼이나 알아보기 어려운 부류의 악도 있다. 이 특별한 악은 종종 선으로 치부된다. 이런 악에 도달하자면 선에 이르는 것만큼이나 엄청나게 위대한 정신이 필요하기 일쑤다. / 408

527 흔히 무언가를 증명해 보이기 위해 실례를 든다. 그 실례를 뒷받침하고 싶으면 다른 무언가를 가져다가 그 사례의 본보기로 삼는다. 왜냐하면 증명해 보이려는 문제에 까다로운 구석이 있다고 항상 생각하기 때문에 실례가 한결 명쾌하고 그 문제를 증

명하는 데 도움이 된다고 여긴다.

그러므로 일반적인 사실을 입증하고 싶다면 단일한 경우에 한정되는 특별한 규칙을 적용해야 하지만, 특수한 사례를 증명하고자 하면 일반적인 규칙에서 시작해야 한다. 증명하려는 문제는 늘 애매해 보이고, 증거로 사용하려는 예는 명확해 보이는 까닭이다. 입증해야 할 문제가 나타나면 일단은 모호할 것이라고 생각하는 반면, 그것을 증명하는 사실들은 확실해서 쉬 이해할 수 있으리라고 지레짐작하는 것이다. / 40

528 "폐가 많았습니다"라든지, "지루하셨죠?", "시간을 너무 많이 빼앗았군요"와 같은 인사를 들으면 난감하기 짝이 없다. 이런 말은 사람들의 마음을 끌거나 혹은 짜증나게 하거나 둘 중 하나다.

/ 57

529 누군가에게 무엇을 제안하면서 상대의 의견을 구할 때, 우리의 제안이나 행동이 상대의 판단에 영향을 주지 않기란 얼마나 힘든 일인가! "정말 대단하시군요"라든지 "이건 좀 애매하지 않아요?" 같은 말을 하면 상대방이 우리에게 동의하게 종용하거나 아니면 반대편을 향하도록 자극하는 상황이 되고 만다. 그러므로 아무 말도 하지 않는 것이 낫다. 그러면 상대는 있는 그대로, 눈에 보이는 대로, 우리의 통제가 조금도 작용하지 않는 다른 환경이 그 사안에 영향을 미치는 방식으로 판단을 내릴 것이다. 상대편에서 제멋대로 씌운 왜곡이나 해석에 따라, 또는 이편의 몸짓과 표현, 또는 음색에 따라(그쪽이 얼굴을 읽어 내는 데 얼마나 노

련하냐에 좌우되는) 침묵마저 어떤 효과를 내는 한, 우리는 아무것도 덧입히지 말아야 한다. 자연스러운 상태에서 내리는 판단을 방해하지 않기가 이토록 어렵다. 확고하고 안정적인 판단을 내리는 일이 그만큼 어려운 것인지도 모른다. / 105

530 인간 이성의 활동들은 어김없이 감정에 굴복한다.

하지만 환상은 감정과 비슷하면서 또 다르기도 해서 완전히 상반된 이 두 속성을 분간하지 못한다. 자신의 감정은 그저 환상에 지나지 않는다는 이가 있는가 하면, 환상을 감정이라고 이야기하는 축도 있다. 원칙이 있어야 한다. 이성도 후보가 될 수 있지만 어느 쪽으로든 기울어질 수 있다는 점이 문제다.

그러기에 규칙 따위는 어디에도 없다. / 274

531 대다수가 내심 깊이 생각하는 문제들, 수중에 지닌 얼마 안 되는 재산을 꽁꽁 감추는 따위의 일들은 십중팔구 헛일이다. 그저 아무것도 아닌 사안을 상상력이 산더미처럼 부풀려 놓은 데 불과하다. 상상의 방향이 한 번 더 틀어지면 금방 눈치챌 수 있다.
/ 85

532 **회의주의** 생각이 떠오를 때마다, 그러나 마구잡이로 혼란스러운 방식을 피해 여기에 생각을 적어 내려가려고 한다. 이것이 참다운 질서이며, 질서는 언제나 다름 아닌 무질서를 통해 내 목적을 드러내 보일 것이다.

회의주의는 질서를 가질 수 없음을 보이려 하는 중이므로, 그

것을 질서정연하게 취급하면 이 주제를 지나치게 높여 주는 셈이 될 것이다. / 373

533 플라톤이나 아리스토텔레스라고 하면 늘 학자풍의 긴 통옷을 입은 모습을 그리지만, 실은 친구들과 웃고 떠들기를 즐기는 여느 양식 있는 이들과 다르지 않았다. 그렇게 즐기면서 재미로 《법률》(*Laws*)이나 《정치학》(*Politics*) 같은 책을 썼다. 그들의 삶에서 저술은 가장 덜 철학적이고 가장 덜 진지한 부분이었다. 가장 철학적인 영역은 호들갑떨지 않고 소박하게 살아가는 일, 바로 그것이었다.

정치학에 관한 글을 쓴다면, 마치 난장판인 정신병원에 규칙을 세우는 식이었다.

그 글쓰기를 정말 중요한 일인 듯 대했다면, 자신들이 상대하는 미치광이들이 스스로 왕이나 황제로 여기고 있음을 아는 까닭이었다. 대중의 광기를 진정시켜 피해를 최대한 줄이기 위해 저들이 가진 믿음에 비위를 맞춰 주었던 것이다. / 331

534 아무 원칙 없이 작품을 판단하는 이들과 그렇지 않은 이들의 관계는 시계를 가진 사람과 시계가 없는 사람 사이와 흡사하다. 한 사람은 "두 시간 지났다"고 하고, 다른 사람은 "45분밖에 안 됐다"고 한다. 내 시계를 들여다보고 나서 앞사람에게는 "지루하셨군요"라고, 나중 사람에게는 "시간 가는 줄 모르셨네요"라고 이야기한다. 실제로는 한 시간 30분이 흘렀을 따름이기 때문이다. 누가 나더러 "제멋대로 시간을 판단하는 것을 보니 따분

해 죽을 지경인가 봅니다"라고 해도 신경 쓰지 않는다.
내가 시계를 보고 판단하는 줄을 모르고 하는 소리일 뿐이다. / 5

535 악 가운데는 오로지 다른 악에 기대서 인간에게 붙어 있는 부류의 악도 있다. 줄기를 걷어 버리면 거기 붙은 가지들도 같이 떨어져 나가 버린다. / 102

536 하나님(그리고 모든 사도들)은 교만이라는 씨앗에서 이단이 자라난다는 사실을 내다보고 실제로 말씀이 그런 기회를 제공하지 않기를 바라는 뜻에서 성경과 교회의 기도서에 상반되는 구절과 씨앗들을 집어넣어 때가 차면 열매를 맺게 하셨다.
도덕에 사랑을 더해 정욕을 이기는 열매를 맺게 하신 것과 같다. / 579

537 악에게 뒷배가 될 만한 나름의 논리가 생기면 더없이 기꺼워하며 어디서나 보란 듯이 내세운다.
절제하는 삶이나 단호한 선택이 의도했던 유익을 얻지 못하고 도로 천성을 따르면, 악은 이런 역전을 더없이 즐거워한다. / 407

538 주인이 무얼 바라는지 잘 아는 사람은 훨씬 더 혹독한 벌을 받게 마련이다. 아는 만큼 더 큰 능력을 갖추었기 때문이다.
성경은 말한다. "의로운 자는 그대로 의를 행하게 하라"(계 22:11). 의로움이 다시 의로운 일을 행할 능력을 주기 때문이다.
가장 많이 받은 이에게 가장 많은 것을 요구하는 법이다. 도

움이 큰 만큼 할 수 있는 일도 크기 때문이다. / 531

539 뜻을 품고 하는 행동과 그 밖의 행위 사이에는 보편적이고 본질적인 차이가 있다. 의지는 믿음의 주요 기관들 가운데 하나다. 믿음을 빚어내서가 아니라, 무엇이든 어떤 측면을 판단의 근거로 삼느냐에 따라 참과 거짓이 갈리기 때문이다. 의지가 어느 한 측면을 더 좋아하게 되면, 정신의 방향을 돌려 관심을 두고 싶지 않은 속성을 깊이 살피지 못하게 만든다. 따라서 의지와 장단을 맞추게 마련인 정신은 자기 짝이 좋아하는 측면만 보고 거기서 얻은 정보를 바탕으로 판단을 내리기 마련이다. / 99

540 세상에는 이미 온갖 금쪽같은 금언들이 다 나와 있다. 제대로 적용하지 못하는 것이 문제일 따름이다.

예를 들어, 목숨을 걸고 공동선을 지켜야 한다는 데는 아무도 토를 달지 않으며, 실제로 많은 이들이 그리하지만, 신앙에 관해서는 이야기가 다르다.

인간 사이에는 필연적으로 불평등이 존재한다. 어김없는 사실이다. 하지만 일단 이를 인정하면, 누가 봐도 확실한 규칙에만이 아니라 가장 철저한 폭압에도 빗장을 열게 된다.

정신을 조금 느긋하게 풀어 주는 일이 꼭 필요하지만, 이로써 더없이 큰 일탈의 문을 열어젖히는 형국이 될 수도 있다.

한계를 지키자. 세상사에는 울타리가 없다. 법률이 어느 정도 경계를 세우려 하지만 정신은 이를 견디지 못해 한다. / 380

541 자연은 다양하게 만들지만, 인간은 흉내 내고 또 흉내 낼 따름이다. / 120

542 생각은 불쑥 떠올랐다가 홀연히 사라진다. 붙들어 놓거나 간직할 장치 따위는 어디에도 없다.

생각 하나가 달아나 버렸다. 기록하려 안간힘을 썼지만, 결국 놓쳐 버렸다고만 적어 두었다. / 370

543 **탈선** 사소한 방향 전환, 그 일이 이뤄지고 있다[?].

너무 조심스러워한다고 나를 원망할 셈인가? 교부들과……

나중에야 그런 것들을 알아보았다. 왜냐하면 나는 …… 않았기 때문이다. / 938

544 '이때에 예루살렘과 온 유대와 요단강 사방에서 다 그에게 나아와 세례를 받았다'(막 1:5). 거기까지 찾아온 이들의 신분도 형편도 제각각이었다.

"이 돌들로도 아브라함의 자손이 되게 하시리라"(마 3:9). / 778

545 "세상에 있는 모든 것이 육신의 정욕과 안목의 정욕과 이생의 자랑이니." "Libido sentiendi, libido sciendi, libido dominandi"(요일 2:16). 이 세 갈래 불의 강이 물을 대는 것이 아니라 도리어 살라 버리는 저주받은 땅은 얼마나 비참한가! 강가에 있지만 잠기지도 떠내려가지도 않으며, 낮고 안전한 자세로, 선 것이 아니라 앉아서 꼼짝 않고 견고하게 버티는 이들은 얼마나 행복한가! 빛

이 비치기 전까지는 거기서 일어나지 않겠지만 안연히 쉬고 난 뒤에는 반듯하게 일으켜 세워서 그 거룩한 성, 예루살렘 문전에 든든히 서게 하실 분께 손을 내밀 것이다. 거기서는 더 이상 교만이 덤벼들어 넘어뜨리지 못할 것이다. 눈물을 쏟으며 서럽게 울지만 그 급류에 휩쓸려 멸망할 온갖 것들 때문이 아니라, 오랫동안 남의 땅에 끌려와 살면서 한시도 잊어 본 적 없었던 그리운 고향, 하늘의 예루살렘을 그리워하는 까닭이다. / 458

546 택함받은 이들은 자신에게 무슨 덕이 있는지 모를 테고, 저주받은 이들은 자신의 죄가 얼마나 심각한지 깨닫지 못할 것이다. "주여 우리가 어느 때에 주께서 주리신 것을 보고 음식을 대접하였나이까"(마 25:37). / 515

547 예수는 마귀라든지 부름받지 않은 이들이 아니라, 하나님과 세례 요한이 증언해 주길 원하셨다. / 784

548 우리가 돌이켜 하나님을 향하면 그분은 기꺼이 치료하고 용서하실 것이다.

"다시 돌아와 고침을 받을까 하노라"(사 6:10).

"돌이켜 죄 사함을 얻지 못하게 하려 함이라"(막 4:12). / 779

549 예수는 일단 들어 보기 전까지는 결코 유죄 판결을 내리지 않는다.

유다에게도 물었다. "친구여, 무엇 하러 여기에 왔느냐?"(마 26:50, 새번역) 혼인예복을 입지 않은 이들에게도 마찬가지다(마

22:12). / 780

550 "유혹에 빠지지 않게 기도하라"(눅 22:40). 유혹에 빠지는 일은 위험한 노릇이다. 유혹에 빠지는 이들은 기도하지 않기 때문이다. "너는 돌이킨 후에 네 형제를 굳게 하라." 그러나 "주님께서 돌아서서 베드로를 똑바로 보셨다."[5]

베드로는 말고의 귀를 쳐도 좋을지 허락을 구하고 나서 그 답을 듣기도 전에 칼을 휘둘렀다. 예수의 대답은 나중이었다.

유대인들이 빌라도 앞에서 예수를 고발할 때, 무리의 입에서 우연인 듯 불쑥 튀어나온 '갈릴리'라는 말은 총독에게 죄수를 헤롯에게 보낼 좋은 구실을 주었다. 그리스도는 유대인과 이방인 모두에게 심판을 받으리라는 수수께끼 같은 예언이 이렇게 성취되었다. 누가 봐도 우연으로 여길 만한 사건이 예언이 이뤄지는 실마리가 되었던 것이다. / 744

551 상상은 사소한 것들을 엄청나게 과장해 영혼을 가득 채울 때까지 부풀린다. 그리고 하나님에 대해 이야기할 때 보듯, 뻔뻔스러운 오만함으로 위대한 것들을 잘게 잘라 자기 크기로 만들어 버린다. / 84

552 "그는 등불로 대지를 밝혔다."[6] 날씨와 내 기분 사이에는 별 연관이 없다. 내 안에는 '흐림'과 '쾌청'이 함께 있다. 일이 잘 풀리든 말든, 일기 탓도 일기 덕도 아니다. 운명에 순응하지 않으려고 안간힘을 쓸 때가 더러 있다. 이겨 낸 뒤의 영광을 생각하며

기꺼이 씨름하는 것이다. 반면에 가끔은 일이 잘되어 가는데도 넌더리가 날 때가 있다. / 107

553 학문을 너무 깊이 파고드는 사람들에 관해 쓸 것. 데카르트. / 76

554 여론이 아니라 권력이 세상을 지배한다. 하지만 여론은 권력을 이용한다.

여론을 만드는 것은 권력이다. 다수의 의견을 좇아 속 편하게 지내는 것도 괜찮을 수 있다. 어째서인가? 외줄을 타고 싶어 하는 이들은 어차피 외롭게 마련이기 때문이다. 나는 남보다 더 큰 힘을 가진 집단을 모아 놓고 그보다 더 좋은 일은 없다고 단호히 말할 수 있다. / 303

555 말은 잘하지만 글은 시원찮은 사람들이 있다. 장소와 청중에 고무돼서 그런 자극이 없을 때보다 훨씬 더 많을 것을 끌어내기 때문이다. / 47

556 어려서는 책을 감춰 두곤 했다. 어딘가에 잘 넣어 두었다고 생각할 때면, 혹시 ……[7] 아닌가 하는 의구심이 들었다. / 371

557 언어는 일종의 부호다. 글자가 글자로 변하는 것이 아니라 단어가 단어로 변한다. 그래서 알려지지 않은 언어도 해독 가능한 것이다. / 45

558 목소리 톤에서 걸음걸이, 기침, 코 푸는 소리, 재채기에 이르기까지 다양성의 폭은 한없이 넓다. 그러므로 먼저 여러 과일 가운데에서 포도를 구별하고, 이어서 콩드리유 포도와 머스캣 포도를, 다시 데자르그[8] 포도를, 그리고 접붙인 여러 이종들을 가리는 법이다. 그게 다일까? 한 나무에서 똑같은 열매가, 한 송이에서 똑같은 포도알갱이가 열리는 경우가 있던가?

무엇이든 완전히 똑같은 방식으로 판단해 본 적이 없다. 무슨 일이든 그것을 하는 동안은 평가를 내릴 수가 없다. 마치 화가처럼 열심히 일하다 뒤로 물러서서 형편을 살펴야 하지만 지나치게 멀리 떨어져도 안 된다. 그럼 얼마나 거리를 두고 봐야 하느냐고? 생각해 보라…… / 114

559 **잡록. 언어** 억지로 말을 짜 맞춰 대구를 만드는 이들은 균형을 맞추기 위해 엉뚱한 데다 창문을 내는 이들과 같다. 바른말이 아니라 바른 형식을 원칙으로 삼는 것이다. / 27

560 **예수의 무덤** 예수는 죽었지만, 십자가에 그대로 보인다. 죽어서 무덤에 숨겨졌을 따름이다.

오직 성도들이 예수를 무덤에 안치했다.

무덤 속에서 예수는 어떤 기적도 행하지 않았다.

오직 성도들만이 무덤 안으로 들어갔다.

십자가가 아니라 바로 그곳, 무덤에서 예수는 새 생명을 얻었다.

이는 고난과 구원을 아우르는 최고의 신비다.

예수는 살고 죽고 묻히고 다시 살아나 세상을 깨우쳤다.

예수는 무덤 외에는 세상 어디에도 쉴 곳이 없었다.

예수가 무덤에 들어가고 나서야 원수들은 괴롭히기를 멈췄다.

/ 552

561 흔히 일월식을 재앙의 조짐으로 여긴다. 재난이 워낙 흔하고 불행한 일들이 하도 자주 일어나는 터라 이런 예언들이 잘 들어맞는다는 인상을 주고도 남았다. 일식이나 월식을 복이 오는 전조라고 했더라면 아마도 다들 헛말이라 여겼을 것이다. 행운은 어쩌다 한 번, 아주 드물게 천체가 합을 이룬 덕으로 치부한다. 자연히 그 예언이 어긋났다고 생각하는 이도 거의 없었다. / 173

562 세상에는 딱 두 종류의 인간이 있다. 스스로 죄인이라고 생각하는 의인들과 자신을 의롭게 여기는 죄인들이다. / 534

563 **이단자** 에스겔. 이방인들은 이스라엘을 험담했다. 이 선지자도 마찬가지였다. 그를 두고 "꼭 이방인 같은 소리만 한다"고 했던 이스라엘 백성의 말에는 타당한 구석이 조금도 없다. 이방인도 그와 같은 이야기를 한다는 사실에서 에스겔의 가장 큰 능력이 비롯되기 때문이다. / 886

564 그러므로 참되고 유일한 덕은, 정욕 탓에 미움받아 마땅한 스스로를 미워하는 한편 그분을 사랑하기 위해 참으로 사랑할 가치가 있는 존재가 되려고 애쓰는 데 있다. 하지만 인간은 자기 바깥의 것들을 사랑할 줄 모르므로 자기 안에 있으면서도 자신이

아닌 존재를 사랑해야 한다. 이는 누구에게나 동일하게 적용하는 사실이다. 그런데 보편적인 존재만이 이런 부류에 든다. 하나님 나라는 우리 안에 있으며 공통 선도 그러하다. 둘 다 우리 자신이지만 동시에 우리 자신이 아니다. / 485

565

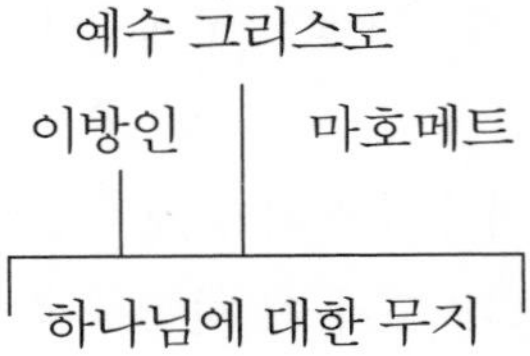

566 택함받은 사람들에게는 모든 것이 다 유익하다(롬 8:28).

성경의 더할 나위 없이 선명한 부분을 보고 모호한 부분마저 존중한다. 선택받지 못한 사람들에게는 만사가 다 해롭다. 자신이 이해하지 못하는 모호한 점들 탓에 성경의 지극히 또렷한 부분들마저 모독하는 까닭이다. / 575

567 (마치 그리스인들이 공회에서 오간 이야기를 중요한 규칙으로 삼듯) 교부들의 몇 마디 말들을 근거로 교황이 어떤 존재인지 판단해서는 안 된다. 교회와 교부들의 기능, 그리고 정경(正經)을 토대로 삼아야 한다.

통합과 다양성, "두셋이 하나로"(고전 14:27-29). 다수를 배격하는 가톨릭교도나 통합을 배척하는 위그노(칼뱅주의 신앙을 가졌던 프랑스의 개신교도-옮긴이)처럼 서로를 거부하는 일은 잘못이다. / 874

568 합리적인 근거를 들이대며 기적을 믿지 않는다는 것은 애초에 될 법한 일이 아니다. / 815

569 교황은 머리다. 모두가 알 만한 다른 이가 또 있겠는가? 구석구석 빠짐없이 스며드는 중요한 가지들을 붙들고 있으니 온몸으로 침투할 능력을 가졌다고 누구에게나 인정받는 다른 이가 또 있는가?

그러니 그런 존재가 추락해 압제자가 되기란 얼마나 쉬운 노릇이었겠는가! 그리스도가 이 계명을 주신 이유가 바로 거기에 있다. "너희는 그렇지 않을지니"(눅 22:26). / 872

570 **요셉에게서 보는 그리스도의 모습** 아무 죄가 없었으며, 아버지의 사랑을 받았고, 아버지 심부름으로 형제들을 살피러 갔고, 형제들이 은돈 20냥을 받고 그를 팔아 버렸다. 그러나 이를 통해 형제들의 주인이자 구원자가 이방인들과 온 세상의 구원자가 되었다. 형제들이 죽여 없애기로 음모를 꾸미고, 팔아넘기고, 배척하는 사건이 없었더라면 이 가운데 그 어떤 일도 일어나지 않았을 것이다.

감옥에서 두 죄수 사이에 무고히 끼어 있던 요셉. 십자가에서 두 강도 사이에 달려 있던 예수. 요셉은 겉보기에는 다를 것이 없는 두 죄인 가운데 한쪽은 구원을 받는 반면, 다른 한편은 처형당하리라는 사실을 예언했다. 같은 죄를 지었지만 그리스도는 택함받은 이들을 구원하시고 하나님께 버림을 당한 이들에게는 벌을 내리신다. 요셉은 예언했을 뿐이지만 예수는 행동하신다. 요셉은 구원받을 사람에게 영예를 되찾으면 자신을 기억해 달라고 부탁했다. 예수가 구원한 사람은 하나님 나라에 들어갈 때 자신을 기억해 주기를 예수께 간구한다. / 768

571 '옴네스'(omnes)를 언제나 '모두'로 해석하는 것은 이단의 주장이다. 아울러 그것을 더러 '모두'라고 풀이하지 않는 것 역시 이단이다. "너희가 다 이것을 마시라"(마 26:27). 위그노는 이를 '모두'로 해석하는 까닭에 이단적이다. "모든 사람이 죄를 지었으므로"(롬 5:12). 믿는 집 자녀들은 예외라고 여긴다는 점에서 위그노는 이단적이다. 그러므로 언제 어떻게 해석하는 것이 옳은지 알려면 교부들과 전통에 따라야 한다. 어느 편에든 이단이 될 위험성이 있기 때문이다. / 775

572 **잡록** — 화법.
……을 처리할 작정이었는데. / 54

573 회당은 표징이었기에 소멸되지 않았다. 그러나 표징에 지나지 않았으므로 종속적이 되고 말았다. 표징은 실체가 나타나기 전까지만 존속하는 법이므로 교회는 실체를 약속하는 그림으로든, 아니면 구체적인 결과로든 늘 눈으로 확인할 수 있어야 했다. / 646

574 "기적을 체험하면 신앙이 돈독해질 텐데"라고들 한다. 기적을 맛보지 못했기에 하는 말이다.
멀리서 보면 마치 여러 요인들이 눈앞을 가린 듯 보이지만, 가까이 다가서면 비로소 그 너머가 보인다. 무엇도 기왕에 만들어진 정신의 흐름을 막을 수 없다. 흔히 예외 없는 규칙은 없다, 또는 너무 일반적이어서 결함을 한 점도 내보이지 않는 진리는 어디에도 존재하지 않는다고 한다. 철저하게 보편적인 진리는 존재하지 않는다고만 하면 얼마든지 당면한 주제에 예외를 적용하고 "언제나 사실인 것은 아니어서 그렇지 않은 경우가 자주 있다"고 말할 수 있다. 남은 일은 이 역시 예외 가운데 하나임을 보여 주는 일뿐이다. 빠져나갈 구멍을 제대로 찾지 못하면 아주 꼴사나워지거나 불운해질 것이다. / 263

575 종말론자, 프리애더마이트(Pre-Adamites; 아담 이전에 인류가 존재했다고 주장하는 이들-옮긴이), 천년왕국 도래를 믿는 이들의 터무니없는 생각.

이렇게 황당무계한 입장의 근거를 성경, 예를 들어 "이 세대가 지나가기 전에 이 일이 다 일어나리라"(마 24:34) 같은 성경 말씀에 두고 싶어 하는 이들이 있다.

나로서는 이 세대가 가고 나면 다른 세대가, 이어서 또 다른 세대가 나타나 끊임없이 뒤를 이으리라고 답해 주고 싶다.

역대하는 솔로몬과 또 다른 왕, 이렇게 두 인물이 있는 것처럼 이야기한다(대하 1:14). 나는 정말 그들이 두 사람이었다고 답하겠다. / 651

576 **서로 충돌하는 두 논리** 거기서 시작해야 한다. 그렇지 않으면 아무것도 이해할 수 없으며 매사에 이단적이 될 수밖에 없다. 그

리고 어느 쪽 진리든 그 끄트머리에라도 완전히 반대되는 진리를 마음에 품고 있음을 덧붙여야 한다. / 567

577 절대로 위험을 무릅쓰지 않겠다면 무슨 일이 있더라도 신앙에는 얽히지 말아야 한다. 신앙에는 확실한 것이 없으니 말이다. 하지만 항해든 전투든, 불확실한 일에 나서는 경우가 얼마나 많은가? 그렇다면 아무 일도 해서는 안 된다. 사실, 확실한 것은 없기 때문이다. 분명히 말하지만, 살아서 내일을 보는 쪽보다 신앙 쪽이 더 확실하다.

내일을 대할 수 있을지는 분명치 않지만, 그러지 못할 가능성이 있다는 데는 두말이 필요 없다. 하지만 신앙은 경우가 다르다. 참인지는 확실치 않지만, 분명코 참이 아니라고 감히 장담할 수 있는 이가 어디 있겠는가? 그럼에도 내일을 바라보며 일하고 닥치는 대로 살아가는 것을 합리적인 행동으로 본다. 이미 설명했듯이 저마다 확률에 따라 위험부담을 져야 하기 때문이다.

성 아우구스티누스는 항해에, 또는 전쟁에 선뜻 나선다는 사실에 주목했지만, 반드시 그래야 한다는 사실을 증명해 보여 주는 기준, 곧 확률을 알지 못했다. 몽테뉴의 경우, 인간은 완전하지 못한 정신에 시달리며 무슨 일이든 습관적으로 반복할 수 있음을 파악했지만 왜 그리 되는지 이유는 밝히지 못했다.

이들은 모두 결과는 보았지만 원인을 몰랐다. 원인을 찾아냈던 이들과 비교하는 것은 한 눈밖에 없는 이를 온전한 정신을 가진 이들과 견주는 셈이 된다. 결과는 감각으로 체감할 수 있지만, 원인은 오로지 정신으로 인식해야 하기 때문이다. 물론 정신으로도 이런 결과들을 볼 수 있다. 하지만 그 정신과 원인을 보는 지성을 비교하는 것은 신체적인 감각과 정신을 대조하는 것과 비슷할지 모른다. / 234

578 웅변이란 생각을 그려 내는 작업이다. 한번 붓질을 하고 그 위에 덧칠하는 사람은 초상화 대신 상상화를 그리는 것과 같다. / 26

579 마음가짐이 어떠하냐에 따라 마차가 '넘어진' 듯 보일 수도 있고 '뒤집힌' 것처럼 보일 수도 있다. 어떤 의도를 가졌느냐에 따라 '흩뿌렸다' 할 수도 있고 '쏟아부었다' 할 수도 있다.[9]

억지로 프란체스코회 수도사가 된 이들을 두고 메트르(M. le Maître)가 한 변론. / 53

580 한눈에 들어오는 온갖 것들 속에 담긴 균형.

다르게 해야 할 이유가 없다는 사실에 토대를 두고 있다.

아울러 인간의 얼굴도 근거로 삼는다.

폭에서만 균형을 찾고 높낮이의 균형은 바라지 않는 까닭이 여기에 있다. / 28

581 스카라무슈(Scaramouche)는 머릿속에 온통 한 가지 생각뿐이다.

박사는 말하고 싶은 욕구가 너무 간절한 나머지, 할 말을 다한 뒤에도 15분이나 더 쉬지 않고 떠들어 댄다.[10] / 12

582 우리의 연약함 탓에 표징은 달라진다. / 669

583 "당신의 고통을 내가 얼마나 나누고 있는지 생각해 보라."

추기경은 자신의 생각을 남들이 아는 것을 조금도 바라지 않는다.

"내 마음은 불안으로 가득 차 있다." 차라리 "불안한 마음뿐이다"가 더 낫다. / 56

584 왕이 아닌 폭군처럼 오만하게 굴지 않고 부드럽게 설득하는 웅변. / 15

585 강할 수도 있고 약할 수도 있겠지만 본성과 기쁨을 주는 것 사이를 이어 주는 매력과 아름다움의 어떤 전형 같은 것이 존재한다.

집이든, 노래든, 말이든, 글귀든, 산문이든, 여인이든, 새든, 강이든, 나무든, 집이든, 옷이든, 그 밖에 무엇이든 이 전형에 부합하는 것들은 인간을 홀린다.

이 전형에 어긋나는 것은 무엇이든 훌륭한 취향을 가진 이들을 불쾌하게 만든다.

좋은 전형을 좇아 만든 노래와 집은 둘 다 같은 모델을 닮았으므로 제각기 고유한 틀을 지녔더라도 엄밀한 관계가 있다. 이와 마찬가지로 나쁜 전형을 기초로 삼은 것들 사이에도 정확한 상관관계가 존재한다. 나쁜 전형이 하나뿐인 것은 아니다. 도리어 일일이 꼽을 수 없을 만큼 많다. 그러나 어떤 부실한 전형을 따랐든 나쁜 소네트(sonnet; 10개의 음절로 구성되는 시행 14개가 일정한 운율로 이어지는 14행시-편집자)는 한결같이 그 전형을 좇아 옷을 지어 입은 여인과 꼭 닮게 마련이다.

마구잡이 소네트의 터무니없음을 헤아리는 데는 그 본질과 그 전형을 깊이 살피고 나서 같은 전형을 따른 여인이나 집을 떠올리는 것이 으뜸가는 방법이다. / 32

586 **시의 아름다움** 시의 아름다움을 논하듯, 수학과 의학의 아름다움도 이야기해야 한다. 하지만 그 이야기는 입에 올리지 않는다. 왜냐하면 수학의 목적은 증명이고, 의학의 목적은 치료라는 사실을 명확히 알기 때문이다. 하지만 시의 목적인 매력은 무엇으로 구성되는지 모른다. 우리는 우리가 모방해야 할 천성적인 전형이 무엇인지 모른다. 그러기에 '황금 시대'니, '시대의 불가사의'니, '운명적'이라느니 하는 요상한 단어들을 대대로 물려 쓰는 형편이며, 이런 용어들을 가리켜 시적인 아름다움이라고 부른다.

시시한 대상을 거창한 말로 포장하는 식의 전형을 좇아 차려입은 여인을 상상하면, 누구나 거울과 목걸이로 잔뜩 치장한 어여쁜 아가씨를 떠올릴 것이다. 하지만 여인의 매력 뒤에 숨은 본질을 상투적인 글귀 이상으로 잘 알기에 실소할 수밖에 없다. 하지만 앞뒤 사정을 전혀 모르는 이들은 그 여인을 떠받들고 심지어 여왕으로 받아들이는 동네도 적잖을 것이다. 이런 전형에 따르는 소네트들을 '동네 여왕'(village queen)이라고 부르는 이유가 바로 여기에 있다. / 33

587 시인이라는 표증을 내보이지 않는 한 그 누구도 시 전문가로 공인받지 못한다. 수학자 등도 마찬가지다. 하지만 일반적인 사람

들은 어떤 표식도 원치 않으며 시를 다루는 기술자나 자수를 놓는 직공 사이에 어떤 구별도 짓지 않는다.

일반 사람들을 가리켜 시인이나 수학자라고 하지 않는다. 하지만 그들은 시인, 수학자이기도 하고 또한 그 전문가들을 판단하는 당사자이기도 하다. 그들이 어떤 존재인지 아무도 모른다. 방 안에 들어가도 안에 있던 이들은 뭐가 됐든 나누던 이야기를 계속할 것이다. 더 눈길이 갈 만한 도드라지는 특성 따위는 없다. 피치 못할 상황이 돼야 그런 자질이 드러나고 그제야 모두의 기억에 남는다. 언어가 이슈로 떠오르지 않는 한 말 잘하는 사람이라는 소리를 들을 일이 없으며, 그런 상황이 돼야 비로소 인정을 받는 것은 이와 같은 특성이 있기 때문이다.

그러므로 누군가 들어오자마자 시 전문가라고 말한다면 그것은 그릇된 칭찬이다. 어떤 시구를 평가할 때 아무도 그의 의견을 구하지 않는다면 좋은 조짐이 아니다. / 34

588 신앙은 하나님의 선물이다. 우리가 이성의 선물로 설명한다고 생각지 말라. 다른 종교들은 자기네 신앙을 그렇게 말하지 않는다. 그들은 믿음으로 가는 길로 이성만을 제시할 따름이다. 하지만 이성은 인간을 신앙으로 이끌지 못한다. / 279

589 그리스도 이전까지 마귀는 유대인의 열심을 흐트러트리려 안간힘을 썼다. 그것이 유익할 줄 알고 한 짓이었지만, 그리스도 이후에는 그러지 않았다.

유대인은 이방인들의 조롱거리가 됐고, 크리스천은 핍박을

받았다. / 704

590 **아담, 오실 분의 예표**(롬 5:14) 한 사람을 창조하기까지 6일, 다른 한 분이 나기까지 여섯 세대. 아담을 짓기까지 걸린 시간으로 모세가 제시하는 6일은 그리스도가 오고 교회가 서기까지 걸린 여섯 세대를 가리키는 이미지일 따름이다. 아담이 죄를 짓지 않고 그리스도가 이 땅에 임하지 않았더라면, 단 하나의 언약에 인간의 세대 역시 하나뿐이었을 테고 창조 역시 한순간에 이루어진 사건이 되었을 것이다. / 656

591 가르침이 아니라 두려움의 지배를 받는다면 공정하지 못한 규칙처럼 보일 것이다. 성 아우구스티누스. 《서간집》 48 또는 49. 4권. "콘센티우스에게 보내는 '거짓을 배척하는 글'" / 186

---

1. "Je faisons, zoa trekei." 그리스어로, 중성복수형(여기서는 zoa)은 단수동사와 함께 쓰인다.
2. 주 드 폼(jeu de paume; 잔디밭에서 벌이는 테니스 비슷한 경기-옮긴이)의 서브 방법.
3. 136번을 비롯해 오락 거리 관련 글들을 참조하라.
4. 몽테뉴의 《수상록》 1/32의 제목. 바울이 뱀에 물렸을 때 멜리데섬 주민들이 성급한 반응을 보였던 사실을 기록한 사도행전 28장을 보라.
5. 누가복음 22장 32절과 61절. 파스칼은 불가타 성경을 인용하는데, 거기서는 두 본문에 모두 'conversus'라는 단어를 사용한다.
6. *Odyssey*, XVIII, 136. 일리아드, 《오디세이》. 몽테뉴의 《수상록》 II. 12에 라틴어로 인용됨.
7. 상당히 모호한 의미.
8. 데자르그(Desargues, 1595-1662)는 뛰어난 수학자로 파스칼의 친구였다. 리옹 근처 콩드리유

에 경작지를 가지고 있었다.

9. 비슷한 프랑스어 단어 사이의 미묘한 의미 차이를 보여 주는 본보기.

10. 스카라무슈와 박사는 이탈리아 희극에 등장하는 전형적인 인물이다.

갖가지 글들 3

592 유대인들이 모두 그리스도를 통해 회심했더라면 의심스러운 증인들만 남았을 것이다. 그들마저 깡그리 사라지고 나면 아무도 남지 않는다. / 750

593 유대인들은 예수를 거부했지만 다 그러지는 않았다. 경건한 이들은 그리스도를 영접했지만 육에 속한 이들은 그러지 않았다. 이 같은 사실은 그 영광을 거스르기는커녕 도리어 드높이는 구실을 한다. 유대인들이 그리한 까닭은 그리스도가 무력으로 열방을 굴복시키지 않았기 때문이다. 탈무드와 랍비들의 가르침을 기록한 온갖 글에서 그 이유를 발견할 수 있다. '칼을 허리에 차소서!'(시 45:3) 할 말이 고작 이뿐인가? 유대인들은 주장한다. "그리스도는 처형당했소. 싸움에 졌고 힘으로 이방인들을 굴복시키지 않았소. 원수들에게서 빼앗은 전리품을 가져다주지 않았소. 한 줌의 재물도 선사하지 않았소." 할 말이라고는 이게 다인가? 내게는 모두가 그분을 사랑하게 하는 요인들이다. 그들

이 생각하는 메시아라면 나로서는 도무지 내키지 않는 인물이다. 그분을 영접하지 못하게 가로막은 것은 변명의 여지가 없는 죄다. 여기에는 재론의 여지가 없다. 하지만 그렇게 거절하는 바람에 유대인들은 더없이 확실한 증인이 되었으며, 한 걸음 더 나아가 그런 행위들을 통해 스스로 옛 예언들을 이루고 있다.

유대 민족이 그분을 거부한 결과 이 놀라운 기적이 일어난 것이다.

온갖 일들이 다 벌어진다 해도 영원히 지속되는 것은 이 기적 하나뿐이지만, 또한 심한 도전을 받는 기적이기도 하다. / 760

594 **질서** 교회를 대하는 세상의 일반적인 태도. 하나님은 눈멀게 하는 동시에 깨우치게 하고 싶어 하셨다.

여러 사건들을 통해 이러한 예언들이 하나님에게서 비롯했음이 입증되었으므로 나머지 예언들도 믿어야 마땅하다. 그렇다면 세상의 질서는 이렇게 볼 수 있다.

인류가 창조와 홍수라는 기적을 잊어버리자 하나님은 율법과 모세의 기적을 보여 주셨고, 이어서 특별한 일을 예언하는 선지자들을 보내셨다. 그리고 영원히 이어질 기적을 마련하기 위해 예언과 그 성취를 준비하셨다. 하지만 예언조차 의심받을 수 있으므로 하나님은 불신의 빌미가 될 만한 구석을 남기기를 원치 않으셨다. / 576

595 자기 마음에 오만과 야심, 정욕, 약점, 사악과 불의가 마음에 그득하다는 사실을 스스로 깨닫지 못한다면 제대로 눈이 먼 것이

다. 이를 다 알면서도 구원받기를 갈구하지 않는다면, 그런 이를 두고 무어라 할 수 있을까?

인간의 부족함을 그토록 잘 아는 종교를 어떻게 마다할 수 있겠는가? 그토록 매력적인 해결책을 약속하는 종교가 참이길 바라는 것 외에 더 이상 무슨 소망을 품을 수 있겠는가? / 450

596 자기 안에 믿음이 없음을 알고 괴로워하는 이들을 보면 하나님이 깨우쳐 주시지 않았음을 알 수 있다. 하지만 그 밖의 사람들의 경우는 하나님이 눈멀게 하셨음이 보인다. / 202

597 "자아는 가증스러운 것일세. 그러니 그걸 감추게, 미통(Mitton).[1] 하지만 그래도 자아를 내버릴 수는 없지. 그러니 그대는 여전히 가증스러울밖에."

"그렇지 않아. 우리처럼 누구에게나 친절하다면 미움 살 일이 없기 때문이지."

"자아의 혐오스러운 구석 때문에 우리가 불쾌감을 느낄 정도라면 그럴 수도 있을 거야.

하지만 스스로 만물의 중심이 되려 하는 점을 부당하게 여겨 내 자아를 미워하는 거라면, 나는 여전히 내 자아를 미워할 수밖에 없을걸세.

한마디로 자아는 두 가지 특성을 지닌다네. 일단 만물의 중심이 되려 한다는 것 자체로 자아는 정당하지 못하지. 상대를 지배하려는 자세부터가 다른 이들에게는 성가신 일일세. 한 사람 한 사람의 자아는 다른 이들 모두를 적으로 돌리고 압제하려 할 테니까. 자네는 남을 불쾌하게 만들 법한 점은 없애 버리겠지만, 불의는 어쩌지 못하지.

그러기에 부당함을 문제 삼아 자아를 미워하는 사람을 달래지는 못할걸세. 더 이상 그것을 적으로 삼지 않는 불의한 이들의 비위를 맞출 따름이지. 따라서 자네는 여전히 불의하고, 그저 불의한 이들을 즐겁게 할 뿐이야." / 455

598 예전에 교회가 처했던 상황과 현재 형편을 비교하기 어렵게 만드는 요인이 있다. 바로 성 아타나시우스(St. Athanasius)나 성 테레사(St Thrersa) 같은 이들을 큰 영광을 입은 인물로 여기고 이전 시대까지 오랜 세월에 걸쳐 신적인 존재로 판단했다는 사실이다. 시간이 흘러 바른 판단을 내릴 수 있는 지금이야 그렇게 보일 수도 있겠지만, 박해를 당하던 당시에는 이 위대한 성인도 아타나시우스라는 한낱 사내였으며 테레사 성녀 역시 그저 정신이 이상한 여인에 지나지 않았다. 베드로는[2] 엘리야 역시 성정이 같은 인간이라고 말한다. 그가 그렇게 말한 것은 크리스천이 성인들을 보통 사람과 전혀 상관이 없는 존재로 여기고 그들이 보여 준 삶의 모본을 아예 제쳐 놓으려는 그릇된 생각을 버리게 하려는 뜻에서다. "그 양반들은 성인들이니까, 우리와는 경우가 다르지"라고들 말한다. 그렇다면 당시에 어떤 일이 벌어졌는가? 몇 가지 혐의로 고발당한 아타나시우스는 이러저러한 위원회에서 이러저러한 범죄로 유죄선고를 받았다. 모든 주교들이, 나중에는 교황까지 거기에 동의했다. 판결에 이의를 제기했던 이들은 어떤 말을 들었는가? 질서를 흔들고 분파를 일으킨다는

따위의 비난이었다.

네 종류의 인간이 있다. 아는 것 없이 열심인 사람, 아는 것은 많지만 열심이 없는 사람, 아는 바도 열심도 없는 사람, 열성과 지식을 두루 갖춘 사람이다.

앞의 세 부류가 그에게 유죄 판결을 내렸고 문제를 제기하다 교회에서 파문당했지만, 결국은 교회를 구했다.

열성, 빛. / 868

599 "개연성"이 "확실성"으로 이어지는 일이 과연 가능할까?

평안과 심적인 확신의 차이. 진리만이 확신을 주며, 진지한 진리 추구만이 평안을 가져온다. / 908

600 이성이 타락했다는 사실은 헤아릴 수 없이 다채롭고 얼토당토않은 관습들에서 볼 수 있다. 그러므로 진리가 와서 인간이 자기 안에서만 갇혀 살아가는 것을 막아야 했다. / 440

601 궤변론자들은 부패한 이성에 결정을 맡기고, 결정을 선택할 권한을 타락한 의지에 넘겨줘서 결국 본성 가운데 썩어 빠진 온갖 것들이 인간 행동에 끼어들게 만든다. / 907

602 여로보암이 통치하던 시절처럼 누구든 마음만 먹으면 제사장이 될 수 있다(왕상 12:31). 오늘날 교회의 규율이 매우 탁월하다고 주장하면서, 그 규율을 바꿔 보려는 시도조차 범죄로 치부한다면 이는 소름끼치는 짓이다. 과거에는 그 규율이 하나같이 훌륭

했다. 그래도 그 규율에 손대는 일을 죄라고 생각하지 않았다. 하지만 요즘은 규범을 바꾸는 일을 언감생심 꿈도 꿀 수 없다.

지난날에는 그만한 자격을 갖췄음을 인정받기가 하늘의 별따기일 만큼 신중하게 부여했던 제사장직마저 바꿀 수 있었다. 하지만 지금은 부적격한 성직자를 양산해 내는 관습을 한탄하는 것조차 허용되지 않는다. / 885

603 아브라함은 자신을 위해서는 아무것도 요구하지 않았고 수하에 부리는 이들을 위해서만 몫을 취했다. 이처럼 의인은 세상에서 아무것도 구하지 않으며 세상이 보내는 환호조차도 거두지 않는다. 오로지 격정, 즉 스스로 주인이 되어 "이더러 가라 하면 가고 저더러 오라 하면 오는"(마 8:9) 종처럼 부릴 수 있는 마음의 간절한 소망을 위해서만 취할 따름이다. "죄를 잘 다스려야 한다"(창 4:7, 새번역). 이렇게 다스려진 격정은 덕성이 된다. 탐욕, 투기, 분노 심지어 하나님마저도 이런 성품을 가지고 계신다. 자비, 긍휼, 지조 따위와 마찬가지로 그 역시 격정이다. 그것들을 종처럼 대해야 한다. 먹이되 우리 영혼이 그 양분을 받아먹지 못하도록 막아야 한다. 격정이 주도권을 가지면 곧 악이 되고, 먹을수록 인간의 영혼을 중독시키는 양분을 공급한다. / 502

604 **교회, 교황, 단일성 — 다양성** 교회를 하나로 여긴다면, 그 머리인 교황은 전체를 대표한다. 만일 여럿으로 치부한다면, 교황은 일부에 지나지 않는다. 교부들은 교회를 하나로도 생각하고 더러는 여럿으로도 보았으므로, 교황을 두고도 의견이 갈렸다.

성 키프리아누스(St Cyprian), "사크레도스 데이"(Sacerdos Dei).[3]

하지만 교부들은 두 진리 가운데 어느 한쪽을 내세우고 다른 한편을 거부하는 식의 태도를 보이지 않았다.

일체로 모이지 않는 다양은 혼란을 부르고, 다양을 인정하지 않고 단일을 강요하는 것은 폭압적이다.

공의회가 교황 위에 있다고 말해도 좋을 만한 나라는 이제 프랑스 하나만 남은 게 아닌가 싶다. / 871

605 인간에게는 욕구가 차고 넘치며, 그것을 채워 줄 수 있는 상대만 좋아한다. "그는 훌륭한 수학자다"라고 누가 말한다 하자. 나는 수학에 관심이 없지만 그는 나를 명제로 여길 것이다. "저 친구는 훌륭한 군인이다"라고 말한다 하자. 그는 나를 포위된 진지쯤으로 치부할 것이다. 내가 필요한 것은 내 욕구를 전반적으로 채워 줄 다방면에서 괜찮은 인간이다.[4] / 36

606 더없이 고귀한 이들에게도 참다운 친구는 너무도 소중한 존재이므로, 없는 자리에서 좋은 이야기를 해 주고 편들어 줄 이를 확보하기 위해 할 수 있는 노력을 다 기울여야 한다. 하지만 신중하게 선택해야 한다. 어리석은 이들에게 온 힘을 다 쏟는다면, 설령 좋은 말을 해 준다 하더라도 우리에게 별 보탬이 되지 않기 때문이다. 게다가 스스로 더 약한 처지에 몰리면 지지하는 말을 해 주지도 않는다. 그들에게는 권위가 없으므로 다수 편에 서기 위해 도리어 헐뜯을 것이다. / 155

607 **표징** 구주, 아버지, 제사장, 희생 제물, 양식, 왕, 슬기로운 사람, 입법자, 고난을 당하는 사람, 가난한 사람, 이끌고 먹여서 그 땅으로 데려갈 백성을 낳도록 예정된 사람. /766

608 **그리스도. 직무** 그분은 홀로 위대한 백성을 낳고, 거룩한 선민으로 세우고, 그들을 이끌고, 먹이고, 신성한 안식의 땅으로 데려가며, 하나님을 위해 구별하고, 하나님의 성전이 되게 하며, 하나님과 화해하게 하고, 하나님의 진노에서 구원하고, 인간을 뚜렷이 지배하는 죄의 굴레에서 속량하고, 이 백성에게 법을 주고, 그 법을 마음에 새겨 주며, 그들을 위해 자신을 하나님께 바치며, 희생하고, 한 점 흠 없는 제물이 되고, 자기 살과 피를 아울러 빵과 포도주를 하나님께 드리는 제사장이 되어야 했다.

"주께서 세상에 임하실 때에"(히 10:5).

"돌 하나도 돌 위에 남지 않고"(막 13:2).

이전에 있었던 일, 나중에 생긴 일. 모두 살아남아 떠돌아다니는 유대인들. /766

609 **예언** "그들이 찔러 죽인 그"(슥 12:10).

중보자가 오셔서 마귀의 머리를 짓이기며, 그 백성을 죄에서 "모든 죄악에서 속량"(시 130:8)하실 것이다. 영원히 이어질 새로운 언약을 맺고, 멜기세덱의 반차(班次)를 따르는 새로운 제사장이 될 것이다. 그리스도는 영광스럽고 전능하며 강력하지만 너무도 초라해서 세상은 좀처럼 알아보지 못하며, 그 실상을 있는 그대로 받아들이기는커녕 거절하며 끝내는 죽이고 말 것이다.

이제 그리스도를 거부한 민족은 더 이상 그 백성이 아니며, 도리어 우상숭배자들이 그분을 영접하고 의지할 것이다. 그리스도는 시온을 떠나 우상숭배의 중심지에서 통치하시며, 유대인들은 영원토록 끊이지 않고 살아남을 것이다. 그분은 유대 지파의 한 가지가 되고 거기에는 더 이상 왕이 없을 것이다. / 736

610 (두 번째, 네 번째, 다섯 번째 편지[5]에서 얀센주의자에 관해 했던 말들을 살펴보라. 진지하고 고귀한 이야기들이다.)

어리석은 짓을 하는 사람이 으스대기 좋아하는 사람만큼이나 싫다. 어느 편과도 친구가 되지 말아야 한다. 이들은 마음이 없으니 오직 귀하고만 의논한다. / 30

611 (여덟 번째 편지[5] 이후로 충분히 답했다고 생각한다.)

그의 척도는 전면에 걸친 뛰어남[6]이다.

시인이며 모든 면에 뛰어난[6] 인간은 아니다.

생략의 아름다움, 판단의 아름다움. / 30

612 영혼은 소멸하는가, 아니면 사라지지 않는가? 이것이 윤리의 차이를 만들어 낸다는 데는 의심의 여지가 없는데도, 철학자들은 이 물음과 상관없이 자신들의 윤리를 만든다.

토론을 한다지만 그저 시간을 흘려보낼 따름이다.

플라톤, 기독교 신앙에 기울게 하는. / 219

613 **위대함, 비참함** 깨달음이 깊어질수록 인간에게서 더 큰 위대함

과 비열함을 발견하게 마련이다.

평범한 사람들.

뛰어난 사람들.

철학자들: 범인들을 놀라게 한다.

크리스천: 철학자들을 놀라게 한다.

신앙이 고작 더 깨칠수록 더 선명하게 알 수 있는 이치를 깊이 알려 줄 뿐이라면, 누가 그것을 보고 놀라워하겠는가? / 443

614 **상징적인 것들** 하나님은 유대인의 정욕을 이용해 (정욕을 해결할 방도를 제시하신) 그리스도에게 유용하게 하셨다. / 664

615 **상징적인 것들** 탐욕만큼 사랑과 닮은 것도 없고, 또 딴판인 것도 없다. 그러기에 자기 탐욕을 채울 만큼 가진 것이 많았던 유대인들은 크리스천들과 대단히 비슷하고 또 전혀 달랐다. 그들은 반드시 필요한 두 가지 특성을 모두 지니고 있었다. 메시아를 미리 보여 주기 위해 그분과 아주 흡사해야 했고, 한편으로는 전혀 판이해서 의심스러운 증인이 되지 않아야 했다. / 663

616 정욕은 인간에게 아주 자연스러워졌으며 제2의 본성이 되다시피 했다. 그러므로 인간의 내면에는 두 가지 본성이 자리 잡고 있는데, 하나는 선하고 다른 하나는 악하다. 하나님은 어디에 계신가? 주님이 계시지 않은 곳은 어디인가? 하나님 나라는 당신들 가운데 있다. 랍비들. / 660

617 내면에 도사린 자기애(自己愛)와 스스로 하나님이 되려는 본능을 미워하지 않는 사람은 참으로 눈이 멀었다. 그것만큼 정의와 진리를 거역하는 일도 없음을 누구나 다 안다. 우리가 하나님 자리를 차지할 자격이 있다는 생각은 옳지 않으며, 거기에 이르는 것은 부당하고 또 불가능하다. 너나없이 같은 욕심을 품고 있기 때문이다. 인간은 결코 달아날 수 없지만 반드시 벗어나야 하는 명백히 부조리한 상황 속에 태어난다.

그러나 그 어떤 종교도 치유법을 제시할 생각을 하는 것은 고사하고 이를 죄라고 명시하거나, 선천적으로 가지고 태어난다거나, 거기에 저항해야 할 의무가 있다고 가르치지 않았다. / 492

618 하나님이 존재하신다면, 우리는 덧없는 피조물이 아니라 그분만을 사랑해야 한다. 지혜서에 기록된 경건하지 못한 이들의 주장은 오직 하나님이 존재하지 않는다는 가정에 토대를 두고 있다. 악인들은 말한다. "어서 와서 이 세상의 좋은 것들을 즐기자." 그것은 차선이다. 하지만 사랑해야 할 하나님이 계신다면 그들은 이러한 결론에 이르지 않고 정반대 판단을 내렸을 것이다. "하나님은 존재하신다. 그러므로 세상의 좋은 것들을 즐기지 말자." 이것이 지혜서의 결론이다.

그러므로 세상에 집착하게 만드는 것은 무엇이든 악하다. 하나님을 아는 사람에게는 그분을 섬기지 못하게 하고, 모르는 사람에게는 아예 찾지도 못하게 하는 까닭이다. 우리는 정욕으로 가득하므로 또한 악으로 가득하다. 따라서 스스로를, 그리고 하나님을 제외한 다른 것들에 집착하게 만드는 온갖 것들을 다 미

워해야 한다. / 479

619 회의주의, 스토아철학, 무신론……. 이들의 원리는 다 참되지만 그 결론은 다 거짓이다. 정반대 원리들도 하나같이 참이기 때문이다. / 394

620 인간은 분명 생각을 하도록 만들어졌다. 인간의 존엄과 가치가 전부 거기서 나온다. 그리고 인간의 의무는 온통 마땅히 할 생각을 하는 데 있다. 생각의 순서는 스스로에서 시작해 자신을 지으신 분과 그 목적으로 이어져야 한다.

그런데 세상은 무얼 생각하는가? 이런 일들은 눈곱만큼도 염두에 두지 않는다. 그저 춤추고, 풍악을 울리고, 노래하고, 시를 짓고, 창 다루는 솜씨를 겨루는 따위의 생각뿐이다. 왕이 된다거나 한 인간이 되는 일이 무얼 의미하는지 따위는 헤아려 보지도 않고 그저 싸움을 벌이고 왕이 될 궁리만 한다. / 146

621 인간의 내면에서 벌어지는 이성과 격렬한 감정 사이의 내전.

격정 없이 이성만 존재한다면.

이성 없이 격정뿐이라면.

하지만 인간은 그 둘을 모두 지닌 탓에 전쟁을 피할 길이 없다. 어느 한쪽과 원만히 지내려면 다른 쪽과 싸울 수밖에 없기 때문이다.

그러므로 인간은 내면의 분열과 모순으로 늘 갈피를 잡지 못한다. / 412

622 **권태** 격정도 없고, 일도 없고, 즐길 거리도 없고, 수고도 없는 완전한 휴식 상태만큼 인간에게 견디기 어려운 일도 없다.

그렇게 되면 무가치하고, 외롭고, 무능하며, 의존적이고, 무기력하고, 공허한 자신의 실체와 정면으로 맞닥뜨린다.

일단 그 지경에 이르면 권태와 우울, 침체, 원망과 원한, 절망 따위가 영혼 깊숙한 데서 뿜어져 올라온다. / 131

623 인간이 어떤 존재인지 알아내려 애쓰지 않고 살아가는 것이 비정상적인 무지라면, 하나님을 알면서도 악한 삶을 사는 것은 두려운 무지다. / 495

624 **예언** 하나님이 원수들을 굴복시키는 동안 그리스도는 주님의 오른편에 앉으신다(시 110편).

그러므로 그분이 친히 적들을 제압하지는 않으실 것이다. / 731

625 **불의** 추정에 반드시 필연이 따라야 한다는 발상은 지극히 부당하다. / 214

626 **참다운 행복을 추구함** 보통 사람들에게는 재산과 외적인 넉넉함, 사소하게는 소소한 즐길 거리가 행복의 요건이 된다.

철학자들은 이것이 얼마나 허망한지 드러내 보여 주면서 저마다 행복을 규정하느라 온 힘을 다했다. / 462

627 허영은 인간의 마음에 너무도 단단히 뿌리내리고 있어서, 군인

은 물론이고 군대를 따라다니며 물건을 팔거나 일을 하는 사람이나[7] 요리사 또는 짐꾼들마저 으스대며 남들이 알아주길 기대하며, 심지어 철학자들마저 칭찬받기를 바란다. 그것을 꼬집는 글을 쓰는 이들은 잘 썼다는 찬사를 듣고 싶어 하고, 그 독자들은 그 글을 읽은 사람이라는 존경 어린 평가를 받고 싶어 한다. 어쩌면 나도 똑같은 바람을 품고 있고, 이 글을 읽는 이들 또한…… / 150

628 **주변 사람들에게서 존경받고 싶은 욕망** 그토록 불행하고 실수를 밥 먹듯 하면서도 인간은 자연스럽게 오만에 사로잡힌다. 칭송을 받을 수만 있다면 목숨이라도 선뜻 내놓을 지경이다.

허영: 도박, 사냥, 유람, 공연장 나들이, 명성이 영원하리라는 생각. / 153

629 인간의 이중성이 얼마나 또렷하던지, 개중에는 영혼이 둘이라고 생각하는 이들마저 있다.

인간의 영혼이 하나일진대, 턱없는 오만함부터 형편없는 낙담까지 어쩌면 그렇게 엄청나고 돌연한 변화를 보일 수 있는가! / 417

630 인간 본성은 처음부터 끝까지 타고나며 "철저하게 동물적이다."

천부적일 수 없게 만드는 것은 하나도 없다. 없앨 수 없는 천부적인 본성 역시 하나도 없다. / 94

631 참된 행복을 좇다가 보람도 없이 지치고 피곤해지는 일은 매우 바람직하다. 그런 사람은 구주께 손을 내밀게 마련이다. / 422

632 사소한 일에 예민한 반면 엄청난 일들에는 무감각한 인간의 모습이야말로 질서가 엉망으로 무너졌다는 표시다. / 198

633 인간에게는, 직접 영향을 미치고 목을 죄는 온갖 불행한 사태 앞에서도 꿋꿋이 버티려는 본능이 있다. / 411

634 삶에서 가장 중요한 것은 직업 선택인데, 이를 결정하는 것은 우연이다.

관습이 석공을 만들기도 하고 군인이나 지붕 잇는 기술자를 만들기도 한다. 사람들은 말한다. "그 친구는 대단한 지붕 기술자야." 군인을 두고는 "정말 제정신이 아니야"라거나 정반대로 "전쟁만큼 위대한 것은 없지. 전사들 말고는 다 쓸모없는 인간일 뿐이야"라고 한다. 어린 시절, 이렇게 이 사람은 칭찬하고 저 사람은 얕잡아보는 것을 들으면서 직업을 선택한다. 인간은 미덕을 사랑하고 어리석음을 미워하므로, 바로 이런 말들이 선택을 좌우한다. 다만 그것을 제대로 적용하지 못하는 데 문제가 있을 따름이다.

관습의 힘은 이처럼 대단해서, 본성은 그저 인간을 빚어낼 뿐이지만 우리는 다양한 조건을 가진 온갖 부류를 만들어 낸다.

어떤 지역에는 온통 석공이고 또 어느 동네는 군인들이 수두룩하다. 본성이 그처럼 천편일률이 아니라는 데는 의문의 여지가 없다. 그렇다면 본성을 억눌러 이런 현상을 일으키는 주인공은 관습이다. 하지만 가끔은 본성이 관습을 이기는 경우가 있다. 모든 관습을 거슬러 선하든 악하든 타고난 자신의 자질을 지켜 내는 것이다. / 97

---

1. 다미앵 미통(Damien Mitton), 세속적인 도박꾼으로 파스칼의 친구였다.
2. 실제로는 야고보서 5장 17절.
3. "하나님의 제사장." 키프리아누스는 한 서신에서 그리스도를 그렇게 표현했다.
4. Honnête homme (Tr.)
5. 《시골 친구에게 보내는 편지》를 말한다.
6. Honnêteté and honnête (Tr.).
7. 파스칼은 '구자'(goujat)라는 단어를 썼다. 천박하고 막된 사람들을 가리키는 말로, 요즘 프랑스 독자들이라면 충분히 이해할 것이다. 파스칼이 이 글을 썼을 당시에는 의미가 조금 달라서, 주로 군대를 따라다니며 막일을 거드는 비정규적인 군속을 가리켰다.

인간의 본성. 문체. 정의 등

635 우리는 클레오뷸린(Cleobuline)의 격정과 실수를 지켜보길 좋아한다. 그녀가 그것을 전혀 눈치채지 못했기 때문이다. 그녀가 속아 넘어가지 않았다면 도리어 혐오스러워했을 것이다.[1] / 13

636 왕을 '공'(prince)이라고 부르는 것은 기분 좋은 일이다. 그의 신분을 낮춰 주기 때문이다. / 42

637 '반란의 불길을 잠재우다': 너무 꾸밈이 심한 표현.
'그의 천재성의 불안': 강렬한 단어가 둘, 너무 많다. / 59

638 멀쩡할 때는 아프면 어찌해야 할까 궁금해한다. 그러다 아프면 냉큼 약을 먹는다. 질병은 인간의 문제를 해결해 준다. 더 이상 즐길 거리와 나들이를 찾을 격정도, 욕구도 없다. 그것은 건강이 좋을 때 생기는 감정이며 병세가 심각한 상황과는 거리가 멀

다. 인간의 본성은 당장의 상태에 맞춰 열정과 소망을 불러일으킨다. 본성이 아니라 자아 탓으로 돌려야 할 것이 있다면 두려움뿐이다. 두려움은 열정을 가진 현재 상태를 그렇지 않은 상태와 연결 지어 인간을 혼란스럽게 만든다. / 109

639 본성은 형편과 상관없이 인간을 불행하게 만들므로, 욕망은 행복한 정황을 그려 보여 준다. 현재 상태를 지금이 아닌 상황이 주는 즐거움과 결부시키기 때문이다. 설령 꿈꾸던 즐거움에 이른다 할지라도 그것이 행복을 안겨 주지는 않는다. 새로운 상황에 맞는 새로운 욕구가 싹트는 까닭이다.

이 보편적인 명제를 반드시 개별화해야 한다. / 109b

640 일이 잘 안 풀릴 때도 늘 낙천적이고 일이 잘 풀릴 때 기쁨에 크게 겨워하는 사람이 불행한 일이 닥칠 때 한결같이 괴로워하지 않는다면 실패를 즐긴다는 의심을 살지도 모른다. 그들은 낙천적인 사고방식을 옹호할 구실, 즉 상황에 관심을 가지고 있음을 과시하는 한편, 위장된 기쁨으로 일이 실패로 돌아가는 상황을 지켜보는 진짜 즐거움을 감출 핑곗거리를 찾게 돼 좋아하는 것이 아니냐는 것이다. / 182

641 우리의 본성은 움직이는 데 있다. 완전한 쉼은 죽음뿐이다. / 129

642 본성은 부패했으며 인간은 성실성과 대척점에 서 있음을 미통은 제대로 꿰뚫어 보았지만, 더 높이 날아오를 수 없는 까닭까

지는 파악하지 못했다. / 448

643 착한 일은 남모르게 행할 때 가장 칭찬할 만하다. 역사에서(184쪽에서[2] 보듯) 그런 사례들을 볼 때면 얼마나 즐거운지 모른다. 물론 이렇게 알려졌으니 완전한 비밀은 아니었다. 비밀을 지키려 갖은 수를 다 썼을지라도 사소한 꼬투리를 잡혀 전모가 드러나면 모든 것이 망가진다. 은밀하게 감추려는 노력이야말로 가장 훌륭한 대목이었기 때문이다. / 159

644 만사를 그럴 법한 일로 생각하라는 말은 세상의 비위를 맞추는 것이 아니고 무엇인가? 이것을 진리로 믿게 할 심산인가? 그러니까 결투라는 관습이 존재하지 않았더라면, 그 일 자체의 본질을 살펴 가며 서로 싸우는 것이 그럴 법한 일이라고 생각한다는 이야기인가?[3] / 910

645 정의는 제정된 것이다. 따라서 제정된 모든 법률들은 그저 제정되었다는 이유만으로 아무 검증도 없이 반드시 정당하다 인정받을 것이다. / 312

646 **감정** 기억이나 기쁨은 감정이다. 심지어 수학적인 명제도 감정이 될 수 있다. 이성은 감정을 자연스럽게 하고 자연스러워진 감정은 이성에 의해 소멸되기 때문이다. / 95

647 **교양인** 수학자, 목회자, 또는 웅변가라는 소리가 아니라 다방

면에서 괜찮은 인간(honnête homme; 교양인)이라는 이야기를 들을 수 있어야 한다. 내가 좋아하는 자질은 이 보편적인 특성 하나뿐이다. 누군가를 보면서 그가 쓴 책을 떠올린다면 그것은 나쁜 조짐이다. 점점 무르익고 마침내 사용할(과유불급, 넘치지 않게) 기회가 오기까지는 그 어떤 자질도 눈에 띄기를 바라지 않는다. 특정한 자질이 도드라지면 따라붙기 십상인 딱지가 두렵기 때문이다. 달변이 중요한 시점이 되기 전까지는 말 잘하는 사람으로 사람들의 입에 오르내리길 원치 않지만, 때가 됐을 때는 마땅히 그런 소리를 들어야 한다. / 35

648 **기적** 사람들은 제힘으로 이 결론에 이르지만, 그 이유는 당신들이 설명해야 한다.

규칙에 예외를 두는 것은 성가신 일이므로 철저하게 제한해야 한다. 하지만 그럼에도 불구하고 규칙에는 어쩔 수 없이 예외를 둘 수밖에 없다. 따라서 엄격하지만 공정하게 판단할 필요가 있다. / 833

649 **몽테뉴** 몽테뉴가 가진 미덕은 애를 써야 비로소 체득할 수 있다. 하지만 도덕적인 문제들을 떠나서, 그가 가진 나쁜 점은 누군가 그에게 지나치게 많은 것들을 헤집어 놓고 있으며 자신에 관한 이야기를 너무 많이 한다고 주의를 주었더라면 단박에 고쳐질 수 있는 것이다. / 65

650 남들이 자신을 대단하게 봐주지 않는 것이 마뜩치 않은 나머지

누구나 잘 알 법한 유명인사들을 내세우며 으스대는 이들을 만나 본 적이 없는가? 그런 이들에게는 이렇게 대꾸해 주고 싶다. "그렇게 이름난 사람들이 홀딱 빠지게 만들었던 뛰어난 점을 보여 주시오. 그럼 나도 당신을 대단하게 여기겠소." / 333

651 기억은 온갖 이성의 작용에 꼭 필요하다. / 369

652 격정이나 인상을 자연스러운 형식으로 표현하면, 귀 기울여 듣고 있는 이야기의 진실을, 그러니까 거기 있는 줄도 몰랐던 진실을 자기 속에서 깨달아 알게 된다. 그리고 결국은 그것을 느끼게 해 준 사람을 좋아하기에 이른다. 말하는 사람의 부가 아니라 듣는 사람의 자원을 드러내 주었기 때문이다. 이런 다정함이 그를 선뜻 받아들이게 한다. 게다가 같은 생각까지 나눠 가졌으니 상대를 좋아할 수밖에 없다. / 14

653 **개연성** 누구든 보탤 수 있지만, 아무도 없앨 수는 없다. / 913

654 아무도 에스코바르(Escobar)[4]와 관련해 거짓말을 하고 있다고 비난할 수 없다. 그는 너무나 잘 알려진 인사이기 때문이다. / 939

655 겸손에 관한 대화도 오만한 이들에게는 오만의 빌미가 되고, 겸손한 이들에게는 겸손할 기회가 된다. 마찬가지로 회의적인 주장들도 긍정적인 이들에게는 긍정적일 기회를 준다. 겸손에 대해 겸손하게, 순결에 대해 순결하게, 회의주의에 대해 회의적으

로 이야기하는 이들은 좀처럼 찾아보기 어렵다. 인간은 거짓, 표리부동, 모순 그 자체일 따름이며 스스로에게 자신을 숨기고 가장한다. / 377

656 마음에 떠오르는 것들을 적어 나가다 문득 그 생각들이 다 달아나 버리는 경우가 있다. 이는 늘 잊고 지내는 내 연약함을 일깨워 주며 사라져 버린 생각 못지않은 가르침을 준다. 내 관심사는 오로지 내가 아무것도 아니라는 사실을 깨닫는 것이기 때문이다. / 372

657 불운한 이들을 가엾게 여기는 것은 인간의 정욕을 거스르는 마음가짐이 아니다. 도리어 우리는 호의의 증거를 내보여서 달리 주는 것 없이 속정 깊은 사람이라는 평판을 얻은 것을 반길 따름이다. / 452

658 **대화** 신앙을 둘러싼 호언장담: "나는 그것을 부인한다."
대화 회의주의는 신앙에 보탬이 된다. / 391

659 나쁜 짓을 하는 자들을 죽여 없애야만 하는가? 그것은 악인 하나 대신 둘을 만드는 짓이다. "선으로 악을 이기라"(롬 12:21). 성 아우구스티누스. / 911

660 **스폰지아 솔리스**(Spongia solis)[5] 언제나 같은 결과가 나오는 것을 보면, 내일도 어김없이 해가 뜬다는 식의 사실들처럼 원래부터

그리 되게 되어 있으리라는 결론을 내린다. 하지만 자연은 툭하면 거짓말을 하고 제 원칙에 따르지 않는다. / 91

661 정신은 저절로 믿고 의지는 저절로 사랑하게 되어 있으므로 참다운 대상을 찾지 못하면 그릇된 상대에 집착하게 마련이다. / 81

662 은혜는 늘 세상에 존재할 테고 본성 또한 그럴 것이므로 이는 어느 정도 당연하다고 할 만한 일이다. 그러기에 언제나 펠라기우스파가 있고, 항상 가톨릭교도가 있으며, 그래서 갈등은 끊이지 않을 것이다.

인간의 출생이 전자를, 거듭남의 은혜가 후자를 빚어낸 까닭이다. / 521

663 자연은 끊임없이 같은 일을 되풀이한다. 해(年)와 날(日), 시간과 공간도 마찬가지다. 숫자는 한 끝에서 다른 끝으로 꼬리를 물고 이어진다. 무한하고 영원한 것들이 이런 식으로 생겨난다. 이들 가운데 어떤 것도 진정으로 무한하고 영원하지 않다. 유한한 개체들이 한없이 늘어날 따름이다. 그러기에 내 눈에는 오직 끝없이 불어나는 숫자만이 무한해 보인다. / 121

664 사실, 인간은 전적으로 동물적이다.[6] / 94b

665 여론과 상상력에 토대를 둔 통치는 잠시 이어질 뿐이다. 그런 권력은 온건하고 자발적이다. 그러나 힘으로 다스리는 통치는

영원하다. 이처럼 여론은 세상의 여왕 같지만, 힘은 폭군이나 매한가지다. / 311

666 누구든 에스코바르에게서 비난을 받으면 실제로도 유죄판결을 받는다. / 932

667 **웅변** 거기에는 즐거움을 주면서도 진실한 요소들이 있어야 한다. 유쾌하게 해 주는 요소는 반드시 진실한 성분에서 비롯해야 한다. / 25

668 저마다 자신에게는 자신이 전부다. 자기의 죽음과 함께 모든 것이 죽기 때문이다. 너나없이 자신이 누구에게나 전부이리라고 생각하는 까닭이 거기에 있다. 인간 본성을 자신의 잣대로 헤아리지 말고 그것 자체의 기준에 맞춰 판단해야 한다. / 457

669 어떤 대화나 강연에서도 불쾌해하는 이들에게 말할 수 있어야 한다. "어떤 점이 불편하십니까?" / 188

670 대단한 지성, 나쁜 성품. / 46

671 뭇사람들이 잘 봐주길 바란다면 스스로를 좋게 말하지 말라. / 44

672 우리는 만사를 다른 관점에서만이 아니라 아예 다른 눈으로 본다. 비슷한 면을 찾는 데는 아예 관심이 없다. / 124

673 “그는 10년 전에 사랑했던 여인을 더 이상 사랑하지 않는다.” 정말 그러리라 생각한다. 그때는 젊었고 상대도 그랬겠지만 이제 여인은 무척 달라졌다. 예전 그대로라면 여전히 그녀를 사랑했을지 모른다. / 123

674 우리는 자신만의 힘으로 고결함을 유지할 수 없다. 서로 대립하는 두 악이 이루는 평형에 기대야만 가능하다. 양쪽에서 불어오는 맞바람 복판에 똑바로 서 있는 꼴이다. 둘 중 어느 한쪽 악을 없애 보라. 이내 다른 편으로 쓰러지고 말 것이다. / 359

675 **문체** 자연스러운 문체를 보면 다들 무척 놀라고 기뻐한다. 한 작가를 볼 줄 알았다가 한 인간을 발견한 까닭이다. 이에 반해 책을 읽으면서 한 인간을 만나기를 기대한 고상한 사람들은 작가와 맞닥뜨리고서 화들짝 놀란다. “그대는 한 인간이기보다 시인으로서 이야기했다.”[7]

자연은 무엇에 관해서든, 심지어 신학에 대해서도 이야기할 수 있다고 말하는 사람들은 진정 자연을 존중하는 것이다. / 29

676 세상이 진정으로 당신을 믿는다면 참으로 눈이 멀었음에 틀림없다. / 937

677 교황은 충성을 맹세하지 않은 학자들을 미워하고 두려워한다. / 873

678 인간은 천사도, 짐승도 아니다. 불행하게도 천사 시늉을 하려 드는 사람은 누구나 짐승 노릇을 하게 된다.[8] / 358

679 **시골 친구에게 보내는 편지** 교회를 사랑하는 이들은 윤리가 변질됐다며 개탄하지만 적어도 율법은 살아 있다. 그런데 이 사람들은 율법마저 타락시킨다. 본보기를 망쳐 버린 것이다. / 894

680 **몽테뉴** 몽테뉴의 결점은 크다.

추잡한 말들: 구르네 양(Mlle de Gournay)[9]이 무어라 감싸든 저급하기 짝이 없다.

남의 말을 쉽게 믿음: '눈이 없는 자들.'

무지함: '원적문제(squaring the circle; 원과 면적이 같은 정사각형을 작도하는 기하학 문제로 불가능함이 입증됨-옮긴이), 더 큰 세계.'

의도적인 살인, 그리고 죽음을 바라보는 시각.

그뿐만 아니라 '두려움도, 뉘우침도 없이' 사람들이 구원에 무관심하게 만든다. 몽테뉴의 책은 신앙을 북돋우기 위한 것이 아니었으므로 그래야 할 의무는 없지만, 신앙을 꺾지 말아야 할 의무는 누구에게나 있다. 삶의 특정 상황을 둘러싼 자신의 얼마쯤 자유분방한 관점(730-331쪽)을 해명하려 들지 모르지만, 죽음과 관련해 철저하게 이교적인 시각을 가졌다는 데는 변명의 여지가 없다. 적어도 크리스천으로 죽을 뜻이 없다면 신앙적인 소망은 전부 버려야 하기 때문이다. 그런데 몽테뉴는 그의 책 전반에 걸쳐 겁쟁이처럼 쉽게 죽을 궁리만 한다. / 63

681 대단한 용기와 지극한 사랑을 한꺼번에 품었던 에파미논다스(Epaminondas)처럼, 상대적인 덕을 그만큼 넉넉히 갖추지 않는 한, (가령, 용기와 같은) 한 가지 덕을 넘치게 가졌다고 해서 그것을 우러러보지는 않을 것이다. 그렇지 않다면 그것은 꼭대기를 향해 올라가는 상승이 아니라 추락이기 때문이다. 위대함은 어느 한쪽 끝에 이르는 것이 아니라 양쪽 끝을 동시에 아우르고 그 사이 공간을 빈틈없이 채울 때 비로소 드러난다.

하지만 그것은 어쩌면 한쪽 끝에서 다른 편 끝으로 이어지는 갑작스러운 영혼의 반짝임에 불과할지 모른다. 위대함이라는 것이 타오르는 잉걸불 속에서처럼 그저 한순간의 일은 아닐까? 하지만 그것이 비록 영혼의 넓이를 보여 주지는 않을지언정, 최소한 영혼의 기민함만큼은 제대로 보여 줄 것이다. / 353

682 **무한 운동** 무한 운동, 어디에나 있는 점, 정지된 순간. 수량이 없고, 눈에 보이지 않으며, 끝이 없는 무한. / 232

683 **질서** 어째서 도덕을 여섯이 아니라 넷으로 나누는 쪽을 택했는가? 덕성을 넷으로, 둘로, 또는 하나로 규정하려는 까닭은 무엇인가? 왜 "자연에 순응하라"거나 플라톤처럼 "사사로운 일들을 한 점 부당함도 없이 처리하라" 같은 이야기를 하지 않고 "멈추고 삼가라"[10]라고 주문하는가?

당신들은 말하겠지. "모든 것이 한마디에 응축되어 들어가 있다."—"옳다. 하지만 설명해 주지 않는 한 그것은 아무 소용이 없다." 그런데 막상 설명하려 들면, 다른 교훈들을 잔뜩 품고 있는 그 가르침을 펼치자마자 당신들이 그토록 피하고 싶었던 혼란 속으로 죄다 밀려 들어가고 말 것이다. 이처럼 온갖 가르침이 하나에 담겼다면, 마치 궤짝 속에 든 듯 드러나지 않고 쓸모가 없으며, 빛을 본다 해도 원초적인 혼돈을 부를 뿐이다. 자연은 이 모든 것을 간직하되 어느 하나에 다른 것들을 우겨 넣지 않는다. / 20

684 **질서** 자연은 진리 하나하나가 독립적이게 만들었다. 인위적으로 이런저런 진리를 다른 진리 속에 집어넣지만 이는 자연스럽지 않다. 진리마다 고유한 자리가 있는 법이다. / 21

685 **영예** 짐승들은 서로 존경하지 않는다. 말은 다른 말을 우러러보지 않는다. 경쟁할 뜻이 없는 것이 아니라 경쟁 자체가 중요하지 않다. 마구간에 돌아왔을 때, 사람들이 흔히 다른 사람에게 기대하듯 더 육중하고 못난 말이 그 이유만으로 다른 녀석에게 자기 귀리를 양보하지는 않기 때문이다. 말들은 자기 몫의 보상으로 충분하다. / 401

686 열은 어떤 미세한 입자들의 운동일 뿐이며, 빛은 단지 인간이 감지하는 원심력[centrifugal force]이라는 소리를 들으면 다들 놀라워한다. 이런! 쾌락이란 영혼이 추는 춤에 지나지 않는다고? 우리는 거기에 대해 전혀 다른 개념을 가지고 있었다. 그리고 이런 감정들은 다른 느낌들 즉 우리가 견주어 보면서 비슷하다고 이야기하는 느낌들과 퍽 동떨어져 보인다. 불이 주는 느낌, 직

접 닿는 것과는 전혀 다른 방식으로 전해지는 온기, 소리와 빛의 수신 따위가 우리에게는 모두 신비롭기만 하다. 하지만 오히려 돌멩이를 던지는 것만큼이나 단순하고 복잡하지 않다. 땀구멍에 들어갈 만큼 작은 심령이 다른 신경들을 건드리는 것은 사실이지만, 신경은 그냥 신경일 뿐이다.[11] / 368

687 추상적인 학문을 연구하며 오랜 시간을 보냈다. 하지만 그와 관련해 소통할 수 있는 사람이 얼마나 드문지 알고 나서 열의를 잃었다. 인간을 연구하기 시작하면서 이런 추상적인 연구가 인간에게는 적합하지 않으며, 추상적인 학문에 무지한 사람들보다 더 실상에서 동떨어져 있음을 깨달았다. 그래서 거기에 관해 아는 것이 많지 않은 사람들을 탓하지 않기로 했다. 하지만 인간 연구야말로 참되고 합당한 연구이므로, 적어도 그것을 함께 공부할 많은 동료들을 찾을 수 있겠거니 생각했다. 착각이었다. 연구하는 사람이 수학 쪽보다 도리어 적었다. 나머지 온갖 주제들만 파고드는 것은 다만 인간을 어떻게 연구해야 할지 모르는 까닭이다. 하지만 어찌 보면 반드시 이런 지식을 갖춰야 하는 것도 아니고, 정말 행복해지고 싶다면 자신을 잘 모르는 편이 낫지 않을까? / 144

688 **'나'란 무엇인가?** 어떤 이가 창가에 서서 지나가는 행인들을 지켜본다 하자. 마침 내가 지나간다면 그는 거기서 나를 본다고 말할 수 있을까? 그렇지 않다. 딱히 나를 생각하는 것은 아니기 때문이다. 미모에 반해 누군가를 사랑하는 이는 어떠한가? 정말

그 여인을 사랑하는 것일까? 역시 아니다. 예쁜 얼굴은 망칠지언정 인격은 해치지 못하는 천연두에 걸리기만 해도 그의 사랑은 단박에 끝장나고 말 것이다.

판단력과 기억력을 보고 나를 좋아하는 이들이 있다면, 과연 나를 좋아하는 것일까? 나를? 나 자신을? 그렇지 않다. 그런 자질들을 잃어도 '나'는 지킬 수 있기 때문이다. 그런데 이 '나'라는 것이 몸에도 없고 마음에도 아니라면, 도대체 어디에 있는가? 그리고 이런 특질은 얼마든지 사라질 수 있어서 '나'를 구성하지 못한다. 하지만 그런 특성이 없다면 어떻게 몸이나 마음을 사랑할 수 있을까? 한 인간의 영혼에 어떤 자질이 담겼든, 그저 추상적으로만 그 실질을 사랑하는 것이 가능할까? 그럴 수 없으며 올바르지도 않다. 그러므로 인간은 절대로 누군가를 사랑할 수 없으며 그저 그 특질을 좋아할 따름이다. 그러므로 직위나 직분에 기대 영예를 얻는 이들을 비웃지 말자. 본래 다른 데서 빌려온 자질 없이는 아무도 사랑할 수 없는 법이지 않은가. / 323

689 몽테뉴에게서 보는 온갖 것들을 발견하는 자리는 그가 아니라 바로 내 안이다. / 64

690 하나님께서 죄, 곧 죄의 결과와 열매들을 우리에게 돌리지 않으시기를! 지극히 사소한 흠이라 할지라도 무자비하게 파헤쳐질 각오를 해야 한다면, 그만큼 끔찍한 일이 없으니. / 506

691 회의론은 옳다. 그리스도를 만나기 전의 인간은 자기 처지가 어

떠한지, 스스로 위대한지 또는 하찮은지 가늠하지 못하는 까닭이다. 이러니저러니 하는 이들도 실은 아무것도 모르며, 분별없이 내키는 대로 추정할 따름이다. 우리편, 또는 상대편을 배제하는 탓에 늘 그릇된 판단을 내리고 만다.

"그러므로 당신들이 알지 못하고 찾는 그 신앙을 알려 주겠다."[12] / 432

692 **몽탈트**[13] 애매한 관점들은 몹시 대중적이어서 공격을 받는다면 그것이 오히려 이상할 판이다. 그런 시각은 어디에도 걸리지 않기 때문이다. 더 나아가 수많은 이들이 진리를 알지만 거기에 이르지는 못한다. 신앙의 순전함이 인간의 타락과 완전히 상반된다는 사실을 모르는 이는 거의 없다. 에스코바르의 윤리가 영원한 상급을 받는다는 논리는 어처구니없는 이야기다. / 915

693 세상이 보기에 가장 쉬운 삶의 조건은 하나님이 보시기에는 가장 힘든 일이다. 거꾸로도 마찬가지다. 세상의 시각으로는 신앙생활만큼 어려운 일이 없지만, 하나님의 관점에서는 그보다 쉬운 것이 없다. 세상 풍조로는 높은 관직이나 엄청난 부를 누리는 일보다 편안한 것이 없지만, 거기에 관심도 없고 즐거움을 구하지도 않는 하나님의 방식으로는 그렇게 사는 것만큼 고단한 일이 없다. / 906

694 **질서** 이런 질서라면 이 담론을 쉽게 이끌어 갈 수 있었을 것이다. 온갖 조건들의 공허함을 보여 주고, 평범한 삶의 허무함을

보이고, 회의주의자든 스토아학파든 철학자들의 삶이 얼마나 공허한지 설명하면 됐겠지만, 그 질서는 지켜지지 않았다. 개인적으로는 이를 얼마쯤 알고 있지만 이해하는 이는 좀처럼 없다. 인간의 학문은 이를 지킬 수 없다. 성 토마스도 지키지 못했다. 수학은 이를 따르지만 거의 쓸모없는 수준이다. / 61

695 사람들 눈에 '원죄'는 어리석어 보이겠지만, 본래 그렇게 제시된 것을 어쩌겠는가? 그러므로 이 교리의 불합리한 속성을 그대로 내놓는다고 나를 비난해서는 안 된다. 이 어리석음은 인간의 슬기보다 낫고 사람보다 지혜롭다(고전 1:25). 이것이 없다면 인간의 존재 이유를 무어라 말하겠는가? 인간의 존재 자체가 이 미세한 한 점에 기대고 있다. / 445

696 아무도 내 이야기에 새로운 것이 없다는 소리를 못 하게 하라. 소재의 배열이 새롭다. 두 선수가 같은 공을 가지고 테니스를 치지만 반드시 어느 한쪽이 배열을 더 잘하게 마련이다.

차라리 옛말을 썼다는 말을 듣는 편이 낫겠다. 같은 생각들은 달리 배열한다 해도 다른 주장을 빚어내지 않으나, 같은 낱말은 달리 배열하면 다른 생각을 만든다. / 22

697 문란한 삶을 사는 이들은 정상인들을 가리키며 본성에서 벗어났다고 주장하며, 자신은 본성에 충실히 따르고 있다고 우긴다. 배에 타고 있는 이들의 눈에는 바닷가 항구에 선 사람들이 점점 멀어지는 양 보이는 것이나 매한가지다. 어느 편이든 같은 말을

할 수 있다. 따라서 판단을 내릴 고정된 시점이 필요하다. 항구는 배에 탄 이들을 판단하는 심판관이다. 하지만 도덕을 가늠할 항구를 어디서 찾겠는가? / 383

698 **자연은 스스로 복제한다** 자연은 스스로 복제한다. 좋은 땅에 떨어진 씨앗은 열매를 맺는다. 선량한 정신에 뿌려진 원리는 열매를 맺는다.

본질이 전혀 다르기는 하지만, 숫자는 공간을 복제한다.
한 분 주님이 만물을 만들고 이끄신다.
뿌리, 가지, 열매: 원리들, 결과들. / 119

699 모든 것이 동시에 움직일 때는 아무 움직임도 없는 듯 보인다. 모두가 부패한 쪽으로 움직이면 아무도 움직이지 않는 것처럼 보인다. 하지만 누구라도 멈춰 서면, 그가 고정된 한 점 구실을 해서 정신없이 질주하는 다른 이들을 고스란히 드러낸다. / 382

700 **총회장들** 이들은 그런 행태를 성전에 끌어들이고도 족한 줄 모른다. 교회가 참아 주길 바랄 뿐 아니라 자기들이 가장 강력한 집단이라도 되는 것처럼 제게 속하지 않은 이들[14]을 쫓아내려 든다.

모하트라(Mohatra; 법의 제재를 피해 가며 높은 금리로 돈을 빌려주고 빌리는 협잡에 가까운 방법-옮긴이).[15] 거기에 충격을 받는 것은 신학자들만이 아니다.

보편적인 교회에 그런 행태를 끌어들이고 그러한 왜곡을 거부하는 반응을 전쟁 행위로 규정해야 할 때가 아주 가까웠다고 도대체 누가 그들에게 이야기했는가? 그들은 "이와 같은 온갖 악을 평화라고 부른다."[16] / 934

701 누군가를 실질적으로 바로잡고 그릇되었음을 보여 주려면 그가 어떤 방식으로 문제에 접근하는지 알아야 한다. 그의 관점에서 보면 무얼 하든 언제나 올바르기 때문이다. 그것을 인정하면서도 한편으로는 잘못된 판단을 내리게 만든 시각을 짚어 줄 필요가 있다. 상대 입장에서는 무엇을 틀린 것이 아니라 그저 문제의 모든 측면을 살피지 못했음을 깨닫게 되므로 특별히 불쾌할 일이 없다. 모든 것을 다 보지 못했다고 짜증스러워하는 사람은 아무도 없지만, 틀리는 것은 누구나 싫어한다. 인간이란 태생적으로 모든 것을 알 수 없으며, 감각 인상은 늘 참이듯, 저마다 자기 관점에서 보면 무엇 하나 틀린 것이 없는 까닭이다. / 9

702 **은혜** 은혜의 역사, 마음의 완악함, 외부 환경. / 507

703 **영광** 로마서 3장 27절. "그렇다면 사람이 자랑할 것이 어디에 있습니까? 전혀 없습니다. 무슨 법으로 의롭게 됩니까? 행위의 법으로 됩니까? 아닙니다, 믿음의 법으로 됩니다"(새번역). 그러므로 믿음은 율법의 공로처럼 인간의 능력에 달린 것이 아니며, 전혀 다른 방식으로 주어진다. / 516

704 **베네치아**[17] 군주들이 그것(예수회의 복귀-편집자)을 필요로 하고 백

성들이 반감을 갖는다는 것 말고 당신들이 그것을 하는 것이 무슨 유익을 끼치는가? 그들이 당신들을 요구했다면, 그리고 그것(예수회의 복귀)을 얻기 위해 크리스천 군주들에게 도움을 간청했다면, 당신들은 이런 노력의 정당성을 증명했을지 모른다. 하지만 50년 동안 군주들은 거기에 헛되이 힘을 쏟았으며, 그것을 얻으려는 절박한 욕구만 가지고…… / 954

705 신분이 높든 미천하든 같은 재난, 같은 골칫거리, 같은 감정을 품는다. 하지만 한편은 바퀴 바깥에 있으나 다른 한쪽은 중심 가까이 있어서 같은 움직임에도 덜 흔들린다. / 180

706 **매기와 풀기** 하나님은 교회를 통하지 않고는 용서를 베푸실 뜻이 없었다. 교회가 범죄에 가담하자 용서에도 한몫하길 원하신다. 마치 통치자들이 법원에 권한을 맡기듯 하나님은 교회에 이 권세를 주셨다. 하지만 교회가 하나님 없이 죄를 용서하거나 반대로 속박한다면, 그것은 더 이상 교회가 아니다. 법원도 마찬가지다. 통치자가 누군가를 사면해 주기로 할지라도 재가를 받아야 한다. 반대로 법원이 통치자의 재가를 받지 않거나 그 명령에도 재가를 거부한다면, 이는 더 이상 통치자의 법원이 아니라 반역 집단이다. / 870

707 영원성을 누릴 수 없기에 그들은 보편성을 추구한다. 자신도 성도가 될 수 있도록 온 교회를 더럽히는 것이다. / 898

708 **교황들** 왕들은 자기 왕국을 자기 마음대로 휘두르지만, 교황들은 그리할 수 없다. / 877

709 인간은 스스로를 거의 몰라서, 멀쩡할 때는 죽어 간다고 생각하는 반면, 정작 죽을 때가 다 돼서는 열이 점점 올라가고, 헌데가 잡히기 직전인 줄도 모르고 아주 멀쩡하다고 믿는 사람들이 적지 않다. / 175

710 **언어** 무언가에 정신을 팔아서는 안 된다. 한숨 돌릴 때는 예외지만 그 역시 시의적절해야 한다. 제때에 휴식하고, 꼭 필요치 않을 때는 쉬어서는 안 된다. 엉뚱한 시점에 취하는 휴식은 정신을 피곤하게 만들고, 그릇된 시점에 정신이 지치면 만사를 내려놓게 되므로 결국 정신적인 긴장이 누그러진다. 악의적인 정욕은 어떤 쾌락—그러니까 사람들이 원하는 모든 것을 내주고라도 우리가 얻고 싶어 하는 화폐 같은 쾌락—도 주지 않으면서 우리에게 사람들이 무언가를 얻고자 바라면, 그것과 정반대되는 걸 빚어내고 거기서 큰 기쁨을 찾는다. / 24

711 **힘** 어째서 다수를 따르는가? 더 정당해서인가? 그렇지 않다. 더 강해서다.

어째서 옛 법률들과 견해들을 좇는가? 제일 건전해서인가? 그렇지 않다. 독보적이며 의견이 엇갈릴 소지를 전혀 남기지 않기 때문이다. / 301

712 하루는 어떤 이가 말하기를, 죄를 고백하고 났더니 마음에 기쁨과 확신이 가득하더라고 했다. 또 다른 이는 여전히 두렵다고 털어놓았다. 둘을 합치면 훌륭한 인간 하나가 탄생할 것 같다고 대꾸해 주었다. 저마다 상대방이 가진 감정을 공유하지 못하는 까닭이다. 다른 관계들에서도 이런 일이 종종 일어난다. / 530

713 고해성사에서 죄를 면해 주는 것은 사죄경(absolution; 사제가 용서를 선포하는 기도문-옮긴이)이 아니라 회개다. 성사를 원하지 않는 참회는 참다운 것이 아니다.

마찬가지로 성행위에서 죄를 없애는 것은 혼배성사가 아니라 하나님의 뜻을 좇아 자녀를 낳고자 하는 마음가짐인데, 이는 결혼을 통해서만 진실해진다.

고해를 하지만 회개할 줄 모르는 사람보다 성사 없이 죄를 뉘우치는 사람이 용서받기에 더 합당하듯, 결혼을 하고도 자녀를 낳고 싶어 하지 않는 사람보다 오로지 자녀를 갖고 싶어 했던 롯의 딸과(창 19:30) 같은 사람이 오히려 더 순수하다. / 923

714 **교황** 몇 가지 모순점들이 있다. 한편으로는 전통을 따라야 한다고 말하며 감히 버리려 하지 않으면서도, 다른 한편으로는 제멋대로 떠들어 댄다. 사람들은 늘 전자를 따르고자 할 것이다. 그편이 전통을 믿고 싶지 않은 마음에 정면으로 배치되기 때문이다. / 944

715 다른 재능들을 지배하는 최고의 재능. / 118

716 위험이 닥쳤을 때가 아니라 아무런 위험이 없을 때 죽음을 두려워하라. 인간은 한낱 인간이어야 하므로. / 215

717 강은 움직이는 길. 인간을 가고 싶어 하는 곳으로 데려간다. / 17

718 예언들은 종잡을 수가 없었다. 하지만 이제는 더 이상 애매하지 않다. / 830

719 "그러나 내가 이스라엘 가운데에 칠천 명을 남기리니"(왕상 19:18). 세상에 드러나지 않고 심지어 선지자들에게도 알려지지 않았던 이 예배자들을 나는 사랑한다. / 788

720 **보편성** 윤리와 언어는 특수하지만 동시에 보편적인 갈래의 지식이다. / 912

721 **개연성** 있음직한 일들이 다 확실하다면, 진리를 추구하는 성도들의 열정은 무의미했으리라.

언제나 더없이 안전한 길만 좇았던 성도들의 두려움.

성 테레사는 언제나 고해신부의 뒤를 따랐다. / 917

722 **개연성이 있는** 흔히 우리가 신경 쓰는 것들과 비교하면서 우리가 신실하게 하나님을 찾고 있는지 살펴보자.

이 고기가 날 해치지 않으리라는 것은 믿어도 될 듯하다.

여기저기 부탁하고 다니지 않는다 해서 재판에 지지 않으리라는 것은 확실해 보인다.

개연성이 있는 설령 진지한 작가와 근거가 충분한 것이 사실이라 할지라도 나로서는 하나같이 진지하지도, 합리적이지도 않다고 말하겠다.

이런! 몰리나(Molina)에 따르면 남편은 아내가 간통했을 때 보상을 받아도 괜찮단다. 그가 제시하는 이유가 합리적인가? 이와 완전히 상반되는 레시우스(Lessius)의 근거 또한 타당한가?[18] 들판에 나가 누군가를 기다리는 것은 결투가 아니라는 식의 주장을 하면서 감히 왕의 포고령을 우롱할 셈인가?

교회는 진정 결투를 금지했지만 산책하러 나가는 것은 막지 않았다?

마찬가지로 고리대금업은 금했지만 ……은 아니다?

성직 매매는 금했지만 ……은 아니다?

복수는 금했지만 ……은 아니다?

남색(男色)은 금했지만 ……은 아니다?

"콰 프리뭄"(quam primum)[19]에 해당하는 죄는 금했지만 ……은 아니다?

/ 922

723 **두 개의 무한, 중도** 너무 빨리 읽거나 지나치게 천천히 읽으면 아무것도 이해할 수 없다.

/ 69

724 한 인간이 지닌 덕성의 폭은 그의 노력이 아니라 일상적인 행위를 가지고 재야 한다.

/ 352

725 회개가 없는 죄인들, 사랑이 없는 공의, 인간의 의지를 다스릴 권세가 없는 하나님, 신비가 없는 예정. / 884b

726 **교황** 하나님은 그분의 교회의 통상적인 활동들 가운데는 기적을 일으키시지 않는다. 한 인간 속에만 무오성이 존재한다면 그야말로 기이한 기적이겠지만, 수많은 사람 가운데 있다는 것은 너무도 자연스럽다. 하나님의 일하심은 그분의 다른 모든 역사들에서처럼 자연 아래에 감추어져 있다. / 876

727 그들은 예외로 규칙을 삼는다. 예전에는 회개하기 전에 죄를 사면해 주는 일이 없었는가? 있었지만 예외적이었다. 그런데 당신들은 예외를 예외 없는 규칙으로 만들었다. 그 규정이 더 이상 예외적이기를 바라지 않는 것이다. / 904

728 우리는 키케로의 작품들이 지닌 모든 거짓 아름다움을 비판하지만, 그것을 떠받드는 이들이 있다. 아니, 많다.

《기적》(*Miracles*), 성 토마스, Vol. Ⅲ, book viii, ch. xx. / 31

729 **결의론자들** 많은 헌금, 합당한 회개.

무엇이 옳은지 똑 부러지게 말하기는 어려울지라도 무엇이 바르지 않은지는 쉽게 알 수 있다. 결의론자들은 누구나 자신들처럼 해석해야 한다고 생각하는데, 이는 참으로 터무니없는 주장이다.

잘못 생각하고 그릇된 말을 하는 데 익숙한 이들.

그런 부류가 허다하다는 사실은 그들의 완전함을 가리키는 것이 아니라 정반대임을 보여 준다.

한 사람의 겸손이 다수의 오만을 부른다. / 931

---

1. 스퀴데리(Mlle de Scudéry)의 소설, *Le Grand Cyrus*(1649-1653)에서.
2. 파스칼이 가지고 있던 판본을 기준으로, Montaigne, *Essays*, Ⅰ. 14. 몽테뉴, 《수상록》
3. 《시골 친구에게 보내는 편지》에서 공박했던 예수회의 교리, 개연론에 관한 언급이다. 이 본문을 비롯해 유사한 단장들은 《시골 친구에게 보내는 편지》를 위한 초고였다.
4. 예수회 신학자.
5. 태양의 흑점, 또는 인광석 계열의 광물.
6. 630번을 참조하라.
7. Petronius, 90. 페트로니우스, 《사티리콘》(공존 역간).
8. 단장 532번의 끄트머리를 참조하라. 이런 도식은 몽테뉴에서 빌려왔다.
9. 몽테뉴의 수양딸로 《수상록》 편집을 책임졌다.
10. "Abstine et sustine." 에픽테토스의 금언.
11. 인간의 감정을 시종일관 기계적으로만 풀이하는 데카르트를 공박하는 몇몇 문절들 가운데 하나다. 여기서 '심령'이란 일반적으로 사용하는 의미가 아니라 혈액에 담긴 고도로 정제된 기운이라는 뜻이다.
12. 사도행전 17장 23절을 변용함.
13. 루이 드 몽탈트(Louis de Montalte)는 《시골 친구에게 보내는 편지》를 쓸 때 사용했던 파스칼의 필명이다.
14. 예수회에 속하지 않은 이들.
15. 《시골 친구에게 보내는 편지》에서 맹렬하게 비난했던 계약.
16. 구약 성경 외경 지혜서 14장 22절.
17. 예수회는 퇴출당한 지 50년 만에 베네치아로 복귀했다.
18. 예수회 결의론자들이 인용한 윤리 신학자들.
19. '가능한 한 빨리.' 말하자면, 대죄(大罪)를 고백해야 할 의무.

오류의 근원

730 "당신은 사람이면서, 자기를 하나님이라고 하였소"(요 10:33, 새번역).

"율법에 기록된 바 내가 너희를 신이라 하였노라 …… 성경은 폐하지 못하나니"(요 10:34-35).

"이 병은 죽을병이 아니라 오히려 하나님의 영광을 드러낼 병이다"(요 11:4).

"나사로가 잠들었도다." 예수께서 밝히 이르시되 "나사로가 죽었느니라"(요 11:11, 14). / 754

731 이들은 심장이 없다.
이들과 벗해서는 안 된다. / 196

732 시인이지만, 모든 면에 뛰어난 인간(교양인)은 아니다. / 38

733 교회는 늘 서로 충돌하는 오류들의 공격을 받아 왔지만, 지금처럼 동시에 엄습한 적은 아마 없었을 것이다. 오류가 많고 다양

해서 교회가 더 어려움을 겪기는 하지만, 다른 한편으로는 오류끼리 서로 상쇄하는 효과를 누리는 면도 있다.

교회는 양쪽을 다 고발하지만 그 분파적인 성격 탓에 칼뱅주의자들을 더 몰아세운다.

서로 대립하는 양측 모두에 잘못이 있는 것은 분명하다. 실수는 반드시 바로잡아 주어야 한다.

"울 때가 있고 웃을 때가 있으며"(전 3:4)라든지, "대답하지 말라 …… 대답하라"(잠 26:4-5)에서 보듯, 신앙은 뚜렷이 충돌하는 진리들을 품고 있다.

이런 모순의 뿌리는 두 가지 속성이 한 분 그리스도 안에 통합되어 있다는 사실에서 찾아야 할 것이다.

두 세계도 마찬가지다. 새 하늘과 새 땅의 창조, 새 생명, 새로운 죽음도 그렇다.

모든 것이 이렇게 복제되지만 같은 이름이 그대로 남는다.

마지막으로, 의인 가운데 있는 두 인격. 그 둘은 두 세계를 의미하며 하나같이 그리스도의 지체이고 형상이다. 그러므로 의로운 죄인, 살았으나 죽었고 죽었으나 살아 있는, 택하심을 입은 버림받은 자 등의 이름들이 다 들어맞는다.

서로 대립하는 듯 보이지만 지극히 합당한 질서 속에 공존하는 진리들이 신앙과 윤리, 양면에 걸쳐 이루 헤아릴 수 없이 많다.

다만 얼마라도 이러한 진리들을 제외시키기 때문에 온갖 이단들이 시작된다. 그들이 온갖 반대를 제기하면서 우리를 비난하는 것은 우리가 믿는 진리에 무지하기 때문이다.

일반적으로 이런 사태가 벌어지는 것은 상반된 두 진리들 사이의 상관관계를 상상하지 못하고 어느 하나를 받아들이면 반드시 나머지는 버려야 한다고 믿는 까닭이다. 그래서 한쪽을 붙들고 나머지는 제외시키며 이편은 정반대 선택을 했다고 생각한다. 그런데 이런 식의 배제는 이단일 수밖에 없는 이유가 되고, 우리에게 다른 동기가 있다는 사실을 모르는 것은 반대하는 근거가 된다.

첫 번째 예 예수 그리스도는 하나님이자 인간이다. 아리우스파는 서로 충돌한다고 생각하는 두 가지 속성을 조화시키지 못해서 예수는 인간이라고 주장했는데, 그런 점에서 이들은 가톨릭이지만 그리스도가 하나님임을 부인한다는 점에서는 이단이다. 또 우리가 그분의 인성을 부정한다고 주장하는데 그들이 잘 모르고 하는 말이다.

두 번째 예 성찬 문제에 관하여. 가톨릭 신자들은 빵의 본질이 달라지고 성변화(聖變化)해서 주님의 몸이 되며, 예수 그리스도가 실제로 그 안에 임재하신다고 믿는다. 이것이 한 가지 진리다. 아울러 이 성찬은 십자가와 그 영광의 예표이기도 하며 그 둘의 기념물이다. 이것이 또 다른 진리다. 명백하게 상반되는 두 진리를 한데 끌어안는 가톨릭 신앙이 여기에 있다.

이 성찬은 예수 그리스도의 임재와 상징을 동시에 담고 있으며 제물이자 제물의 기념물이라는 개념을 이해하지 못하는 오늘날의 이단은 이 진리들 가운데 어느 한쪽을 인정한다면 나머지는 자연히 배제시켜야 한다고 믿는다.

성찬이 상징이라는 한 가지 핵심에 집착하면, 그런 점에서는 이단이 아니다. 우리는 이 진리를 배제한다고 생각하므로 자연히 그 교리를 주장하는 교부들의 글을 수없이 반박한다. 마지막으로 성찬 안에 그리스도가 실제로 임재한다는 사실을 부정하는 점에서 그들은 이단적이다.

세 번째 예 면죄부.

이단을 예방하는 가장 빠른 길은 진리를 빠짐없이 가르치는 것이며, 반박하는 가장 확실한 방법은 모든 진리를 선포하는 것이라고 하는 연유가 바로 여기에 있다.

그렇게 되면 이단들에게 도대체 무슨 할 말이 있겠는가?

어떤 주장이 교부들의 의견과 일치하는지 알려면…… /862

734 **표제** 기적을 보았다고 말하는 수많은 거짓말쟁이들은 그토록 철석같이 믿으면서, 영원히 살며 젊은이처럼 활기차게 해 줄 비밀을 간직하고 있다는 이들은 좀처럼 믿으려 들지 않을 수가 있는가?

치료제를 가지고 있다고 주장하는 사기꾼들을 자기 목숨을 그 손에 맡길 만큼 깊이 신뢰하게 만드는 요소가 무엇일까 깊이 헤아려 보니, 진짜 이유는 그 가운데 몇몇은 진품이기 때문인 것 같았다. 진짜배기가 일부 섞여 있지 않는 한, 그처럼 많은 가짜가 그렇게 큰 신뢰를 누릴 까닭이 없었다. 병에 쓰는 약품이라는 것이 전혀 없고 그래서 모든 병을 고칠 수 없다면, 약을 준다는 상상조차 할 수 없을 테고, 그처럼 많은 이들이 치료제를 가졌다고 으스대는 이들에게 신뢰를 보낼 리는 더더구나 없을 것이다. 마찬가지로 누군가 나서서 죽음을 막을 수 있다고 장담한다면 아무도 믿지 않을 것이 틀림없다. 그런 일은 단 한 번도 일어난 적이 없기 때문이다. 하지만 뛰어난 지성을 가진 더없이 대단한 인물들마저도 수많은 치료제들을 '진짜'라고 판단하면서 대중들도 이를 더 신뢰하게 되었다. 가능하다고 알려졌다는 사실만 가지고 실제로 가능하다는 결론을 내린 것이다. 흔히 말하는 "가능하다고 하니까 가능하다"는 식의 논리다. 일반적으로 어느 한 가지를 부정할 수 없으면, 다시 말해 어떤 특수한 결과가 '참'이면 그 특수한 결과들 가운데 무엇이 참인지를 분간할 능력이 없는 이들은 그 전체를 믿어 버리기 때문이다. 달의 작용이 아닌 수많은 현상들을 그 영향이라고 굳게 믿는 이유는 밀물과 썰물처럼 진짜들이 섞여 있는 까닭이다. 예언, 기적, 꿈을 통한 계시, 주문 따위도 매한가지다. 이들 가운데 무엇 하나 진짜가 없다면, 절대로 신뢰를 얻지 못했을 것이다. 그러므로 가짜가 그토록 많으니 진짜 기적은 없다고 결론지을 것이 아니라, 도리어 가짜가 그렇게 판을 치는 걸 보니 참기적이 존재함에 틀림없으며, 진짜가 있기에 가짜가 있을 뿐이라고 이야기해야 한다. 신앙에도 같은 논리를 적용해야 한다. 참신앙이 없다면 인간이 그처럼 많은 거짓 종교들을 그려 낼 도리가 없다. 이를 두고 야만인들에게도 종교가 있지 않느냐고 반박할지 모른다. 하지만 거기에 대해서는 홍수나 할례, 안드레의 십자가(St Andrew)에서 보듯, 어디선가 들었으리라고 답할 수 있다. / 817

735 세상에 그토록 많은 거짓 기적들과 거짓 계시, 주문들이 나도는지 곰곰이 헤아려 본 결과 그 가운데 일부는 진짜였던 것이 정확한 이유가 아닐까 싶다. 진짜배기가 없었더라면 그토록 많은 가짜 기적들이 존재할 수 없을 테고, 참다운 신앙이 없다면 그

렇게 숱한 거짓 종교들이 횡행할 리가 없지 않겠는가? 이들 가운데 하나라도 참이 아니었더라면 인간이 스스로 지어내는 것은 사실상 어려우며, 다른 이들이 그것을 믿는 일은 더더군다나 불가능하다. 하지만 몇 가지 대단히 엄청난 일들이 진짜였으며, 그래서 내로라하는 이들마저 신뢰하기에 이르렀고, 결국 가짜까지 믿게 만들 수 있는 깊은 인상을 거의 모든 이들에게 남긴 것이다. 그러므로 가짜가 그토록 많으니 진짜 기적은 없다고 결론지을 것이 아니라, 반대로 진짜들이 있기에 가짜가 있을 뿐이라고 이야기해야 한다. 신앙도 마찬가지다. 참다운 신앙이 존재하는 까닭에 거짓 종교들이 있을 따름이다. 여기에 대해 야만인들에게도 종교가 있지 않느냐고 반박할지 모르지만, 그건 안드레의 십자가, 홍수, 할례 따위에서 보듯, 어디선가 참신앙에 관해 들었기 때문이다. 이런 일들이 벌어지는 이유는 진실에 길들여진 인간 정신이 결국…… 모든 가짜들에까지 수용적이 된 데서 찾아야 할 것이다. / 818

736 그릇된 추론으로 자연 현상을 입증하는 데 익숙해지면 올바른 이유가 드러나도 선뜻 받아들이지 않는다. 그런 사례는 혈관을 묶으면 아랫부분이 부풀어 오르는 현상을 짚으면서 이로써 혈액이 순환한다고 설명하는 경우에서도 볼 수 있다. / 96

737 인간은 통상적으로 남들이 찾아낸 이유보다 스스로 깨달은 이유에 더 쉽게 설득당하는 법이다. / 10

738 리앙쿠르(Liancourt)의 강꼬치고기와 개구리 이야기.[1] 녀석들은 언제나 그 짓이다. 달리 행동할 줄도 모르고 지성이 있다는 조짐은 눈곱만큼도 보이지 않는다. / 341

739 오늘날 진리는 한없이 모호해지고, 거짓말은 더없이 정교하게 구축돼서 진리를 정말 사랑하지 않는 한 절대로 알아챌 수가 없다. / 864

740 '약골'이란, 진리를 알지만 자신이 이해와 맞아떨어질 때만 지지할 뿐 득될 것이 없다 싶으면 이내 저버리는 부류를 가리킨다. / 583

741 계산기는 짐승들의 그 어떤 행동보다 사고에 가까운 기능을 하지만, 동물들처럼 의지를 가지고 있다고 할 만한 일은 전혀 해내지 못한다. / 340

742 설령 이해득실에 아무런 영향을 미치지 않는 말을 한다 할지라도, 거짓말이 아니라고 단정해서는 안 된다. 개중에는 그저 거짓말 자체가 좋아서 거짓말을 하는 이들도 있기 때문이다. / 108

743 물에 빠져 죽지 않을 것이 확실하다면, 풍랑에 요동치는 배에 타고 있는 일은 얼마쯤 신나는 경험이다. 교회를 뒤흔드는 박해도 이와 비슷하다. / 859

744 무언가에 관한 진실을 모를 때는 인간 정신을 붙잡아 고정시킬

수 있는 어떤 흔한 오류, 가령 계절의 변화와 역병 진행을 달의 탓으로 돌리는 식의 오류가 있는 편이 더 바람직하다. 스스로 알 수 없는 일들을 향한 지칠 줄 모르는 호기심이야말로 인간이 자주 범하는 병폐이며, 그릇 생각하는 편이 헛되이 궁금해하는 쪽만큼 인간에게 해롭지는 않기 때문이다. / 18

745 에픽테토스와 몽테뉴, 살로몽 드 튈티에(Salomon de Tultie)[2]의 문체는 지극히 평범해서 더없이 설득력이 크고, 기억에 가장 오래 남으며, 무엇보다 자주 인용된다. 온통 일상의 대화에서 끌어낸 생각들로 이뤄져 있는 까닭이다. 예를 들어, 달이 만사의 원인이라는 등의 흔하디흔한 오류에 관해 이야기할 때면, 사람들은 어김없이 살로몽 드 튈티에가 그러는데 무언가의 실상을 모를 때는 어떤 흔한 오류 같은 것이 존재하는 편이 좋다더라고 할 것이다……(이는 반대쪽에 대한 생각이다.) / 18b

746 요세푸스도, 타키투스도, 그 밖에 다른 역사가들도 예수 그리스도에 대해 이야기하지 않았다는 사실에 관하여.

이는 그리스도에게 불리한 영향을 미치기는커녕 도리어 유리하기만 하다. 예수 그리스도가 존재했으며 세상을 휘저어 놓았음은 명명백백하므로 이들이 의도적으로 입을 다물었거나, 이야기를 하기는 했지만 금지를 당했든지 변조되었음에 틀림없다. / 787

747 기독교 신앙이 독특하지 않다는 주장에 관하여.

이는 참다운 신앙이 아니라고 믿는 근거가 되기는커녕 외려

참다운 신앙임을 입증할 따름이다. / 589

748 **반론** 구원을 기대하는 사람들은 그 점에서는 행복하겠지만, 지옥에 대한 두려움이 그 기쁨을 없애 버린다.

답변 지옥을 두려워할 더 큰 이유를 지닌 이가 누구이겠는가? 지옥이 있는 줄도 모르고 살지만 지옥이 있다면 어김없이 거기 떨어질 사람들인가, 아니면 그런 것이 있다고 철석같이 믿고 그럼에도 불구하고 거기서 구원받을 소망을 품고 사는 쪽인가? / 239

749 자신을 그 밖의 세계보다 더 높이 두지 않는 사람, 자기 이익과 지속적인 행복, 생존을 다른 이들보다 앞세우지 않는 사람. 그런 사람이 아무도 없다니 이 얼마나 뒤틀어진 판단인가! / 456

750 크롬웰(Cromwell)은 기독교 세계 전체를 피폐하게 만들 작정이었다. 왕실은 사라지고, 쓸개에 조그만 모래 알갱이가 들어가지 않았더라면 그 일가가 영원히 권세를 누렸을 것이다. 심지어 로마마저도 그 세력에 눌려 벌벌 떨 지경이었다. 하지만 작은 알갱이가 거기에 박히면서 크롬웰은 숨을 거두었고, 그 일문은 실각했으며, 왕정은 회복되었다.[3] / 176

751 느낌으로 판단하는 일에 익숙한 이들은 논리를 포함하는 문제들을 도무지 이해하지 못한다. 사물의 깊은 내면을 한눈에 꿰뚫어 보려 할 뿐 원리들을 살피는 일이 자연스럽지 않은 까닭이다. 이와 달리 원리를 토대로 추론하는 일이 익숙한 이들은 감

정이 포함된 문제들을 전혀 납득하지 못한다. 원리들을 탐색할 뿐, 한눈에 꿰뚫어 볼 줄 모르는 탓이다. / 3

752 만사가 동일하다고 여기는 두 부류의 인간들이 있다. 예를 들자면, 휴일과 평일, 크리스천과 성직자들, 그들 사이에 깃든 갖가지 죄악 따위의 일들이다. 이를 근거로 어떤 이들은 성직자들에게 나쁜 요소는 크리스천들에게도 나쁘다고 결론짓는 반면, 다른 이들은 크리스천에게 나쁘지 않은 것은 성직자들에게도 허용된다고 판단한다. / 866

753 헤롯이 자기 자식을 포함해 두 살 아래 갓난이들을 살해했다는 사실을 알게 된 아우구스티누스는, 헤롯의 자식이 되느니 그 자의 돼지가 되는 편이 낫겠다고 했다. 마크로비우스(Macrobius), 《사투르날리아》(*Saturnalia*), lib. ii, ch. IV. / 179

754 1등급: 나쁜 짓을 해서 꾸지람을 듣거나 착한 일을 해서 칭찬을 받음.
2등급: 칭찬을 받지도 꾸지람도 듣지도 않음. / 501

755 인간은 헛된 신을 빚어낸다.[4]
역겹다. / 258

756 **생각** 인간의 존엄성은 모두 생각에 있다. 하지만 그 생각이라는 것이 무엇인가? 얼마나 어리석은가!

생각은 본질적으로 비할 바 없이 근사하다. 특별한 흠결이 없는 한 멸시받을 일이 없다. 그런데 생각에는 바로 그런 결점이 있다. 이보다 더 어처구니없는 일이 또 있을까? 본질적으로 생각은 얼마나 위대한가! 하지만 그 결함은 또 얼마나 끔찍한가! / 365

757 **소진** 가진 것이 모두 소진되어 감을 느끼는 일은 참으로 참담한 노릇이다. / 212

758 **빛. 어둠** 진리를 생생하게 보여 주는 표징이 없다면 어둠이 너무 짙을 것이다. 진리가 눈에 보이는 교회와 회중들 가운데 늘 머문다는 사실이야말로 더없이 훌륭한 표징이다. 교회 안에 입장이 단 하나뿐이라면 빛이 너무 밝았을 것이다. 참된 것은 늘 거기 있었지만 거짓된 것은 항상 거기 있었던 것이 아니므로 교회 안에는 참된 것이 늘 존재했다. / 857

759 생각이 인간의 위대함을 낳는다. / 346

760 **반론** 성령님이 직접 들려주지 않으신 내용이 성경에 가득하다.

답변 그런 이야기들은 믿음에 해를 끼치지 않는다.

반론 그런데도 교회는 그 모두가 성령으로 말미암았다는 결론을 내렸다.

답변 두 가지 답이 있다.

1 교회는 그렇게 결말지은 적이 없다.

2 설령 교회가 그런 결정을 했다 해도 지지를 받을 수가 없었다.

/ 568

761 건전하지 못한 정신들이 숱하다. / 568

762 디오니시우스(Dionysius)에게는 사랑이 있었다. 올곧은 인물이었다. / 568

763 복음서에서 인용한 예언서 말씀들이 당신들을 믿게 하려고 거기 배치되었다고 생각하는가? 천만의 말씀이다. 단념시켜 믿지 못하게 하려는 의도에서다. / 633

764 주요한 형태의 즐길 거리들은 하나같이 크리스천의 삶에 위험 요인이 되지만, 세상이 고안해 낸 것들 가운데 연극만큼 두려워해야 할 오락은 없다. 격정을 너무도 자연스럽고 미묘하게 표현하므로 인간의 마음에 열정, 특히 사랑의 열정을 불러일으키고 자극한다. 격정을 대단히 순수하고 고결한 정서로 표현하는 경우에는 더더구나 그렇다. 순결한 영혼들에게 더 순결하게 보일수록 그들은 거기서 더 쉽게 깊은 감동을 받기 때문이다. 맹렬한 격정은 자존감을 뒤흔들어 실감나게 표현된 것과 똑같은 효과를 빚어내고자 하는 욕구를 이내 품게 된다. 동시에 양심은 연극에서 보여 주는 흠잡을 데 없는 감정에 좌우된다. 그런 정서는 순결한 영혼에서 두려움을 걷어 내고 연극이 제시하는 지극히 분별 있어 보이는 사랑으로 사랑한다면 순결함을 해치지 않으리라고 생각하게 만든다.

그래서 사랑의 아름다움과 달콤함에 흠뻑 취한 채로 극장을 나선다. 연극에는 아무 해가 없다는 확신이 마음에 가득한 나머지 일차적인 인상을 그대로 받아들일 뿐만 아니라, 더 나아가 다른 누군가의 마음에 같은 감정을 불러일으켜서 극중에 멋지게 그려진 바로 그 쾌락과 희생을 즐길 기회를 탐색할 만반의 준비를 갖추게 된다.[5] / 11

765 '만일 번개가 낮은 데 떨어졌다면' 따위의 이야기를 한다면, 시인들이나 이런 부류의 이야기밖에 할 줄 모르는 이들은 아무 증거도 내놓지 못할 것이다. / 39

766 만과(Vespers; 가톨릭 신자들이 따르는 성무일과 가운데 하나로 해질녘에 드리는 기도를 가리킨다-옮긴이)에 귀 기울이듯 설교를 듣는 이들이 허다하다. / 8

767 공작, 왕, 행정장관 등의 직분은 현실적이고 필요하기도 한 만큼(권력이 모든 걸 다스리는 한) 시대와 장소를 막론하고 언제나 존재해 왔다. 하지만 이 사람, 또는 저 사람을 그 자리에 앉히는 것은 그저 기분에 달려 있어서 일관성이 없고 변하기 쉽다. / 306

768 이성의 지시는 어느 주인이 내리는 명령보다도 훨씬 엄하다. 이성에 복종하지 않는 인간은 불행하지만, 주인의 말에 따르지 않으면 어리석은 자가 될 뿐이다. / 345

769 "너희는 길에 서서 보며 옛적 길 곧 선한 길이 어디인지 알아보고 그리로 가라"(렘 6:16). 하지만 다들 말했다. "우리는 그리로

가지 않겠노라"(렘 6:16). "각기 악한 마음이 완악한 대로 행하리라"(렘 18:12). 세상의 뭇 민족들에게는 말했다. "더불어 이 새로운 창조자들의 길을 따르자. 자연 이성이 안내자가 되어 줄 것이다. 우리 역시 본능적인 생각을 좇는 다른 민족들과 같아지리라."

세상의 철학자들, 종교와 분파들은 자연 이성을 안내자로 삼았다. 크리스천만이 자신의 바깥에서 규범을 취하며, 그리스도가 신실한 이들에게 다시 전달하라고 우리에게 남겨 주신 해묵은 규율들에 정통해야 할 의무를 졌다. 저 훌륭한 교부들은 이런 제약들을 불편하게 여겼다. 마음의 상상을 좇는 다른 이들처럼 자유롭고 싶어 했다. 옛 선지자들이 유대인들에게 그랬던 것처럼 외쳐 봐야 헛일이다. "교회 속으로 깊숙이 들어가라. 옛적 길 곧 선한 길이 어디인지 알아보고 그리로 가라." 그들은 지난날 유대인들처럼 대꾸한다. "우리는 그리로 가지 않겠노라. 각기 악한 마음이 완악한 대로 행하리라." 그리고 말한다. "우리도 다른 나라들같이 될 것이다"(삼상 8:20). / 903

---

1. 두 동물 사이에서 벌어지는 싸움 이야기임에 틀림없다.
2. 《시골 친구에게 보내는 편지》에 쓰인 루이 드 몽탈트(Louis de Montalte)라는 필명을 철자 순서만 바꿔 다시 만든 이름이다.
3. 올리버 크롬웰(Oliver Cromwell)은 1658년에 세상을 떠났고, 1660년에 찰스 2세가 왕위에 오르면서 왕정을 회복했다. 연대를 추정해 볼 수 있는 몇 안 되는 단장들 가운데 하나다.
4. 구약 성경 외경 지혜서 15장 8, 16절.
5. 여기에 포함되기는 했지만, 이 단장은 포르루아얄 시절 가까운 친구였던 사블레 부인(Mme de Sablé, 1599-1678)의 글로 보인다.

오락.
초고 서문

770 알렉산드로스가 술에 취해 지내는 모습을 보고 무절제해진 이들이, 그의 정숙함을 본보기 삼아 절제하는 삶을 살게 된 이들보다 훨씬 적다. 알렉산드로스처럼 고결하지 못한 것은 조금도 부끄럽지 않고, 그만큼 부도덕하지 않다는 것은 오히려 핑곗거리가 되는 듯하다. 스스로 대단한 이들과 같은 짓을 할 때는 자신이 평범한 이들에게서 얼마쯤 벗어난 악을 저지른다고 생각하지만, 악과 관련해서는 저들도 평범한 인간에 불과하다는 사실은 알아채지 못한다. 특출한 사람들이 보통 사람을 좇는 바로 그 방식으로 우리는 내로라하는 이들을 따라가는 셈이다. 제아무리 추앙을 받는다 하더라도 어떤 부분에서는 지극히 미천한 이들과 맞닿아 있는 까닭이다. 그들은 인간 세상을 벗어나 허공에 떠 있는 존재가 아니다. 우리보다 위대한 것이 있다면 머리가 더 높이 있다는 점뿐, 두 발은 뭇사람처럼 낮은 데 두고 있다. 인간은 너나없이 똑같은 수준이며 같은 바닥을 딛고 서 있다.

근본적으로는 그들 역시 평범한 인간만큼이나, 아니 더없이 비천한 부류들만큼이나, 어린아이들만큼이나, 심지어 짐승만큼이나 하찮은 존재일 따름이다. / 103

771 달변도 줄기차게 들으면 지겹게 마련이다.

왕족과 임금들도 더러 소일거리를 찾는다. 항상 왕좌에만 앉아 있는 것이 아니다. 거기 계속 있다 보면 지루해진다. 강렬함을 제대로 즐기기 위해서는 잠시 떨어져 있을 필요가 있다. 무엇이든 지속되면 진부해진다. 추웠다가 따듯해지면 쾌감을 느낀다.

자연은 점진적으로 움직인다. 앞뒤로, 나갔다가 물러섰다, 멀리 나갔다가 반쯤 되돌아오고 이번에는 더 멀리 나가기를 반복한다. 리듬으로 치자면 강강약 비슷하다.

바닷물의 드나듦은 약강약약강약약쯤 될 테고, 태양도 그렇게 움직이는 듯하다. / 355

772 "실례합니다만"이라니, 당신은 무례하다. 변명의 말을 덧붙이지 않았더라면 불쾌해할 만한 일이 있었는지 눈치채지 못했을 것이다.

"죄송합니다만……." 죄송해야 할 일이라고는 그런 변명뿐이다. / 58

773 우리가 가장 좋아하는 것으로 다툼만 한 것이 없다. 승리는 그 다음이다.

짐승들이 싸우는 것은 다들 구경하고 싶어 하지만, 이긴 놈이 완패한 녀석을 덮치는 꼴은 보기 싫어한다. 최종 승리가 아니면 도대체 뭘 보고 싶어 했던 것일까? 한번 판세가 확실히 갈리면 그것으로 끝이다. 게임에서도 그렇고 진리를 탐구하는 일도 마찬가지다. 토론 마당에서 여러 의견들이 격렬하게 충돌하는 것을 지켜보기를 좋아하지만, 일단 드러난 진리를 곱씹고 싶어 하는가? 천만의 말씀이다. 진리를 즐기게 하려면 토론을 진행하면서 진실이 형성되어 가는 모습을 지켜보아야만 한다. 격정도 그렇다. 완전히 상반되는 두 감정이 충돌하는 현장을 바라보는 일은 즐거움이지만, 한쪽 주장이 압도적이 되면 그저 잔인한 행위에 지나지 않는다.

우리는 절대로 사물 그 자체를 좇는 것이 아니라 그 탐구를 추구할 뿐이다. 그러므로 연극에서 한 점 티 없이 행복한 장면은 극단적이고 절망적인 불행이나 잔인한 사랑 놀음, 또는 혹독한 학대만큼이나 무의미하다. / 135

774 하나님의 사랑을 신뢰하면서도 여전히 선을 행하지 않고 냉담하게 살아가는 이들에 대하여.

죄의 두 원천은 오만과 태만이므로, 하나님은 그 병폐를 치료할 두 가지 속성, 곧 그분의 사랑과 공의를 보여 주셨다. 공의의 고유한 기능은 제아무리 거룩한 일일지라도 그 교만을 낮추는 데 있다("주의 종에게 심판을 행하지 마소서"-시 143:2). 한편 "하나님의 인자하심이 너를 인도하여 회개하게 하심을 알지 못하여"(롬 2:4)라는 말씀과 니느웨 백성과 관련해 '회개하자, 하나님이 뜻을 돌이키시고 그 진노를 그치실 줄을 누가 알겠느냐'(욘 3:9)라고 한 또 다른 본문에 비추어 볼 때, 사랑의 고유한 기능은 선한 행실을 격려해 태만과 싸우는 것이다. 그러므로 하나님의 자비는 결코 태만을 합리화하지 않으며, 도리어 태만에 정면으로 맞서 싸우는 속성이다. 따라서 "하나님이 사랑이 넘치는 분만 아니었더라면, 고결한 쪽으로 가기 위해 안간힘을 썼을 텐데"라고 말하는 대신, 정반대로 "하나님은 사랑이시므로 최선을 다해야 한다"고 해야 한다. / 497

775 성경 본문을 잘못 사용하고 자신의 오류를 뒷받침해 주는 듯 보이는 구절을 활용하는 이들에 대하여.

저녁 기도, 고난주일, 왕을 위한 기도를 위한 장.

다음 말씀들에 대한 설명: "나와 함께 아니하는 자는 나를 반대하는 자요"(마 12:30). 아울러 "우리를 반대하지 않는 자는 우리를 위하는 자니라"(막 9:40). "어느 편도 아니며 어느 쪽도 반대하지 않는다"라고 말하는 이들에게 이렇게 대답해야 한다…… / 899

776 교회사는 진리의 역사라고 불려야 마땅하다. / 858

777 성탄절 저녁 기도를 위한 응답송(應答誦) 가운데 하나.

"정직한 자들에게는 흑암 중에 빛이 일어나나니"(시 112:4). / 847

778 정직한 인간이 되는 법 말고는 무엇이든 다 학습한다. 그래서 진실한 인간이라는 것을 다른 어떤 것보다도 자랑스러워한다. 절대로 배워서 알 수 없는 한 가지를 알고 있다는 사실에 뿌듯해하는 것이다. / 68

779 덕지덕지 칠한 얼굴만 봐도 잔뜩 겁을 집어먹는 아이들은 아이들이어서 그러려니 할 수 있다. 하지만 어려서 그토록 허약한 아이가 나이를 먹으면 어떻게 그토록 굳세질 수 있는가?[1] 달라지는 것은 생각뿐이다. 차츰 나아지는 것들은 또한 점차 약해지는 법이다. 한때 약했던 것이 영원히 막강해지는 경우는 어디에도 없다. "다 컸으니 달라졌을 거야"라는 것은 올바른 말이 아니다. 예나 지금이나 한결같을 따름이다. / 88

780 **1부 서문** 자기 인식이라는 주제를 다루었던 이들을 거론할 것. 맥 빠지게 하고 지루한 샤롱(Pierre Charron)의 분류. 몽테뉴의 갈팡질팡. 유연성이 없는 방식이 가진 결함을 확실히 알고 있었고, 이 주제에서 저 주제로 널뛰기하는 방식으로 그 한계를 모면하려 했으며, 그럴듯한 모습을 보이고 싶어 했다는 사실.

자기 초상화를 그리려 하다니 얼마나 어리석은 생각인가! 게다가 무심코도 아니었고 자신의 신념을 거스른 것도 아니었다. 실수라면 누구나 할 수 있지만, 몽테뉴의 경우는 자기 원칙에 따라 으뜸가는, 그리고 기본적인 의도를 가지고 한 일이었다. 어쩌다 또는 어떤 약점 같은 것이 있어서 터무니없는 소리를 하는 것은 흔한 일이다. 하지만 의도적으로 헛소리를 하는 것은 참을 수 없다. 그리고 그런 망발은…… / 62

781 **2부 서문** 이 주제를 다루었던 이들을 거론할 것.

이 사람들이 감히 하나님을 두고 이야기하려는 바가 얼마나 대담한지 그저 놀라울 따름이다.

믿음이 없는 이들에게 자신의 주장을 설파하기라도 할라치면, 자연의 활동에 근거해 하나님의 존재를 증명하는 것으로 제1장을 삼는다. 신앙인들을 대상으로 한 논증이라면 눈곱만큼도 이상할 것이 없다. 마음에 생생한 믿음을 가진 사람들이라면 이 땅에 존재하는 만물은 하나같이 스스로 섬기는 하나님의 작품임을 단박에 확실하게 알 수 있기 때문이다. 하지만 그 빛이 스러져서 우리가 되살리려 애쓰는 사람들은 신앙과 은총이 결여되어 있다. 그들은 자연이 이 인식으로 이끌어 줄지 모른다고 생각해 거기에 보이는 온갖 것들을 그 빛으로 검증한다. 하지만 그저 모호하고 캄캄한 현실에 부닥칠 따름인, 신앙과 은혜를 박탈당한 사람들에게 주위의 지극히 사소한 것들만 살펴봐도 그 속에서 선명하게 계시된 하나님을 발견할 것이라고 설명한다든지, 이 엄청나고 막중한 문제의 증거로 고작 달과 행성들의 운행 따위를 내놓는다든지, 그런 논거로 입증이 완료됐다고 주장한다면, 그들은 우리 신앙의 증거가 허약하기 짝이 없다고 생각할 것이다. 이성과 경험을 바탕으로 생각해 보면 그들이 보기에는 이보다 더 경멸스러운 일이 없을 것이다. 하나님의 속성과 관련해 더 나은 인식을 담고 있는 성경은 그렇게 가르치지 않는다. 오히려 그분은 보이지 않는 하나님이시며, 자연이 타락했으므로 인간을 어두움 가운데 버려 두셨고, 오직 예수 그리스도를 통해서만 거기서 빠져나올 수 있으며, 그분 없이는 하나님과의 모든 소통이 완전히 단절된다고 이야기한다. "아버지 외에는 아들을 아는 자가 없고 아들과 또 아들의 소원대로 계시를 받는 자 외에는 아버지를 아는 자가 없느니라"(마 11:27).

성경 곳곳에서 하나님을 찾고 찾으면 만나리라고 가르치는데, 바로 여기에 의미를 둔 말이다. 이는 한낮의 햇빛이라고 말할 때 쓰는 그 빛 이야기가 아니다. 대낮에 태양을 찾거나 바다에서 물을 구하는 이는 반드시 원하는 것을 얻으리라는 소리를 하는 것이 아니다. 자연 속에 존재하는 하나님의 증거가 이런 식이 아님은 두말할 필요가 없다. 성경은 이곳 말고도 여기저기서 "진실로 주는 스스로 숨어 계시는 하나님이시니이다"(사 45:15)라고 고백한다. / 242

782 망원경은 우리에게 옛 철학자들은 알지 못했던 사실들을 얼마나 많이 알려 주었는가? 이제는 다들 성경에서 별의 개수가 헤아릴 수 없이 많다고 한 기록을 대놓고 비난하며 말한다. "우리가 알기로는 별은 1,022개뿐이다."

땅 위에는 풀이 자란다. 우리는 그것을 볼 수 있다.—달에서는 보이지 않는다.—풀에는 잔털들이 나 있고, 그 틈바구니에는 작디작은 생물들이 살지만 그다음에는 아무것도 없다.—건방진 인간들 같으니라고!

화합물은 여러 원소들로 구성되지만 원소들은 그렇지 않다.—건방진 인간들이여, 여기가 바로 미묘한 지점이다.

볼 수 없는 것을 존재한다고 말해서는 안 된다.—그렇다면 다른 이들처럼 말하되 그들처럼 생각해서는 안 된다. / 266

783 선을 극단적으로 추구하려 하다 보면, 어느새 악이 슬그머니 그 길에 끼어든다. 이 악은 잣대의 무한히 작은 쪽 끝에서는 거의

보이지 않고 무한히 큰 편에서는 뭉텅이로 나타난다. 그래서 우리는 악에 둘러싸여 길을 잃고 더 이상 선을 보지 못한다. 심지어 완벽한 것을 두고도 논쟁을 벌인다. / 357

784 단어 배열을 달리하면 의미가 달라지고 의미 배열을 바꾸면 다른 결과를 낳는다. / 23

785 "적은 무리여 무서워 말라"(눅 12:32). "두렵고 떨림으로"(빌 2:12).

그럼 어쩌란 것인가? 두렵다면 두려워하지 말라?

만일 두렵다면 두려워하지 말라. 하지만 두렵지 않다면 두려워하라.

"누구든지 나를 영접하면 나를 영접함이 아니요 나를 보내신 이를 영접함이니라"(막 9:37).

"아무도 모르나니 …… 아들도 모르고"(막 13:32).

"홀연히 빛난 구름이 그들을 덮으며"(마 17:5).

세례 요한은 아버지의 마음을 자녀들에게 돌리려 했으며(눅 1:17), 예수 그리스도는 자녀들 사이에 분열을 불러왔다(마 10:35). 여기에는 어떤 모순도 없다. / 776

786 두 가지 상반된 주장을 해야 할 때가 있다면, 그것은 사람들이 어느 한편을 빼 버렸다고 비난할 때다. 예수회와 얀세니스트들은 그것들을 감추고 있으니 둘 다 잘못이다. 심하기는 얀세니스트 쪽이 더하다. 예수회는 지금껏 엇갈리는 두 가지 주장을 내세우는 데 더 능숙했기 때문이다. / 865

787 드 콩드랭.[2] "성도들의 연합과 성삼위의 하나 됨 사이에는 아무 유사점이 없다"고 그는 말한다. 그런데 예수 그리스도는 정반대로 가르치셨다. / 943

788 아직 죄에 물들기 전 피조물들을 활용하고 그 주인이 되는 데 인간의 존엄이 있었다. 하지만 오늘날은 피조물들과 갈라져 있다 보니 거기에 복종함으로써 인간의 존엄을 보장받으려 한다. / 486

789 **의미** 같은 의미라도 표현하는 말에 따라 달라진다. 의미가 말에 품위를 부여하는 것이 아니라 말이 의미에 품위를 입힌다. 그런 사례들을 찾아볼 필요가 있다. / 50

790 여호수아는 하나님의 백성 가운데 처음으로 그 이름을 가진 인물이었다면, 예수 그리스도는 마지막 존재셨다.[3] / 627

791 **일반적인 현상과 특수한 현상** 펠라기우스주의자들은 특수한 경우에만 사실인 것들을 일반적인 진리라고 주장한다는 점에서 그릇되다. 칼뱅주의자들은 일반적인 사실을 특별한 진리라고 주장한다는 점에서 틀렸다. 개인적으로는 그리 생각한다.[4] / 777

---

1. 136번, 특히 첫 단락 끄트머리를 보라.
2. 샤를 드 콩드랭(Charles de Condren, 1588-1641). 프랑스 오라토리오회의 두 번째 수도원장.
3. '예수'는 히브리어 '여호수아'의 헬라어 표기이며, '구주'를 의미한다.
4. 구원에 미치는 영향에서, 인간의 노력과 하나님의 은혜가 저마다 갖는 중요성을 언급했다.

시리즈 28

기독교 신앙의 탁월함. 인간의 행동

792 남들이 자기를 두고 어떻게 말하는지 안다면, 온 세상을 통틀어 친구 넷을 얻기도 어려울 것이다. 더러 분별없는 폭로가 다툼을 일으키는 것만 봐도 명확하게 알 수 있다. / 101

793 따라서 다른 종교들을 모두 거부한다.

온갖 반론들에 이렇게 답한다.

지극히 순전하신 하나님이 오로지 심령이 정결한 이들에게만 자신을 드러내시는 것은 당연한 일이다. 그러기에 이 신앙은 나를 매료시킨다. 하나님의 더없이 거룩한 성품에 힘입어 이미 모자람 없이 의로워졌음을 알고 있지만 나는 거기서 그 이상을 본다.

인간의 기억이 거슬러 올라갈 수 있는 끄트머리, 거기에 다른 어느 민족보다 역사가 깊은 한 백성이 존재한다.

인간은 철저하게 타락했지만, 구세주가 오시리라는 메시지는 지속적으로 선포되었다. 한 명이 아니라 헤아릴 수 없이 많은 사람들이 이를 전했으며, 한 민족 전체가 무려 4천 년에 걸쳐 이를 예언하고 전파하는가 하면, 400년 동안 책자들이 퍼져 나갔다.

들여다보면 볼수록 더 많은 진리가 담겨 있다. 세상에 오시기 전에 온 민족이 그분을 예언했으며, 오신 뒤에는 온 백성이 그분을 예배했다. 그분이 오시기 전의 형편과 오신 뒤의 상황. 오시기 전에 있었던 회당. 선지자도 없이 비참하게 살던 수많은 유대인들. 오신 뒤에 생긴 일. 적의를 품었던 이들이 불행과 어둠을 예언했던 선지서의 진리를 전하는 훌륭한 증인으로. 마침내 우상도, 왕도 없는 유대인들.

유대인들에게 예언된 무시무시한 흑암. "네가 백주에도 더듬고…… 그것을 글 아는 자에게 주며 …… 그가 대답하기를 …… 나는 못 읽겠노라 할 것이요"(신 28:29; 29:11).

왕의 홀은 여전히 최초의 이방인 강탈자의 손에 있으나.

그리스도가 오셨다는 소문.

독창적이고 신성한 신앙, 그 권위, 그 오랜 수명, 그 영속성, 그 윤리, 그 품행, 그 교리, 그 영향력에서 온전히 거룩한 이 종교에 놀랄 수밖에 없다.

그러기에 4천 년 동안 예언된 분, 나를 위해 예언된 시기와 모습으로 고난당하고 죽기 위해 이 땅에 오신 구세주께 손을 내민다.

그리고 이 은혜 덕에 영원히 그분과 하나 되리라는 소망을 품고 평온히 죽음을 기다리는 한편, 주님이 기꺼이 베풀어 주신 축복을 누리든, 아니면 내게 유익을 주시고 또 친히 보여 주신

본보기에 따라 견디는 법을 가르치시려고 보내신 고난을 겪든, 즐겁게 살아간다. / 737

794 세상에는 하나님과 자연의 법을 다 내버리고 스스로 법들을 고안해 낸 이들이 있다는 생각을 하면 웃음이 난다. 마호메트의 병사들, 도둑들과 이단들에서 보듯, 그들은 자신의 법을 성실하게 지킨다. 논리에 능한 이들도 마찬가지다.

그들이 짓밟은 정의롭고 양식 있는 이들의 숫자를 감안하면 그 방자함에는 한계도, 거침돌도 없는 듯하다. / 393

795 재채기는 인간의 모든 기능을 통합한다는 점에서는 성행위와 다를 게 없지만, 재채기는 무의식적인 행동이므로 거기서 인간의 위대함을 부정하는 식의 결론을 끌어낼 수는 없다. 스스로 재채기를 하는 것은 맞지만 무심결에 나오는 반응이기 때문이다. 재채기를 위한 재채기란 없으며 달리 목적이 있다. 따라서 이는 인간의 연약함을 보여 주는 상징도 아니고, 딱히 인간이 그 행동에 의미 있는 영향을 받는다는 뜻도 아니다.

고통에 굴복하는 것은 부끄럽지 않지만 쾌락에 무릎 꿇는 것은 수치스러운 일이다. 고통은 외부에서 오는 반면, 쾌락은 스스로 추구하는 감각이라서가 아니다. 인간은 고통을 갈구하고 이런 부류의 수치심을 전혀 느끼지 않으면서 의도적으로 거기에 굴복할 수도 있는 까닭이다. 그렇다면 왜 고통의 작용에 무릎 꿇는 행위는 이성의 영예가 되고, 쾌락에 항복하는 태도는 수치가 되는 것인가? 인간을 유혹하고 홀리는 것은 고통이 아니기 때문이다. 자발적으로 고통을 선택하고 지배권을 내어주는 주체는 바로 자신이다. 인간은 기회의 주인이며, 그 가운데서 자기한테 굴복할 따름이다. 하지만 쾌락의 경우, 투항의 대상은 쾌락이 된다. 영광은 오로지 지배력과 주도권에서 나오며 수치는 복종에서 비롯한다. / 160

796 하나님은

자신을 위해 만물을 창조하셨고,

자신을 위해 고통과 축복의 권세를 주셨다.

당신은 이를 하나님께도, 또 자신에게도 적용할 수 있다.

그분께 적용하면, 복음서가 기준이 된다.

자신에게 적용하면, 직접 주님을 대신하게 된다.

하나님은 사랑 가득한 이들, 거룩한 권세 가운데 있는 사랑 가득한 축복을 갈구하는 이들에 에워싸여 계신다. 그러므로

자신을 알라. 당신은 그저 정욕의 왕으로 정욕의 길을 따르고 있을 뿐임을 알라. / 314

797 왕과 폭군.

나는 또한 머릿속 깊은 구석에 생각들을 감춰 둘 것이다.

길을 나설 때마다 조심할 것이다.

질서의 규모. 질서에 대한 존중.

뛰어난 이들은 사람들을 행복하게 하는 일에서 즐거움을 찾는다.

부요함의 고유 기능은 넉넉히 베푸는 것이다.

만물이 제 기능을 할 수 있도록 애써야 한다. 권력의 고유 기능은 보호하는 것이다.

힘이 겉치레를 공격할 때, 일개 병사가 대법원장의 법모를 벗겨 창밖으로 던져 버릴 때. / 310

798 **마르샬(Martial)의 경구** 사람은 적의를 품기를 좋아한다. 한쪽 눈이 보이지 않거나 곤경에 빠진 사람들이 아니라 행복하고 거만한 사람들을 대상으로 말이다. 그러지 않으면 우리는 탈이 난다. 사욕은 충동의 뿌리이자 인간됨의 근원이기 때문이다.

우리는 인간적이고 온유한 정서를 가진 사람들을 즐겁게 해 주어야 한다. 한쪽 눈밖에 쓰지 못하는 두 사람에 관한 이야기는 바람직하지 않다. 그것은 그들을 위로하지 못하며 단지 글쓴이를 조금 더 빛나게 하는 데 그치는 탓이다.

단지 글쓴이만 돋보이게 하는 글이라면 무엇이든 아무 유익이 없다.

"휘황찬란한 치장을 벗겨 내고 말리라."[1] / 41

---

1. Horace, *Ars Poetica*, 447. 호라티우스, 《시학》.

시리즈 29

인간 가치의 상대성. 성경과 그 진리

799 창세기 17장: 〔7절〕 "내가 내 언약을 나와 너 및 네 대대 후손 사이에 세워서 영원한 언약을 삼고 너와 네 후손의 하나님이 되리라."
〔9절〕"그런즉 너는 내 언약을 지키고." / 612

800 성경에는 온갖 처지를 위로하고, 또 모든 형편에 있는 이들을 두렵게 할 만한 본문들이 있다.

자연 역시 태생적인 무한과 도덕적인 무한, 이 두 가지를 통해 같은 일을 하는 듯 보인다. 인간에게는 늘 더 높은 것과 낮은 것, 더 잘하는 것과 부족한 것, 더 근사한 것과 초라한 것이 있어서 오만한 마음을 겸비하게 하고 부끄러운 면모를 높이는 까닭이다. / 532

801 **현혹**[1] —그들은 "잠에 빠질 것이며"(시 76:5)—"이 세상의 외형은 지나감이니라"(고전 7:31).

성찬 “네가 먹을 것에 모자람이 없고”(신 8:9)—“날마다 일용할 양식”(눅 11:3).

“원수들은 티끌을 핥을 것이며”(시 72:9). 죄인들은 흙을 핥는다. 다시 말해 세상에 도사린 쾌락을 사랑한다.

구약 성경에는 곧 임할 환희의 상징들이, 신약 성경에는 그것을 얻는 방법이 담겨 있다.

상징들은 기쁨과 연결되고, 그 수단은 속죄였다. 하지만 여전히 유월절 어린양을 “쓴 나물”과 함께 먹는(출 12:8) 식이었다.

“나만은 온전히 면하게 하소서”(시 141:10). 죽음에 이르기 전에도 순교자적인 고통을 겪는 이는 거의 예수님뿐이었다. / 666

802 시간은 고통과 다툼을 치유한다. 인간은 변하기 때문이다. 우리는 더 이상 같은 인간들이 아니다. 해를 입힌 이도, 피해를 당한 이도 더 이상 같은 사람이 아니다. 마치 한 민족이 다른 민족을 노엽게 했다가 두 세대를 흘려보낸 뒤에 다시 만나는 것과 같다. 여전히 프랑스인이지만 똑같은 사람들은 아니다. / 122

803 매일 밤 같은 꿈을 꾼다면, 매일 낮에 보는 대상만큼이나 영향을 미칠 것이다. 어느 직공이 매일 밤 열두 시간 동안 어김없이 왕 노릇 하는 꿈을 꾼다면, 매일 밤 열두 시간씩 직공이 되는 꿈을 꾸는 왕 못지않게 행복하리라.

만일 밤마다 적들에게 쫓기는 꿈을 꾸고 괴롭히는 환영들에 시달린다면, 또 여행을 다닐 때처럼 종일 이런저런 일을 하는 꿈을 꾼다면, 실제로 그런 일이 벌어진 것만큼이나 고통스러울 테고, 눈을 떴을 때 정말 그런 불행과 맞닥뜨리지 않을까 두려워 잠자리에 들기가 겁날 것이다. 이는 사실상 현실이나 다름없이 커다란 어려움을 안길 것이다.

하지만 꿈은 저마다 다르고 한 사람이 꾸는 꿈도 다양하기 이를 데 없으므로 그 속에서 보는 것들은 연속성의 문제가 있어서 깨어 있을 때만큼 영향을 주지 못한다. 그러나 이는 그렇게 연속적이거나 일정하지는 않다. 여행을 하다가 "꼭 꿈만 같아"라고 이야기할 때처럼 아주 드문 경우를 제외하고는 덜 갑작스럽게 변하는 것뿐이다. 인생은 한바탕 꿈이지만 그나마 변화가 덜한 꿈이다. / 386

804 세상에 정의가 사라졌다고 개탄한다고 해서 원죄를 인정한다고 말할 수 있을까? "죽기 전까지는 아무도 행복하다고 여기지 말라."[2] 그들은 죽음에서 영원하고 절대적인 행복이 시작된다는 사실을 알고 있었다는 뜻인가? / 447

805 한 사람 한 사람의 지배적인 열망을 알면 상대의 비위를 딱 맞춰 줄 수 있다. 하지만 저마다 생각하는 행복에 대한 관념 속에 자신의 행복과 충돌하는 환상을 품고 있다. 참으로 당혹스러운 기이한 현상이다. / 106

806 인간은 자기 안에서 누리는 삶과 스스로의 존재에 만족하지 못한다. 남들 눈에 비친 가상의 삶을 꾸리기를 원하므로 어떻게든 감명을 주려 든다. 자신의 허상을 끊임없이 꾸미고 지켜 내려

안간힘을 쓰는 반면, 실상은 무시해 버린다. 가령 침착하거나 너그럽거나 충성스러운 면모가 있으면 그런 특성을 자신의 또 다른 존재에 덧칠하고 싶어 안달한다. 실상에서 떼어 내 허상에 합치고 싶어 하는 것이다. 용감하다는 명성을 얻을 수만 있다면 기꺼이 겁쟁이가 되고도 남는다. 허상 없이는 자신의 실상에 만족하지 못하고 심지어 그 둘을 자주 맞바꾸기까지 한다는 것은 고유한 존재가 무가치하다는 명백한 증표가 아니겠는가! 자신의 영예를 지키기 위해 죽음을 무릅쓰지 않는 이는 평판이 나쁜 인간이 될 테니 말이다. / 147

807 요한복음 8장. 〔30절.〕

"이 말씀을 듣고 많은 사람이 예수를 믿었다.

예수께서 말씀하셨다. '너희가 나의 말에 머물러 있으면, 너희는 참으로 나의 제자들이다. 그리고 진리가 너희를 자유롭게 할 것이다.'

그들은 예수께 말했다. '우리는 아브라함의 자손이라 아무에게도 종노릇한 일이 없는데'"(새번역).

제자와 참제자 사이에는 큰 차이가 있다. "진리가 자유롭게 하리라"고 말해 보면 금방 알 수 있다. 스스로 자유로우며 제힘으로 악마의 손아귀에서 벗어날 수 있다고 장담하는 이들은 분명 제자이지만 참제자는 아니기 때문이다. / 519

808 이성, 습관, 감동(inspiration). 믿는 데는 이 세 가지 길이 있다. 이성을 지닌 유일한 신앙인 기독교는 감동 없이 믿는 이들을 진정

한 자녀로 인정하지 않는다. 이성과 습관을 배척하라는 것이 아니다. 오히려 겸손을 통해 감동에 우리를 맡기는 동안, 증거들에 마음을 열고 습관으로 입증해 보여야 한다. 그래야만 참되고 유익한 열매를 맺을 수 있다. "그리스도의 십자가가 헛되지 않게 하려 함이라"(고전 1:17). / 245

809 하나님이 존재한다는 것도 이해할 수 없고, 그렇지 않다는 것도 이해할 수 없다. 영이 육과 결합하는 것도 불가해하고, 영이 없다는 것도 불가해하다. 세상이 창조되었다는 것도, 그렇지 않다는 것도 납득할 수 없다. 원죄가 존재한다는 것도, 그렇지 않다는 것도 이해가 가지 않는다. / 230

810 하찮은 일들은 멸시하고 엄청난 사실들은 믿지 않는 사람들은 어찌 될 것인가?[3] / 193

811 모세와 욥이 세상에서 가장 오래된 두 문서를 썼는데, 한쪽은 유대인이고 다른 한쪽은 이방인이다. 둘 다 그리스도를 공통된 중심이자 목표로 여긴다. 모세는 아브라함과 야곱을 비롯한 여러 인물들에게 주신 약속과 예언들을 열거하는 반면, 욥은 말한다. "나의 말이 곧 기록되었으면, 책에 씌어졌으면, 철필과 납으로 영원히 돌에 새겨졌으면 좋겠노라 내가 알기에는 나의 대속자가 살아 계시니 마침내 그가 땅 위에 서실 것이라"(욥 19:23-25). / 741

812 복음서의 문체는 여러 면에서 대단하다. 특히 그리스도를 처형한 이들과 적들을 조금도 비난하지 않는다는 점은 놀랍기까지 하다. 그 누구도 유다나 빌라도, 또는 특정 유대인들을 손가락질하지 않는다.

복음서 기자들이 보여 주는 이런 절제가 세련된 인물의 여러 특성들과 함께 그저 가장에 지나지 않는다면, 그리고 관심을 끌기 위해 짐짓 꾸민 모습이라면, 굳이 스스로 말하지 않더라도 반드시 그편에 서서 이야기해 줄 친구들을 얻을 수 있었을 것이다. 하지만 그들은 조금의 허세도, 사심도 없었으므로 아무도 거기에 주목하지 않았다. 이전에도 이런 일들이 눈길을 끌었던 적은 한 번도 없었다. 이는 기자들이 지극히 냉정하게 처신했음을 보여 준다. / 798

813 양심에서부터 악을 행할 때, 마음껏, 그리고 신나게 저지른다. / 895

814 인간은 정신을 왜곡하듯 감정도 악용한다.

정신과 감정은 교제를 통해 빚어지고 또 교제 탓에 뒤틀어진다. 좋은 무리 혹은 나쁜 무리, 즉 어떤 무리와 어울리느냐에 따라 잘 훈련될 수도 있고 왜곡될 수도 있다. 그러므로 비뚤어지지 않고 제대로 성장하려면 바른 선택을 할 줄 아는 것이 대단히 중요하다. 엇나가지 않고 잘 훈련된 정신과 감정을 이미 갖춘 상태가 아니라면 그런 판단을 내릴 수 없다. 이는 악순환이다. 여기서 빠져나오는 사람은 참으로 행운아다. / 6

815 보통 사람들에게는 생각하고 싶지 않은 일들을 생각하지 않을 힘이 있다. 유대인들은 자기 아들에게 말했다. "메시아에 관한 본문은 곱씹지 말거라." 우리 역시 그런 식으로 행동하기 일쑤다. 그릇된 신앙들, 더 나아가 수많은 이들이 마음을 쏟는 참신앙까지도 이런 식으로 유지되어 왔다.

하지만 그리 생각하기를 스스로 멈출 능력이 없는, 생각지 말라면 더 기를 쓰고 거기 매달리는 사람들이 있다. 이런 사람들은 확실한 근거를 찾아내지 못하면 그릇된 신앙을 내버리는데, 심지어 참신앙까지도 저버린다. / 259

816 흔히 "신앙을 가지면 쾌락을 좇는 삶을 당장 집어치울 것"이라고들 한다. 하지만 나로서는 "쾌락을 좇는 삶을 내버리면 곧바로 신앙을 가질 것"이라고 말해 주고 싶다. 시작은 당신 몫이다. 신앙을 줄 수 있다면 기꺼이 그리하고 싶다. 하지만 내게는 그럴 힘이 없으며 당신이 하는 말을 검증해 볼 능력도 없다. 하지만 당신은 쾌락을 쉽게 포기할 수 있고 내가 진실을 말하는지 여부를 시험해 볼 수도 있다. / 240

817 부정할 도리가 없다. 기독교 신앙에는 기가 막힌 무언가가 있음을 인정할 수밖에 없다. "기독교적인 환경에서 나고 자랐으니 하는 소리"로 치부할 수도 있다. 천만의 말씀이다. 바로 그런 이유에서 그런 편견에 사로잡힐지 모른다는 염려 때문에 얼마나 신경을 곤두세우는지 모른다. 기독교 신앙 속에 태어난 것은 사실이지만 알면 알수록 기독교 신앙이 새록새록 놀랍다는 생각

을 떨칠 수가 없다. / 615

818 죽음에 대한 승리. “사람이 만일 온 천하를 얻고도 자기 목숨을 잃으면 무엇이 유익하리요? 누구든지 자기 목숨을 구원하고자 하면 잃을 것이요”(막 8:36, 35; 원문의 절 순서를 따랐다-편집자).

“율법이나 선지자를 …… 폐하러 온 것이 아니요 완전하게 하려 함이라”(마 5:17).

양은 세상 죄를 거둬 가지 않았지만, 나는 “세상 죄를 지고 가는 하나님의 어린양이로다”(요 1:29).

“모세가 너희에게 하늘로부터 떡을 준 것이 아니라”(요 6:32).

모세는 너희를 포로 신세에서 풀어내 ‘참으로 자유롭게’ 해 주지 못했다(요 8:36). / 782

819 특수한 사건들에 관한 예언이 메시아와 관련된 것들과 섞여 있는데, 이는 메시아에 관한 예언을 뒷받침하는 증거가 모자라지 않게 하는 동시에 특수한 예언들이 성취되지 않는 법이 없게 하려는 뜻이다. / 712

820 우리 신앙을 납득시키는 두 가지 길이 있다. 하나는 이성의 힘을 빌리는 방법이고, 다른 하나는 말하는 사람의 권위에 의지하는 방식이다.

흔히 후자를 제쳐 두고 전자를 사용한다. 보통은 “이 진리를 믿어야 해. 그것을 전하는 성경은 하나님 말씀이거든”이라고 이야기하는 대신 이러저러한 이유로 믿어야 한다고 주장한다. 하

지만 이성은 어느 쪽으로든 구부러질 수 있으므로 이는 지극히 허약한 근거들이다. / 561

1. 구약 성경 외경 지혜서 4장 12절.
2. Ovidius, *Metamorphoses*, Ⅲ, 135. 오비디우스, 《변신 이야기》.
3. Augustine, *Ep*. CXXXVII, 4. n. 14. 아우구스티누스, 《서한집》.

시리즈 30

습관과 회심

821 그러므로 자신을 제대로 알아야 한다. 인간은 정신인 동시에 자동 기계다. 결과적으로 논증이 설득에 필요한 유일한 도구는 아니다. 입증 가능한 일은 얼마나 적은가! 증거는 정신을 납득시킬 따름이다. 습관은 더없이 강력하고 한없이 믿음직스러운 증거들을 제공한다. 정신은 자동 기계를 조종하고 자동 기계는 은연중에 정신을 자기 쪽으로 움직이게 한다. 내일 동이 틀 것이라든지, 인간은 죽을 것이라는 사실을 누가 증명해 냈겠는가? 그만큼 다들 믿어 의심치 않는 일이 또 있겠는가? 그러기에 인간에게 확신을 주고 또 수많은 크리스천을 만들어 내는 것은 바로 습관이다. 난폭한 인간, 이방인, 장사꾼, 군인 따위를 빚어내는 것은 습관이다(세례와 함께 받아들인 신앙은 크리스천이 이방인보다 우위에 서게 하는 장점이다). 간단히 말해서, 일단 정신이 진리가 어디 있는지 파악하고 난 뒤에는, 끊임없이 빠져나가려는 그 믿음에 깊이 젖어들고, 나아가 그 믿음을 속속들이 체화시키려면 습관에 의지해야 한다. 스스로에게 제시할 증거를 늘 챙기는 일은

너무도 고단한 노릇이기 때문이다. 한결 수월한 신앙, 즉 습관적인 신앙을 체득해야 한다. 습관은 무리나 기교, 논리에 기대지 않고도 믿음을 갖게 하며, 온 기능을 이 신앙에 기울여 심령이 자연스럽게 거기에 빠지게 만든다. 우리가 확신의 힘에만 의지해 믿고, 자동 기계는 완전히 다른 믿음 쪽으로 기운다면 그 신앙은 아직 충분치 않다. 그러므로 우리의 양면을 모두 믿게 해야 한다. 평생 한 번, 깨달음이 필요한 순간에는 이성을 동원해 정신을 믿게 하고, 습관으로 자동 기계를 믿게 해서 반대쪽으로 흐르는 일이 없게 해야 한다. "내 마음을 주의 증거들에게 향하게 하시고"(시 119:36).

이성은 우리가 언제고 제시해야 하는 너무 많은 원리들을 살피는 탓에 끊임없이 겁을 먹거나 곁길로 새 나가기 십상이어서 아주 서서히 작동한다. 온갖 원리들이 모두 겉으로 드러나지는 않기 때문이다. 직관은 그렇게 작용하지 않고 즉각적으로 반응하며 항상 대비 태세를 갖추고 있다. 따라서 직관에 우리 신앙을 두어야 한다. 그렇지 않으면 시도 때도 없이 흔들릴 것이다.

/ 252

432[1] 양쪽 모두에 안타까운 심정을 품어야 하지만, 전자에는 애정에서 비롯한 딱한 마음을, 후자에는 경멸에서 비롯한 애석함을 가져야 한다.

상대를 멸시하지 않으려면 그들이 멸시하는 신앙을 가져야 한다.

그것은 바람직한 형태가 아니다.

이는 이야기할 것이 전혀 없음을 보여 준다. 경멸해서가 아니라 그들에게 양식이 없기 때문이다. 하나님이 어루만져 주셔야만 한다.

이런 부류들은 학자이고 지식인들이며 내가 아는 한 가장 고약한 인종들이다.

당신들은 나를 개종시킬 것이다.

편협한 신념 때문에 이런 생각을 하는 것이 아니라 마음이 빚어지는 방식 때문이다. 경건하고 초연하고자 하는 열성이 아니라 순전히 인간적인 이유에서 나왔으며 그 동기는 이기심과 자기애다.

너무도 명백한 사실들이 있다. 하나님을 아는 지식 없이는 어떤 행복도 찾을 수 없으며, 반대로 그분께 더 가까이 다가갈수록 인간은 더 행복해진다. 궁극적인 행복은 그분을 확실히 아는 것이다. 그분에게서 멀어질수록 더 불행해진다. 궁극적인 불행은 〔하나님의〕 대척점에 확고히 서는 것이다.

그러기에 의심은 불행한 상황이지만, 인간에게는 회의하는 가운데서도 찾고 또 찾아야 할 피할 수 없는 의무가 있다. 그러므로 의심하면서도 찾지 않는 이는 불행한 동시에 또한 악하다. 아울러 그런 형국에서도 희희낙락하며 주제넘은 짓을 하는 사람이 있다면, 나는 그 허황된 인간을 무어라 표현해야 할지 모르겠다.

어디선가 기적이 일어나고 또 어느 민족에게 하나님의 섭리가 명쾌하게 드러났다는 사실만 가지고는 충분치 않다는 말인가?

그럼에도 인간은 너무도 비정상적이어서 마음속에서 이를 즐거워할 일로 여기기도 한다는 것은 어김없는 사실이다.

이게 신나서 할 이야기인가? 침울하게 나눠야 할 이야기가 아닌가?

기뻐하며 자랑스럽게 으스댈 좋은 구실이 고작 이것이다. "그러니 즐기자! 두려움도 걱정도 없이 살면서 죽음을 기다리자! 무엇 하나 확실한 것이 없으니 장차 무슨 일이 생기는지 지켜보자!" 이게 무슨 논리인지 도무지 모르겠다.

현실에 안주하지 않으며, 인정이 많아서 다른 사람들을 따뜻이 챙기는 것은 훌륭한 태도다.

연약함과 괴로움 속에 죽어 가는 사람이 전능하고 영원하신 하나님에 맞서는 일이 과연 용감한 행동일까?

그런 처지에 놓였을 때 누군가 그 어리석은 꼴을 불쌍히 여기고 내 고집을 다 감당해 가며 구원해 준다면 얼마나 행복하겠는가!

닥쳐오는 불행을 무기력하게 받아들이는 것 말고는 기대할 것이 없다면, 도대체 기뻐할 일이 무어란 말인가!

위로를 베풀어 줄 분을 바라보는 소망이 없다면 어디서 위로를 찾겠는가!

하지만 그들을 고쳐 줄 수 없다 해도 쓰임새가 없는 것은 아니다.

신앙의 영광에 더없이 반발하는 듯 보이는 사람들은 바로 그 점에서 남들한테 유익을 끼친다.

우리가 으뜸으로 내세우는 논리의 근거는 그런 무지와 무분별은 자연적인 기질이 아니므로 이와 관련해 무언가 초자연적인 것이 존재한다는 사실이다. 어리석음 탓에 행복을 완전히 등지는 상황까지 이르면, 그 한심한 본보기와 어처구니없는 어리석음은 다른 이들이 같은 신세가 되지 않도록 조심하게 하는 데 도움을 준다.

자신에게 영향을 주는 모든 것들에 무관심할 만큼 그들은 단호한가? 부와 명예를 다 잃는 상황으로 검증해 보라. 어찌 되겠는가? 불가사의한 일이다. / 194b, c

822 **중국의 역사** 나는 목이라도 걸겠다는 증인을 보유한 역사만 신뢰한다. 둘 중 어느 쪽에 더 믿음이 가는가? 모세인가, 중국인가?

폭넓은 시야는 전혀 문제가 되지 않는다. 여기에는 전혀 알 수 없는 부분도 충분히 알 수 있는 사실들도 있다.

이 한마디가 당신들의 논리를 모두 깨트린다. "하지만 중국은 쟁점을 흐린다"고 이야기하고 싶은가? 나는 이렇게 답하겠다. "중국은 쟁점을 흐리지만, 찾아낼 수 있는 사실도 있다. 그것을 탐색하라."

그러므로 그대들의 말은 어느 한쪽 의도를 뒷받침할 뿐, 다른 쪽을 거스르는 것은 아니다. 도움이 될지언정 해가 되지는 않는다.

그렇다면 우리는 이를 세밀하게 살펴야 한다. 증거들을 모두 테이블 위에 꺼내 놓아야 한다. / 593

823 한 상속인이 집문서를 발견했다 하자. 무조건 가짜라고 단정하고 확인조차 마다하겠는가? / 217

824 율법은 자기가 주지 않은 것을 소유하라고 인간에게 강요한다. 은혜는 반드시 지녀야 할 것을 인간에게 선사한다. / 522

825 명백한 사실[?].

"하나님은 겸손한 자에게 은혜를 주신다"(약 4:6; 벧전 5:5). 그렇다면 그들에게는 겸손한 마음을 주지 않으셨던 것이 아닐까? "자기 백성이 영접하지 아니하였으나"(요 1:11). 그분을 영접하지 않았던 이들은 그분의 백성이 아니었던 것이 아닐까? / 901

1. 432번 쪽글의 주를 보라.

성경의 상징적인 이야기들.
인간관계

826 "너는 삼가 이 산에서 네게 보인 양식대로 할지니라"(출 25:40). 유대 신앙은 메시아 진리의 양식에 따라 형성되었으며, 메시아 진리는 그 예표였던 유대교를 통해 알려졌다.

유대인들 사이에서 그 진리는 그저 표징일 따름이지만, 하늘에서는 명명백백하게 드러난 사실이다.

교회에서는 감춰져 있으며 표징과의 관계를 통해서 알려질 뿐이다.

표징은 진리에서 나왔다.

진리는 표징으로 알아본다. / 673

827 사도 바울은 "장차 사람들이 결혼을 금할 것"이라고 말하고(딤전 4:3), 고린도전서〔7:29; 실제로는 35절-편집자〕에서는 "올무"라는 표현을 써 가며 이를 이야기한다. 선지자들이 앞서 한 말이 있는데 다른 말을 하면 맹렬한 비난을 받을 것이 뻔하기 때문이다. / 673

828 인간과 인간 사이의 상호 존중을 보증하는 끈은 일반적으로 필요라는 줄이다. 누구나 정상에 서고자 하지만 모두가 거기에 이를 수는 없고 일부만 꼭대기에 서는 법이므로 계급 차이가 생기게 마련인 까닭이다.

자, 이제 계급이 굳어져 가는 현장을 지켜볼 수 있다고 상상해 보라. 백이면 백, 서로 치열하게 싸움을 벌여 강한 쪽이 약자들을 짓누를 테고, 마침내 한 무리가 정점에 설 것이다. 하지만 일단 틀이 잡히면, 전쟁이 계속되는 것을 바라지 않는 지배자들은 선거에 부치든 세습을 하든, 자기 마음에 내키는 방식으로 거머쥔 권력을 승계할 방편을 마련한다.

여기가 바로 상상력이 제 기능을 시작하는 자리다. 여태까지는 순수한 권력이 하던 일을 이제 프랑스의 귀족이나 스위스의 평민 같은 특정 파벌의 상상력이 통제하는 권력이 감당한다.

특정 개인을 향한 존중을 보증하는 줄은 상상력의 끈이다. / 304

829 이따금씩 영혼이 그 앞길을 인도하는 이 위대한 정신 작용은 거기 계속 머무는 부류가 아니다. 불쑥 나타나 잠시 모습을 보일 뿐이다. 왕위가 일시적이듯 그 역시 영원하지 않다. / 351

3부

기적들

하나님 말고는 달리 기댈 데가 없을 때
교회의 상태는 가장 좋아진다.

인간이 스스로 생각하는 장점과 어리석음 사이에는
큰 편차가 있어서, 어떻게 그토록 지독하게
자신을 오판할 수 있는지 기가 막힐 지경이다.

인간은 자기 유익을 좇는 데 온 정신을 팔고 있지만,
사실 소유권을 정당화할 수도 없고
그 재물을 지켜 낼 능력도 없다.
지식과 쾌락도 마찬가지며 진리도,
행복도 소유할 수 없다.

인간은 참과 선을,
악과 거짓이 섞인 상태에서 부분적으로만
소유할 따름이다.

생 시랑의 견해

830 생 시랑 수도원장에게 듣고자 하는 이야기의 요지는 다음과 같은 것들이다.[1] 하지만 따로 사본을 마련해 두지 않았으므로, 부득이하게 이 지면에 답을 달아 돌려보내 주기를 당부한다.

1 어떤 현상이 기적적인 일이 되려면 인간, 마귀와 천사, 그리고 모든 자연의 피조물의 능력을 넘어서야 하는가?

〔신학자들에 따르면 기적은, 두 몸이 서로 관통한다든지 한 몸이 두 곳에 동시에 존재하는 경우처럼 실질에서(quoad substantiam), 또는 예수 그리스도가 앞을 보지 못하는 이의 눈에 진흙을 발라서 보게 한다든지, 베드로의 장모 위로 몸을 숙여서 고쳐 준다든지, 혈루병 걸린 여인이 그리스도의 옷자락을 만지고 낫는다든지 하는 사례들에서 보듯, 자연적으로는 불가능한 방법을 통해 역사가 일어난 경우처럼 일이 벌어진 방식에서(quoad modum) 초자연적이어야 한다. 그리스도가 행한 복음서의 기적들 가운데 대다수가 후자에 해당한다. 성유물(聖遺物)을 만지거나 하나님의 이름을 불렀더니 열병을 비롯한 갖가

지 병이 즉시, 또는 자연히 낫는 것보다 훨씬 완전하게 치유되는 경우도 마찬가지다. 이처럼 까다로운 일을 제시하는 사람의 시각은 올바르며 요즘 신학자들을 포함해 모든 신학자의 입장에도 부합한다.”〕

2 사용한 수단이 자연적인 힘을 뛰어넘는 것만으로 기적이 되기에 충분치 않은가? 나로서는 사용한 수단이 자연적인 힘을 넘어선다면 그 결과는 기적으로 보아야 하지 않을까 싶다. 그러므로 개인적으로는 성유물을 만지고 병을 고친다든지, 악령에 사로잡힌 예수의 이름을 불러서 악령에 사로잡혔던 이가 낫는 현상을 기적이라고 부른다. 결과가 하나님의 이름을 부르는 데 쓰인 말이나 성유물이 지닌 자연적인 힘을 초월하기 때문이다. 말이나 유물 자체는 병을 고칠 수도 악마를 쫓아낼 수도 없다. 하지만 마귀의 기교로 마귀를 쫓아내는 것을 기적이라 부르지는 않는다. 악마를 몰아내기 위해 악마의 수법을 쓴다면, 그 결과는 사용한 수단의 자연적인 힘을 넘어서지 못하는 까닭이다. 따라서 방금 이야기한 정의가 기적의 참뜻이 아닐까 한다.

〔마귀가 행할 수 있는 일은 기적이 아니다. 인간이 제힘으로 할 수 없는 일을 짐승이 할 수 있다 해서 기적이 아닌 것과 매한가지다.〕

3 성 토마스는 이런 정의에 반대하며, 어떤 결과가 기적이 되려면 반드시 자연 피조물의 능력을 뛰어넘어야 한다고 생각지 않는가?

〔두 번째 부류의 기적들을 다시 주체와 관련된 기적(quoad

subjectum), 그리고 자연 질서와 관련된 기적(quoad ordinem naturae) 이라는 두 범주로 나누기는 하지만, 성 토마스 역시 다른 이들과 같은 입장이다. 그의 말에 따르면, 전자는 자연이 확실히 이루어 낼 수 있지만 특정 주체에서는 불가능한 기적을 가리킨다. 예를 들어, 자연은 생명을 만들어 낼 수 있지만 주검 안에서는 그러지 못한다. 반면에 후자의 경우, 자연이 특정 주체에서는 이루어 낼 수 있지만 특정 수단을 통해 신속하게 빚어낼 수는 없는 기적이다. 단 한 번 손을 대서 열병을 비롯해 갖가지 질병을(사실상 치유할 수 없는 질환이 아닐지라도) 순식간에 고치는 경우가 여기에 해당한다.〕

4 세간에서 익히 잘 아는 이단들이 그들의 그릇된 주장을 확실히 뒷받침하기 위해 기적을 행할 수 있는가?

〔가톨릭이든 이단이든, 거룩하든 사악하든 그 누구도 오류를 확증하기 위해 참기적을 행할 수는 없다. 하나님은 거짓 증인, 또는 그릇된 심판관을 처리하듯 그 기적을 통해 오류를 단정하고 공인하실 것이기 때문이다. 이는 이미 검증된 어김없는 사실이다.〕

5 공표되어 세간에 익히 알려진 이단들도 사실상 불치병이 아닌 질병을 고치는 기적을 행할 수 있는가? 예를 들어, 그릇된 주장을 사실로 입증하기 위해 열병을 치료할 수 있는가? 랭장드(Lingendes)[2] 신부는 그럴 수 있다고 설교한다.

(이 질문에는 답이 달려 있지 않음.)

6 공표되어 세간에 익히 알려진 이단들은 하나님의 이름을 부르는 행위나 성유물을 통해 모든 피조물을 초월한 기적을 행

할 수 있는가?

〔진실을 확인하기 위해 그리할 수 있다. 역사에서 그런 사례들을 볼 수 있다.〕

7 교회에서 갈라져 나가지는 않았지만 여전히 그릇된 입장을 포기하지 않으며 스스로 교회에 반대하노라 공언하지 않는, 그래서 신실한 사람들을 꼬드기고 자기 편을 강화하기에 더 유리한 은밀한 이단들이 예수의 이름을 부르거나 성유물을 써서 온갖 피조물들을 뛰어넘는 기적을 행할 수 있는가? 또는 사실상 불치가 아닌 질환을 즉각 치료하는 따위의 그저 인간 능력을 넘어서는 역사를 일으킬 수 있는가?

〔은밀한 이단들이라고 해서 공공연한 이단들보다 기적을 일으킬 더 큰 힘을 지닌 것은 아니다. 하나님께는 아무것도 숨길 수 없으며, 무엇이 됐든 참된 기적이라면 오로지 그분만이 그 조성자이고 집행자이기 때문이다.〕

8 하나님의 이름으로, 또는 성물을 통해 이루어진 기적들은 참다운 교회의 표시가 아닌가? 온 가톨릭교회는 이단들에 맞서 이렇게 주장해 오지 않았는가?

〔온 가톨릭교회가 여기에 동의하지만 특히 예수회 저술가들이 그러하다. 이는 벨라르미노(Roberto Bellarmine)의 글만 봐도 알 수 있다. 심지어 이단들이 기적을 행할 때도 아주 드물기는 하지만 그 기사가 교회의 상징이 되는 경우가 있다. 이단의 그릇된 주장이 아니라 교회가 가르친 진리를 확증하기 위해 일어난 기적이기 때문이다.〕

9 이단이 기적을 행한 적이 있었는가? 어떤 부류의 기적이었

는가?

〔방식 차원의 기적, 다시 말해 자연 질서를 벗어난 형식을 통해 기적적으로 자연적인 결과가 나오는 경우를 제외하면 검증된 사례는 거의 없다.〕

10 예수 이름으로 마귀를 쫓아냈던 인물, 예수가 "우리를 반대하지 않는 자는 우리를 위하는 자니라"(막 9:40)라고 했던 사람은 그리스도의 친구인가, 아니면 적인가? 복음서를 주해하는 사람들은 이를 두고 무어라 말하는가? 랭장드 신부가 이 인물을 두고 그리스도를 반대하는 자라고 설교했기에 묻는 질문이다.

〔그가 그리스도에 반대하지 않는다는 사실은 복음서에 충분히 입증되어 있으며, 교부들과 예수회의 거의 모든 저술가들이 같은 입장을 유지하고 있다.〕

11 적그리스도는 자기 이름으로 기적을 일으키는가, 아니면 예수 그리스도의 이름으로 그리하는가?

〔복음서에 따르면 적그리스도는 예수 그리스도가 아니라 자기 이름으로 임할 것이므로, 기적 역시 그리스도에 맞서 그 믿음과 그분의 교회를 파괴하기 위해 그리스도의 이름이 아니라 자기 이름으로 행할 것이다. 이런 이유에서 그 기적들은 진정한 기적이 될 수 없다.〕

12 신탁은 기적이었는가?

〔이단과 우상들의 기적은 마귀와 술사들의 또 다른 활동들과 마찬가지로 기적은 아니었다〕(Appx XIII).

831 두 번째 기적은 첫 번째 기적을 전제로 할 수도 있지만, 첫 번째 기적은 두 번째 기적을 전제로 할 수 없다. /810

---

1. 마르템 드 바르코(Martin de Barcos), 생 시랑의 조카로 얀세니우스의 친구였다. 파스칼의 물음에 그가 내놓은 답변은 대괄호로 묶어 표시했다.
2. 클로드 드 랭장드(Claude de Lingendes). 예수회 신부로 1657년, 파리 생메리성당(Church of St Merri)에서 사순절 기간 동안 연속으로 설교했다.

기적의 기준

832 **5. 기적들. 첫머리** 기적은 교리를 분별하고 교리는 기적들을 분별한다.

진짜와 가짜가 있다. 알아볼 수 있는 어떤 표지가 있어야 한다. 그렇지 않으면 기적은 아무 쓸모가 없을 것이다.

그런데 기적은 헛것이 아니며 도리어 지극히 기본적인 요소다.

이제 우리에게 주어진 기준은, 참다운 기적이 제공하는 진리의 증거를 온전하게 남겨 두는 것이어야 한다. 진리야말로 기적의 주된 목적이다.

모세는 두 가지 기준을 제시했다. 예언이 성취되지 않는지 여부(신명기 18장)와 우상숭배로 이끌지 않는지 여부(신명기 13장)가 그것이다. 예수 그리스도는 한 가지 기준을 주신다.

교리가 기적을 결정하면 교리에는 기적이 쓸데없을 것이다.

만일 기적이 ……을 결정하면……

기준에 대한 반론 시간의 차이. 하나는 모세 시대, 다른 하나는 현재. / 803

833 그 신앙에서 한 하나님을 만물의 원리로 섬기지 않으며, 그 도덕률에서 한 하나님을 만물의 목표로 사랑하지 않는 종교는 전부 거짓이다. / 487

834 **불신앙의 이유**

요한복음 12장 37절: "이렇게 많은 표적을 그들 앞에서 행하셨으나 그를 믿지 아니하니 이는 선지자 이사야의 말씀을 이루려 하심이라 …… '그들의 눈을 멀게 하시고.' 이사야가 이렇게 말한 것은 주의 영광을 보고 주를 가리켜 말한 것이라"(절 표기는 37절이라고만 했으나 실제로 내용은 41절까지 썼다-편집자).

"유대인은 표적을 구하고 헬라인은 지혜를 찾으나 우리는 십자가에 못 박힌 그리스도를 전하니."[1]

"하지만 표적은 사방에 널렸고 지혜는 넘친다."

"그럼에도 그대들은 십자가에 못 박히지 않은 그리스도, 그리고 기적과 지혜가 없는 신앙을 설교한다."

사람들이 참기적을 믿지 않는 이유는 사랑이 모자라서다. 요한복음. 〔10장 26절.〕 "너희가 내 양이 아니므로 믿지 아니하는도다."

거짓 기적을 믿는 까닭은 사랑이 모자라서다. 데살로니가후서 2장. 〔10-11절.〕

신앙의 토대 이것은 기적이다. 그렇다면 하나님은 기적에 관해, 그분을 신뢰하는 믿음의 기초에 대해 무슨 말씀을 하고 계시는가?

하나님이 계시다면, 하나님을 믿는 신앙이 지상에 존재해야 마땅하다. 적그리스도는 그리스도의 기적을 예언한 적이 없지만, 그리스도는 적그리스도의 기적을 예언하셨다. 그러므로 예수 그리스도가 메시아가 아니었다면 분명 뭇사람들을 오류에 빠지게 했을 것이다. 반면 적그리스도는 사람들을 오류로 이끌 능력이 전혀 없다.

적그리스도의 기적을 예언하면서 그리스도는 자신의 기적을 믿는 믿음을 스스로 무너뜨리고 있다고 생각했을까?

적그리스도를 믿는 이유 가운데 그 어느 것도 그리스도를 믿어야 할 이유가 아닌 것이 없지만, 그리스도를 믿어야 할 이유 가운데는 적그리스도를 믿어야 할 이유가 아닌 것들이 있다.

모세는 예수 그리스도를 예언하고 그분을 따르라고 명령했다. 예수 그리스도는 적그리스도를 예언하고 그를 따르는 것을 금지하셨다.

모세 시절에는 적그리스도의 존재가 알려지지도 않은 터라 그를 믿는 것이 불가능했지만, 적그리스도 시대에 이미 확연히 드러난 예수 그리스도를 믿는 일은 대단히 쉬운 일이다. / 826

835 예언들, 심지어 기적과 기독교 신앙의 증거들까지도 백 퍼센트 확실하다고 말할 수 있는 부류가 아니지만, 그렇다고 해서 그것을 믿는 일이 비이성적이라고 이야기할 수도 없다. 이렇게 증거와 불확실성이 혼재하므로 더러는 깨우치고 또 한편에서는 혼란스러워한다. 하지만 증거는 넘쳐나며, 적어도 반대편 증거와 맞먹을 만큼은 된다. 그러므로 거기에 따르지 않기로 결정하게 만드는 것은 이성일 수 없으며 마음의 정욕과 사악함일 따름이다. 이처럼 정죄하기에는 충분하지만 확신하기에는 모자라는

증거가 있다. 이는 따르는 이들에게는 이성이 아니라 은혜로 말미암았음을 보여 주고, 회피하는 이들에게는 이성이 아니라 정욕 탓임을 드러내기 위해서다.

"참제자(요 8:31), 참이스라엘 사람(요 1:47), 참자유(요 8:36), 참된 양식(요 6:55)." 나 개인적으로는 누구나 기적을 믿으리라 생각한다. / 564

836 당신들은 같은 편을 뒷받침하기 위해, 또는 적수에 맞서기 위해 신앙을 타락시킨다. 제 입맛대로 요리하는 것이다. / 855

837 거짓 기적이 하나도 없다면 확실성을 가졌을 것이다.

분별하는 기준이 없다면 기적은 무용지물이 되고 믿을 이유가 없을 것이다.

그런데 인간적으로 말해서, 인간의 확실성 같은 것은 어디에도 없다. 그저 이성이 있을 따름이다. / 823

838 유대인들은 많은 민족과 왕들을 굴복시키는 소명을 받았지만, 죄 아래서 종으로 살았다. 그러나 다만 섬기고 순종하라는 소명을 받은 크리스천은 자유로운 자녀가 되었다. / 671

839 사사기 13장 23절: "여호와께서 우리를 죽이려 하셨더라면 …… 이 모든 일을 보이지 아니하셨을 것이며."

히스기야, 산헤립(왕하 19장).

예레미야, 그해 일곱째 달에 죽은 거짓 선지자 하나냐(렘 28:15-17).

마카베오하 3장: 약탈당할 뻔했던 성전이 기적적으로 구출되었다. 마카베오하 15장.

열왕기상 17장: 아들을 살려 준 엘리야에게 과부는 말했다. "이제야 당신의 말이 진실한 줄 아노라."

열왕기상 18장: 엘리야와 바알의 선지자들.

참하나님 또는 신앙의 진리를 둘러싼 논쟁에서, 그릇되고 진리 편에 서지 않은 쪽에 기적이 나타난 경우는 단 한 번도 없었다.

/ 827

840 이 세상은 진리의 터전이 아니다. 진리는 알아보지도 못하는 이들 사이를 떠돈다. 하나님은 진리에 덮개를 씌워 그분의 음성에 귀 기울이지 않는 이들은 알아볼 수 없게 하셨다. 더없이 명확한 진리들까지 짓밟힐 여지가 활짝 열려 있다. 복음의 진리가 선포되면 거기에 맞서는 사실들도 공표되고, 문제의 핵심이 흐려진 나머지 웬만해서는 둘을 분별하지 못하게 된다. 사람들은 묻는다. "다른 이들은 제쳐 두고 당신을 믿으라는 이유가 무엇인가? 무슨 이적을 일으키겠는가? 당신은 그저 말뿐인데, 말이라면 우리도 할 줄 안다. 기적이라도 행한다면 모르겠지만……." 교리에 기적이 뒷받침되어야 하는 것은 사실이지만 오히려 교리를 모독하는 데 그런 점을 남용하고 있다. 기적적인 사건들이 일어나면 다들 교리 없이 기적만 가지고는 충분치 않다고들 한다. 기적을 모독할 또 다른 빌미가 되는 셈이다.

예수는 안식일에 나면서부터 앞을 보지 못하는 사람을 고치는 등 숱한 기적을 일으켰으며 이를 통해 교리로 기적을 판단해야 한다고 주장하는 바리새인들을 눈멀게 했다.

"하나님이 모세에게 말씀하신 줄을 우리가 알거니와 이 사람은 어디서 왔는지 알지 못하노라"(요 9:29).

그분이 어디서 왔는지 모르는 판에 그토록 엄청난 기적을 행하다니 기이한 일이 아닐 수 없다.

예수는 하나님을 거스르지도, 모세를 거슬러 말하지도 않았다.

적그리스도, 그리고 신약과 구약 성경이 한목소리로 예언한 거짓 선지자들은 하나님을 거스르고 예수 그리스도와 맞서는 이야기를 공개적으로 쏟아 낼 것이다.

"반대하지 않는 자는……." 하나님은 누가 됐든 은밀한 적들이 공개적으로 기적을 행하게 허락하지 않으실 것이다.

저마다 하나님과 그리스도 그리고 교회 편에 섰다고 주장하는 양측이 대놓고 다투는 상황에서, 거짓 크리스천 쪽에 기적이 일어나거나 그 반대편에 일어나지 않는 경우는 절대로 없다.

요한복음 10장 20절: 더러는 "그가 귀신 들려 미쳤거늘"이라 하고, 또 한편에서는 "귀신이 맹인의 눈을 뜨게 할 수 있느냐?"고 했다.

예수와 사도들이 성경에서 끌어낸 증거는 결정적인 단서가 못 되었다. 그저 모세가 이르기를 장차 선지자가 나타나리라고 했다는 이야기일 뿐, 스스로 그 주인공임을 밝히는 것이 아니었기 때문이다. 이는 대단히 중요한 문제다. 이 본문은 여기에 성경을 거스르는 요소가 전혀 없고, 또한 명백한 모순도 없음을 드러낼 따름이다. 더욱이 동의했음을 보여 주는 것은 아니다. 그런데 기적이 동반된다면 모순이 없다는 것만으로도 충분하다.

하나님과 인간은 상호 의무를 지고 있다. "내가 하지 않은 일이라도 있느냐?"(사 5:4, 새번역)[2]라고 하신 것도 무리는 아니다. 이사야 1장에서 주님은 말씀하신다. "우리가 서로 변론하자"(사 1:18).[3]

하나님은 반드시 약속을 이루셔야 한다.

인간에게는 하나님이 주신 신앙을 받아들여야 할 의무가 있다.

하나님께는 인간을 오류에 빠지지 않게 해 주어야 할 책임이 있다.

그런데 만일 기적을 행하는 이가 양식에 비추어 명확하게 그릇되었다고 할 수 없는 교리를 선포하고, 그 기적을 일으키는 더 큰 주관자가 그런 이들을 믿어서는 안 된다고 사전에 경고한 적이 없다면 보는 이들은 오류에 빠질 공산이 크다.

그러므로 교회가 나뉘고 가령, 스스로 가톨릭과 마찬가지로 성경에 토대를 두고 있노라고 자부하는 아리우스파가 기적을 행한 반면 가톨릭은 그리하지 않았다면 사람들은 그릇된 길을 따라가고 말았을 것이다.

하나님의 비밀을 선포한다 해도 전하는 사람 자신의 사사로운 권위는 믿을 만한 가치가 없다—이 문제로 믿지 않는 사람들이 그가 전하는 내용에 회의를 품는다. 이와 마찬가지로, 전하는 사람이 죽은 사람을 살리고, 미래를 예언하고, 바다를 가르고, 병자를 치료해서 하나님과 하나 됨을 보인다면, 믿지 않는 사람들도 굴복할 것이다. 바로와 바리새인들의 불신은 초자연적인 역사로 마음이 완악해진 결과다.

그러므로 기적과 의심의 여지없이 확실한 교리가 같은 편에서 있으면 아무 어려움이 없다. 하지만 기적과 의심스러운 교리가 같은 편에 서면 더 분명한지 살펴보아야 한다. 예수는 의심을 받으셨다.

바예수(Bar-Jesus)는 앞을 보지 못하게 되었다(행 13:11). 하나님의 권능은 원수들의 권세를 눌러 이겼다.

마귀에 사로잡힌 이들은 "내가 예수도 알고 바울도 알거니와 너희는 누구냐"(행 19:15)라고 일갈하며 귀신을 쫓아낸다는 유대인들을 짓눌렀다.

기적은 교리를 위해 존재하지만, 교리가 기적을 위해 있는 것은 아니다.

기적이 어김없는 사실이라면 어떤 교리도 확고히 믿게 할 수 있는가? 그렇지 않다. 그런 일은 벌어지지 않을 것이기 때문이다.

"그러나 하늘로부터 온 천사라도……"(갈 1:8).

기준: 교리는 기적으로 판단해야 하며, 기적은 교리로 분별해야 한다.

양쪽 다 사실이지만 서로 충돌하지 않는다.

시대를 구분해야 하는 까닭이다.

일반적인 기준을 알게 되었으니 얼마나 기쁜가, 당신은! 문제를 제기해서 만사를 아무것도 아닌 것으로 만들 수 있으리라 생각할 것이다. 일이 신부님 뜻대로 돌아가지는 않을 것이다. 진리는 하나이고 견고하다. 누구든 악한 교리를 감추고 짐짓 그분과 교회를 따르는 양 건전한 것들만 드러내며, 그릇되고 야릇한 가르침을 전하기 위해 기적을 행하는 것을 하나님은 불가능하게 만드시며 그것을 의무로 여기신다.

사람의 마음을 헤아리시는 하나님이 그런 사람들을 위해 기적을 행하신다는 것은 언감생심, 어림도 없는 일이다. / 843

841 예수는 성경 전체가 자신에 관해 증언한다면서도 어떤 점에서 그러한지 이야기하시지 않는다. 예수 그리스도가 살아 있는 동안에는 예언들마저 아무런 증거가 되지 못했다. 따라서 교리가 없이 기적만으로 충분치 않다면, 그분이 죽기 전에 믿지 않았다 해도 죄가 되지는 않았을 것이다. 그런데 예수가 아직 살아 있는 동안 그리스도를 믿지 않았던 사람들은 그분의 말씀 그대로 (요 15:22) 죄인이며 변명의 여지가 없다. 증거를 보고도 거역한 탓이다. 그들에게는 아직 성경이 없었고 오직 기적뿐이었다. 따라서 기적이 교리와 부대끼지 않는다면 그것으로 충분하며 믿어야 마땅했다.

요한복음 7장 40절: 요즘 크리스천 사이에서 벌어지는 것과 흡사한 유대인들 사이의 논쟁.

예수 그리스도를 믿는 사람도 있지만 더러는 메시아가 베들레헴에 태어나리라는 예언 때문에 신뢰하지 않았다.

정말 그곳 출신이 아닌지 좀 더 면밀하게 살폈어야 했다. 기적이 틀림없었으니, 그 가르침과 성경 사이에 상충되는 부분이 있다는 주장을 보다 확실히 해 두어야 했다. 불분명하다는 것은 변명이 되지 않으며 도리어 그들의 눈을 어둡게 했을 따름이다. 그러므로 터무니없는 논리로 모순을 주장하면서 그것을 토대로 오늘날 벌어지는 기적을 믿지 않으려 드는 사람들에게는 핑계 삼을 구실이 전혀 없다.

그리스도가 일으킨 기적의 능력에 이끌려 그분을 신뢰하는 이들에게 바리새인들은 말했다. "율법을 알지 못하는 이 무리는 저주를 받은 자로다. 당국자들이나 바리새인 중에 그를 믿는 자가 있느냐? …… 갈릴리에서는 선지자가 나지 못하느니라"(요 7:49, 48, 52; 저자의 원문에 충실하여 말씀을 배열함-편집자). 니고데모는 대답했다. "우리의 율법으로는, 먼저 그 사람의 말을 들어 보거나, 또 그가 하는 일을 알아보거나, 하지 않고서는 그를 심판하지 않는 것이 아니오?"(요 7:51, 새번역) / 829

842 우리의 종교는 슬기로우면서도 어리석다. 더없이 박식하며 기적과 예언에 아주 견고하게 뿌리를 둔다는 점에서 슬기로운 반면, 이런 것들이 뭇사람들을 움직여 믿음을 갖게 하는 것이 아니라는 점에서 어리석다. 이런 것들은 믿음에 속하지 않은 사람들을 정죄할 충분한 이유가 되지만 그들을 믿게 하지는 못한다. 크리스천을 믿게 만드는 것은 십자가다. "그리스도의 십자가가 헛되지 않게 하려 함이라"(고전 1:17).

그러기에 사도 바울은 지혜와 증표를 지녔지만, 복음을 전하러 왔기에 지혜로도 아니고 증표로도 행하지 않는다고 했다. 하지만 믿는 이들에게 확신을 심어 주러 온 사람이라면 지혜와 증표로 왔노라고 이야기할지도 모른다. / 588

843 그리스도를 위해 살지 않으면서 살지 않는다고 이야기하는 것과 그리스도를 위해 살지 않으면서 그런 척하는 것 사이에는 큰 차이가 있다. 전자는 기적을 행할 수 있지만 후자는 아니다. 전

자의 경우에는 진리에 맞서는 것이 분명하지만 후자는 그렇지 않으므로 기적들은 더욱 선명해진다. / 836

844 한 분 하나님만을 사랑해야 한다는 것은 너무도 명백한 사실이어서 그것을 입증할 기적 따위는 아예 필요치 않다. / 837

845 하나님 말고는 달리 기댈 데가 없을 때 교회의 상태는 가장 좋아진다. / 861

846 예수는 스스로 메시아임을 증명해 보이셨지만, 결코 성경이나 예언에서 끌어온 가르침을 동원하는 법이 없으셨으며 늘 기적을 통해서였다.

죄를 사할 권세가 있다는 사실 역시 기적을 통해 입증하셨다.

예수는 말씀하셨다. "그러나 귀신들이 너희에게 항복하는 것으로 기뻐하지 말고 너희 이름이 하늘에 기록된 것으로 기뻐하라"(눅 10:20).

"모세와 예언자들의 말을 듣지 않는다면, 죽은 사람들 가운데서 누가 살아난다고 해도, 그들은 믿지 않을 것이다"(눅 16:31, 새번역).

니고데모는 그리스도의 기적을 보고 그 가르침이 하나님에게서 비롯했음을 깨달았다. "랍비여 우리가 당신은 하나님께로부터 오신 선생인 줄 아나이다 하나님이 함께하시지 아니하시면 당신이 행하시는 이 표적을 아무도 할 수 없음이니이다"(요 3:2). 니고데모는 교리로 기적을 판단하지 않았으며 도리어 기적으로 교리를 분별했다.

우리에게 그리스도의 가르침이 있듯 유대인들에게는 하나님의 가르침이 있었으며, 기적이 그 교리를 확인해 주었다. 기적을 행한다 해서 다 믿지 말라는 이야기를 들었으며, 더 나아가 대제사장들에게 알리고 그 지시에 따르라는 가르침을 받았다. 이렇듯 기적을 행하는 이들을 믿지 말아야 할 이유들을 유대인들은 선지자들에게 적용했다. 하지만 기적을 행한다는 이유로 선지자들을 거부하고 그리스도 또한 배척한 행위는 꾸지람을 받아 마땅하다. 기적을 본 적이 없었다면 나무랄 일도 없었을 것이다. "내가 아무도 못한 일을 그들 중에서 하지 아니하였더라면 그들에게 죄가 없었으려니와……"(요 15:24).

그러므로 어떤 신앙이든 기적이라는 토대 위에 서 있다.

예언을 기적이라고 부르지는 않는다. 요한이 가나에서 예수가 일으키신 첫 번째 기적을 이야기할 때나, 생명의 비밀을 드러내 알려 주었던 사마리아 여인을 설명할 때, 그리고 왕의 신하를 위해 그 아들을 고쳐 준 전말을 기록할 때와는 다르다. 요한은 마지막 사건을 일컬어 "두 번째 표징"이라고 했다(요 2장; 4:54, 새번역). / 808

847 진리를 알려 줘서 사람들을 믿게 할 수는 있지만, 우리 지도자들의 불의는 지적해 주어도 고쳐지지 않는다. 허위를 꼬집어서 확실히 깨닫게 할 수는 있지만, 불의를 밝혀서 부를 얻을 수는 없다. / 893

848 온전한 인간은 영과 육으로 확신해야 하므로 기적과 진리는 반드시 필요하다. / 806

849 사랑은 상징적인 관념이 아니다. 그리스도는 진리로 표징을 대체하기 위해 오셨는데, 그런 그분을 두고 오로지 이전에 있던 사랑의 실체를 대신해 그 표징을 세우러 임하셨다고 이야기하는 것만큼 끔찍한 일도 없다.

"네 속에 있는 빛이 어두우면 그 어둠이 얼마나 심하겠느냐?"(마 6:23, 새번역) / 665

850 시험하는 것과 오류로 이끄는 것 사이에는 엄청난 차이가 있다. 하나님은 시험하되 오류에 빠트리지는 않으신다. 시험한다는 말은 하나님을 사랑하지 않는다면 얼마든지 할 수 있지만 꼭 그리하지 않아도 괜찮은 행동을 할 기회를 제공하는 것을 가리킨다. 오류로 이끈다는 것은 필연적으로 그릇된 결론을 내리고는 그 길을 좇아가도록 몰아간다는 말이다. / 821

851 "그리스도이면 밝히 말씀하소서 …… 내가 내 아버지의 이름으로 행하는 일들이 나를 증거하는 것이거늘 너희가 내 양이 아니므로 믿지 아니하는도다 내 양은 내 음성을 들으며 나는 그들을 알며 그들은 나를 따르느니라"(요 10:24-27).

요한복음 6장 30절: "그러면 우리가 보고 당신을 믿도록 행하시는 표적이 무엇이니이까?"〔사람들은 "어떤 가르침을 전하시렵니까?"라고 묻지 않았다.〕[4]

"하나님이 함께하시지 아니하시면 당신이 행하시는 이 표적을 아무도 할 수 없음이니이다"(요 3:2).

마카베오하 14장 15절: "하나님은 그분의 백성을 영원히 붙들어 주시며 스스로 나타나셔서 그분의 백성을 언제나 도와주시는 분."

누가복음 11장 16절: "또 더러는 예수를 시험하여 하늘로부터 오는 표적을 구하니."

"악하고 음란한 세대가 표적을 구하나 선지자 요나의 표적밖에는 보일 표적이 없느니라"(마 12:39).

〔마가복음〕 8장 12절: "어찌하여 이 세대가 표적을 구하느냐? 내가 진실로 너희에게 이르노니 이 세대에 표적을 주지 아니하리라."

사람들은 악한 의도에서 표적을 구했다. 예수는 "거기서는 아무 기적도 행하실 수 없었다"(막 6:5, 새번역). 하지만 요나의 표적, 곧 부활이라는 견줄 데 없을 만큼 엄청난 표적을 약속하셨다.

"너희는 표적과 기사를 보지 못하면 도무지 믿지 아니하리라"(요 4:48). 그리스도는 기적 없이는 믿지 않으려는 이들을 꾸짖으시는 것이 아니라 자기 눈으로 보지 못하면 신뢰하지 않으려고 하는 이들을 나무라신다.

적그리스도. 사도 바울은 말한다(살후 2:9, 새번역). "그 불법자의 나타남은 사탄의 작용에 따른 것인데, 그는 온갖 능력과 표징과 거짓 이적을 행하고, 또 온갖 불의한 속임수로 멸망을 받을 자들을 속일 것입니다. 그것은, 멸망을 받을 자들이 자기를 구원하여 줄 진리에 대한 사랑을 받아들이지 않기 때문입니다. 그러므로 하나님께서는 미혹하게 하는 힘을 그들에게 보내셔서, 그들로 하여금 거짓을 믿게 하십니다"(절 표기는 9절만 썼으나 실제로는 11절까지 인용했다-편집자). 이는 모세의 본문과 같은 맥락이다. "여호와를 사랑하는 여부를 알려 하사 너희를 시험하심이니라"(신 13:3).

"보라 내가 너희에게 미리 말하였노라"(마 24:25). / 842

852 구약 성경에는 '하나님을 외면하게 만들면', 신약 성경에서는 '예수 그리스도를 외면하게 만들면.'

이는 나타난 기적을 믿을지 말지 결정을 미뤄 두어야 하는 경우들이다. 그 밖에는 다 믿음을 주어야 한다. 그들도 이런 원리를 좇아 찾아온 선지자들을 선뜻 믿지 않았던 것일까? 그렇지 않다. 하나님을 부인하는 사람들을 배격하지 않아 죄를 범했을 테고, 또 하나님을 부인하지 않는 사람들을 거부해서 죄를 지었을 것이다.

그러므로 기적을 보자마자 즉시 순종하거나, 아니면 거기에 반대할 특이한 징후들을 찾아내거나, 둘 중 하나다. 하나님이나 그리스도, 또는 교회를 부정하는지 여부를 살펴야 한다. / 835

853 하나님의 꾸지람에도 마음이 꿈쩍도 않는 미통을 책망하라. / 192

854 "나를 믿지 아니할지라도 기적들은 믿으라"(요 10:38). 그분은 기적을 이를테면, 더 강렬한 무언가로 이야기한다.

크리스천과 마찬가지로 유대인들도 선지자들을 항상 믿어서는 안 된다는 가르침을 받았다. 그럼에도 불구하고 바리새인과 서기관들은 주님의 기적을 대단히 중요하게 여기면서도 거짓이거나 마귀의 수작임을 입증해 보이려 안간힘을 썼다. 일단 하나님에게서 비롯했음을 인정하고 나면 믿지 않을 도리가 없는 까닭이었다.

오늘날 우리는 분별하느라 그렇게 고생할 필요가 없다. 그것은 더없이 쉬운 일이 되었다. 하나님을 부인하는 사람들이나 그리스도도 인정하지 않는 사람들은 의심할 여지가 전혀 없는 기적을 행하지 못한다.

“내 이름으로 기적을 행하고 나서 쉬이 나를 욕할 사람은 아무도 없기 때문이다”(막 9:39, 새번역).

우리에게는 이런 분별이 필요 없다. 성유물이 여기에 있다. 천하에 그 어떤 왕도 어쩌지 못하는 온 세상의 구세주가 쓰셨던 가시관에서 떨어져 나온, 인류를 위해 흘리신 그 피의 권세로 기적을 일으키는 가시가 여기에 있다. 이 집을 택하시고 거기서 거룩한 권능을 떨치시는 하나님이 여기 계신다.

정체를 알 수 없는 불분명한 힘으로 이런 기적을 행하고 까다로운 분별을 요구하는 주인공은 인간이 아니다. 여러 곳에 계시지만 이곳을 택해 독생자의 고난을 매개로 죽어 가는 영혼을 불러 이 기적적인 위안을 받게 하신 분은 바로 하나님이시다. / 839

855 요한복음 6장 26절: “너희가 나를 찾는 것은 표적을 본 까닭이 아니요 떡을 먹고 배부른 까닭이로다.” 기적 때문에 그리스도를 따르는 사람들은 어떤 이적을 대하든지 그것을 일으킨 그분의 권능을 찬양한다. 하지만 기적을 보고 주님을 따른다고 고백은

하면서도 실제로는 위로를 베푸시고 세상의 온갖 좋은 것들로 채워 주시는 까닭에 그 뒤를 따르는 사람들은 조금이라도 자기 편의에 위협이 될 성싶으면 이내 거부감을 드러낸다.

요한복음 9장 16절: "이 사람이 안식일을 지키지 아니하니 하나님께로부터 온 자가 아니라 하며 어떤 사람은 말하되 죄인으로서 어떻게 이러한 표적을 행하겠느냐 하여."

어느 쪽이 더 명백한가?

("이는 하나님의 집이다. 그분은 거기서 대단한 기적을 행하신다."

다른 이들은 말한다. "이는 하나님의 집이 아니다. 거기서는 다섯 개 명제가 얀세니우스의 글에 있다고 생각지 않기 때문이다." 어느 편이 더 분명한가?)

"너는 그를 어떠한 사람이라 하느냐 대답하되 선지자니이다 …… 이 사람이 하나님께로부터 오지 아니하였으면 아무 일도 할 수 없으리이다"(요 9:17, 33). / 834

856 **다툼** 아벨, 가인 / 모세, 마술사들 / 엘리야, 거짓 선지자들 / 예레미야, 하나냐 / 미가, 거짓 선지자들 / 예수 그리스도, 바리새인들 / 사도 바울, 바예수 / 사도들, 마술하는 이들 / 크리스천, 신앙이 없는 이들 / 가톨릭, 이단 / 엘리야, 에녹, 적그리스도.

기적들에는 늘 진리가 깔려 있다. 두 개의 십자가. / 828

857 예레미야 23장 32절: 거짓 선지자들의 기적. 히브리 성경과 바타블(Vatable)[5] 역본은 이를 '가벼움'이라고 적었다.

'기적'이라는 표현이 늘 기적을 가리키는 것은 아니다. 사무엘상 14장 15절에서, '기적'은 '전율'을 의미하며 히브리 성경에서도 그렇다. 욥기 33장 7절에서는 확실히 같은 뜻으로 쓰였으며 이사야 21장 4절, 예레미야 44장 22절도 그렇다.

예레미야 50장 38절의 'Portentum'(징조)은 '아로새긴 우상'을 말하며, 히브리 성경과 바타블 역본에서도 동일하게 쓰였다.

이사야 8장 18절: 그리스도는 자신과 제자들이 '징조와 예표'가 될 것이라고 말한다. / 819

858 교회에는 세 부류의 적이 있다. 단 한 번도 교회의 지체였던 적이 없는 유대인들, 교회에서 빠져나간 이단들, 내부에서 교회를 분열시키는 악한 크리스천들이다. 이 세 갈래 대항 세력이 갖가지 방법으로 덤벼드는 것이 일반적이지만 여기서는 셋이 같은 방식으로 공격한다.

교회는 언제고 그들에게 내보일 만한 기적들을 보유한 반면, 상대편에게는 그런 것이 없으므로 다 한뜻이 되어 기적을 대수롭지 않게 취급하려 들며, 하나같이 기적으로 교리를 판단하는 것이 아니라 교리로 기적을 평가해야 한다는 구실을 내세운다. 그리스도의 가르침에 귀를 기울였던 이들 가운데 두 계열이 있었다. 하나는 기적을 보고 교리를 따른 쪽이고, 다른 하나는 "나머지 하나는 ……다"라고 말했던 이들이다. 칼뱅의 시대에도 두 흐름이 있었다. 그런데 지금은 예수회가 있다. / 840

1. 고린도전서 1장 22-23절. 파스칼이 라틴어 설명을 붙임.
2. "quod debui"(불가타 성경).
3. "arguite me"(불가타 성경).
4. 파스칼이 붙인 라틴어 설명.
5. 16세기에 활동했던 뛰어난 히브리어 학자. KJV 성경은 모든 면에서 이 본문에 나타난 파스칼의 해석을 따른다.

포르루아얄 편에서 예수회에 맞서는 기적들

859 하나님이 눈에 띄게 지켜 주시는 사람들을 괴롭히는 불의한 박해자들.

지나치다고 나무라면 "이단 같은 소리를 한다"고 한다.

그리스도의 은혜가 우리를 구별한다고 하면 "정말 이단이다"라고 한다.

기적이 일어나면 "이단임을 보여 주는 표적이다"라고 주장한다.

에스겔. 그들은 말한다. "여기 이렇게 이야기하는 주의 백성이 있다." 히스기야.

존경하는 성직자들이여, 이 모든 것들이 상징적이다. 다른 종교는 흘러갔지만 이 신앙은 사라지지 않는다.

기적은 흔히 생각하는 것보다 더 중요하다. 교회의 토대를 놓는 데 쓰였으며 적그리스도의 날까지, 종말에 이르기까지 계속 사용될 것이다. 두 증인.

회당은 상징이었지만 없어지지 않았다. 단순히 상징에 지나지 않았지만 사라지지 않았다. 진리를 품은 표징이었기에 더 이상 그 진리를 담지 않을 때까지 존속했다.

"교회를 믿으라"는 소리는 듣는다. 하지만 "기적을 믿으라"는 이야기는 없다. 후자는 자연스럽지만 전자는 그렇지 않기 때문이다. 하나는 계율이 필요했지만 다른 하나는 그렇지 않았다.

신약에서와 마찬가지로 구약에서도 기적은 표징과 관련해서 이루어졌다. 성례(sacrament)라는 표징에서 보듯, 이는 구원을 위한 것이거나 또는 아무짝에도 쓸모없고 그저 피조물에 복종해야 함을 보여 주기 위해서가 아니면 소용없는 것이다. / 852

860 인간이 늘 참하나님에 관해 이야기하거나, 참하나님이 늘 인간에게 이야기해 왔거나 둘 중 하나다. / 807

861 두 개의 토대. 하나는 내면적, 다른 하나는 외면적. 은혜와 기적. 둘 다 초자연적이다. / 805

862 신앙의 핵심을 이야기할 수밖에 없게 만드는 불행한 인간들. / 883

863 기적에 반대하는 몽테뉴.
기적에 동조하는 몽테뉴. / 814

864 회개 없이 정결함을 얻은 죄인들, 사랑 없이 의롭다 인정받은 의인, 그리스도의 은혜가 없는 모든 크리스천, 인간의 의지를 누를

힘이 없는 하나님, 신비가 없는 예정, 확신이 없는 구원. / 884

865 기적은 이미 존재해 왔기에 더 이상 필요치 않다. 하지만 더는 전승에 귀 기울이는 이가 없다면, 교황을 유일한 안내자로 지명해 놓고 지속적으로 기만한다면, 진리의 참다운 근원, 즉 전승이 배척당하고 그 수탁자인 교황이 한편에 치우친다면, 마음껏 진리를 표현하지 못하게 되고 끝내는 진리에 관해 입도 뻥긋할 수 없게 되며 진리가 스스로 인간에게 말을 걸어야 하는 상황이 되고 만다. 아리우스 시대에 바로 이런 일들이 벌어졌다.

디오클레티아누스(Diocletian)와 아리우스 시대의 기적들. / 832

866 **영속성** 당신들의 성품은 에스코바르에 토대를 두고 있는가?

당신들이 그들을 정죄하지 않는 이유가 있을 것이다.

내 말을 듣고 배우는 것이 있으면 그것으로 됐다. / (–)

867 교황이 하나님과 전승을 통해 깨우침을 얻으면 그의 명예가 더럽혀지는가? 이 거룩한 연합에서 교황을 떼어 놓는 것이 도리어 그 이름에 먹칠하는 것이 아니던가? / 875

868 테르툴리아누스: "교회는 결코 개혁되지 않을 것이다." / 890

869 한 사람이 성인(saint)이 되기 위해서는 반드시 은혜가 개입해야 한다. 이를 의심하는 사람은 성인, 또는 인간의 실체가 무엇인지 전혀 모르는 셈이다. / 508

870 이단들은 자기들에게 없는 이 세 가지 표징을 늘 물고 늘어진다.
/ 845

871 영속성 — 몰리나 — 참신함. / 844b

872 **기적들** 나는 기적을 의심하노라고 떠벌리는 이들을 얼마나 미워하는지 모른다.

몽테뉴는 이 두 본문에서 그다운 이야기를 한다. 한쪽에서는 스스로 얼마나 신중한 사람인지 드러내는 한편, 다른 한쪽에서는 자신이 기적을 믿는다고 공언하면서 그렇지 않은 이들을 조롱한다.

하지만 어쩌면 교회에는 그들이 옳은지 여부를 판단할 증거가 없는지도 모른다. / 813

873 하나님은 거짓 기적들을 차단하거나 미리 예고하신다. 어느 쪽이든 인간의 눈에 초자연적인 듯 보이는 것들을 넘어서시며 우리도 초월하게 하신다. / 824

874 교회는 가르치고 하나님은 영감을 주신다. 양쪽 모두 한 점 오류가 없다. 교회의 사역은 다만 은혜 또는 정죄의 길을 갈 채비를 시키는 구실을 할 뿐이다. 정죄에는 부족함이 없지만 영감을 주기에는 모자란다. / 881

875 "분쟁하는 나라마다 황폐해지는 법이다." 예수는 하나님 나라가

임하도록 마귀와 맞서 싸우시고 사람의 마음을 지배하는 마귀의 권세를 무너뜨리신다. 귀신을 쫓아냈던 일은 이런 역사의 예표였다. 그래서 그리스도는 덧붙여 말씀하셨다. "하나님의 손을 힘입어 …… 하나님의 나라가 이미 너희에게 임하였느니라"(눅 11:17-20).

마귀가 자신을 깨트릴 가르침을 지지한다면, 예수의 말씀대로 스스로 분열할 수밖에 없다.

하나님이 친히 그분의 교회를 깨뜨릴 가르침을 지지하신다면 그분 스스로 분열되실 것이다. / 820

876 "강한 자가 무장을 하고 자기 집을 지킬 때에는 그 소유가 안전하되"(눅 11:21). / 300

877 "그렇기도 하고 그렇지 않기도 하다"가 인간 행동과 떼려야 뗄 수 없는 태도라면, 윤리만이 아니라 신앙에서도 받아들여지는가?

사비에르 성인(St Xavier)은 언제 기적을 행하는가?

불의한 재판관들이여, 순간적인 충동에 이끌려 법을 제정하지 말라. 이미 확립된 법, 당신들이 스스로 만든 법에 따라 심판하라.

"불의한 법령을 만드는 자는 …… 화 있을진저"(사 10:1-2).

맞수들의 힘을 뺄 심산으로 당신들은 온 교회를 무력화시킨다.

"…… 만드는 자는 화 있을진저!"

성 힐라리우스(St Hilary). 기적 이야기를 할 수밖에 없도록 몰아가는 한심한 군상들.

끊임없이 이어지는 거짓 기적.

그들이 교황에게 복종한다고 말하는가? "그것은 위선이다."

그들이 교황의 헌장에 기꺼이 서명하는가? "아직 충분치 않다."

그들이 구원은 하나님께 달렸다고 말하는가? "그들은 이단이다."

그들이 사과 한 알을 노리고 사람을 죽여서는 안 된다고 말하는가? "그들은 가톨릭 윤리를 공격하고 있다."

그들 가운데 기적이 일어나는가? "이는 거룩함의 증표가 아니라 도리어 이단은 아닌지 의심하게 하는 근거들이다."

교회가 살아남을 수 있었던 연유는 어떤 경우에도 진리가 도전받지 않았기 때문이다. 설령 도전이 있었다 하더라도 거기에는 늘 교황, 또는 교회가 스스로 서 있었다. / 849

878 **첫 번째 반론** "하늘로부터 온 천사"(갈 1:8).

"기적을 보고 진리를 판단할 것이 아니라 진리로 기적을 평가해야 한다.

그러므로 기적은 쓸데없다."

그런데 기적은 쓸모가 있으며 진리를 거스른다고 볼 수 없다.

그러기에 랭장드 신부는 말했다. "하나님은 인간을 오류에 빠트릴 기적을 허락하지 않으실 것이다……"

한 교회에서 여러 갈래로 나뉘어 서로 다투는 경우, 기적은 결정적인 역할을 한다.

두 번째 반론

"하지만 적그리스도도 표적과 기사를 행한다오."

바로의 술사들은 사람들을 오류에 빠트리지 않았다.

그러므로 우리는 적그리스도에 관해 그리스도께 "당신이 저를 오류에 빠뜨렸습니다"라고 말할 수 없다. 적그리스도는 그리스도를 거스르는 이적들을 일으키므로 그 이적들은 오류에 빠뜨릴 수 없다.

하나님은 거짓 기적을 허락지 않으시거나, 아니면 더 큰 기적을 일으키실 것이다.

그리스도는 태초부터 살아 역사하셨는데 그 사실이야말로 적그리스도가 일으키는 온갖 기적보다 더 강력한 기적이다.

만일 같은 교회에서 오류에 빠져 있는 사람들 쪽에 기적이 일어난다면, 그 기적은 사람들을 오류에 빠지게 이끌 것이다.

분파주의도 분명하고 기적도 명백하다. 하지만 기적이 진리의 증표라면 분파주의는 그보다 더 확실한 오류의 표식이다. 따라서 기적이 인간을 오류로 이끌 수는 없다.

그러나 분파주의를 제외하면 오류는 기적만큼 그렇게 확연하지 않다. 그러므로 기적이 사람들을 오류로 이끌지도 모른다.

"네 하나님이 어디 있느뇨"(시 42:3). 기적은 그분을 드러내지만, 마치 번개가 번쩍이듯 계시할 뿐이다. / 849

879 방에만 틀어박혀 있지 않는 한, 인간은 천성에 따라 자연스럽게 지붕 잇는 기술자가 되기도 하고 그 밖에 다른 일을 하는 일꾼이 되기도 한다. / 138

880 다섯 개 명제가 불분명하던 시절이 있었다. 하지만 이제 더는 그

렇지 않다. / 831

881 다섯 개 명제가 정죄당했다는 사실은 결코 기적이 아니다. 소르본과 교황의 대칙서 말고는 무엇도 진리를 공격하지 않았기 때문이다.

온 마음을 다해 하나님을 사랑하는 사람들은 그토록 분명하게 보이는 교회를 알아보지 못할 리가 없다.

하나님을 사랑하지 않는 사람들은 교회를 확신할 길이 없다.

기적에는 강력한 영향력이 있어서 하나님은 그 존재가 더없이 명확하다 할지라도 그분을 대적하는 기적은 생각조차 말라고 경고할 필요가 있을 정도였다.

그렇지 않으면 기적들이 큰 파란을 일으켰을 것이다.

그러므로 신명기 13장 같은 본문들은 기적의 권위에 상충하는 이야기와 거리가 멀다. 도리어 기적의 능력을 그보다 명쾌하게 설명하는 본문도 없을 것이다.

적그리스도도 매한가지다. "큰 표적과 기사를 보여 할 수만 있으면 택하신 자들도 미혹하리라"(마 24:24). / 850

882 **무신론자들** 무슨 근거로 아무도 죽었다가 다시 살아날 수 없다고 말하는가? 태어나는 것과 다시 살아나는 것 둘 중 어느 쪽이 더 어렵겠는가? 있어 본 적이 없는 것이 생기는 것과 기왕에 있었던 것이 한 번 더 있는 것 가운데는 어떠한가? 있었던 존재로 되돌아오는 것보다 새로 존재하는 편이 더 어려운가? 습관은 전자를 더 쉽게 생각하게 하고, 습관이 없으면 후자가 불가능하게

여겨진다.

이 얼마나 통속적인 판단 방식인가!

어째서 처녀는 아기를 낳을 수 없는가? 암탉은 수탉 없이도 알을 낳지 않는가? 겉만 보고 어떻게 이 달걀들을 다른 달걀들과 구별할 수 있겠는가? 암탉은 수탉만큼 생명의 씨앗을 빚을 수 없다는 것을 우리는 어떻게 아는 것인가? / 222

883 인간이 스스로 생각하는 장점과 어리석음 사이에는 큰 편차가 있어서, 어떻게 그토록 지독하게 자신을 오판할 수 있는지 기가 막힐 지경이다. / 946

884 경건의 표적이 그토록 숱한데도 그들은 여전히 핍박을 받고 있다. 이만큼 선명한 경건의 흔적은 다시없을 것이다. / 860

885 그들이 불의를 저질러서 다행이다. 몰리나를 따르는 이들은 얼핏 바르게 행동하는 것처럼 보이기 때문이다. 그들을 봐주어서는 안 된다. 그들은 불의를 저지를 만한 사람들이다. / 936

886 '고집불통'의 다른 말, '회의론자.' / 51

887 데카르트, 쓸모없고 불확실한. / 78

888 궁정 대신이 아닌 사람들만 '궁정 대신'이라는 말을 쓴다. '현학자'라든지 '시골 친구' 같은 단어도 마찬가지다. 《시골 친구에게

보내는 편지》라는 제목에 '시골 친구'라는 말을 붙인 주인공은 장담하는데 인쇄업자였을 것이다. / 52

889 **사상들** "나는 이 모든 것들 틈에서 안식처를 구했다."[1]

우리 형편이 진정으로 행복했더라면, 굳이 마음을 돌려 스스로 행복해질 길을 찾지 않을 것이다. / 165

890 인간은 자기 유익을 좇는 데 온 정신을 팔고 있지만, 사실 소유권을 정당화할 수도 없고 그 재물을 지켜 낼 능력도 없다. 지식과 쾌락도 마찬가지며 진리도, 행복도 소유할 수 없다. / 436b

891 **기적** 이는 우리가 사용 가능한 자연적인 힘을 초월한 결과다. 사용하는 수단의 자연적인 힘을 뛰어넘지 못하는 결과는 기적이 아니다. 따라서 마귀를 끌어들여 병을 고치는 이들은 기적을 행하는 것이 아니다. 악마의 자연적인 힘을 넘어서지 못하는 까닭이다. 하지만…… / 804

892 아브라함, 기드온: 계시 이상의 표징.

유대인들은 성경으로 기적을 판단하는 바람에 스스로 눈이 멀어 버렸다.

하나님은 진심으로 예배하는 사람들을 결코 버리지 않으신다.

예수 그리스도는 기적과 예언, 교리와 영속성 따위를 두루 갖추셨으므로 나는 다른 누구보다 그분을 따르는 것이 좋다.

도나투스(Donatus)의 추종자들: 기적을 부정한다. 기적을 마귀의 장난으로 치부하게끔 몰아가는 것이다.

하나님과 그리스도, 교회를 면밀히 들여다보면 볼수록…… / 822

893 **성경에 눈먼 사람**

성경에 따르면 유대인들은 그리스도가 어디서 오실지 모른다고 주장한다(요 7:27). 성경에는 "그리스도가 영원히 계신다"(요 12:34)고 되어 있는데 예수는 자신의 입으로 자신이 죽으리라 하지 않느냐고도 하신다. 그러기에 요한은 말한다. "이렇게 많은 표적을 그들 앞에서 행하셨으나 그를 믿지 아니하니 이는 선지자 이사야의 말씀을 이루려 하심이라 …… 그들의 눈을 멀게 하시고"(요 12:37-38, 40). / 573

894 신앙의 세 가지 표식: 영속성, 거룩한 삶, 기적.

그들은 개연성으로 영속성을, 도덕성으로 거룩한 삶을, 신빙성이나 중요성으로 기적을 훼손한다.

만일 그들이 신뢰를 얻는다면 교회는 영속성이나 거룩함, 기적을 필요로 하지 않을 것이다.

이단들 역시 그런 속성들이나 그 중요성을 부정한다. 하지만 신실함이 모자라지 않고서는 그것을 부정할 수 없으며, 정신이 나가지 않고서는 그 중요성을 부인할 수 없다. / 844

895 기독교 신앙은 어떤 부류의 사고에도 잘 들어맞는다. 종교의 성립 과정에만 집중하는 이들이 있는데, 기독교 신앙은 출범 과정만 가지고도 진리를 입증하기에 모자람이 없다. 더러는 사도들

에게까지 거슬러 올라간다. 더없이 잘 배운 이들은 세상의 시작에 생각이 미친다. 천사들은 이를 더 잘 알며, 훨씬 더 멀리 볼 수 있다. / 285

896 세상에 이 얼마나 어리석은 주장들인가! 하나님이 천벌을 내리려고 세상을 지으셨단 말인가? 허약한 인간들에게 엄청난 요구를 하신다는 이야기인가? 회의주의는 이런 질병의 치료제다. 회의주의는 그 자리를 공허로 채울 것이다. / 390

897 "교만한 마음을 품지 말고"(사도 바울; 롬 12:16): 이것이 크리스천의 성품이다. "알브(Albe)가 추천했을 뿐, 나는 더는 당신을 모르오"(코르네유)[2]: 이는 비인간적인 성품이다. 인간적인 성품은 그 반대편이다. / 533

898 라틴어로 글을 쓰는 이들이 프랑스어로 말을 한다.

그들이 프랑스어로 표현하는 과정에서 해를 입혔으니 옮긴이들을 비난해 마땅할 것이다.

신학자들마다, 그리고 세상에서 제각기 달리 설명했던 이단은 오로지 하나뿐이다. / 933

899 기적을 봤다고 주장한다고 해서 순교당한 이는 없었다. 투르크인들처럼 전통을 그대로 따라서 믿는 기적 때문에 순교에까지 이를 수는 있지만, 자신이 실제로 기적을 보았기 때문은 아니다. / 884

900 얀세니스트들은 도덕적 쇄신이라는 점에서 이단들과 비슷하지만, 당신들은 해악을 입혔다는 점에서 이단들과 닮았다. / 887

901 기적은 유대인과 이방인들, 유대인과 크리스천, 가톨릭과 이단, 중상모략을 당하는 사람들과 비방하는 사람들, 두 십자가[3] 사이에서 미심쩍은 부분들을 분별해 준다.

하지만 이단들에게는 기적도 아무 소용이 없을 것이다. 이미 신앙에 뿌리내린 기적을 통해 권위를 부여받은 교회가 저들에게는 믿음이 없다고 이야기하는 까닭이다. 그리스도가 보여 주신 으뜸가는 기적들이 이단들의 이적을 믿지 못하게 차단하므로 그들에게 참신앙이 결핍되어 있다는 데는 의심의 여지가 없다. 이처럼 기적이 기적과 맞붙는 데 으뜸가는 그리고 더없이 큰 기적은 교회 쪽에 있다. / 841

902 영원한 형벌이 기다리는 길에 있다느니, 고해신부가 제네바로 데려가면서 성체(성찬)에 예수가 실재하지 않는다거나 하나님의 오른편에 계시지 않는다는 따위의 사상을 심어 주고 있다느니 하는 소리를 들을 때마다 이 여인들은[4] 기겁을 한다. 전부 거짓임을 누구보다 잘 알고 있으므로 하나님께 기도한다. "내게 무슨 악한 행위가 있나 보시고"(시 139:24). 그래서 어찌 되었는가? 마귀의 소굴이라고들 하는 이곳을 하나님은 그분의 성전으로 삼으셨다. 자녀들을 거기서 빼내야 한다고들 했지만, 하나님은 거기서 그분의 아들딸들을 고치셨다. 지옥의 무기고라고들 했지만 하나님은 은혜의 성소를 만드셨다. 끝내는 하늘의 진노

와 복수를 내세워 협박했지만 하나님은 일방적인 사랑을 쏟으셨다. 그런데도 그 여인들이 영원한 형벌이 기다리는 길을 가고 있다는 결론을 내린다면, 분명 제정신이 아닐 것이다.

아타나시우스도 우리와 똑같은 흔적을 지녔음에 틀림없다. / 841

903 **날 때부터 앞을 볼 수 없었던 사람의 이야기** 사도 바울은 무어라 말하는가? 끊임없이 예언들을 들먹이는가? 그렇지 않다. 기적을 이야기할 따름이다.

예수는 무어라 말하는가? 예언들을 언급하는가? 그렇지 않다. 아직 그분의 죽음으로 예언을 이루지 않은 상태였지만 그리스도는 말한다. "내가 …… 하지 아니하였더라면"(요 15:24). 내 역사를 믿으라.

온전히 초자연적인 기독교 신앙에는 두 가지 초자연적인 근거가 있다. 하나는 눈에 보이고 다른 하나는 보이지 않는다.

은혜가 함께하는 기적들, 은혜가 없는 기적들.

교회의 표징으로 사랑이 담긴 대접을 받았고, 또 한날 상징으로 미움의 대상이 되었던 회당은, 하나님과 동행할 때는 완전히 붕괴될 뻔했다가도 도로 회복되곤 했으며 그러기에 표징으로 의미가 있었다.

기적은 육신에 역사하는 힘으로, 인간의 마음에 역사하는 하나님의 권능을 드러낸다.

교회는 이단들 가운데 일어난 기적을 단 한 번도 인정하지 않았다.

기적, 신앙의 대들보. 기적은 유대인들을 구별했고, 크리스천과 성도, 죄 없는 이, 참으로 믿는 이들을 분간하게 했다.

분파주의자들 속에 나타나는 기적은 그다지 두려워할 것이 없다. 분열은 기적보다 더 분명해서 명확한 오류의 표식이 되기 때문이다. 하지만 분열이 없고 오류를 둘러싼 다툼이 있는 경우에는 기적이 구별을 지어 준다.

"내가 아무도 못한 일을 그들 중에서 하지 아니하였더라면"(요 15:24).

기적에 관해 진술하기를 강요하는 이 불행한 이들!

아브라함, 기드온.

기적으로 믿음을 굳혔다.

유디트(Judith). 극심한 압박을 받는 가운데 마침내 하나님은 말씀하셨다.

사랑이 차갑게 식어 교회에 진정으로 예배하는 이가 사라지면, 기적이 그들을 다시 깨운다.

기적이야말로 은혜가 빚어내는 으뜸가는 결과다.

예수회 가운데 기적이 일어났더라면……

기적이 그 현장을 지켰던 이들의 기대를 저버린다면, 그리고 목격자들의 신앙 상태와 기적의 수단 사이에 모순이 있다면, 그들 사이에 변화가 일어나겠지만…… 그렇지 않은 경우 성찬이 죽은 이를 되살린다면, 칼뱅주의자가 되어야 한다고 말할 이유가 가톨릭 신자로 남아야 한다고 해야 할 이유만큼이나 많아질 것이다. 하지만 기적이 기대를 채운다면, 그리고 하나님이 치료제를 축복해 주시길 소망했던 이들이 약 없이 저절로 낫는 모습을 본다면……

믿지 않는 이들.

하나님 쪽에 더 강력한 표징이 있거나, 최소한 그런 일이 일어나리라는 예언이 있지 않고는 마귀 편에는 어떤 표징도 나타난 적이 없다. / 851

904 자신이 속한 무리만큼 중요한 것은 없다는 식의 어처구니없는 생각 탓에 당신은 이 끔찍한 방법들을 고안해 냈다. 자신의 속임수는 슬쩍 넘어가면서 우리가 저지르는 사소한 실수는 기만으로 낙인찍는 걸 보면, 모략이라는 수단을 동원한 것도 이런 이유임에 틀림없다. 나는 한낱 개인으로, 자신들은 이마고(Imago)[5]로 간주하기 때문이다.

당신들의 자화자찬은 '저주받지 않을 특권'만큼이나 동화 같은 어리석음에 지나지 않는다.

교회를 섬기는 자녀들을 책망한다면 그것이 과연 그들을 격려하는 일일까?

이들이 이단들을 공격하는 데 사용하는 무기를 다른 데로 돌리는 것은 마귀의 술수다.

당신들은 쓸모없는 정치인들이다. / 927

905 **회의주의** 이 땅에서는 모든 것이 얼마쯤 참이고, 또 얼마쯤은 거짓이다. 핵심적인 진리는 그렇지 않으며 처음부터 끝까지 순수하고 철저하게 참되다. 그런 혼합은 진리를 파괴하고 백지 상태로 돌린다. 순전하게 참된 진실은 없다. 순수한 진실이라는 측면에서 보면 진실은 존재하지 않는다. 살인은 잘못이라는 사

실은 참이라고 말한다. 그렇다. 인간은 무엇이 악하고 거짓인지 잘 알기 때문이다. 하지만 무엇을 선하다고 하겠는가? 순결인가? 나라면 아니라고 하겠다. 온 세상은 종말에 이를 것이기 때문이다. 결혼인가? 그렇지 않다. 금욕이 낫다. 살생하지 않는 것인가? 이는 끔찍한 혼란을 불러일으킬 테고, 오히려 사악한 무리들이 선한 이들을 살육할 것이 뻔하다. 그럼 죽이는 것이 좋은가? 그것도 아니다. 그것은 인간의 본성을 파괴한다. 인간은 참과 선을, 악과 거짓이 섞인 상태에서 부분적으로만 소유할 따름이다. / 385

906 **개연성** 그들은 얼마쯤 참된 원리들을 지니고 있지만 함부로 그것들을 남용한다. 이제 진리를 남용하는 행위는 거짓을 소개하는 짓만큼이나 무거운 처벌을 받아야 한다.

두 지옥이 있다면 하나는 자비를 거부하는 죄의 몫으로, 나머지 하나는 공의를 거스르는 죄의 몫으로 돌려야 할 것이다. / 916

907 열쇠가 가진 풀어 주는 속성, 갈고리가 가진 끌어당기는 성질. / 55

908 미신과 정욕.

양심의 가책과 그릇된 욕망.

부적절한 두려움.

두려움: 하나님을 믿는 데서 오는 두려움이 아니라 그분의 실재 여부를 의심하는 데서 오는 두려움. 올바른 두려움은 믿음에

서 나오고 그릇된 두려움은 의심에서 시작된다. 올바른 두려움은 신앙에서 비롯하고 자신이 믿는 하나님을 바라므로 결국 소망으로 이어진다. 반면에 그릇된 두려움은 스스로 신뢰하지 못하는 하나님을 두려워하게 마련이므로 결국 절망에 가닿는다. 하나님을 잃을까 두려워하는 이들이 있는가 하면, 그분을 찾게 될까 두려워하는 쪽도 있다. / 262

909 약속을 지키지 않고, 신앙이 없으며, 도의가 없으며, 진리를 모르고, 부정직한 마음과 속이는 혀를 지녀서 옛사람들이 비난하듯 이도저도 아닌 우화 속 양서류 같은 사람들.

"포르루아얄은 볼티제로(Voltigerode) 못지않게 훌륭하다."[6]

이런 눈으로 보면 당신들의 방법이 정당한 것과 매한가지로, 크리스천의 신앙이라는 관점에서 보면 지극히 부당하다.

왕과 고위 관리들에게는 신앙으로 존경받는 것이 대단히 중요하므로 고해를 하기 위해 당신들을 찾을 수밖에 없다. / 924

910 구속의 보편성을 나타내는 표징은 누구에게나 빛을 비추는 해처럼 그저 보편성을 보여 준다. 하지만 배타성을 가리키는 표징은 이방인들을 배제하고 선택받은 유대인처럼 배타성을 드러낼 뿐이다. / 781

911 "예수 그리스도, 만백성의 구세주."—"옳다. 그분께 나아오길 원하기만 하면 누구나 대속해 주시는 까닭이다. 만일 누군가 도중에 세상을 떠난다면 그것은 그들이 감당해야 할 불행이다. 그

리스도로서는 그들을 대속해 주셨다."

"대속하는 이와 죽음을 막아 주시는 이가 서로 다른 이 예에서는 모든 것이 옳지만, 양쪽 다 하시는 그리스도의 경우라면 옳지 않다."—"아니다. 구세주로서의 그리스도는 어쩌면 만물의 주관자는 아닐지 모른다. 그러니까 그분이 구세주인 자신 안에 있는 한 만민의 구세주가 되신다." / 781

912 그리스도는 모든 사람을 위해 돌아가신 것이 아니라고 이야기한다면, 이는 인간의 연약함을 악용하는 것이다. 상대는 단번에 스스로에게 그 예외를 적용할 테고, 이는 절망에서 돌이켜 소망을 갖도록 기운을 북돋우지 않고 낙심을 부채질할 것이다.

인간은 이런 식으로 외면의 습관을 통해 내면의 가치에 익숙해지기 때문이다. / 781

---

1. 집회서 24장 7절.
2. Corneille, *Horace*, 2막 3장. 피에르 코르네유, 《호라티우스》.
3. 하나는 그리스도의 십자가고 다른 하나는 강도들이 달렸던 십자가다. 성녀 헬레나는 자연적으로는 불가능한 방법을 써서 진짜 예수의 십자가를 찾아냈다.
4. 포르루아얄의 수녀들.
5. 예수회, 특히 설립된 뒤 한 세기 동안 이루어진 선교 분야 활동을 기록한 *Imago Primi Seculi S.J.*(1640)를 염두에 둔 표현. 《시골 친구에게 보내는 편지》에서 다섯 번째 글을 보라.
6. 독일에 있는 시토수도회 소속 수녀원으로 예수회가 강제로 빼앗으려 했다. 포르루아얄 역시 시토수도회에 뿌리를 두고 있다.

4부

첫 번째 사본에 들어 있지 않은 단장들

감미롭고도 완전한 포기.

그분이 오시기 전에는 온 땅이 거짓 평화 속에 살았다.

자비를 떠난 진리는 하나님이 아니라 그분의 이미지며,
사랑하거나 섬겨서는 안 될 우상이다.

날마다 먹고 자지만 거기에 싫증을 내지는 않는다.
금방 다시 허기가 지고 잠이 오기 때문이다.
영적인 것에 주리지 않으면 곧 지겨워진다.
의를 찾는 굶주림.

인간은 상상을 자기 마음으로 여기기 십상이며,
회심을 생각하기 시작하자마자
이미 회심한 것으로 믿기 일쑤다.

인간은 자신에게든, 남들에게든 위장과 거짓,
위선 범벅에 지나지 않는다.
아무도 진실을 듣고 싶어 하지 않는다.

1

메모리얼The Memorial

파스칼이 세상을 떠난 뒤, 양피지 조각 하나가 거의 같은 글귀가 적힌 종이쪽지와 함께 발견되었다. 옷에 아예 바느질되어 있던 것으로 미루어 보아 늘 몸에 지녔던 듯 싶다.

913 은혜의 해 1654년.

11월 23일 월요일, 교황이자 순교자인 성 클레멘스(St Clemens)와 순교록에 오른 다른 이들의 축일.

순교자 성 크리소고노(St Chrysogonus)와 다른 성인들의 축일 전야.

대략 밤 10시 30분부터 자정을 30분 넘긴 시각까지.

불.

"아브라함의 하나님, 이삭의 하나님, 야곱의 하나님"(출 3:6). 철학자들과 학자들의 하나님이 아니라.

확실, 확실, 감동, 기쁨, 평안.

예수 그리스도의 하나님.

예수 그리스도의 하나님.

"내 하나님 곧 너희 하나님"(요 20:17).

"어머니의 하나님이 나의 하나님"(룻 1:16).

세상은 잊혔다. 하나님 말고는 모든 것을 잊었다.

복음서에서 가르치는 길을 통해서만 하나님을 찾을 수 있다.

인간 영혼의 위대함.

"의로우신 아버지여 세상이 아버지를 알지 못하여도 나는 아버지를 알았사옵고"(요 17:25).

기쁨, 기쁨, 기쁨, 기쁨의 눈물.

제 발로 그분에게서 떨어져 나왔다.

'저들은 생수의 샘인 나를 버렸다'(렘 2:13).

'나의 하나님, 나를 버리시겠나이까?'(마 27:46)

그분에게서 영영히 떨어지지 않게 하소서!

"영생은 곧 유일하신 참하나님과 그가 보내신 자 예수 그리스도를 아는 것이니이다"(요 17:3).

예수 그리스도.

예수 그리스도.

지난날 그분과 관계를 끊고, 피하며, 부인하고, 십자가에 못 박았다.

다시는 주님을 멀리하지 않게 하소서!

복음서가 가르치는 방법을 통해서만 하나님과 동행할 수 있다.

감미롭고도 완전한 포기.

예수 그리스도와 지도자를 향한 전폭적인 순종.

한나절 지상에서 수고한 대가로 누리는 영원한 기쁨.

"주의 말씀을 잊지 아니하리이다"(시 119:16). 아멘.

2

오리지널 컬렉션Recueil Original의 단장들

여기 실린 단장은 '예수의 신비'처럼 지나치게 사사롭고 은밀하다고 여겨서 필사 전문가에게 넘기지 않았던 원고, 《시골 친구에게 보내는 편지》를 쓰기 위해 준비했던 방대한 초고, 다른 작품을 준비하기 위한 몇 가지 자료와 아울러 실수로 빠트린 듯 보이는 상당수의 글들을 두루 아우른다. 모두 오리지널 컬렉션으로 알려진 파스칼의 원고 모음에서 나온 글이다.

914 예수회가 교황의 허를 찌를 때마다 기독교 세계 전체가 위증죄를 짓는다. 교황은 너무 바쁜 데다 예수회를 지나치게 신임하는 탓에 난데없는 공격을 받기 쉽다. 반면에 예수회는 중상모략으로 뒤통수를 치는 일에 더없이 능통하다. / 882

915 오래 알고 지낸 친구가 말했다. "푀양회(Feuillants) 수도사들을 둘러싼 소문을 듣고 나는 직접 찾아갔네. 신앙심에 관한 이야기를 나누는데, 그가 불쑥 내게도 소양이 있는 것 같다고 하더군."

"어렵잖게 푀양회 수사가 될 수 있겠다는 얘기지."

"특히 지금이라면 혁신 운동가들을 논박하는 글을 쓰기에 아주 맞춤할 거라면서."

"최근 우리는 대칙서에 서명해야 한다는 수사총회 결정에 따르지 않았네."

"그는 아마도 하나님이 내게 영감을 주시기를 바랄 걸세."

"신부님, 말해 주시오. 거기에 서명해야 하는 게요?" / 902b

916 그들이 개연성을 포기하지 않는다면 그들의 훌륭한 행동 원리도 악한 처세훈만큼이나 거룩하지 못하다. 인간의 권위를 기반으로 하는 까닭이다. 그러므로 그런 금언들이 더 정당하다면, 더 합리적이 될지언정 더 거룩해질 수는 없다. 야생 나무줄기에다 가지를 접붙인 꼴이 될 것이다.

내가 하는 말이 당신들을 깨우치는 데는 별로 도움이 안 되더라도 백성을 깨우는 데는 보탬이 될 것이다.

"이 사람들이 침묵하면 돌들이 소리 지르리라"(눅 19:40).

침묵은 가장 나쁜 형태의 핍박이다. 성도들은 결단코 침묵하지 않았다. 소명이 필요한 것은 사실이지만, 부르심을 받았는지 여부를 가려 주어야 하는 것은 공의회의 조례가 아니라 이야기하고자 하는 욕구다. 그런데 로마 당국은 입을 열어 진리를 정죄하고, 이를 기록으로까지 남겼으며 반대쪽 주장을 담은 책들을 검열했다. 그러므로 부당하게 검열을 당할수록, 저들이 더 강력하게 재갈을 물리려 들수록, 언젠가 양쪽 이야기를 다 듣고 옛 전례들을 참고해서 정의 실현을 도와줄 교황이 나타날 때까지 더 큰 소리로 외쳐야 한다.

의로운 교황들은 교회가 저항하고 있음을 마침내 알 것이다.

종교재판과 예수회: 진리를 덮친 쌍둥이 재앙.

어째서 당신은 그들을 아리우스주의라고 고발하지 않는가? 그들이 예수 그리스도를 하나님이라고 말하는 까닭인가? 어째면 그분이 본질적으로 그렇다는 의미가 아니라 "너희를 신이라 하였노라"(요 10:34)라고 기록된 것과 같은 뜻에서 그리하는지도 모른다.

로마에서 《시골 친구에게 보내는 편지》를 정죄했다면, 하늘에서는 나를 정죄한 그것으로 그들이 정죄를 받을 것이다.

"주님의 법정에 상소합니다, 주 예수님."[1]

당신들은 스스로 부패하기 쉽다.

정죄를 당했다는 사실을 알았을 때 글에 문제가 있지 않았을까 걱정했지만, 하지만 수많은 신앙서적의 사례를 살펴본 결과 정반대라는 생각을 하게 됐다. 이제는 누구에게도 제대로 글쓰는 일이 허용되지 않는다.

종교재판은 너무도 부패했거나 혹은 무지하다.

"사람보다 하나님께 순종하는 것이 마땅하니라"(행 5:29).

아무것도 두렵지 않으며, 아무것도 바라지 않는다. 주교들은 그렇지 않다. 포르루아얄은 두려워한다. 하지만 해산은 바람직한 정책이 아니다. 그들은 더 이상 두려워하지 않을 테지만, 사람들은 그들을 더 두려워할 것이기 때문이다.

심지어 당신들의 비난도 겁나지 않는다. 전승에 근거한 비판이 아니라면, 한낱 말뿐인 것을!

모든 것을 비난하려는가? 내 존경까지도? 그것은 아닌가? 그렇다면 무얼 비난하는지 이야기해 보라. 무엇이 잘못되고 어째서 틀렸는지 지적하지 않는 한, 그 무엇도 비판하지 못할 것이다. 그런데 이것이야말로 해내기가 몹시 어려운 일일 것이다.

개연성 그들은 '안전'을 아주 희한하게 설명한다. 스스로 제시하는 길은 하나같이 안전하다고 규정해 놓고, 어김없이 하늘 나라에 이르게 하는 길은 안전하다 말하지 않으면서, 그저 자신들이 내놓는 길에서 벗어나지 않고 천국에 이르는 길만 안전하다고 주장한다. / 920

917 한없는 행복을 누리고 싶다는 크리스천의 소망은, 두려움만이 아니라 실질적인 기쁨과도 뒤섞여 있다. 종노릇하는 처지인 탓에 아무 분깃이 없는 채로 하나님 나라를 소망하는 이들과 달리 크리스천은 거룩함을 소망하고 불의에서 자유로워지길 소망하며, 부분적으로는 이미 그 경지를 맛보는 까닭이다. / 540

918 바벨론 강물은 흘러가고, 떨어져 내리고, 휩쓸어 간다.

오, 거룩한 시온이여, 모든 것이 견고하며 아무것도 무너지지 않는!

우리는 기어이 강가에 앉아야 한다. 물 밑이나 물속이 아니라 물 위에, 올곧게 서는 것이 아니라 주저앉아야 한다. 앉아서 겸손해지고 물 위에 머물러 안전해지지만, 예루살렘 성문 앞에서는 곧게 설 것이다.

눈앞의 즐거움이 견고한지, 아니면 덧없는지 살펴보자. 흘러간다면 그것은 바벨론강이 틀림없다.[2] / 459

919 예수는 고난을 당하면서 인간이 가하는 고초를 감내했지만, 깊은 고뇌에 시달리는 동안은 그분 스스로도 괴로우셨다. "예수께서는 괴로워하셨다"(요 11:33). 이는 그 어떤 인간이 아니라 전능하신 분이 내린 형벌이었으며, 오로지 전능하신 그분만이 감당하실 수 있었다.

예수는 적어도 가장 아끼는 세 제자에게서만큼은 얼마라도 위로를 받고 싶어 하지만, 그들은 곯아떨어진다. 잠시만 견뎌 주길 당부하지만 제자들은 무심하게 스승을 버려 두었으며, 가엾게 여기는 마음이 없다시피 한 까닭에 한순간도 깨어 있지 못했다. 예수는 그렇게 내팽개쳐진 채, 하나님의 맹렬한 진노를 홀로 마주하실 수밖에 없었다.

온 천하에 혼자뿐이었다. 예수의 괴로움을 함께 느끼고 나눌 이가 전혀 없었음은 물론이고 그런 형편을 감지하는 이조차 없었다. 하나님과 자신만이 그것을 아는 유일한 존재였다.

예수는 동산에 있었지만, 첫 번째 아담처럼 자신과 함께 온 인류를 타락의 길로 끌어 갔던 행복이 가득한 동산이 아니라, 스스로와 온 인류를 구원했던 고난의 동산에 머무셨다.

끔찍한 두려움이 엄습했던 그 밤, 예수는 고통과 외면에 시달리신다.

여기 말고는 그분이 불평하셨던 적이 단 한 번도 없지 않았나 싶다. 차고 넘치는 괴로움을 더는 억누를 수 없다는 듯 예수는 토로하신다. "내 마음이 매우 고민하여 죽게 되었으니"(마 26:38).

예수는 인간에게서 동료애와 위안을 구하셨다.

일생을 통틀어 유일무이한 일인 듯하지만, 제자들이 깊이 잠드는 바람에 아무것도 얻지 못하셨다.

예수는 세상이 끝나는 날까지 괴로움에 허덕이실 것이다. 그러는 동안은 우리는 잠들어서는 안 된다.

완전히, 심지어 직접 택해서 지켜봐 주기를 부탁했던 가장 가까운 이들에게조차 버림받은 예수는 제자들이 곤히 잠든 모습에 안타까워하셨다. 자신에게가 아니라 제자들에게 닥친 위험 때문이었다. 배은망덕한 처사를 대하고도 자신을 따르던 이들의 안위를 걱정하며 사랑으로 일깨워 주셨다. "마음에는 원이로되 육신이 약하도다"(마 26:41).

스승을 생각하거나 스스로를 염려해서 정신을 차려야 함에도 그러지 못하고 다시 잠에 빠져든 제자들을 본 예수는 흔들어 깨우는 대신 따듯한 마음으로 편히 쉬게 두셨다.

예수는 하늘 아버지의 뜻을 확신하지 못한 채 간구하신다. 그리고 다른 한편으로는 죽음을 두려워하신다. 하지만 일단 그 의중을 헤아리자 담대하게 받아들이며 스스로를 제물로 바치신다. "일어나라 함께 가자"(마 26:46). 그리고 "그는 앞으로 나가셨다"(요 18:4).

예수는 당부했지만 무시당하셨다.

제자들이 잠든 사이에 예수는 구원을 이루셨다. 의로운 백성이 잠들어 있는 동안 그 하나하나를 위해 이런 일을 하셨다. 그들이 태어나기 전에는 존재 자체가 없는 가운데, 태어난 뒤에는 그 죄 가운데서 역사하셨다.

예수는 먼저 “이 잔을 내게서 지나가게 하옵소서”라고 기도하시지만, 이내 하나님의 뜻에 온전히 순종하고서 “나의 원대로 마시옵고 아버지의 원대로 하옵소서”라는 두 번째 간구를 드리신다.

마음이 곤고한 예수.

벗들이 다 잠든 반면, 적들은 눈에 불을 켜고 있는 것을 지켜보시면서 예수님은 하늘 아버지께 자신을 온전히 맡기신다.

예수는 유다의 적대감은 아랑곳하지 않고 하나님이 이루실 뜻에만 눈을 두고 그를 사랑하셨다. 얼마나 지극했던지 친구라고 부르실 정도였다.

예수는 스스로 제자들을 뒤로한 채 고난 가운데로 들어가신다. 우리는 그분을 친밀하게 따르려면 더없이 가깝고 사랑스러운 이들을 떠나야 한다.

예수가 깊은 고뇌와 더없이 잔혹한 괴로움 가운데 계시니, 우리 더 오래 기도하자.

자비를 베풀어 주시기를 하나님께 간구한다. 죄악 속에 무탈하게 지내게 해 달라는 것이 아니라 거기서 구원해 주시기를 기도하는 것이다.

하나님이 친히 스승들을 보내 주셨다면, 얼마나 기쁘게 순종했겠는가! 필연과 우연이 딱 그런 스승들이다.

“위안을 얻으라. 네가 날 몰랐더라면 찾으려 들지도 않았을 것이다.”

“고뇌하며 너를 생각했다. 너를 위해 이 피를 흘렸노라.”

"이것, 또는 저것이 없어도 잘 해낼 수 있을지 미심쩍어하는 것은 너희를 검증하는 태도가 아니라 나를 시험하는 마음가짐이다. 때가 되면 내가 네 안에서 그 일을 행하겠다."

"내 규례의 안내를 받으라. 내가 역사하도록 마음을 열었던 마리아와 성도들을 얼마나 잘 인도했는지 살펴보라."

"하늘 아버지는 내가 하는 일마다 기뻐하신다."

"스스로는 눈물 한 방울 흘리지 않으면서 내가 늘 인간의 피를 흘려 값을 치러 주기를 바라는가?"

"내 관심사는 너의 회심이다. 두려워하지 말고 마치 나를 위해 기도하듯 자신 있게 구하라."

"성경 말씀을 통해, 교회에 임재하는 내 영을 통해, 감화를 통해, 성직자들 속에 일하는 내 권능을 통해, 신실한 가운데 드리는 내 기도를 통해 나는 너희와 함께한다."

"의사는 인간을 고치지 못한다. 누구든 마침내 죽음을 맞지 않는가? 하지만 나는 너희를 고치고 네 몸을 영원히 살게 한다."

"육신의 사슬과 결박을 견뎌 내라. 당장은 오로지 영적인 속박에서만 너를 구원할 뿐이기 때문이다."

"나는 그 어떤 사람보다 좋은 친구다. 너를 위해 그 누구보다 더 많은 일들을 해 준 까닭이다. 내가 너희를 위해 감수했던 일들을 저들은 결코 견뎌 내지 못한다. 너희가 신실하지 못하고 잔혹했음에도 나는 너희를 위해 목숨을 내놓았지만, 세상 누구도 자기 생명을 버리려 하지 않을 것이다. 지금도 나는 선택한 이들 가운데, 그리고 성찬 속에서 기꺼이 그리할 테고 지금도 그리하고 있다."

"너희 죄를 알면, 마음이 무너질 것이다."— "그리되면 용기를 잃고 말 겁니다. 주님이 확실히 보여 주심에 힘입어 그 사악함을 있는 그대로 믿을 테니 말입니다."— "그렇지 않다. 너로 죄를 알게 하는 이는 너를 고칠 수도 있기 때문이다. 내가 네게 이 사실을 알려 준다는 것은 곧 너를 고치기를 원한다는 표시이기도 하다. 죄를 고백하면 이를 알게 되고, '보라, 네 죄가 용서받았노라!'고 선언하는 음성을 들을 것이다."

"그러므로 네 은밀한 죄와 네가 아는 그 비밀스러운 악을 회개하라."

"주님, 제 모든 것을 드립니다."

"네가 네 더러움을 사랑했던 것보다 더 뜨겁게 너를 사랑한다. 시궁창에 빠진 짐승처럼."

"영광을 내게 돌리라. 벌레요 한 줌 흙에 지나지 않는 네게가 아니라!"

"내 말에 한 점 죄나 헛것, 또는 기이한 것이 있는지 살펴서 네 지도자에게 알리라."

빌라도의 거짓 정의는 예수께 고난을 안겼을 따름이다. 가짜 정의로 그리스도를 채찍질하게 한 뒤에 끝내는 처형했다. 단번에 사형을 내리는 편이 한결 나았을 것이다. 불성실한 의인들도 마찬가지다. 선한 일을 하는 동시에 세상을 기쁘게 하는 나쁜 짓도 해서 스스로 온전히 그리스도의 백성이 아님을 드러낸다. 순전히 주님의 소유가 되는 것을 부끄러워하는 까닭이다. 마침내 커다란 시험이 닥치고 그럴 기회가 오면 그리스도를 십자가에 못 박고 만다.

내 오만과 호기심, 정욕이 얼마나 깊은지 잘 안다. 나와 하나님, 또는 의로우신 예수 그리스도 사이에는 아무 상관이 없다. 그런 그분이 나를 위해 죄인이 되셨다. 당신이 받아야 할 형벌을 온통 그분이 받으셨다. 나와는 비교할 수 없을 만큼 지독하게 미움을 받았지만, 나를 원망하기는커녕 내가 그분께 나아가 돕는 것을 귀하게 여기신다. 하지만 그리스도는 스스로를 치유하시고 나를 훨씬 더 확실하게 고치셨다. 내 상처를 그분의 상처에 덧대고, 나를 이끌어 그분과 하나가 되면 주님이 자신을 구원하시면서 나 또한 건지실 것이다.

하지만 앞으로는 상처를 더해서는 안 된다.

"하나님과 같이 되어 선악을 알 줄 하나님이 아심이니라"(창 3:5). 인간은 너나없이 마치 하나님이 되기라도 한 것처럼 처신한다. "이는 선하다, 또는 악하다"라고 가볍게 판단하며 사사건건 지나치게 슬퍼하거나 넘치게 즐거워한다.

우리 안에 일하시며 우리 삶을 사시는 그리스도의 왕권에 기대어 사소한 일을 큰일 하듯 하며, 전능자의 권세에 힘입어 엄청난 일도 마치 사소하고 쉬운 일을 하듯 하라. / 553

920 "우리는 종합적인 행동 지침을 전달받은 적이 없다. 그러므로 규약을 살펴서는 우리를 제대로 알기 어려울 것이다. 그것들은 우리를 아주 가난하게 살며 궁궐 근처에도 가지 못하게 막기 때문이다. …… 하지만 그럼에도 불구하고 이는 법규에 위배되지는 않는다. 하나님의 영광은 어디에나 임하는 까닭이다."

"뜻을 이루는 데는 여러 가지 방법이 있다. 성 이그나티우스(St

Ignatius)는 그만의 길을 골랐고 우리는 다른 길을 택했다. 처음에는 청빈과 은수(隱修; 숨어서 도를 닦음-편집자)를 내세운 것이 더 나았고, 나중에는 나머지를 택하는 것이 더 좋았다. 사다리 꼭대기에서부터 시작하는 것은 불안감을 주었을 것이다. 이는 자연을 거스른다.

악용의 소지가 있어서 〔조직〕에 충실하기를 강력히 요구하지 못하는 것은 아니다. 우리만큼 자만하지 않으면서 스스로 드러내는 법을 아는 이들은 좀처럼 찾아볼 수 없다."

"우남 상탐"(Unam sanctam; 강력한 교황권을 천명한 교황 보니파시오 8세의 칙서-옮긴이).

얀세니스트들은 대가를 치를 것이다.

생 주르(Saint-Jure) 신부. 에스코바르.

"탄토 비로"(Tanto viro).

아쿠아비바(Aquaviva). 1621년 12월 14일. 탄네르(Tanner) q. 2 dub. 5 n. 86.

클레멘스와 바오로 5세(Paul V). 하나님은 분명히 우리를 보호하신다.

성 테레사 474.

《장미 이야기》(*Roman de la Rose*).

"거짓 범죄"(Falso crimine).

예리함을 위한 예리함〔?〕.

일면의 진실: 우리는 양면으로 확장한다.

두 가지 걸림돌: 복음서, 그리고 정부의 법. "크고 중요한 데서부터 작고 부족한 쪽으로." 더 새로운 편으로.

개인적인 비행(vices)은 언급하지 말라[?].

1611년 6월 18일, 아쿠아비바의 세련된 편지.

개연성 있는 의견들에 대하여.

성 아우구스티누스 282.

성 토마스와 관련해서는 특별히 이 문제를 다룬 자리들에서.

"클레멘스 플라세트"(Clamens Placet). 277.

새로운 사안들.

반드시 알았어야 할 일이므로 관리 책임자는 몰랐다고 핑계를 댈 수 없다. 279-194, 192.

도덕성에 관하여. 283, 288.

예수회는 교회에 무척 중요하다. 236.

유익하거나 해로운 것에 대하여. 156.

아쿠오키에즈(Acquoquiez)는 여성들의 고해를 들었다. 360. / 957

921 성경 말씀에 따르면, 모든 인간의 처지는, 설령 순교자라 할지라도 두려워할 이유가 있다.

연옥의 가장 큰 형벌은 심판의 불확실성이다.

"주는 스스로 숨어 계시는 하나님"(사 45:15). / 518

922 **기적에 관하여**

하나님이 이보다 더 행복한 가정이 없게 하셨으니, 또한 그 어떤 집안보다 감사하는 가족이 되게 해 주시길! / 856

923 **회개의 흔적이 없는 고해와 사죄에 대하여**

하나님은 속에 든 것만 보시지만, 교회는 밖으로 드러난 것만 가지고 판단한다. 하나님은 마음으로 회개하는 모습을 보자마자 사해 주시지만, 교회는 행동으로 옮겨지는 것을 보고서야 용서한다. 하나님은 온전히 신령한 내면의 거룩함으로 오만하고 바리새인 같은 이들의 내적인 불경건을 꺾기 위해 내면이 순전한 교회를 만드실 것이다. 교회는, 이방인의 행실을 부끄럽게 만들 만큼 겉으로 드러나는 행동이 지극히 순수한 이들을 모아들일 것이다. 거기 몇몇 위선자들이 섞여 있는데 너무도 감쪽같이 위장해서 그 독성을 알아채지 못할지라도 교회는 오래 참아줄 것이다. 껍질에 속아 넘어갈 리가 없는 하나님은 그들을 용납하지 않으시지만, 곧잘 넘어가는 인간은 그들을 받아들이는 까닭이다. 그들의 행실은 짐짓 거룩해 보이므로 교회 역시 그로 인해 수치를 당하지는 않는다. 하지만 당신들…… 당신들은 교회가 오로지 하나님을 위해 존재한다는 이유를 들어 내부의 평가를 달가워하지 않고, 다른 한편으로는 하나님은 내면에 있는 것을 직접 살피신다면서 외부의 판단을 받고 싶어 하지 않는다. 그런데 당신들은 이처럼 교회가 스스로 사람들을 선택할 여지를 남겨 두지 않은 채, 유대인의 회당이나 철학적인 파당들마저 부적절하게 여겨 멀리하고, 불경스럽다며 몹시 못마땅해할 만큼 더없이 방탕하고, 교회의 이름을 더럽히는 이들만 끌어안고 있다. / 905

924 경건한 삶을 살고자 하면 처음에는 괴로운 것이 사실이다. 하지

만 그것은 내면에서 신앙이 싹트느라 생긴다기보다 여전히 거기 도사린 불신앙에서 비롯하는 고통이다. 인간의 감각이 속죄와 대립하지 않고, 우리의 타락이 하나님의 순전함과 충돌하지 않는다면 고통스러울 일이 없다. 태생적인 악이 초자연적인 은혜를 거부하는 한, 인간에게는 고통뿐이다. 상반된 두 축 사이에서 마음이 갈가리 찢기는 아픔을 느낄 수밖에 없다. 하지만 이 격렬한 괴로움을 두고 단단히 붙들고 늘어지는 세상을 탓하지 않고 그 화살을 하나님께 돌리는 것은 큰 잘못이다. 어머니가 낚아챈 덕에 강도의 손아귀에서 벗어난 아이가 괴롭고 아프기는 하지만, 자신을 구해 낸 사람의 합법적이고 사랑이 담긴 과격한 행동을 반기는 한편, 부당하게 얽매는 이들의 그저 해롭고 난폭하기만 한 폭력을 미워해야 하는 것과 같은 이치다. 하나님이 이생에서 인간과 벌이는 가장 잔인한 싸움은, 하나님이 벌이는 싸움에 그들을 부르지 않고 버려 두는 것이다. 그리스도는 "화평이 아니요 검을 주러 왔노라"(마 10:34)라고 했으며, 그 싸움의 무기로 '세상에 불과 칼을 주러 왔다'(눅 12:49)고 선언했다. 그분이 오시기 전에는 온 땅이 거짓 평화 속에 살았다. / 498

925 율법은 본성을 파괴하지 않았으며 도리어 가르쳤다. 은혜는 율법을 폐하지 않았으며 오히려 효과를 더했다.

세례를 통해 얻은 믿음은 크리스천과 회심한 이들이 평생 누릴 자원이다. / 520

926 인간은 진리 자체를 우상으로 삼는다. 자비를 떠난 진리는 하나

님이 아니라 그분의 이미지며, 사랑하거나 섬겨서는 안 될 우상이다. 하물며 정반대편에 있는 거짓이라면 더더구나 사랑하거나 섬기지 말아야 한다.

나는 완전한 어둠을 사랑할 수도 있다. 하지만 하나님이 어중간하게 어두운 상황에 빠트리면, 거기 펼쳐진 희미한 어둠의 상태가 불만스러울 것이다. 그런 상태에서는 완벽한 어둠에서의 이점을 맛볼 수 없기 때문이다. 이는 결함이며, 하나님의 질서에서 동떨어져 어둠으로 우상을 삼고 있음을 보여 주는 증표다. 그러기에 오로지 그분의 질서만 섬겨야 한다. / 582

927 내게 무슨 유익이 있겠는가?

혐오스러운.

생글렝.

무엇이든, 심지어 유용하게 쓰려고 만든 물건조차도 치명적이 될 수 있다. 실제로 조심해서 걷지 않으면 담벼락이나 계단도 목숨을 앗아 가는 원인이 되고도 남는다.

지극히 사소한 움직임 하나가 자연계 전체에 영향을 준다. 조그만 돌멩이 하나가 온 바다를 휘저어 놓을 수 있다. 은혜의 영역에서도 마찬가지다. 더없이 가벼운 행동 하나가 모든 것에 영향을 미친다. 따라서 하나하나가 다 중요하다.

어떤 행동이라도 그 행위를 뛰어넘어 현재와 과거, 미래의 상태와 거기서 영향을 받는 다른 요소들을 바라보고 이 모든 일들이 어떻게 연관되는지 살펴야 한다. 그렇게만 한다면 엄청난 자제력을 갖출 수 있다. / 505

928 **외면적인 것들** 하나님과 사람을 모두 기쁘게 하는 것만큼 위험천만한 일은 없다. 하나님과 사람을 다 만족시키는 상황들의 경우, 한쪽에 하나님을 기쁘시게 하는 요소가 있고 다른 한편에 사람을 즐겁게 하는 요소가 있기 때문이다. 성 테레사의 위대함이 여기에 있다. 계시 가운데서 하나님은 그녀의 넘치는 겸손을 흡족해하셨고, 사람들은 그녀의 깨달음을 좋아했다. 그래서 우리는 그녀의 말씨를 따라하는 것이 그녀처럼 사는 길인 줄 알고 흉내 내려고 죽도록 노력한다. 동시에 하나님이 사랑하시는 것을 사랑하고, 스스로 그분이 사랑하는 상태가 되려고 또한 무진 애를 쓴다.

금식하고 자만하는 것보다 금식하지 못해서 스스로 부끄럽게 여기는 편이 낫다.

바리새인, 세리.

만일 그것이 유익할 수도 있지만 해로울 수도 있다면, 그리고 만사가 하나님의 축복에 달렸는데 그분만의 기준과 방식에 따라 오로지 그분만을 위해 행하는 일에만 그 복을 베풀어 주신다면, 그런 사실을 잊지 않고 기억하는 것이 내게 무슨 소용이 있다는 말인가?

하나님은 악에서 선을 끌어내시지만, 하나님이 없는 인간은 선에서 악을 낳으므로, 일을 하는 방법은 그 일 자체만큼, 어쩌면 그 이상으로 중요하지 않은가? / 499

929 "너 자신을 다른 이들과 견주지 말고 나와 비교하라. 비교하는 사람들 가운데서 나를 발견하지 못한다면 너는 너를 혐오스러

운 이들과 비교하는 것이다. 나를 발견했다면 너를 그들과 비교하라. 자, 누구와 비교하려는가? 너 자신인가, 아니면 네 안에 있는 나인가? 만일 너 자신이라면, 역겨운 인간과 견주는 꼴이다. 만일 그것이 나라면 너는 나를 나 자신과 비교하는 셈이다. 그런데 나는 만물 가운데 거하는 하나님이다."

"나는 네게 자주 이야기하고 조언한다. 네 지도자가 네게 이야기할 수 없기 때문이다. 네가 지도자 없이 사는 것을 나는 바라지 않는다."

"어쩌면 네 지도자의 간청을 받고 이리하는 것인지도 모른다. 결국 그는 알지 못하는 사이에 너를 인도하는 셈이다."

"네가 나를 소유하지 않았더라면 너는 나를 찾지도 않았을 것이다."

"그러므로 걱정하지 말라."

(마드모아젤 파스칼에게서 400리브르를 받았음.) / 555

930 하나님은 어째서 기도라는 장치를 마련하셨는가?

1 피조물들에게 인과관계의 가치를 알려 주시기 위해.

2 덕성이 누구에게서 오는지 우리에게 가르치시기 위해.

3 우리 스스로 노력해서 다른 덕성을 얻게 하시려고.

하지만 거룩한 주권을 지키기 위해 하나님은 하나님 마음에 합한 이들에게 기도를 선물로 주셨다.

반론 우리는 우리 스스로가 기도를 끌어냈다고 생각할지도 모른다. 그것은 가당찮은 생각이다. 믿음을 지니고도 덕성을 갖추지 못하는 판에 어떻게 스스로 믿음을 가질 수 있겠는가? 믿음에서 덕까지보다 불신에서 믿음까지가 더 멀지 않은가?

'합당하다'는 말은 애매하기 이를 데 없다.

"그는 구속자를 가지기에 합당했다."[3]

"그것은 그처럼 거룩한 몸에 닿기에 합당했다."[4]

"그 거룩한 몸에 닿기에 합당한."[5]

'주여, 저는 합당하지 않습니다'(눅 7:6).

'주의 몸을 분별하지 못하고 먹고 마시는 자는 합당하지 않게 먹고 마시는 것이다'(고전 11:29).

"영광을 받으시는 것이 합당하오니"(계 4:11).

"나를 합당하게 하소서."[6]

하나님은 약속한 그대로 베푸신다.

그분은 기도하면 반드시 듣겠다고 약속하셨다.

약속의 자녀들 말고는 아무에게도 기도를 약속하신 적이 없다.

의인은 힘을 빼앗길 것이라고 성 아우구스티누스는 공식적으로 말했다.

하지만 우연히 그런 이야기를 했을 따름이다. 말할 기회가 오지 않았을 수도 있었기 때문이다. 그러나 그의 원리에 따르면, 일단 기회가 주어졌는데 그 말을 하지 않거나 정반대 이야기를 한다는 것은 어림없음이 명백해진다. 그러므로 그렇게 말할 기회가 와서 그리 말했다기보다 일단 기회가 주어지고 나니 입을 열 수밖에 없었을 뿐이다. 전자는 필연이고 후자는 우연이지만, 둘 다 인간에게 필요한 최고 덕목이다. / 513

931 나는 모든 이들을 형제로 사랑한다. 다들 구원을 받았기 때문이다.

나는 가난을 사랑한다. 그분도 가난을 사랑하셨기 때문이다. 부(富)를 사랑한다. 가난한 이들을 도울 도구를 제공하기 때문이다. 나는 누구에게나 신의를 지킨다. 내게 악을 행한 이에게 악으로 갚지 않으며, 다만 인간의 손에서 선도, 악도 전해 받지 않는 나와 같은 처지가 되기를 빈다. 나는 누구에게나 공정하고, 진실하며, 성실하고, 충직하려 한다. 아울러 하나님이 내게 더없이 가까이 붙여 주신 이들에게 특별한 애정을 느낀다.

나는 혼자 있든 남들이 보든 범사에 마치 하나님 앞에 있는 것처럼 행동한다. 하나님이 내 행위를 판단하실 것이며, 나는 그 모든 것을 그분께 바쳤다.

이것이 내 심정이다.

내 안에 이런 마음을 심어 주시고, 연약하고 비참하며 정욕과 오만, 야심이 가득한 자에게 은혜의 권능을 베풀어 온갖 악에서 해방된 인간으로 만들어 주신 구세주를 세상 떠나는 날까지 찬양할 것이다. 내게는 비참함과 오류뿐이므로 이 모든 영광을 그 은혜에 돌린다. / 550

932 이쪽에 있는 이가 저쪽에 선 이를 비웃을까?

누가 코웃음을 치겠는가? 이쪽은 저쪽을 비웃지 않으며 다만 안타까워할 뿐이다. / 191

933 육신의 정욕, 안목의 정욕, 오만 따위.

사물에는 세 가지 질서가 있다. 육신, 정신, 의지다.

육신적인 부류는 부자와 왕들이다. 이들의 관심은 몸에 있다.

탐구자와 학자들, 이들의 관심은 정신에 있다.

지혜로운 이들, 이들의 관심은 '올바른 것'에 있다.

하나님은 만물을 다스리시며 만물은 그분께 순종해야 한다.

육신의 일은 철저하게 정욕이 지배한다.

정신의 일은 호기심이 지배한다.

지혜는 오만의 지배를 받는다.

부와 지식을 기뻐하지 말아야 한다는 것은 아니다. 하지만 거기는 자부심이 깃들일 만한 자리는 아니다. 적잖이 배웠음은 인정하지만 거드름 피우는 것은 올바르지 않다고 지적할 여지가 있기 때문이다.

지체 있는 자는 자부심을 가져도 마땅하다. 지혜로워졌음을 기뻐하는 것을 나무랄 수는 없다. 마땅히 즐거워해야 할 일인 까닭이다.

오로지 하나님만이 지혜를 주신다. "자랑하는 자는 주 안에서 자랑하라"(고전 1:31; 고후 10:17)라고 한 까닭이 여기에 있다. / 460

934 자연에는 완전성이 있어서 스스로 하나님의 그림자임을 보여주며, 불완전한 속성이 있어서 하나님의 그림자에 지나지 않음을 드러낸다. / 580

935 일반적으로 인간은 가치를 빚어내지 못하며 그저 가치가 있는 것을 발견했을 때 보상하는 데 그치므로, 하나님까지도 자기 기준으로 판단한다. / 490

936 사람들은 일이 벌어지고 직접 보고 나서야 비로소 예언을 이해한다. 피정, 영성 지도, 침묵 등의 증거도 마찬가지여서 이미 알고 믿는 이들만이 증거로 인정할 따름이다.

온전히 외적인 계율 속에서 지극히 내면적이었던 성 요셉(St Joseph).

외면의 회개는 내면의 회개로 가는 준비 과정이며, 굴욕은 겸손한 마음을 갖게 해 준다. 이와 같이…… / 698

937 정욕에 이끌려 무언가를 할 때는 자꾸만 의무를 잊어버린다. 예를 들어, 책을 좋아하면 다른 일을 해야 할 시간에도 독서에 몰두하곤 한다. 하지만 그저 싫어하는 일을 하기로 작정하면 의무를 기억할 수 있다. 그러면 해야 할 일이 있다는 구실로 의무를 챙길 수 있다. / 104

938 20 V. 복음서에서는 심령이 병든 상태를 설명하느라 병든 몸을 표징으로 썼다. 하지만 그것을 제대로 표현하기 위해서는 몸 하나가 아픈 것만으로는 부족했던 탓에 더 많은 육신들이 필요했다. 그러기에 들리지 않는 이, 말 못하는 이, 눈먼 이, 팔다리를 쓰지 못하는 이, 죽은 나사로, 마귀에게 사로잡힌 이가 등장하는 것이다. 이들이 한데 어우러진 상태가 바로 병든 영혼이다. / 658

939 "종은 주인이 하는 것을 알지 못함이라"(요 15:15). 주인은 해야 할 일을 지시할 뿐 그 의도는 일러 주지 않기 때문이다. 그러기에 종은 무조건 복종하며, 자주 주인의 뜻을 거스르는 죄를 짓

는다. 하지만 예수 그리스도는 뜻하시는 바를 알려 주셨다.

그런데도 당신들은 그 뜻을 무너뜨리고 있다. / 897

940 예수는 사법 절차 없이 처형되길 원치 않았다. 불공정한 소요 속에 죽음을 당하는 것보다 정의의 이름으로 단죄당하는 편이 훨씬 더 수치스러운 일이기 때문이다. / 790

941 날마다 먹고 자지만 거기에 싫증을 내지는 않는다. 금방 다시 허기가 지고 잠이 오기 때문이다. 그렇지 않으면 금세 지루해질 것이다.

영적인 것에 주리지 않으면 곧 지겨워진다. 의를 찾는 굶주림. 산상수훈, 그 여덟 번째.[7] / 264

942 결론. 우리는 안전한가? 이 원리는 틀림없는가? 검증해 보자. 우리 자신의 증거는 아무 소용없고 공허할 따름이다. 성 토마스. / 941

943 24 Aa. 부활한 뒤, 예수는 오로지 상처만을 만져 보게 허락하신 듯하다. "내게 손을 대지 말아라"(요 20:17, 새번역). 우리는 그리스도의 고난만을 함께 나누어야 한다. 최후의 만찬 자리에서는 죽음을 피할 수 없는 인간으로, 엠마오로 가는 제자들에게는 죽음을 이기고 부활한 몸으로, 온 교회에는 승천해 하늘나라에 들어가신 분으로 예수는 스스로를 내주어 교감하셨다. / 554

944 하나님에게서 무언가를 얻기 위해서는 외면과 내면을 모두 겸

비해야 한다. 다시 말해, 하나님께 복종하지 않으려 했던 오만 한 사람이 이제 그분의 피조물이라고 항복하기 위해서는 무릎을 꿇고 입술을 열어 기도해야 한다는 것이다. 외적인 부분에서 도움을 기대한다면 미신을 믿는 셈이고, 외적인 부분을 내면과 결합시키지 않으려 든다면 그것은 교만이다. / 250

945 메시아의 길을 예비하러 온 세례 요한은 온갖 신비들 가운데 오로지 회개만을 유대인들에게 명확하게 선포했으며, 이어서 다른 신비들이 나타나 온 인류와 온 세상이 이 명령에 따라야 한다는 사실을 보여 주었다. / 601

946 2 모든 이들 가운데, 그리고 우리 자신 속에서 예수 그리스도를 생각하라. 아버지 속에 계신 아버지로서의 예수 그리스도, 형제들 가운데 계신 형제로서의 그리스도, 가난한 이들 가운데 계신 가난한 예수 그리스도, 부유한 이들 속에 계신 부유한 예수 그리스도, 성직자들 가운데 계신 성직자이자 박사로서의 예수 그리스도, 왕들 가운데 계신 주권자로서의 예수 그리스도를 깊이 새기라. 그분은 하나님이시니 그분의 영광을 통해 보면 위대한 모든 것이 되시며, 유한한 인생을 통해 보면 비참하고 천한 모든 것이 되신다. 모든 이들 가운데 계시며 어떤 인간 조건에서도 본보기가 되시려 그리스도는 스스로 이처럼 불행한 처지를 취하셨다. / 785

947 25Bb. 또 다른 이유: 그 사랑은 이를 하나님의 영을 빼앗긴 상태

이자 하나님의 영이 그 안에 역사하지 않거나 가로막혀 있는 탓에 저지르는 악한 행동으로 여기고 몹시 괴로워하며 회개한다.

의로운 이는 지극히 작은 일까지도 믿음으로 행한다. 부리는 이들을 책망할 때도 하나님의 영에 힘입어 그들이 회심하기를 바라며, 자신의 질책과 더불어 하나님의 꾸지람이 그들을 바로잡아 주길 하나님께 기도한다. 또한 그렇게 바로 세우려는 노력을 하나님이 축복해 주시기를 구한다. 다른 일을 할 때도 마찬가지다. / 504

948 사랑에 등 돌리지 않는 한 그분과 떨어질 수 없다.

우리의 기도와 선행이 예수 그리스도의 기도와 선행이 아니라면, 그것들은 하나님 앞에서 그저 가증스러울 따름이다. 또 우리의 죄가 예수 그리스도의 죄가 되지 않았다면 결코 하나님의 자비를 끌어낼 수 없으며 그분의 심판을 부를 뿐이었다.

그리스도는 우리 죄를 대신 지고 그분과의 언약 속에 받아 주셨다. 그분에게는 선이 지당하고 죄가 부당하지만, 우리에게는 선이 어울리지 않고 죄가 적합하기 때문이다.

지금까지 선을 판단하는 데 적용해 온 원칙을 바꾸자. 여태까지는 인간의 의지를 잣대로 썼지만 이제는 하나님의 뜻을 기준으로 삼자. 그분이 원하시는 것은 모두 우리에게 선하고 바르며, 그분이 바라시지 않는 것은 하나같이 악하고 그르다.

무엇이든 하나님이 원치 않는 일은 해서는 안 된다. 하나님은 원치 않으신다는 포괄적인 한마디로 죄를 금하셨다. 개괄적으로 금지하지 않고 내버려 둔, 그래서 허용된다고들 생각하는 다른 일들이 있지만 언제나 그런 것은 아니다. 하나님이 특정한 무언가를 거두어 가시면, 하나님의 의중을 가늠할 단서로 볼 수 있는 그 사건을 통해 그것을 소유하는 것이 그분의 뜻이 아니라는 사실이 분명해진다. 그러므로 다른 것들처럼 이것도 가져서는 안 된다는 것이 하나님의 뜻이므로 죄나 매한가지로 금지되어 있는 셈이다. 둘 사이에 차이가 있다면, 하나님은 절대로 죄를 원치 않으신다는 것은 명백하지만 두 번째 그룹에 속하는 일들도 절대로 바라지 않으시는지는 분명치 않다는 점뿐이다. 그러나 하나님이 원치 않으시고, 선과 의의 유일한 원천인 그분의 뜻이 거기에 상충될 뿐만 아니라 악하고 그릇된 것으로 규정한다면 우리는 그것을 죄로 여겨야 한다. / 668

949 우리는 진리에 대한 사랑과 사랑에 대한 의무 사이에서 중도를 지키기 위해 힘닿는 데까지 그들을 인도적으로 대했다.

형제들에 맞서 들고일어나지 않는 것만이 경건은 아니다. 그것은 도리어 쉬운 일이다……

진리를 희생해 가면서 평화를 지키는 것은 거짓 경건이다.
사랑을 포기해 가며 진리를 지키는 것은 거짓 열심이다.
그러기에 그들은 불평하지 않았다.
그들의 행동 원리를 적용할 때와 장소가 있다.
그들의 자만심은 사실 스스로 지닌 오류들에서 비롯한다.
제 잘못으로 최악의 부류와(?) 흡사해졌다.
그리고 형벌을 통해 순교자들처럼 되었다.
그들은 끝내 단 하나도 부인하지 않을 것이다.

적절히 뽑아내서 부인하기만 하면 됐을 텐데.
심지어 "전쟁을 준비"(미 3:5)하기까지 했다.
부르세이(Bourseys) 신부. 적어도 그가 유죄판결에 반대한다는 사실만큼은 그들도 부인할 수 없을 것이다.

바오로 4세(Paul IV). 1558년에 그가 내놓은 칙서(Cum ex apostolatus officio)에서.

"잘못 이끌려 바른길에서 벗어나거나 이단, 또는 분파에 빠진 이들은 평신도, 성직자, 사제, 주교, 대주교, 총대주교, 수석주교, 추기경, 백작, 후작, 공작, 왕, 황제 그 밖에 어떤 지위나 신분을 가졌든 누구나, 그리고 저마다 앞에서 언급한 판결과 형벌에 더하여 그 행위 자체로 말미암아 법적, 실효적 공직을 상실하며, 지위와 주교직, 성직, 공직, 왕권, 황권을 온전히, 총체적으로, 영속적으로 박탈당하며 결코 회복을 허용받지 못함을 명하고, 제정하며, 천명하며, 분명히 밝힌다. 형벌은 세속 권력의 판단에 맡긴다. 잘못된 길을 가다 스스로 돌이켜 진정으로 회개한다 할지라도 교황청이 베푸는 자비와 관용을 입어 특정한 수도원에 갇힌 채 빵과 물만 먹으면서 영원토록 참회해야만 진정으로 용서받을 수 있다. 그러한 경우에도 직위와 신분, 성직, 봉토, 공국, 왕국을 영원히 박탈당할 것이다. 이들에게 은신처를 제공하고 보호하는 사람은 그 자체로 파문당한 것으로 간주되고, 수치를 당하며, 왕국과 공국, 토지와 소유를 모두 박탈당하며, 누구든 먼저 손을 내밀어 붙잡는 사람이 그 권리와 소유권을 차지할 것이다."

"만일 어머니 가톨릭교회를 위한 열성에 불타, 파문된 자들 가운데 누군가를 살해하는 일을 저지른다면 우리는 그를 살인자로 보지 않는다." 우르바누스 2세(Urban Ⅱ), 《교회법전》(*Corpus juris canonici*) 23 q. 5. / 951

951 그들은 샅샅이 조사하고 나서야 당신을 집으로 돌려보낼 것이다.

재심 영장을 가지고 다시 상소할 수 있다지만 실질적으로 별 위안이 되지 못한다. 남용을 불러오는 한 가지 주요한 원인은 지워지고……

대다수는 페리고르나 앙주 같은 외딴곳에서 파리에 있는 고등법원까지 항소이유서를 제출하러 갈 방도가 없다는 건 별개의 문제다.

아울러 재심 영장을 통한 이런 상소를 금지하는 위원회의 명령을 지속적으로 받고 있다는 점 또한 별개의 문제다.

설령 요구한 대로 얻지 못한다 해도, 요구한다는 단순한 사실만 가지고도 제힘, 지극히 부당해서 얻어내지 못할 것이 빤한 것마저 요구하게 하는 그 권력을 과시할 수 있기 때문이다.

그러므로 이는 그들의 의도를 더 선명히 드러내며, 그들이 새로운 체제의 토대로 삼고 싶어 하는 교황의 칙서에 서명하고 그래서 그 권위를 인정하는 일을 하지 말아야 할 필요성을 더 또렷이 알려 줄 따름이다.

단순한 칙서가 아니라 토대다.

법정에서 나오다.

교황은 자신의 허락 없이 왕들이 자녀를 결혼시키는 것을 금지했다. 1294.

"당신들도 알았으면 좋겠다." 124. 1302.

유치한…… /950

952 **클레멘스 플라첸티누스**(Clemens Placentinus)

우리 총회장들은 외적인 업무 탓에 존경을 잃을까 걱정한다. 208, 152, 150, 왕실로부터. 209, 203, 216, 218, 더없이 확실하고 믿을 만한 관점들을 따르지 않는 데서. 성 토마스 등. 215, 218.

"규약에 맞서는 대가." 218.

여인들. 225, 228.

군주들과 정치. 227, 168, 177.

개연성. 새로운 것. 279, 156. 새로운 것. 진리.

영혼에 보탬이 되기보다 오락과 여흥을 위하여. 158.

미적지근한 의견들. 160. 치명적인 죄를 가벼운 죄로. 회개. 102. 정치. 162. 기대하는…… 162.

예수회 쪽으로는 안락한 생활환경이 더 확장되고 있다. 166.

그들을 속이는 표면적이고 거짓된 것들. 192.

(수도원장들에게는 결코 몰랐다는 핑계가 통하지 않는다.)

르 무안느(Le Moine) 신부. 관구 밖에 1만 크라운의 재산이 있었다.

"인간이 지닌 통찰이 얼마나 하찮은지 보라. 초대 총회장들이 예수회에 치명적이 되리라고 두려워했던 온갖 일들이 도리어 번성하는 요인이 되었다. 내로라하는 이들, 규약을 위반하는 이들,

수많은 수도사들, 다양하고 새로운 의견들 따위의." 182, 157.

정치. 181.

예수회의 초심은 사라졌다. 170, 171-174, 183-187. "더 이상 같은 예수회가 아니다." Vitteleschi. 183. "시대가 달라지면 관심사도 바뀐다."

총회장들의 불만. 성 이그나티우스는 불평하지 않았다. 레이네(Laynez)도 그렇다. 보르지아(Borgia)와 아쿠아비바(Aguaviva)는 약간 불만을 품고 있었다. 뮤티우스(Mutius)는 헤아릴 수 없을 만큼 많은 불평을 쏟아 냈다.

"예수회를 제대로 보고 있는가?"

교회는 그런 질문 없이 오랜 세월을 이어져 내려왔다.

다른 이들은 그렇게 묻지만, 그것은 다르다.

따로 노는 2만 명과[8] 서로를 위해 기꺼이 목숨을 내놓을 만큼 똘똘 뭉친 2억 명 사이에 어떤 비교가 가능하다고 생각하는가? 영원히 사라지지 않는 본체.

"우리는 죽는 날까지 서로 돕는다." 라미(Lamy).

"우리는 적들을 몰아붙인다." 푸이(M. Puys).

만사가 개연성에 달렸다.

세상은 본능적으로 단일한, 그러나 너무 혹독하지 않은 신앙을 소망한다.

색다른 가설 하나를 세워서 이를 입증하고 싶다. 그래서 당신에게 말할 것이다. "하나님이 교회를 위해 예비하신 특별한 섭리로 우리를 지지하지 않으실지라도, 인간적인 이야기일지 모르지만, 우리는 절대로 멸망할 리가 없음을 증명해 보이고자 한다."

"이 원리를 내게 허용하라. 그러면 무엇이든 실증할 수 있다. 예수회와 교회의 운명이 함께 갈 수밖에 없음은 엄연한 사실이다.

이 원칙이 없이는 아무것도 증명하지 못한다."

인간은 끝없는 불신앙 속에서도, 또 엄청난 금욕 생활 속에서도 당연히 오래 살지 못한다.

아무래도 다가가기 쉬운 신앙이 오래갈 공산이 크다.

사람들은 느긋하게 그런 신앙을 얻고자 한다.

무력을 써서 다스리기를 원하는 이들이 과연 조금이라도 더 잘 해낼 수 있을지 모르겠다.

왕들, 교황.

3. "왕들." 246.

6. 공평과 진실한 경건.

(231. 예수회는 모든 것을 조사했다.)

6. 452. 양아버지로서의 왕.

4. 공로 탓에 미움을 받음.

대학의 변증. 159. 소르본의 평결.

왕들. 241, 248.

처형된 예수회 사람들. 112.

신앙과 지식[?].

"예수회원은 철저하게 인간적이다."

선택해야 할 학교들, 부모들, 친구들, 아이들.

"규약."

253. 빈곤, 야망.

257. 주로 왕족, 해를 입히거나 또는 유익을 줄지 모르는 귀족들.

12. 쓸모없는, 버려진 / 보기 좋은 / 부유하고 지체 높은 등등. 이런! 더 빨리 받아들이지 못해서 불안했던 것인가?

27. 47. 하나님의 영광을 위해 재물을 예수회에 바치라. "선언문."

51, 52. 완전히 합치된 시각. "선언문." 예수회에 복종하고 그리하여 통일성을 유지한다. 그런데 오늘날 통일성은 다양성에 있다. 예수회가 원하는 것이 바로 그것이기 때문이다.

117. "규약." 복음서와 성 토마스. "선언문." 타협적인 일부 신학.

65. 신앙이 깊은 학자는 드물다. 우리의 선임자들은 생각을 바꿨다.

23. 74. 탄원하다.

19. 친척들에게 주지 말라. 수도원장들이 붙여 준 조언자들에게 관심을 기울이라.

1. 자가 진단하지 말라. "선언문."

2. 절대 빈곤. 설교를 위한, 또는 기부에 대한 보상의 의미로 드리는 미사(보수)는 없다.

4. "규약"만큼이나 큰 권위를 지닌 "선언문."

결말. 매달 "규약"을 읽으라.

149. "선언문"은 모든 것을 망친다.

154. 끊임없이 계속 기부하라고 부추기지 말고, 그것들을 정당한 것으로 요구하지도 말며, 모금함을 내밀지도 말라. "선언: 자선으로서가 아니다."

200. 4. 무슨 일이든 우리에게 알리라.

190. "규약"은 '무리'를 원치 않는다. '무리'의 의미가 해석되어 있는 "선언문."

보편적이며 영원한 단체.

공동체를 향한 강렬하고도 파렴치한 집착은 위험하다.

"규약"만 아니라면 신앙은 모두를 풍요롭게 한다. 그러기에 우리는 가난하다.

참다운 신앙과 함께든 아니든, 우리는 강하다. / 956

953 (다음 단장들은 예수회 총회장들의 서신에서 발췌한 구절에 파스칼이 아르노의 도움을 받아 붙인 주석이다. 여기서는 서신 원문의 쪽 번호만 표기한다.)

373. 교부들의 사상을 바탕으로 자기 생각을 구축하는 대신 자신의 상상에 적용하기 위해 그 책을 읽는다.

390. 겸손.

392. 미사. 그가 무슨 소릴 하는지 도통 모르겠다.

408. 정치.

409. 한 사람의 행동을 모두에게 돌리다니, 예수회의 불행이라 해야 할지, 아니면 기이한 행운이라 해야 할지.

410. 주교들에게 어김없이 복종하라. 성 사비에르처럼 앞장서 주교들에 맞서려는 듯 보여서는 안 된다.

412. 유언장들. 소송들.

413. 거짓 이야기를 보태는 것도 모자라 지어내기까지 한다.

432. 개연성: "독실한 이들은 신뢰할 만하다. 그는 믿어도 될성싶다. 그에게는 권위가 있다."

433. 중상모략하는 자들을 벌하지 않는다.

437. 예수회는 붕괴되지 않을 것이다.

441. 명성을 더하기 위한 불순종.

442. 불순종, 내로라하는 이들의 지지를 얻고자.

443. 그들은 예수회와 결코 어울리지 않는 꼴사나운 짓을 한다. 그들은 귀족들이 자기들에게 그렇게 하라고 끈질기게 부추긴다고 주장하지만, 정작 그들이야말로 귀족들을 매우 성가시게 한다. 이런 상황에서 그들을 거부하면 그들에게 미움을 살 것이고, 반대로 요구를 받아들이면 예수회를 무너뜨리는 결과를 낳는다. 그들은 둘 중에 하나가 되어야 한다고 보챈다.

443. 순결.

445. 가난. 진리에 반하는 모호한 입장.

446. 포도원 등. / 958

954 현상들을 면밀히 살펴서 정죄의 근거를 분석하며 전체를 하나로 꿰는 가설을 내놓으라.

관례가 교리를 만든다.

당신들은 고작 한 해에 한 번 죄를 고백하는 수많은 고해자들을 상대한다.

그것은 다른 의견에 반대하는 또 하나의 의견일 뿐이라고 생각한다.

너무도 사악해서 더는 눈곱만큼도 회한을 느끼지 않는다면, 더 이상 죄를 짓고 있다고 의식하지 않는다.

그처럼 당신들도 한 점 뉘우침 없이 아르노를 박해한다.

나는 이 교리를 믿지 않는다. 사람들이 내가 얼마나 사악한지 이야기하는 바를 감안할 때, 이 교리는 너무도 다정하기 때문이다.

어째서 당신들은 참으로 역겨운 이단을 택하지 않는가?

저들이 끼리끼리 다투는 것을 생각하면, 그 사이의 일치를 신뢰할 수 없다.

어느 편을 들기 전에 먼저 서로 합의하길 기다리려 한다. 친구 하나를 얻는 대신 너무 많은 원수를 만들 게 뻔하기 때문이다.

나는 저들 모두에게 답할 만큼 학문이 깊지 않다.

여태 올바른 생각을 갖지 않은 탓에 정죄를 당한다고 철석같이 믿어 왔지만, 그런 경우는 전혀 없다는 사실을 새로이 알았다.

그것이 무슨 도움이 되겠는가?

의로운 이들을 위로하고 낙담을 피하게 하는 데 보탬이 되겠는가? 천만의 말씀이다. 아무도 스스로 의롭다 여길 만한 경지에 이르지 못한다.

아르노를 옹호하는 글을 썼다고 해서 샤미야르(M. Chamillard)를 이단이라 하겠는가? 말도 안 되는 이야기다.

1647년에는 모든 이들에게 은혜가 있었다. 1650년이 되자 은혜는 한결 드물어졌다.

코르네(M. Cornet)의 은혜……

루터: 결코 진리가 아닌.

교회 안에 그런 사례가 전혀 없었더라면. 하지만 그에 대한 주임사제의 말을 믿는다.

은혜가 지극히 사소한 불편을 빚어낼 때, 그들은 다른 부류를 만들어 냈다. 은혜를 자기 손으로 주무를 수 있다는 식의 마음가짐을 가지고 있기 때문이다.

오직 한 분만이 진리를 말한다.

경우마다, 사람마다 다른 은혜. 신분이 높은 이들을 위한 은혜, 망나니들을 위한 은혜.

간단히 말해 무(無)에 이르는 단계 같은 것이 있다면, 샤미야르는 거기에 너무나 가까워졌고 이는 넉넉한 은혜에 최대한 다가선 셈이다.

그 때문에 이단이 되다니 어처구니없지 않은가!

성경에서도, 교부들의 책에서도 그런 것은 본 적이 없었기에 너나없이 기겁을 한다.

사제들이여, 언제부터 이것이 신조가 되었는가? 기껏해야 '인접 능력'(proximate power)이라는 말이 들어오면서부터가 아니겠는가? 출현하자마자 이단을 빚어내고 오로지 이런 결말 하나만 바라고 탄생했다고 생각한다.

이런 정죄는 성 베드로를 향해 그리 말하는 것만 금지하며 그 밖에는 해당이 없다. 나는 그들에게 대단히 감사한다.

그들은 명석한 사람들이다. 그들은 염려한다. 시골 친구에게 보내는 편지들이……

한마디로 그만한 가치가 없는 일이었다.

아이 같은 순진함.

알지도 못하면서 떠받드는.

사악한 빚쟁이들.

그들은 마술사라는 생각이 든다.

루터: 결코 진리가 아닌.

이단적인 지체.

"우남 상탐."

《일루미네이션》(*Illuminations*)은 우리에게 해를 끼쳤다.

같은 명제가 어떤 저자에게는 건전한 반면, 다른 이에게는 해롭다. 하지만 그렇다. 그 밖에 건전하지 못한 명제들도 있다.

어떤 이들은 견책을 따르고, 다른 이들은 논쟁을 벌이고, 모두가 이성을 좇는다(?). 당신들이 특별한 방식이 아니라 일반적인 방법을, 최소한 그 둘을 결합시키지 않은 길을 선택했다는 사실이 무척 놀랍다.

은혜의 다양함.

얀세니스트 번역자들.

적들이 숱하게 갈라지는 바람에 성 아우구스티누스는 가장 많은 적이 생겼다. 그 밖에 곱씹어야 할 사실은 1,200년 동안이나 끊이지 않고 이어져 내려온 교황과 평의회 따위의 전통이다.

아르노는 스스로 끌어안았던 이들을 타락시킬 참으로 사악한 생각을 품었어야 했다.

정죄가 정죄받은 이들에게 주는 이점은, 견책을 받을 때마다 자신들은 얀세니스트들을 따라하고 있다고 말하며 맞서 싸우리라는 것이다.

얼마나 마음이 편한지! 어떤 프랑스인도 선량한 가톨릭이 아니다!

호칭 기도. 클레멘스 8세, 바오로 5세, 책망. 하나님은 분명히 우리를 보호하신다.

인간은 진정 제정신이 아니다. 진드기 하나 만들어 내지 못한다.

거기에 이르려면 하나님이 아니라 은혜가 있어야 한다. / 925

955 그들은 이를 인정하지 않는 사람들을 교회에서 내쫓을 준비를

하고 있다. 누구나 다섯 개 명제가 그러하다고 선언한다. 아르노와 그의 동료들은 자신들 역시 그것이 어디에 있든지, 얀세니우스의 글에 있다면 바로 그 지점에서 정죄하노라고 항변한다.

또 얀세니우스의 책에 들어 있지 않을지라도 교황이 책망해 마지않는 이 명제들의 이단적인 인식을 얀세니우스에게서 찾을 수 있다면, 기꺼이 그를 정죄한다고 말한다.

하지만 당신들은 이런 이의 제기를 받아들이지 않고, 얀세니우스의 글에 이 명제들이 토씨 하나 틀리지 않고 그대로 들어 있노라고 아르노가 확실히 천명하기를 원했다. 아르노는 정말 그러한지 여부를 알 수 없고, 다만 수많은 이들이 그랬던 것처럼 자신도 얀세니우스의 글을 살폈지만 비슷한 기미를 전혀 발견하지 못했으므로 그런 식의 주장을 할 수 없노라고 답했다. 다들 당신들과 그 밖에 다른 사람들에게도 어디 그런 소리가 나오는지 쪽 번호를 알려 달라고 요청했지만 아무도 그러지 못했다. 교회가 정죄한 모든 주장을 똑같이 정죄했음에도 불구하고, 그 거부를 빌미 삼아 아르노를 교회에서 축출하고 싶어 한다. 이유라고는 아르노 스스로 문제 구절을 찾아내지 못했고, 다른 그 누구도 어디에 그런 대목이 있는지 짚어 주지 못하는 책에 특정 단어와 특정 의미가 들어 있다고 고백하지 않는다는 것 하나뿐이다. 사제들이여, 이런 구실은 너무도 공허해서 과연 교회에 이처럼 희한하고, 부당하며, 폭압적인 치리가 또 있었는지 의심스러울 지경이다.

교회는 쉽사리 강요할 수 있다.

클레멘스 8세.

"혹자는 말하기를……."

굳이 신학자가 아니더라도, 그들의 이단성이라는 것이 당신들을 반대한다는 사실 하나뿐임은 금방 알 수 있다. 개인적으로도 같은 경험이 있으며, 당신들을 공격했던 모든 이들에게서도 광범위한 증거를 찾아볼 수 있다.

루앙의 얀세니스트 성직자들.

캉의 서원.

당신들은 스스로 품은 뜻이 지극히 고결해서 서원의 주제로 삼았다고 생각한다.

2년 전에는 이단성의 근거가 교황의 칙서였고, 작년에는 '내면'이었고, 여섯 달 전에는 '한마디 한마디'였으며, 지금은 '그 뜻'이 되었다.

당신들의 소망은 어떻게든 그들을 이단으로 만드는 것임이 분명하지 않은가? 복된 성찬.

나는 다른 이들을 대표해 당신들을 공격했다. 다섯 개 명제를 가지고 그렇게 호들갑을 떨다니, 당신들은 참으로 우스꽝스럽지 않은가! 그것은 아무것도 아니다. 이것을 반드시 알아야 한다.

글쓴이의 이름도 없다. 하지만 일단 당신들의 속내가 알려지자 거기에 반대하는 이들이 70명에 이르렀다. —평결 일자.

당신이 그 말을 빌미로 이단 선고를 내릴 수 없었던 사람을 비롯해.

이 모두가, 심지어 더없이 끔찍한 것들까지도 당신들의 작가들의 것임을 드러내는데 누가 나를 원망하겠는가?

어차피 전말은 다 드러나게 마련이기 때문이다.

달리 답할 말은 없는가? 증명할 다른 방도는 없는가?

과연 그러한지, 그렇지 않은지 잘 알고 있거나 또는 죄인인지 아닌지 의심하고 있다.

서문. 빌로엥(Villeloin).

얀세니우스, 아우렐리우스,[9] 아르노, 《시골 친구에게 보내는 편지》.

한 무리의 버림받은 영혼들.

생메리성당의 헌금함을 다 열어 본다 해도 당신들의 결백이 사라지지는 않을 것이다.

펠라기우스 이후로.

그러므로 이는 낯선 일이 아니다. 거짓 권리. 바로니우스(Baronius).

나로서는 ……보다 차라리 사기꾼이 될 텐데.

무슨 이유로 당신은 그리하는가? 나는 얀세니스트고, 포르루아얄은 다섯 개 명제를 주장하며, 나 역시 그를 지지한다고 당신은 말하지만, 셋 다 거짓이다.

그저 이교도들을 깊이 생각해 보라.

초자연적인 진리를 계시하는 바로 그 빛이 어김없이 그들을 비추는 반면, 그 빛은……

얀세니우스가 만들지도 않은 명제들 속에 그의 속내가 담길 수 있겠는가?

부디, 내게 와서 이 소란을 피우는 것이 당신이 아니라 주교들이라고 이야기하지 말라. 나로서는 당신이, 그리고 다른 사람들이 달가워하지 않을 답을 줄 수밖에 없다. 그 답만큼은 피할 수 있게 해 달라.

얀세니우스의 글 가운데 그게 있거나 아니면 없거나 둘 중 하나다. 있다면 거기에 근거해 정죄받을 것이다. 없다면, 어째서 그를 정죄하고 싶어 하는가?

에스코바르 신부의 명제들 가운데 단 하나라도 정죄받은 것이 있는지 살펴보자. 그럼 한 손에는 에스코바르의 글을, 다른 손에는 규탄 문서를 들고 가서 사리에 맞는 주장을 펼 것이다.

교황은 두 가지 사안을 정죄하지 않았다. 그저 다섯 개 명제의 의미를 견책했을 따름이다.

그래서 그것을 정죄하지 않았다고 하겠는가? 교황은 "하지만 그것은 얀세니우스의 의도를 담고 있다"고 했다. 교황이 그리 생각하는 것은 당신들이 주장하는 '한마디 한마디' 때문이며 파문의 고통을 염두에 두고 그렇게 말하지는 않았음을 잘 안다.

교황 그리고 프랑스의 주교들은 어째서 믿지 않았을까? 당신들은 '한마디 한마디'라고 말했고, 교황과 주교들로서는 당신들이 비록 사실이 아니더라도 얼마든지 그렇게 이야기할 수 있는 인물들이라는 사실을 몰랐다.

사기꾼들. 저들은 내 열다섯 번째 편지를 보지 못했다. / 929

956 **디아나**(Diana)[10]

디아나의 글을 어떻게 활용할 수 있는지가 여기에 있다.

1 "심령의 회복과 관련이 없는 성직이라면 반드시 가장 훌륭한 인물에게 성직을 맡기지 않아도 괜찮다." 트렌트공의회는 전혀 다른 말을 하는 듯하지만, 디아나는 이런 식으로 증명한다. "그렇다면 고위 성직자들은 하나같이 정죄받을 처지에

몰린다. 이것이 바로 그들 모두가 하는 일이기 때문이다."

11 "왕과 교황은 더없이 합당한 인물을 선택할 의무가 없다." 그렇다면 교황과 왕들은 지독하게 부담스러울 것이다.

21 그리고 다른 곳에서도. "이런 입장이 바르지 않다면, 참회자와 고해신부들은 많은 문제에 직면할 것이다. 그래서 나는 실생활에서 그런 주장을 따라야 한다고 본다."

어떤 죄가 치명적이 되는 데 필요한 조건들을 제시하는 대목에서, 디아나는 도저히 죽을죄를 지을 수 없을 정황적인 세부사항들을 숱하게 설명하고는 자신의 입장을 분명히 한 뒤에 부르짖는다. "주님의 멍에는 얼마나 쉽고 가벼운가!"

11 또 다른 곳에서는 말한다. "가난한 이들의 통상적인 궁핍함을 덜어 주기 위해 쓰고 남는 물품을 구제품으로 바칠 필요가 없다." 만약 사실은 그와 정반대라면, 부자들과 고해신부들은 정죄를 받아 마땅할 것이다.

그런 소리들이 견딜 수 없이 짜증스러워서 나는 신부를 붙들고 물었다. "그런 자들이 정죄당하리라는 말을 못하게 막는 자들이 도대체 누구입니까?"

그도 이 대목에서 그런 이야기가 나올 줄 알았는지 "만일 그게 사실이라면, 더없이 부유한 이들은 저주를 받을 것"(22)이라고 말한 뒤에 이렇게 덧붙였다. "이에 대해 아라고니우스(Arragonius)는 그대로 될 것이라 답하고, 예수회의 보니(Bauny) 신부는 한술 더 떠서 고해신부 또한 저주를 받으리라고 했습니다. 하지만 나는 또 다른 예수회원인 발렌티아(Valentia)와 다른 저술가들에게 부자들과 그 고해신부들을 용서할 만한 몇 가지 이유들이 있다고 답합니다."

그 말에 내가 반색을 하자 그는 이 한마디로 종지부를 찍었다. "복권(復權)을 바라보는 이런 견해가 정확하다면, 얼마나 많은 복권이 이뤄지겠소!"

"오, 신부님!" 나는 말했다. "정말 근사한 이유로군요!"

신부는 대답했다. "오, 당신에게 맞춤한 이가 있어요."—나는 다시 말했다. "오, 신부님 같은 결의론자들이 없었더라면 얼마나 많은 이들이 저주를 받았을까요."—그는 맞장구를 친다. "그런데도 거기에 관해서는 입도 벙긋 못하게 하니 사람들도 참 문제입니다."—"그러게요, 신부님. 천국으로 가는 길을 얼마나 넓혀 놓으셨는지요! 얼마나 많은 이들이 길을 찾겠습니까! 여기……" / 928

957 그 특유의 표현대로라면, 그것(성찬)은 온전히 그리스도의 몸이지만 그리스도의 온몸이라고 말할 수는 없다.[11]

아무 변화가 없이 두 물질이 결합하는 경우, 다른 물질이 되었다고 말할 수 없다.

이처럼 영혼은 육신과 결합한다.

불은 아무런 변화도 없이 나무와 연합한다.

하지만 하나의 형체가 다른 형체가 되려면 변화가 필요하다.

말씀과 육신이 하나가 되는 연합이 그러하다.

영혼이 없는 몸은 인간의 육신이 아니므로 영혼은 어떤 물질과 연합해 몸을 이룬다.

그는 필요조건과 충분조건을 구별하지 않는다. 연합은 필요하지만 충분하지 않다.

왼팔은 오른팔이 아니다.

관통해 들어갈 수 없음(Impenetrability)은 몸의 특성이다.

같은 시간이라는 조건에서는 수적인 동일성이 물리적인 동일성을 규정한다.

그러므로 하나님이 내 영혼을 중국에 있는 몸과 연합시키신다면 같은 몸, 즉 "수적으로 동일한" 몸은 중국에 있을 것이다.

저기 흐르는 강은 같은 시간에 중국에서 흐르는 강과 "수적으로 같다." / 512

958 1부. L. 2. c. 1. s. iv.[12]

(추측: 한 단계 낮춰서 우스꽝스럽게 보이게 하는 데는 별 어려움이 없을 것이다.)

죽은 몸이 열정, 염려, 공포 따위를 품는다는 것만큼 터무니없는 말이 또 있을까? 생명이 떠나 무감각한, 심지어 생명을 지닐 능력조차 없는 몸들에 격정이 깃든다고? 그러자면 적어도 그것을 받아들일 지각이 있어야 하는 것이 아닌가? 게다가 그 공포의 대상이 진공이라고? 진공 속에 도대체 무엇이 있어서 두려움을 준다는 말인가? 이보다 저질스럽고 한심한 것이 어디 있겠는가?

이것이 다가 아니다. 생명이 없는 물체가 스스로 진공을 피할 운동 원리를 지니고 있는가? 팔다리, 근육과 신경을 가지는가?

/ 75

959 '만일'은 무관심을 뜻하는 말이 아니다.

말라기.

이사야: "너희가 즐겨 순종하면"(사 1:19).

“먹는 날에는”(창 2:17). / 636

960 내가 성물을 우습게 여긴다고 비난해서 당신들은 무슨 득을 보았는가? 사기를 치고 다닌다고 나를 헐뜯은들 나아질 것이 없을 것이다.

당신들도 차차 알겠지만 나는 하고 싶은 말이 있어도 하지 않았다.

나는 이단이 아니다. 다섯 개 명제를 지지한 적도 없다. 당신들은 아니라지만, 그것을 입증하지 못한다. 나라면 당신들이 그리 주장하더라고 말하고 또 증명할 수 있다.

나는 당신들은 협잡꾼이라고 말했고 그것을 입증도 할 수 있다. 그리고 나는 당신들이 오만하게 그것을 비밀에 붙이지도 않았다고 지적했다. 브리사슈르(Brisacier), 므에니에(Meynier), 달비(d'Albi). 그리고 당신들이 그것을 인가했다는 사실도. “취소하라.”[13]

푸이를 예수회의 적으로 보았을 때는 ‘그 교회에 합당치 않은 목회자고, 게으르며, 이단적이고, 조악한 신앙과 윤리를 지닌 인물’로 취급했지만, 나중에는 ‘훌륭한 목회자이며 탁월한 신앙과 도덕성을 갖춘 이’로 다시 평가했다.

중상모략하는 행위: 마음의 큰 어둠이다.

그 안의 해악을 보지 못하는 행위: 마음의 더 큰 어둠이다.

그것을 고백하는 것이 아니라 도리어 감싸는 행위: 인간을 완전히 뒤덮은 깊은 사악함. 230. 프로스페르(prosper).[14]

지체 높은 귀족들은 내란으로 분열한다.

당신들 역시 인간들 사이에서 내란을 겪는다.

당신들 눈앞에서 이런 이야기를 해서 더 큰 영향력을 갖게 하고 싶다.

책을 잘 읽은 이들이라면 틀림없이 한뜻이 되리라고 믿는다. 하지만 그저 제목이나 훑고 마는 이들(대다수가 그렇다)은 당신들의 말을 곧이곧대로 받아들일 것이다.

정상적인 성직자라면 사기꾼이 될 수 없다. 우리 쪽 사람들은 설득력 있는 인용글을 보고 이미 눈을 떴다. 이제 남은 이들은 취소를 통해 눈을 떠야 한다.

"원로원의 결의와 백성의 투표의 힘으로……."[15]

비슷한 구절들을 찾아볼 것.

당신이 나와 똑같은 것을 공표하고 있으니 얼마나 기쁜지 모르겠다.

"다툼은 피하라." 사도 바울.

"그는 나를 다툼의 원인으로 만들었다."

당신들이 어쩔 줄 몰라 하는 모습이 여실히 보인다. 철회하고 싶으면 철회할 수도 있었지만……

성인들은 온 힘을 다해 스스로를 죄인으로 여기고 더없이 고결한 행동도 비판하건만, 이 사람들은 지극히 사악한 행위들까지 변명하느라 안간힘을 쓴다.

이것이 논쟁 과정에서 벌어진 일인 양 가장하지 말라. 당신들의 글들을 온전하게 다 보고 또한 프랑스어로 인쇄했더라면 누구나 바르게 판단할 수 있었을 것이다.

이방의 현자들은 부실한 기초 위에다 겉만 똑같이 근사한 집을 지었다. 토대는 완전히 딴판이지만 겉은 영락없이 닮았으므로 인간은 마귀에게 속아 넘어간다.

여태껏 나만큼 훌륭한 동기를 가진 사람은 없었으며, 당신들만큼 좋은 표적을 제공한 사람도 없었다.

세상 사람들은 스스로 바른길을 가고 있다고 생각지 않는다.

그들은 내 됨됨이에서 연약함을 찾아내면 찾아낼수록 내 동기에 더 큰 권위를 부여한다.

당신들은 나더러 이단이라 한다. 그것이 받아들여지겠는가? 대중이 나를 공정하게 평가하는 것은 두려워하지 않는다 해도 하나님의 뜻마저 겁내지 않으려는가?

당신들은 진실의 힘을 감지하고 그 앞에 무릎 꿇을 것이다.

더는 저들의 말에 휘둘리지 말고 공정하게 나를 판단해 주길 당부한다.

당신들로서는 치명적인 죄의 고통을 앞세워 사람들에게 믿음을 강요해야 할 것이다. "철회하라."

성급하게 중상모략을 믿는 것은 죄다.

"그들은 비방하는 자들의 말을 섣불리 신뢰하지 않았다." 성 아우구스티누스.

그는 중상모략의 법칙에 따라 "그는 아무 쪽으로든 넘어져서 나까지 쓰러트렸다."

그런 무분별에는 무언가 초자연적인 것이 있다. "그들이 받아야 할 운명."[16]

나는 홀로 3만 명을 상대하고 있다. ─아니, 그렇지 않다. 당신은 궁정을 지킨다(?). 당신은 협잡을 수호하되 나는 진리를 붙잡는다. 내가 지닌 힘은 그뿐이다. 그것을 잃으면 나는 패할 수밖에 없다. 나를 맹렬히 고발하고 형벌을 안기려는 이들은 차고 넘친다. 하지만 진리는 내 편이며 결국 누가 승리하는지 알게 될 것이다.

나는 신앙을 수호할 만한 재목이 아니지만, 당신들도 오류를 지켜 낼 만한 인물은 못 된다.

내 안의 악을 용서하시고 당신들 속의 선을 살피시는 자비로우신 하나님이 내 손에서 진리가 무너지고 거짓이 ……하지 못하도록 너그러이 이끌어 주시기를 소망한다.

"그대들은 더없이 뻔뻔스럽게 거짓말을 한다."

230. 그것을 고수하는 것만큼 극심한 죄는 없다. "철회하라."

340. 23. 사악한 자들의 요행.

'인간은 그 지혜에 따라 정죄될 것이다'(잠 12:8).

66. "혀를 놀려 거짓을 말하며."

80. 구제헌금.

거짓 경건, 이중의 죄.

"철회하라." 카라무엘(Caramuel).

당신들은 나를 을러대고 있다.

당신들은 오로지 그 점만을 언급했으므로 나머지는 다 인정한 셈이다. / 362, 921

961 B. 왕들과 예언자들, 교황, 심지어 성직자들에게까지 이 모든 일이 벌어질 것이다. 하지만 그럼에도 불구하고 교회는 반드시 살아 남으리라는 것을 모른다면, 당신은 예언을 아는 것이 아니다.

하나님의 은혜로 아직 우리는 그 지경에 이르지는 않았다. 그대, 사제들에게 화가 있으리니! 하지만 하나님이 자비를 베푸셔서 그 가운데 끼지 않게 하시기를 바랄 따름이다.

베드로후서 2장: 지난날의 거짓 선지자는 장차 나타날 이들의 그림자다. / 888

962 피양회 수도사들은 말한다. "그것은 그다지 확실치 않다." "다툼이 있는 곳에는 어김없이 불확실성이 있는 법"이다.

성 아우구스티누스. 성 크리소스토무스(St Chrysostom).

도덕성. 신앙이 없는 이들.

예수회는 진리에 회의의 불씨를 던지지는 않았지만, 불신앙에 대한 의구심을 모두 지워 버렸다.

모순은 언제까지나 남아서 사악한 이들의 눈을 가린다. 진리와 사랑을 공격하는 것은 무엇이든 잘못이기 때문이다. 이것이야말로 참된 원리다. / 902

963 삼위일체 가운데 위격이 셋이든 넷이든, 사람들 마음에는 대수롭지 않은 문제지만…… 저마다 어느 한쪽을 적극적으로 지지하고 다른 쪽은 마다하는 까닭이 여기에 있다.

한쪽에 서는 것이 마땅하지만, 다른 편도 무시하지 말아야 한다. 우리에게 말씀하시는 한 하나님은……

그러므로 한쪽만 믿고 다른 편은 믿지 않는 사람은, 하나님이 그리 말씀하셔서가 아니라 자기 성향과 딱히 어긋나지 않아서다. 그러기에 아주 기꺼이 동의하고 쉬이 양심의 증거를 갖게 된다……

하지만 그것은 거짓 증거다. / 940

964 예수회가 어떻게 곳곳에 그토록 강력하게 기반을 구축했는지 밝히는 서신.

초자연적인 맹목성.

십자가에 달리신 하나님을 앞세우는 도덕성.

그리스도에게 하듯 순종을 맹세한 이들이 여기에 있다.

예수회의 타락.

온전히 거룩한 우리의 신앙.

결의론자. 거울.

그를 승인한다면, 그것은 좋은 징조다.

그들에게 신앙이라는 관념을 줄 방도가 없다는 것은 희한한 일이다.

십자가에 못 박히신 하나님.

분립이라는, 처벌해야 마땅한 사건을 별도로 처리한 탓에 그들은 벌을 받을 것이다.

하지만 이게 무슨 난리인가! 이를 받아들이면서 그 자녀들은 부패의 앞잡이들, 자기들을 혐오하는 원수들을 사랑한다.

우리는 증인들이다.

교회가 결의론자 무리들을 꾸짖기는커녕 도리어 그쪽이 교회를 탄식 속에 몰아넣었다.

우리가 의심받을 여지없이 정정당당할 수 있도록 성경 말씀을 전해 받은 유대인들, 이방인에게 아무 혐의도 사지 않았던 유대인들과 같이, 그들은 자신들의 "규약"들을 우리에게 넘겨준다. / 953

965 한편으로 성직 체계의 구성원이 아닌 몇몇 해이한 신앙인들과

일부 부패한 결의론자들이 타락의 수렁에서 나뒹구는 것이 사실이지만, 다른 한쪽으로는 거룩한 말씀을 진정으로 위임받은 교회의 참목회자들이 어떻게든 망가트리려 갖은 수를 다 쓰는 자들에 맞서 그 가르침을 지켜 왔던 것 또한 사실이다.

그러기에 신앙을 가진 이들로서는 목자가 따뜻한 손길로 내미는 건전한 교리를 좇는 대신, 낯설기만 한 결의론자들이 제시하는 애매한 가르침을 따를 핑곗거리가 전혀 없다. 신앙이 없는 이들이나 이교도들에게는 이런 폐단을 교회를 향한 하나님의 섭리가 실패로 돌아갔음을 입증하는 증거로 들이밀 근거가 없다. 엄밀히 말해서 교회는 성직 체계의 본체 속에 있으므로, 현재 상태를 거론하면서 하나님이 교회를 부패하도록 버려 두셨다고 결론 내리기는 어렵다. 그분이 타락하지 않도록 명확하게 지키신다는 사실이 오늘날만큼 확실했던 적이 없었기 때문이다.

만일 특별한 소명을 받고 일반 크리스천보다 더 완전한 상태를 추구하기 위해 세상을 떠나 수도회의 제복을 입기로 서원한 이들 가운데 일부가 평범한 신자들에게 충격을 줄 만한 일탈을 저지른다면, 유대인들 사이에 있었던 거짓 선지자들이 우리 사이에 존재하는 것과 같으며, 이는 통탄해 마지않을 특별하고도 개인적인 불행이 될 것이다. 하지만 이는 거룩한 교회를 위해 하나님이 베푸시는 보살핌을 부정하는 그 어떤 결론도 정당화하지 않는다. 이 모든 일들을 대단히 또렷하게 예언했으며, 이러저러한 유형의 인간들이 이만저만한 유혹을 가져오리라는 사실은 옛날부터 알려졌다. 그러므로 제대로 가르침을 받았다면, 하나님이 우리를 잊으셨다는 증표가 아니라 앞길을 인도하신다

는 표징임을 금방 알 수 있을 것이다. / 889

966 양쪽 이야기를 다 경청해야 한다. 그것이 바로 내가 그동안 신경 써서 해 왔던 일이다.

어느 한편에만 귀를 기울이면 어김없이 그쪽으로 마음이 기울게 마련이지만 상대편의 말을 들어 보면 생각이 달라진다. 이는 예수회의 경우에서도 확인할 수 있다.

핵심은 그들의 행동이 아니라 말이다.

모든 격렬한 반응이 나를 겨냥한다. 상관없다. 내가 책임져야 할 상대가 누구인지 잘 안다.

예수는 걸려 넘어지게 하는 돌이었다.

정죄에 대해 열려 있었으며, 정죄를 받았다.

정치.

"사람들을 위해 일을 더 쉽게 해 주려는 계획에 두 가지 장애물이 나타났다. 하나는 복음서의 내적인 규범이고 다른 하나는 신앙과 국가의 외적인 규범이다.

먼저 것은 뜻대로 통제할 수 있으며, 나중 것은 이렇게 처리한다. '확대하고, 제한하며, 더 큰 쪽에서 더 작은 편으로, 더 새로운 쪽으로.'"

개연성이 있는.

그들은 마치 대낮에 오밤중임을 증명하려는 이들 같은 논리를 편다.

그처럼 조악한 주장들도 개연적이라면, 무엇이든 다 개연적일 것이다.

첫 번째 주장: 〔남편〕 "부부관계의 주인." 몰리나.
두 번째 주장: "남편은 보상을 받지 못한다." 레시우스.
거룩한 행동 원리가 아니라 혐오스러운 처세술을 반대하라.
보니, 곳간을 불태우는 자.[17]
마스카레냐스(Mascarenhas), 치명적인 죄를 범한 사제 문제를 다루기 위한 트렌트공의회. "가능한 한 빨리." / 926

967 교회는 파문이니 이단이니 하는 용어들을 헛되이 규정했다. 그런 단어들은 교회에 맞서는 데 쓰였다. / 896

968 만찬(dinner)과 저녁 식사(supper)의 차이.

하나님은 진실하시므로 그분 안에서는 말과 의도가 다르지 않으며, 전능하시므로 말과 결과가 다르지 않고, 지혜로우시므로 수단과 결과가 다르지 않다(성 베르나르, 구세주에 관한 마지막 설교에서, 눅 1:26).

아우구스티누스, 《신국론》 v. x: 이는 보편적인 법칙이다. 하나님은 죽는다든지, 속는다든지, 속인다든지 하는 따위들처럼 그렇게 되면 더 이상 전능할 수 없는 일들을 제외하고는 무엇이든 하실 수 있다.

다수의 복음서 기자들, 유일한 진리임을 확인하는 장치.
그들 사이의 불일치는 유용하다.
마지막 저녁 식사 이후의 성찬. 표징 이후의 진리.
예루살렘의 멸망, 세상의 멸망을 보여 주는 상징.
그리스도가 죽고 난 뒤 40년.

인간으로도, 하나님의 사자로서도 예수는 알지 못한다.—마태복음 24장 36절.

예수는 유대인들과 이방인들에게 정죄되었다.

유대인들과 이방인들을 예표하는 두 아들—아우구스티누스, 《신국론》, xx. xxix. / 654

969 "두렵고 떨림으로 너희 구원을 이루라"(빌 2:12).

은혜를 입은 가난한 사람들.

"구하라 그리하면 너희에게 주실 것이요"(마 7:7). 구하는 것은 우리 힘으로 되는 일인가? 천만에, 그렇지 않다. 얻는 것은 인간의 능력 안에 있지만 기도는 그렇지 않기 때문이다. 구원은 우리의 능력 밖이고, 또한 기도에 응답을 받는 것은 우리에게 달렸지만 기도에는 우리 힘이 미치지 않기 때문이다.

의인은 더 이상 하나님께 바라서는 안 된다. 바랄 것이 아니라 구하는 바를 얻으려 힘써야 하기 때문이다.

그러므로 이제 결론을 맺자. 인간은 이 '인접 능력'을 사용할 수 없고, 또 이것으로 하나님과 소원해지는 것은 그분의 뜻이 아니므로, 우리를 하나님과 멀어지지 않게 막아 주는 힘은 '유효 능력'(effective power)뿐이다.

따라서 하나님과 소원해지는 이들에게는, 지니고 있으면 절대로 그분에게서 멀어지지 않는 이 유효 능력이 없다. 반면, 하나님과 멀어지지 않는 이들은 이 유효 능력을 가지고 있는 셈이다.

이처럼 한동안 이 유효 능력을 통해 간구하며 인내하다가 기도를 그치면 이 유효 능력을 잃는다.

그러므로 이런 의미에서 본다면 하나님이 먼저 손을 거두시는 것이다. / 514

970 **에스드라서(구약 성경 외경-편집자)에 관하여**

전설: 율법 책들이 성전과 함께 불타 버렸다. 마카베오서는 이를 부정한다. 마카베오하 2장 2절. "예레미야는 그들에게 율법을 주면서."

전설: 그는 온 마음을 다해 율법을 암송했다. 요세푸스와 에스라(에스드라)는 그가 책을 읽었다고 기록한다.

바로니우스, 《연대기》 AD 180년: 고대 히브리 문서들 가운데 율법 책이 파괴되었으며, 에스라가 이를 복구했다는 주장을 지지하는 경우는 에스드라 4서 외에는 어디서도 찾아볼 수 없다.

전설: 그가 문서들을 달리 고쳤다.

필로, 《모세의 생애》(*Life of Moses*)에서: 옛 율법을 기록한 언어와 특성들이 70인역 성경이 나올 때까지 그대로 남아 있었다.

히브리어로 율법을 기록했으며, 번역한 것은 70인역 성경이 나오면서라고 요세푸스는 말한다.

안티오코스(Antiochus)와 베스파시아누스(Vespasian) 치세에 율법 책들을 파기하려는 시도가 있었는데, 선지자 하나 없었지만 끝내 실패로 돌아갔다. 그런데 박해가 전혀 없었고 숱한 선지자들이 활동했던 바벨론(바빌로니아) 치하에서 율법 책이 불타도록 버려 두었겠는가?

요세푸스는 ……으로 고통받지 않았던 그리스인들을 비웃는다.

"그(노아)는 어마어마한 재난에 휩쓸려 파괴되었던 기억(에녹서;

가톨릭 구약 성경 외경-편집자)을 바탕으로 그것을 쉽게 되살려 낼 수 있었다. 그와 마찬가지로 바벨론의 침략으로 예루살렘이 멸망한 뒤에 에스라가 유대 경전들의 자료를 모두 복구했다는 데는 이견이 없다."—테르툴리아누스, *De Cultu femin*, I, iii.

노아가 대홍수 와중에 사라졌던 에녹서의 기억에 기대 어렵잖게 재건했던 것처럼, 에스라는 포로 생활 중에 잃어버렸던 경전들을 되살려 낼 수 있었다고 테르툴리아누스는 말한다.

"이스라엘 백성이 느부갓네살(네부카드네자르)왕 아래서 포로 생활을 하는 동안 경전들이 죄다 훼파되자 하나님은 레위 족속의 제사장 에스라를 감동시키셔서 이전 선지자의 말을 빠짐없이 되살리게 하시고, 모세가 전한 율법을 백성에게 회복시켜 주셨다." —유세비우스, *Hist.*, Bk v. viii.

유세비우스는 이를 제시하면서 70인역이 혀를 내두를 만큼 일관성 있게 성경을 설명하는 것이 조금도 놀랄 일이 아님을 증명하고, 이레네우스의 글을 인용한다.

성 힐라리우스는《시편》서문에서 에스라가 시편을 정렬했다고 말한다. 이 전승의 기원은 에스드라 4서 14장에서 비롯했다.

"너나없이 처음부터 끝까지 같은 일을, 같은 말과 같은 표현으로 이야기하므로, 하나님은 영광을 받으셨으며 성경은 진정 거룩한 말씀으로 인정되었다. 이제 이방 민족이라 할지라도 성경은 하나님의 영감으로 기록되었음을 안다. 백성이 느부갓네살 아래서 포로 생활을 하는 사이에 경전들은 모두 소실되었다. 그로부터 70년 뒤, 바사(페르시아) 왕 아닥사스다(아르타크세르크세스) 치세에 유대인이 귀환하자 하나님은 레위 족속의 제사장 에스라에게 영감을 주셔서 이전 선지자의 말을 빠짐없이 되살리시고, 모세가 전한 율법을 백성에게 다시 세워 주셨다."[18] / 632

971 **에스드라 이야기에 대한 반론**

마카베오하 2장.

요세푸스 《고대사》(Antiquities) 2권 1장. 이사야의 예언대로 고레스(키루스)왕은 이스라엘 백성을 풀어 주었다. 고레스가 다스리는 바벨론에서 유대인들은 아무 탈 없이 부를 쌓을 수 있었으므로 율법을 잘 지켰을 공산이 크다.

요세푸스는 에스라의 이력 전반을 다루면서도 재건에 관한 이야기는 한마디도 하지 않는다.

열왕기하 17장 27절. / 633

972 에스라의 이야기에 믿음이 간다면, 이 거룩한 문서가 성경임을 믿어야 한다. 이 이야기는 오로지 70인역의 권위를 주장하는 이들의 권위에 토대를 두는데, 이는 이 문서가 거룩함을 증명한다.

그러므로 이 이야기가 사실이라면 우리의 주장을 입증하는 셈이고, 그렇지 않다면 다른 방법으로 증명하면 그만이다.

모세의 책을 기반으로 한 우리 신앙의 진리를 훼손하려 드는 이들은 실제로는 공격에 동원하는 바로 그 권위를 가지고 자기들의 진리를 구축하는 꼴이다. 이렇게 베풀어 주신 섭리 덕분에 기독교 신앙은 생명력을 잃지 않고 끊임없이 이어지는 것이다.

/ 634

973 내로라하는 이들은 알랑거리는 소리를 바라고, 예수회 사람들은 지체 높은 이들의 총애를 얻고 싶어 하는데, 이들은 그들이 끌어안은 죄의 결과다. 죄다 거짓의 영에 넘어가 더러는 속이고 또 더러는 속는 처지가 되는 것이 당연하다. 저들은 욕심 많고, 야심적이며, 쾌락을 탐한다. "사람이 …… (자기의 사욕을 따를) 스승을 많이 두고."[19] 그런 스승들에 맞춤한 제자답게, 그들은 아첨꾼을 두루 구하고 마침내 찾아냈다. /919

974 국가의 경우, 그들이 추구하는 평화의 유일한 목표는 국민의 재산을 안전하게 지키는 것이듯, 교회에서 평화를 추구하는 단 하나의 목표는 그 중심에 품은 재산이자 보물이라고 할 진리를 확고하게 지키는 일이다. 평온한 상태가 깨질까 두려워 외부 세력이 들어와 노략질하는데도 아무 저항 없이 묵인하는 것은 평화의 목적에 정면으로 어긋난다(평화는 오로지 재산을 보호할 때만 정당하고 유익하므로 소중한 것들을 잃어버리게 내버려 둔다면 부당하고 해로울 뿐이며, 도리어 제 것을 지킬 수 있는 전쟁이 정당한 동시에 필요하기 때문이다). 교회도 한가지다. 믿음의 적들이 진리를 해칠 때, 신실한 이들의 중심에서 진리를 뿌리째 뽑아내려 들 때, 진리 대신 오류가 지배하는 판을 만들려 할 때, 그런 평화를 유지한다면 그것은 교회를 섬기는 일이 되겠는가, 아니면 배신하는 짓이 될 것인가? 진리가 지배할 때 평화를 흐트러트리는 것이 범죄이듯, 진리가 무너진 상황에서 여전히 평온한 것 역시 범죄임은 자명한 사실이 아니겠는가? 그러므로 평화가 정당한 경우가 있고 부당할 때가 있는 법이다. "전쟁할 때가 있고 평화할 때가 있느니

라"(전 3:8)라고 했다. 그 둘을 구분하는 기준은 진리에 유익한지 여부다. 그렇다고 진리의 때가 있고 오류의 때가 있는 것은 아니며, 그러기에 "여호와의 진실하심이 영원함이로다"(시 117:2)라고 했다. 같은 이유에서 예수 그리스도는 스스로 화평을 주러 왔다고도 하고 또 검을 주러 왔다고도 했지만 진리와 거짓을 모두 주러 왔다고 말하지 않는다. 그러므로 진리는 만사에 으뜸가는 원칙이며 궁극적인 목적이다. / 949

---

1. 성 베르나르(St Bernard)에게 보낸 편지에서 인용.
2. 이 단장은 성 아우구스티누스의 시편 127편 묵상을 표현을 달리해 적은 글이다.
3. 성토요일의 기도에서.
4. 성금요일의 기도에서.
5. 찬송 〈Vexilla regis〉에서.
6. 마리아의 기도에서.
7. 마태복음 5장 6, 10절. "의를 위하여 박해를 받은 자는 복이 있나니."
8. 예수회를 가리키는 듯하다.
9. 생 시랑의 필명.
10. 예수회가 아니라 테아티노수도회 소속 결의론자(1663년 사망). 《시골 친구에게 보내는 편지》의 다섯 번째와 여섯 번째 편지를 보라.
11. 여기서 파스칼은 화체설(trans-substantiation)을 자연과학 차원에서 설명하려는 데카르트의 시도를 비판한다.
12. 진공에 관한 미완성 논문(1621)에 대한 참조 표기.
13. 즉, '적들에 대한 비판'을.
14. 아키텐의 성 프로스페르(St Prosper of Aquitaine). 아우구스티누스의 제자이자 기자.
15. 507번을 참조하라.
16. 지혜서 19장 4절.

17. 몰리나에 대해서는 722번 단장, 보니와 곳간에 관해서는 《시골 친구에게 보내는 편지》 여덟 번째 서신을 보라.

18. 영어 성경에서 에스드라 4서는 2서에 해당한다. 마지막 문절은 유세비우스의 그리스어 원문을 가져다가 파스칼이 라틴어로 번역한 것이다. 이 단장과 다음에 이어지는 두 단장은 어떤 이유에서인지 원문이 남아 있음에도 두 번째 사본에만 들어 있다.

19. 디모데후서 4장 3절. 이 단장과 다음 단장은 두 번째 사본에만 들어 있다.

3

다른 자료에서 찾은 단장들

원본에도, 두 개의 공식적인 사본에도 들어 있지 않지만 다양한 자료들에서 찾아낸 단장들이다.

975 인간은 상상을 자기 마음으로 여기기 십상이며, 회심을 생각하기 시작하자마자 이미 회심한 것으로 믿기 일쑤다. / 275

976 작품을 쓰면서 가장 나중에 깨닫는 것은, 가장 앞에 무엇을 두어야 하는가이다. / 19

977 인간은 균형을 잃었으므로 세상에서 가장 불합리한 것이 가장 합리적이 된다. 여왕의 맏아들을 한 나라의 통치자로 세우는 것만큼 불합리한 일이 또 있을까? 승객 가운데 가장 지체 높은 이를 골라 선장으로 삼는 경우는 어디에도 없을 것이다. 그런 법률은 어처구니없고 부당하기 짝이 없지만, 인간의 됨됨이가 본디 그러하고 앞으로도 마찬가지인 터라 이런 일들을 합리적이고 정당하다 여긴다. 달리 누구를 택한다는 말인가? 선하고 능

력 있는 사람인가? 대번에 다들 제가 가장 선하고 유능하다고 주장하며 서로 으르렁거릴 것이다. 그러니 자격을 왈가왈부할 일이 없는 무언가와 결부시키자. 그는 왕의 맏아들이다. 정말 깔끔하다. 다툼의 여지가 없다. 이성보다 백번 낫다. 내란만큼 극심한 악은 없기 때문이다.[1] / 320

자기애self-love

978 자기애와 인간 자아의 특성은 오로지 자기만을 사랑하고 오직 자신만을 생각한다는 것이다. 하지만 그래서 뭘 어찌하겠는가? 사랑의 대상이 허물과 비참함에 완전히 잠기는 것을 막지 못한다. 위대해지기를 원하지만 보이느니 왜소함뿐이다. 행복해지기를 바라지만 불행할 따름이다. 완전하기를 소망하지만 온통 결함들이 널려 있다. 사람들의 사랑과 존중을 받는 대상이 되려 하지만 혐오와 멸시를 받아 마땅한 결점만 눈에 띌 뿐이다. 이렇듯 궁지에 빠져 헤어나지 못하는 처지는 상상할 수 있는 한 가장 부당하고 터무니없는 정욕을 인간의 마음에 불러일으킨다. 심하게 꾸짖고 잘못이라는 생각을 품게 하는 진리를 죽도록 미워하기 때문이다. 진리를 말끔히 지워 버리고 싶어 하지만 내키는 대로 없애 버릴 도리가 없다. 기껏 자신과 다른 이들의 의식 속에서 그래 보는 것이 고작이다. 다시 말해, 스스로와 다른 이들에게 자신의 흠을 주도면밀하게 감추며, 누가 지적하거나 알아채는 것을 견디지 못해 한다.

차고 넘치는 허물이 악임은 두말이 필요 없지만, 허물로 범벅이 되어 있으면서도 인정하려 들지 않는 것은 더 큰 악이다. 의도적인 자기기만이라는 한결 깊은 죄악이 뒤따르는 까닭이다. 인간은 결코 다른 누군가에게 기만당하기를 즐기지 않는다. 상대가 자기 분수에 넘치도록 내게 대접받기를 기대하는 것을 옳다고 생각지 않는다.

그렇다면 누군가 실제로 내가 지닌 악과 결점만을 드러낸다면 해코지하는 것이 아님에 틀림없다. 그들은 거기에 책임이 없기 때문이다. 오히려 악, 다시 말해 자신의 흠을 알지도 못하는 상태에서 벗어나도록 돕는 셈이니 사실 유익을 끼치는 것과 같다. 상대가 내 허물을 알고 멸시한다고 해서 화를 내서는 안 된다. 우리의 됨됨이를 알고 욕할 만해서 욕하는 것은 당연한 노릇이다.

이는 공평과 정의가 가득한 마음에서 솟아나는 생각들이다. 그럼 완전히 딴판인 성향을 보았을 때 무어라 해야 하는가? 진리와 그 진리를 전해 주는 이들을 미워하고, 우리 쪽에 유리하게 그들이 속아 넘어가 주면 좋겠고, 실제 내 됨됨이보다 더 나은 누군가로 평가되길 바라는 것은 사실이 아니던가? 여기 등골이 서늘하게 만드는 증거가 있다. 가톨릭 신앙은 자기 죄를 누구에게나 무분별하게 드러내라고 강요하지 않는다. 남들한테 노출하지 않고 속에 품을 수 있도록 허용한다. 하지만 가장 내밀한 마음을 드러내고 됨됨이를 있는 그대로 보이기를 바라는 예외적인 인물 하나가 있다. 그에게만큼은 허상을 깨트리라고 명령한다. 아울러 상대편에게는 무슨 일이 있어도 비밀을 엄수

할 의무를 지워서 나에 대해 아는 바가 전혀 없는 듯 살게 한다. 이보다 더 따뜻하고 사랑이 넘치는 것을 상상이나 할 수 있겠는가? 그럼에도 불구하고 인간은 심각하게 부패한 나머지 이런 규율을 가혹하게 여기며, 유럽 전반이 가톨릭교회에 반기를 드는 주요한 이유 가운데 하나도 여기에 있다.

어찌 보면 만인 앞에서 해야 할 일을 단 한 사람에게 하라는데도 불쾌하게 받아들이다니, 사람의 마음은 얼마나 부당하고 불합리한가! 그럼 뭇사람들을 기만하는 것이 옳다는 말인가?

진리를 향한 혐오에는 여러 등급이 있지만, 이런 심정은 다들 어느 정도 지니고 있지 않나 싶다. 자기애와 떼려야 뗄 수 없는 감정이기 때문이다. 다른 이의 잘못을 바로잡아야 할 이들이 이리저리 에둘러 돌아가는 방식과 감정을 상하게 하지 않으려는 태도를 택하는 것은 그릇된 배려다. 잘못을 최대한 축소하고, 양해하는 척하며, 칭찬이나 애정과 존중의 표현을 곁들여야 한다. 그런 약마저도 자기애에는 쓰디쓸 뿐이다. 조금만 삼켜도 구역질을 하고 심지어 먹이려는 이에게 은근히 원한을 품기까지 한다.

결국 사랑을 얻으려 하는 사람이라면 환영받지 못할 일을 하기를 꺼리게 된다. 사람은 대접받고 싶은 대로 대접하게 마련이다. 진실을 싫어하면 알 길이 막힐 수밖에 없다. 알랑거리는 소리를 듣고 싶어 하면 아첨이 늘어난다. 그렇게 기만당하기를 원하면 속아 넘어가기에 이른다.

이처럼 행운의 사다리를 타고 한 칸 한 칸 올라갈수록 진실에서 더 멀어지는 법이다. 친분은 더없이 유용하지만 척지는 것은 한없이 위험하기 때문이다. 온 유럽의 웃음거리가 되고도 정작 본인만 모르는 왕이 나올 수도 있다. 듣는 이에게는 진실을 말하는 것이 유익하지만, 말하는 이에게는 해롭다. 자칫 증오가 돌아올지도 모르지 않는가? 그러기에 군주와 더불어 사는 이들은 스스로 섬기는 주군의 이익보다 자기 관심사를 더 챙기며, 자연히 불이익을 감수해 가면서까지 상전의 유익을 도모하려 들지 않는다.

이런 불운이 그 누구보다 큰 행운을 누리는 이들 사이에서 더 크고 더 흔하다는 데는 군말이 필요 없지만, 상대적으로 평범한 이들도 예외는 아니다. 인기를 얻으면 다만 얼마라도 늘 득이 되는 까닭이다. 인생은 이처럼 착각의 연속이다. 남는 것은 상호 기만과 아첨뿐이다. 누구도 없는 자리에서 하는 이야기를 면전에서 똑같이 들려주지 않는다. 인간의 관계들은 이런 상호 기만에 토대를 둘 다름이다. 친구가 뒤에서 하는 이야기를 안다면, 그것이 제아무리 진실하고 공정하다 할지라도 웬만해서는 우정을 이어 가기 어려울 것이다.

그러므로 인간은 자신에게든, 남들에게든 위장과 거짓, 위선 범벅에 지나지 않는다. 아무도 진실을 듣고 싶어 하지 않는다. 다른 사람들에게 진실을 이야기하기를 피한다. 정의나 이성과는 한참 동떨어진 이 모든 성향들은 태생적으로 인간의 마음에 뿌리를 내린다. / 100

979 **심판의 날**

'그러니, 당신(신부)이 얀세니우스의 뜻이라고 부르는 것은 바

로 이것이다. 그렇다면 교황과 주교들에게 납득시키려는 것도 이것일 터이다.'

'만일, 예수회가 부패하고 우리만 남은 것이 사실이라면, 그것이야말로 우리가 버텨야 할 더욱 더 큰 이유임에 틀림없다.'

"전쟁으로 확립된 것은 거짓 평화로 없애지 못한다."

"축복으로도, 또 저주로도 주님의 천사를(내 주 나의 왕 역시) 움직일 수 없다"(삼하 14:17).

그들은 크리스천의 가장 큰 미덕, 즉 진리를 향한 사랑을 공격한다.

'서명이 의미하는 바가 그것이라면, 애매한 구석이 조금도 남지 않도록 설명할 기회를 달라. 서명은 동의를 뜻한다고 생각하는 이들이 적지 않다는 데에는 이견이 없을 테니 말이다.'

'담당관이 서명하지 않으면 교령은 발효되지 않을 것이다. 칙서에 서명이 들어가면 효력을 갖는다. 그러므로 그것은…… 아니다.'

'하지만 당신이 실수할 수도 있지 않은가?'—'맹세코, 나 역시 실수할 수 있다고 믿는다. 하지만 실제로 실수했다고 믿는다고는 맹세하지 않는다.'

'믿지 않는다는 이유로는 아무도 유죄가 되지 않지만, 믿지 않는 바를 맹세하는 것은 죄가 될 수 있다…… 미묘한 문제들……'

'여기서 당신들에게 이야기하는 것을 유감스럽게 생각한다. 나는 그저 설명할 따름이다.'

'이는 에스코바르와 더불어 그들을 꼭대기에 올리지만, 그들은 그렇게 받아들이지 않을 것이다. 하나님과 교황 사이에 끼인 걸 얼마나 싫어하는지 드러내며……'[2] / 945

980 그들은 이르기를, 교회가 말하지 않는 것을 말하고 행하는 것을 말하지 않는다고 한다. / 918b

981 개연성이 없는 예수회, 그리고 예수회 없는 개연성은 어찌 되겠는가?

개연성을 걷어 내 보라. 더는 사람들을 기쁘게 할 수 없을 것이다. 개연성을 끌어들여 보라. 불쾌하게 만들 일이 없을 것이다. 지난날에는 죄를 피하기도 어려웠고 속죄하기도 어려웠다. 하지만 이제는 쉽게 죄를 피하는 숱한 눈속임이 등장했고 속죄하기도 쉽다. / 918

982 우리는 다양성에서 통일성을 일궈 냈다. 모두가 한결같게 되었다는 점에서 우리는 모두 하나다. / 918c

983 로아네즈(Roannez)는 말하곤 했다. "이유는 나중에 드러난다. 영문도 모르는 채, 무슨 일이든 일단 기쁨을 안기기도 하고 놀라게도 한다. 그러다가 뒤늦게 까닭을 알고 나서 또 충격을 받는다." 하지만 개인적으로는 나중에 새롭게 안 이유들 때문에 충격을 받는 것이 아니라, 충격을 받음으로써 비로소 이유를 깨닫는다고 본다. / 276

984 오로지 갑작스러운 죽음을 두려워해야 한다. 내로라하는 이들 집에 고해신부가 살다시피 하는 까닭이 여기에 있다. / 216

985 …… 이제 개연성은 다른 행동 원리들, 그러니까 라미를 비롯해 중상모략을 일삼는 자의 행동 원리에 반드시 필요하다.

"열매로 그들을 알리라"(마 7:20). 도덕성으로 그들의 신앙을 판단하라.

타락한 방법을 쓰지 않는다면 개연성은 별 의미가 없다. 그리고 개연성이 없이는 그 방법들도 무의미하다.

잘할 수 있고 잘할 방법을 안다는 자신감은 기쁨을 준다. "안다는 것과 할 수 있다는 것." 은혜와 개연성이 그런 환희를 안긴다. 우리는 그들의 저작들을 의지해 하나님께 설명할 수 있기 때문이다. / 942

986 예수회의 교리를 악용하려는 이단들에게 그것은 교회의 교리가 아니며…… 우리의 분열은 전체에서 우리를 떼어 놓는 것이 아님을 보여 줘야 한다. / 891

987 만일 우리가 생각이 다르기에 우리를 정죄한다면, 당신들이 옳을 수도 있다. 다양성이 없는 통일성은 다른 이들에게는 쓸데없고, 통일성 없는 다양성은 우리에게 큰 피해를 입힌다. 하나는 밖에, 다른 하나는 안에 해롭다. / 892

988 그러나 하나님이 시작이 아니시라면 끝이 되시는 것 역시 불가능하다. 인간은 하늘을 바라보지만 여전히 바닥을 딛고 서 있다. 언젠가 땅은 무너지고 우리는 하늘을 바라보며 넘어질 것이다. / 488

989 예수회. 예수회는 하나님과 세상을 결합시키려 했지만, 결국 하나님과 세상에 멸시만 당했다. 개념으로 말하자면 너무 뻔하고, 세상으로 보자면 호기심을 자극하지 못했다. 이미 여러 차례 이야기했듯이 막강한 힘이 있었지만, 그것은 다른 신앙 공동체와 관련된 영역에서만 그랬다. 예배당을 세우거나 희년 설교를 하기에 부족함이 없다는 인정을 받았지만 주교직이나 행정권을 보장받을 정도는 아니었다. 스스로도 인정하듯, 세상에서 수사는 지극히 변변찮은 지위일 따름이다(브리사슈르 신부, 베네딕트 수도회). 그런데도 당신들은 세상에서 더 힘센 이들에게 머리를 조아리고, 자신들보다 더 한미한 이들에게는 눈곱만 한 지위를 이용해 억누르기를 일삼는다. / 935

990 그들은 주교와 소르본을 타락시켜서 자신들의 주장을 정당화하는 데 성공하지 못한 반면, 재판관들을 불공정하게 만드는 데는 성공했다. 따라서 장차 그 일로 정죄를 받는다면, 재판관들이 불공정하다는 점을 지적하면서 그 주장을 논박할 것이다. 하지만 그것은 무의미하다. 단지 자신들이 정죄되었기 때문에 얀세니스트들도 적절히 정죄되었으리라고 주장할 수 없듯, 재판관들에게 부패의 여지가 있다고 해서 자신들이 억울하게 정죄되었다고 우길 수도 없는 탓이다. 그들에 대한 유죄판결은 항상 공정하게 결정하는 재판관들이 내린 결정이어서가 아니라 특정한 이 지점에서 공정한 재판관들이 내린 결정이기에 정당하다. 다른 증거들도 이를 보여 줄 것이다. / 948

991 교회의 두 가지 주요 관심사는 신실한 이들의 경건한 신앙을 잘 지켜 주고 이교도들을 회심시키는 것이었다. 그러므로 요즘 이설을 주장하는 이들을 가로막아 우리와 교제할 길을 영원히 차단하는 한편, 이편에 아직 남은 경건한 가톨릭들을 치명적으로 타락시키는 데 더없이 효과적인 오류들을 소개하는 분파들이 형성되는 것을 보면 비통한 마음을 감출 수가 없다. 오늘날 신앙의 진리들, 구원에 더없이 결정적인 진리들에 맞서 지극히 공공연히 진행되는 활동들은 단지 불쾌감만이 아니라 불안과 공포를 불러일으킨다. 크리스천에게는 너나없이 이 혼란을 깊이 생각하는 차원을 넘어, 해결책을 제시하고 하나님이 주신 권위를 사용하여 우리 몫으로 맡겨 주신 이들을 이해하기 위해…… 부가적인 의무가 있다. / 952

992 안나(Annat). 무지하지 않게 제자 역할을 하고 주제넘지 않게 교사 노릇을 한다. / 946b

993 결의론자 전체를 통틀어도 죄를 범한 양심을 진정시키지 못한다. 이것이 바로 훌륭한 안내자를 선택하는 것이 중요한 이유다.

그러기에 그들은 가서는 안 될 길을 가고, 귀를 기울여서는 안 될 이의 말에 귀를 기울이는 이중의 죄를 짓고 있다. / 909

---

1. 사실 30번 단장, 그리고 94번 단장의 또 다른 버전이지만, 편집자 니콜(Nicole)이 세상을 떠난 뒤에야 빛을 보았다.
2. 《시골 친구에게 보내는 편지》의 열아홉 번째 서신에 포함된 단장.

4

파스칼과 관련 있는 말들

1 파스칼은 자기 작품을 늘 '내 책, 내 주석, 내 역사' 라고 말하는 작가들을 두고 자기만의 나라에 살면서 늘 '내 집'에 관해 이야기하는 충실한 시민 같다고 했다. 매사에 탁월했던 인간, 파스칼은 통상적으로 그 가운데는 자신의 것보다 다른 이의 소유가 더 많이 있다는 점을 감안해서 그들이 '우리 책, 또는 우리 주석, 우리 역사' 로 표현하는 편이 더 나았으리라고 했다.

2 데카르트를 용서할 수 없다. 그는 자신의 철학 전반에서 하나님을 빼놓고 무언가를 하고 싶어 했다. 하지만 온 세상을 움직이자니 어쩔 수 없이 하나님이 손가락 한 번 까딱하시는 것을 허용할 수밖에 없었다. 그리고 그 외에는 더 이상 하나님을 아쉬워하지 않았다.

3 1 《시골 친구에게 보내는 편지》를 쓴 것을 후회하지 않느냐는

질문을 자주 받는다. — 조금도 후회하지 않으며, 지금(1662년) 다시 써야 한다면 더 세게 쓸 것이라고 답한다.

2 진저리나는 주장들을 인용하면서 글쓴이들의 이름을 꼬박꼬박 적어 준 이유를 다들 궁금해한다. — 우물 열두 개가 있는 마을에 사는데, 그 가운데 하나에 독이 들었음을 확실히 알고 있다면, 모든 주민들에게 거기서 물을 긷지 말라고 알려야 할 의무가 있다. 사람들이 그냥 내 상상에 지나지 않으리라고 생각한다 할지라도, 온 마을을 중독 위험에 노출시키기보다 독을 탄 이의 이름을 밝혀야 마땅하다고 답해 준다.

3 어떻게 그렇게 경쾌하고, 풍자적이며, 재미있는 문체로 글을 쓰느냐고들 묻는다. — 독단적인 문체로 글을 썼더라면 학자들만 읽을 텐데, 사실 그들도 나만큼은 알고 있어서 굳이 내 글까지 필요가 없다. 그래서 여인들과 여염 사람들이 읽고 싶게끔 글을 써서 이 모든 행동 원리와 주장들이 얼마나 위험한지 깨닫게 해야겠다고 생각했다. 어디서나 읽히고 누구나 쉽게 받아들이게 하려는 뜻이었다고 대답한다.

4 글에 인용한 책들을 다 읽어 보았느냐고 묻는 이들이 많다. — 그렇지는 않다고 답한다. 몹시 조악한 책들까지 읽으면서 인생을 낭비할 생각은 털끝만큼도 없다는 것은 확실하다. 하지만 에스코바르의 책은 두 번이나 읽었다. 그 외 다른 책들은 가까운 이들에게 읽어 보게 한 경우들이 있지만, 정반대 주장을 답으로 제시하는 부끄럽고도 부당한 사태를 피하기 위해, 인용한 서적들 가운데 직접 읽으며 맥락을 살피고 전후 문절을 다 훑어보지 않은 책에서는 단 한 토막도 가져다

쓰지 않았다.

4 아르노는 논리 체계를 세우는 멋진 일을 해냈다. 교회의 필요를 채우자면 그의 수고가 반드시 필요하다.

5 청빙을 받는다 해도 (왕실 교육과 관련해) 당장 해 줄 수 있는 것이 없으며, 지극히 중요한 일을 하는 데 기꺼이 삶을 바치겠노라고 그는 자주 이야기했다.

6 고인이 된 파스칼은 집요한 고집이 인정받을 수 있다는 망상의 본보기가 필요하면 보통 데카르트의 물질과 공간에 관한 주장을 꺼내들었다.

7 크리스천의 독실한 신앙은 인간의 자아를 무너뜨리지만, 인간의 체면치레는 자아를 틀어막고 억누른다.

8 파스칼은 늘 읽는 성경 뒤편에 이렇게 적었다. "성 아우구스티누스에게서 보이는 온갖 거짓 미덕들도 나름대로 숭배자들, 그들 가운데 다수를 거느리고 있다."

9 고인이 된 파스칼은 데카르트철학을 "자연에 관한 꿈같은 이야기, 마치 소설 돈키호테 같은"이라고 평가했다.

10 **르 메스트르(le Maistre)의 진술**

파스칼은 법정의 주요 인물들을 비웃으면서 편지를 잘 써 보내기는 했지만 그들은 한마디도 알아듣지 못하리라고 내게(르메스트르) 말했다.

11 파스칼은 온갖 형태의 시적인 어휘들을 동원해 가며 훌륭한 프랑스어를 구사하기를 바랐다. 고상하고 한결같으면 몹시 근사하지만, 그렇지 못하면 쓰레기나 다름없다.

5

새로 발견된 팡세들

장 메스나르가 찾아낸 팡세들로 1962년에 처음 출간되었다. Blaise Pascal, *Textes* inédits, Paris, Desclée de Brouwer

1 이처럼 예수회는 오류를 받아들이거나 이미 받아들였노라고 맹세하도록 강요한다. 억지로 오류에 빠트리거나 위증을 하도록, 정신이나 마음 어느 한쪽을 문드러지게 몰아가도록 압박한다.

2 비록 2천여 년 전에 일어난 일들이지만 많은 세대가 흘러간 것은 아니어서, 당대 사람들에게는 마치 현대인들이 300여 년 전 일을 기억하는 것처럼 생생했다. 셈이 라멕을 직접 볼 정도로 최초의 인간들은 아주 오래 살았기 때문이다. 이는 합리적인 이들에게 창조와 대홍수를 납득시키고도 남으며, 하나님의 섭리를 보여 주는 증거이기도 하다. 창조가 과거지사로 퇴색해 가는 것을 보면서 하나님은 현재적이라고 할 만한 역사가를 예비하시고 그분의 책을 관리하는 임무를 한 민족 전체에게 맡기셨다. 더 놀라운 사실은 온 유다 백성만이 아니라 이 땅의 여러 왕과

수많은 민족까지도 아무런 이의 없이 만장일치로 인정했으며, 특별히 존경하고 숭상하는 마음으로 받아들였다는 점이다.

3 은혜에 힘입어 속사람이 새로워진 이들이 저마다 능력에 맞게 사람들이 경건해지고 속죄하도록 이끄는 일은 바람직하다. 거룩한 의무가 주는 유익과 그 일을 하는 이들의 정신 사이에 존재하는 균형이 그 둘을 모두 지켜 주기 때문이다. 그런데 아직 내면의 변화를 경험하지 않은 이가 경건과 속죄를 위한 특별한 일들을 강요받으면 양쪽 모두 망가진다. 인간은 연약함 탓에 그 일들을 오염시킬 테고, 일 또한 그의 연약함에 비해 너무 과중해서 감당할 수 없는 정도였음이 드러날 것이다. 회심하자마자 겉으로 드러나는 열매를 맺는다면, 그것은 좋은 조짐이 아니다. 사랑의 질서는 먼저 마음에 깊이 뿌리를 내리고 나서야 비로소 겉으로 드러나는 선한 일들을 이루는 법이다.

4 인간은 나이를 먹을수록 생기가 떨어지고 단호해진다는 몽테뉴의 말을 들으면서 내 안에 어떤 악의 같은 것이 있어서 거기에 동의하지 못하게 가로막는 느낌이 든다. 나는 그렇게 되고 싶지 않다. 나는 나를 질투한다. 나는 더 이상 스무 살 적 내가 아니다.

5 잠은 죽음의 모형이라고들 한다. 하지만 나는 오히려 삶의 형상이라고 말하고 싶다.

6 몽테뉴에 따르면, 〈영혼에 관하여〉(*On the Soul*)라는 논문을 썼던

아리스토텔레스는 거기서 오로지 영혼이 낳은 결과를 설명할 뿐이다. 이는 누구나 아는 이야기다. 사람들이 정말 알고 싶어 하는 영혼의 정수나 기원, 또는 본질 이야기는 한마디도 하지 않는다.

7 사람들은 네 달 동안 궁궐에서 빛나려고 시골에 가서 여덟 달 동안 숨어 산다.

8 몽테뉴는 누군가와 나누지 않는 한 즐거움을 만끽할 수 없으며, 그것이야말로 인간이 인간을 존중한다는 증표라고 말한다.

9 성경은 인간을 개미에게 보낸다. 인간 본성의 타락을 암시하는 또렷한 지적이다. 온 세상의 주인이 지혜로운 이들에게 가듯 짐승들에게 파견되는 것을 보다니, 얼마나 대단한 일인가!

10 스스로 어리석은 말이나 행동을 했다 싶으면 늘 다시는 안 그러리라고 다짐한다. 앞으로도 숱하게 실없는 짓을 더 하겠구나 생각하기는커녕 이번 경험이 재발을 막아 줄 것이라 판단한다.

11 그 학파 철학자들은 덕의 실체를 알지도 못하면서 덕을 이야기하고 수사학자들은 웅변의 실체를 알지도 못하면서 웅변을 이야기한다. 그 철학자들에게 참으로 덕이 있지만 주목을 받지 못하는 사람을, 그 웅변가들에게 타고난 언변을 지녔지만 자기를 내세울 줄 모르는 이를 보여 주라. 그들은 아는 척도 않을 것이다.

12 모든 것을 허구에 지나지 않는 것으로 취급하기보다 쉬운 일도 없다. 하지만 거기에 대꾸하는 것만큼 어려운 일도 없다.

13 "어째서 하나님은 자신을 드러내지 않으시는 거요?"—"당신에게 그만한 가치가 있소?"—"그렇소."—"참으로 뻔뻔스럽구려. 그러니 합당치 않소."—"그렇지 않소."—"그럼, 그냥 합당치 않은 게로군요."

14 하나님은 보이지 않으신다. 하지만 찾고 찾는 이들은 그분을 만날 수 있게 하셨다. 그분을 드러내는 가시적인 표징들은 어느 시대에나 늘 있어 왔다. 우리 시대에는 예언이 있고, 다른 시대에는 또 다른 증표들이 있었다. 모든 증거들이 서로 잘 들어맞는다. 하나가 사실이면 다른 하나도 사실이다. 그러기에 시대마다 합당한 증거들이 있으며 그것을 바탕으로 다른 사실들을 알게 된다. 대홍수를 본 이들은 창조를 믿었으며, 장차 오실 메시아를 믿었다. 모세를 본 이들은 대홍수와 예언이 성취되리라 믿었으며, 예언이 이뤄지는 것을 본 우리는 대홍수와 창조를 믿어야 한다.

이 책은 첫 번째 사본에 토대를 둔 판본(L)이며, 두 번째 사본을 바탕으로 한 P. 셸리에 판(S)이 있다. 두 사본의 주요한 차이는 본문 내용보다 원고 묶음 하나하나에 부여한 순서에서 생긴다. 편집자들이 저마다 단장들의 성격을 규정하고 거기에 따라 전체 번호를 매겼기 때문이다.

L	S	L	S
1-382	37-414	953	417
383-417	2-36	954-967	789-800
418-503	680-738	968	416
504-508	672-679	969-972	801-804
509-514	669-671	973	698
515-829	452-668	974	771
830-912	419-451	975-976	739-740
913	742	977	786
914-917	744-746	978	743
918-920	748-751	979	747
921-931	752-759	980	760
932	758	981-982	770
933-935	761-762	983	805
936	751	984	781
937-948	763-769	985-991	806-812
949	415	992	782
950-952	787-788	993	813

정선한 참고문헌

텍스트

이번에 번역해 소개하는 《팡세》의 원문으로는 루이 라푸마가 제작한 두 종류의 판본을 사용했다. 둘 다 첫 번째 사본을 바탕으로 삼았다.

- Pascal, *Pensées*, Livre de Vie, Éditions du Seuil, Paris 1962.
- Pascal, *Œuvres complètes*, l'Intégrale, Éditions du Seuil, Paris 1963 (단권 파스칼 전집).

첫 번째와 거의 비슷하지만 각 부의 배열에서 중요한 차이가 있는 두 번째 사본의 텍스트로는 필립 셀리에가 두 종의 탁월한 판본을 내놓았다. 두 권 모두 라푸마 판, 그리고 브룅슈비크 판과 대조한 색인을 담고 있다.

- Pascal, *Pensées*, Mercure de France, Paris 1976.
- Pascal, *Pensées*, Bordas (Classiques Garnier), Paris 1991 (서문 첨부).

마지막으로 장 메스나르 판 《팡세》로, DDB가 발행한 파스칼 전집 6권에 수록한 권위 있는 판본이다.

배경

- Antoine Adam, *Grandeur and Illusion*, Weidenfeld, London 1972 (*Histoire de la littérature francaise au XVIIe siècle*, Domat, Paris 1957. 2권의 영어 요약본).

- John Cruickshank, *Pascal: Pensées*, Grant & Cutler, London 1983.

- Alban Krailsheimer, *Pascal*, in Past Masters series, OUP 1980.

- Jean Mesnard, *Pascal, His Life and Works*, Harvill, London 1952(*Pascal, L'homme et l'œuvre*, Boivin, Paris 1951을 그대로 옮긴 번역본); *La culture du XVIIe siècle, Enquêtes et Synthèses*, PUF, Paris 1992 (파스칼과 관련된 글 열다섯 편을 모은 문집으로, 파스칼의 구성 방식과 저자가 살아서 《팡세》를 완성했더라면 나왔을 법한 최종판과 관련해 아주 도전적인 통찰을 제공한다. 아직 번역되지 않았다).

인간의 참본성, 참행복, 참미덕과 참신앙은

따로따로 떼어서 파악할 수 있는 것이 아니다.